마이크로컨트롤러 ATmega128

시뮬레이터로 쉽게 배우고 아두이노로 정리하기

정보권 지음

HS Global HARDWARE SOFTWARE

홍릉과학출판사

머리말

지난 4년 전부터 삼성전자 인재개발원에서 프로그래밍과 마이크로컨트롤러 교육을 하면서 쌓인 노하우들을 한 곳으로 모으는 작업이 필요했다. 더군다나 Atmel사의 AVR 계열의 마이크로컨트롤러의 경우 최근에 이슈가 되고 있는 아두이노의 중심에 있기도 하고 산업현장에서 매우 다양하게 응용되고 있기 때문에 아직도 많은 사람들이 관심을 가지고 배우고자 한다.

이 책에서 다루고 있는 마이크로컨트롤러는 Atmel사의 8비트 ATmega128이다. ATmega128은 AVR 계열의 마이크로컨트롤러 중에도 성능이 매우 뛰어나기 때문에 이미 오래전부터 교육용으로 많이 적용되고 있다. 좋은 성능을 가진 마이크로컨트롤러를 제대로 이해하고 활용할 수 있으면 대부분의 마이크로컨트롤러를 쉽게 활용할 수 있게 된다. 하지만 마이크로컨트롤러를 배우기 위해서는 마이크로컨트롤러가 장착된 실습보드와 프로그램 다운로드 장비, 통합 개발 환경 등을 준비해야 하는데 입문자들에게는 이런 것들이 진입 장벽이 되어 마이크로컨트롤러를 쉽게 배우지 못하는 이유가 될 수 있다. 그래서 AMcTools의 VMLAB(Visual Micro Lab)이라는 가상 프로토타이핑(virtual prototyping) 시뮬레이션 개발 도구를 소개하여 실습을 해볼 수 있는 환경을 갖추지 못한 경우에도 마이크로컨트롤러의 기능에 대해서 이해하고 활용할 수 있도록 하였다. 이런 점은 기존에 출간된 책들과 분명한 차별성이 있다고 볼 수 있다.

마이크로컨트롤러를 제어하기 위해서는 C 언어에 대한 이해가 선행되어야 한다. 단기적인 관점이기는 하지만 교육 현장에서도 C 언어에 대한 이해를 가진 사람과 그렇지 않은 사람 간의 차이가 분명히 있음을 경험하였다. 그렇다고 이 책에서 C 언어의 모든 문법을 상세히 다루기에는 한계가 있기 때문에 C 언어의 문법 중에서 필수적으로 알아야 하고 가장 활용 빈도가 높은 부분을 선별하여 언급을 하였다. 오늘날 추세는 어셈블리어로 개발을 하는 것보다 C 언어를 통한 개발이 주를 이루고 있기 때문에 C 언어를 이해하고 잘 사용할 수 있도록 평소에 노력할 것을 조언하고 싶다.

이 책은 C 언어를 기반으로 마이크로컨트롤러의 기능들을 설명하고 있으며 아래와 같은 특징으로 집필되었다.

■ **실습 환경을 갖추지 않아도 마이크로컨트롤러의 다양한 기능들을 이해할 수 있도록 하였다.**

기존 동일한 분야의 책들과 달리 VMLAB 시뮬레이터를 사용하여 실습 보드 없이 마이크로컨트롤러의 다양한 기능들을 이해하도록 하였다. 이것은 이 책의 가장 중요한 목적이며 특징 중에 하나인데 처음 마이크로컨트롤러를 배우는 사람들이 실습 환경을 구비해야 하는 점은 비용과 시간을 낭비할 수 있고 배우고자 하는 첫 단계부터 어려움을 주는 요인이 되기 때문이다.

■ 다양한 프로그램 코드로 마이크로컨트롤러의 기본 기능 이해와 응용 작업을 할 수 있도록 하였다.

C 언어가 마이크로컨트롤러에 어떻게 적용이 되는지 배우는 것은 소프트웨어를 이용하여 하드웨어를 어떻게 다루는지 배우는 것이다. 이 책을 통해서 그동안 막연하게 C 언어를 문법 중심으로 배웠던 이들에게 프로그래밍을 직접 눈으로 확인하면서 배우고 응용할 수 있는 능력을 키울 수 있도록 하였다. 각 장마다 기본적인 예제와 응용 예제 코드를 제시하여 마이크로컨트롤러의 기본적인 기능을 이해하고 응용 작업을 할 수 있도록 하였다.

■ 아두이노를 소개하여 다양한 응용 프로젝트 작업을 할 수 있도록 하였다.

아두이노에 장착된 마이크로컨트롤러는 Atmel사의 AVR 마이크로컨트롤러이다. 어렵게 느껴졌던 마이크로컨트롤러의 기능들을 아두이노를 통해서 좀 더 쉽게 다양한 프로젝트 작업에 응용 해볼 수 있으며 이 책에서는 아두이노를 이용하여 '블루투스 탱크'를 따라하면서 최종 완성할 수 있도록 하였다. 빠른 프로토타이핑이 필요하거나 여러 가지 아이디어에 전자공학을 적용하고자 할 때 아두이노가 큰 도움이 될 수 있다.

AVR ATmega128과 기타 마이크로컨트롤러를 소개하는 책은 비교적 다양하게 많이 나와 있지만 기존에 없던 방식과 기술적인 내용을 쉽게 잘 설명하고 소개하는 책을 만들고 싶은 욕심을 가지고 오랜 기간 정리와 수정을 반복하였다. 하지만, 원고를 마무리 하는 그 순간에도 아쉬운 마음은 어쩔 수 없는 것 같다. 이 책의 마지막 부분에 아두이노가 무엇인지 간단히 소개하고 아두이노를 이용한 작은 프로젝트를 완성하는 작업을 했는데 아두이노 분야의 책을 다시 집필하기 시작하면서 아쉬움이 남지 않도록 다시 열심히 정진할 생각이다.

끝으로 이 책의 집필에 도움을 주신 모든 분들께 감사의 인사를 드리며, 이 책이 마이크로컨트롤러를 배우고자 하는 모든 독자들에게 방향을 제시하는 좋은 길잡이 역할을 하길 바란다.

저자 정보권

차 례

CHAPTER 01 마이크로컨트롤러 개발 환경과 기본 지식

산업 현장에서 많이 쓰이고 있는 Atmel사의 ATmega128 마이크로컨트롤러를 중심으로 마이크로컨트롤러가 가지고 있는 다양한 기능들을 C 언어를 중심으로 접근을 한다.

1997년에 발표된 Atmel사의 AVR 시리즈는 8비트 마이크로컨트롤러 시장에서 상당한 비중을 차지하고 있고 그 중 ATmega128은 교육용 및 산업용에 걸쳐 널리 사용되고 있다. 더욱이 처음 마이크로컨트롤러를 배우기 시작하는 시점에 ATmega128의 선택은 기타 수많은 업체에서 양산되고 있는 무수한 종류의 마이크로컨트롤러를 이해하고 접근하는데 상당히 도움이 되며 학습 자료도 매우 풍부하기 때문에 유리하다.

마이크로컨트롤러를 이해하기 위해서 준비해야 하는 기본적인 사항을 보면 우선 개발 도구의 선택인데 개발 도구는 Atmel사에서 무료로 배포하고 있는 Atmel studio(또는 버전 5.0 이하의 경우 AVR Studio)나 코드비젼, AVREdit, IAR EWAVR 등이 있다. 그리고 실습을 할 수 있는 타겟 보드(실습 보드)와 프로그램을 마이크로프로세서로 다운로드할 수 있는 ISP(In System Programming)나 JTAG(Joint Test Action Group) 등의 장비가 필요하다.

다음 [그림 1.1]은 기본적인 임베디드 개발 환경을 보여준다.

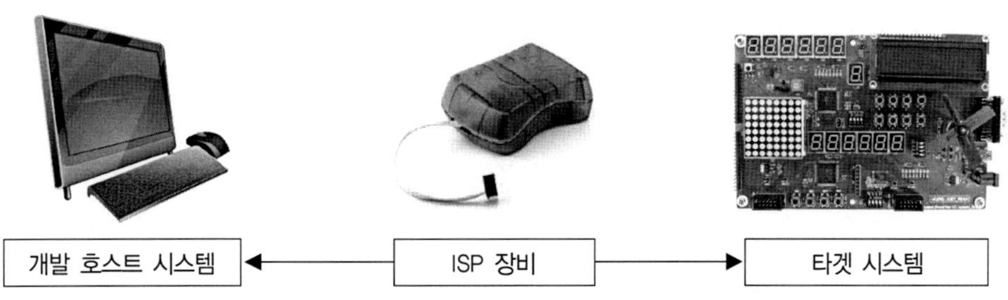

[그림 1.1] 임베디드 개발 환경

개발 환경과 실행을 해보는 환경이 동일한 경우를 네이티브 개발 환경(native development environment)이라 하는데, 이는 일반적으로 컴퓨터용 소프트웨어를 개발할 때처럼 동일 시스템에서 개발과 실행을 모두 할 수 있는 반면, 임베디드 소프트웨어 개발 환경은 [그림 1.1]에서 알 수 있듯이 개발 환경과 실행 환경이 동일하지 않다. 이런 개발 환경을 크로스 개발 환경(cross development environment)이라 한다. 결론적으로 우리는 크로스 개발 환경을 갖춰야 하는데 개발 도구의 선택에서는 개발 도구가 사용하는 컴파일러가 무엇인지를 고려해야 하고 ISP 같은 장비를 선택할 때에는 타겟 보드(target board)와 개발 도구 사이에 선택된 ISP가 호환이 되는지 등을 고려해야 한다. 선택할 수 있는 ISP 플랫폼(platform)도 종류가 많다. 그리고 개발 도구의 경우 구입을 해서 써야 하는 것과 제한 없이 무료로 쓸 수 있는 종류가 있어 가능하면 무료 개발 도구를 선택하면 되지만 타겟 보드 및 기타 하드웨어 장비들은 비용이 들지 않을 수 없다. 이렇듯 초보자에게는 배우는 첫 단계에서부터 고려해야 하는 것이 많다.

필자는 마이크로컨트롤러를 배우고자 하는 많은 초보자들이 마이크로컨트롤러를 좀 더 쉬우면서 비용적인 부담 없이 접근할 수 있는 방법을 제시하기 위해서 AMcTools사의 VMLAB(Visual Micro Lab)이라는 시뮬레이션 개발 도구를 소개한다. 그리고 타겟 보드를 이미 가지고 있거나 펌웨어 개발이 필요할 경우를 대비하여 추가적인 프로그램 코드를 제시하였다.

① 일반적인 임베디드 개발 환경

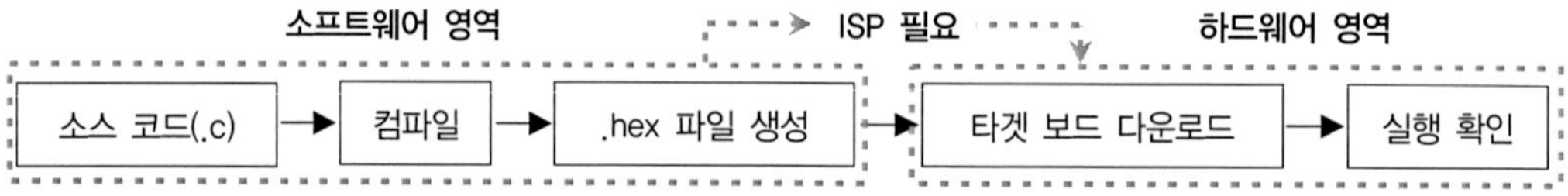

② VMLAB을 통한 임베디드 개발 환경

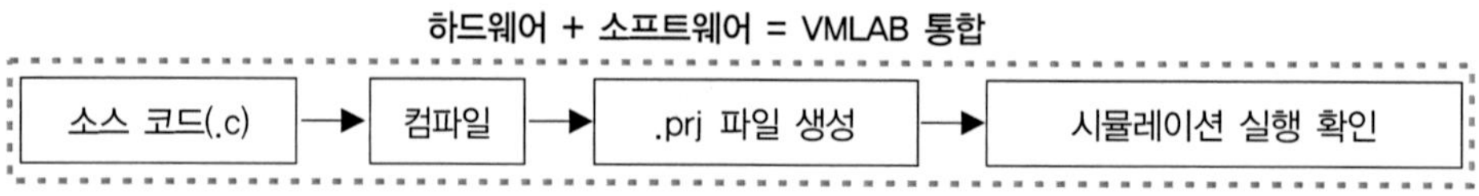

VMLAB 개발 환경의 가장 큰 장점은 추가 장비를 갖추지 않고 VMLAB에서 대부분의 ATmega-128 기능들을 시뮬레이션하면서 빠른 프로토타이핑(prototyping)을 할 수 있다는 것이다.

이 책의 마지막 단계에서는 최근 오픈소스 하드웨어 개념으로 전 세계적으로 급부상하고 있는 아두이노(Arduino)를 흥미 있게 따라하면서 배울 수 있도록 블루투스 탱크 만들기 프로젝트를 추가하였다. 이는 어려운 기술에 좀 더 쉽게 접근할 수 있는 아두이노를 통해서 마이크로컨트롤러에 대한 지식을 좀 더 발전시키고 응용할 수 있도록 하는 목적을 가지고 있다.

1.1 Bit, Byte, Word

1.1.1 Bit (비트)

우리가 일상에서 사용하고 있는 컴퓨터 또는 임베디드 시스템(embedded system) 등은 실제 내부적으로는 '0'과 '1'의 두 개의 숫자만을 이용하여 복잡한 산술연산, 계산, 명령 등을 수행한다. 이와 같이 2를 기수로 하여 '0'과 '1'로 의미를 표현하는 것을 이진수(binary number)라 하고 '0' 또는 '1' 하나의 상태를 1비트라고 한다.

[표 1.1]은 2진수의 전압 값, 논리, 레벨, 스위치 의미를 보여준다.

[표 1.1] 이진수(binary number)의 의미

2진수	전압 값	논리	레벨	스위치
0	0 V	False	Low	Off
1	5 V	True	High	On

1.1.2 Byte (바이트)

데이터의 크기를 표시할 때 가장 기본적인 단위이며 비트가 8개 묶이면 1바이트가 된다. 그리고 비트 4개가 묶이면 1니블(nibble) 단위가 되는데 1니블은 16진수 한 자리를 표현할 수 있다.

1 nibble	bit	bit	bit	bit				
1 byte	bit	bit	bit	bit	bit	bit	bit	bit

1.1.3 Word (워드)

CPU가 한 번에 처리할 수 있는 명령의 단위를 의미하며 보통은 비트가 16개 묶여 1워드를 구성한다.

1 word	byte	byte

1.1.4 2진수, 10진수, 16진수

10진수	2진수	16진수
0	0000	0
1	0001	1
2	0010	2
3	0011	3
4	0100	4
5	0101	5
6	0110	6
7	0111	7

10진수	2진수	16진수
8	1000	8
9	1001	9
10	1010	A
11	1011	B
12	1100	C
13	1101	D
14	1110	E
15	1111	F

➜ 2진수(binary), 10진수(decimal), 16진수(hexadecimal, hexa)

➜ C 언어를 사용하여 마이크로프로세서의 프로그램을 코딩할 때는 일반적으로 16진수를 사용한다.
(예 : DDRC = 0xFF)

1.2 진법 변환과 데이터 처리

1.2.1 십진수(Decimal Number)

0~9까지의 수를 사용하며 십진수는 우리가 일반적으로 사용하는 숫자이다. 십진수로 표시된 수 250은 다음과 같이 각 자리가 10의 누승으로 표시된다.

$$250 = (2 \times 10^2) + (2 \times 10^1) + (2 \times 10^0)$$

1.2.2 이진수(Binary Number)

0, 1 두 자리의 수만 사용하는 것을 이진수라고 하며 디지털에서 사용되는 숫자이다. 이진수로 표시된 1100_2는 다음과 같은 의미를 가진다.

$$1100_2 = (1 \times 2^3) + (1 \times 2^2) + (0 \times 2^1) + (0 \times 2^0)$$
$$= 8 + 4 + 0 + 0 = 12(\text{십진수})$$

여기서 십진수 12를 다시 이진수로 변환해보면 다음과 같다. 2로 더 이상 나눠지지 않을 때까지 나눈 뒤에 나머지 값을 거꾸로 읽으면 십진수 12의 이진수가 된다.

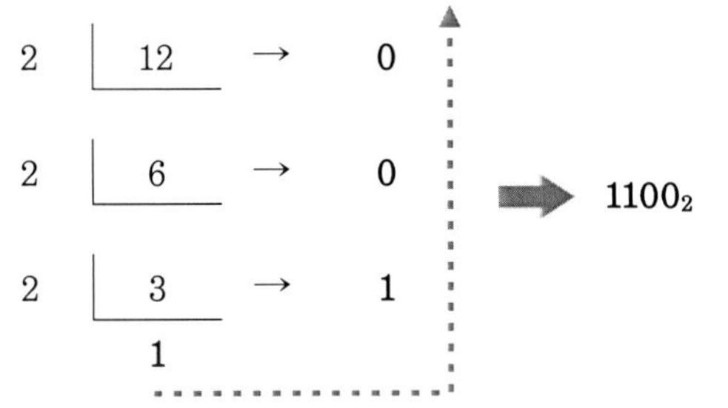

이진수의 각 자리 누승 규칙을 알면 각 진법간의 변환이 상당히 수월해진다.

…	2^7	2^6	2^5	2^4	2^3	2^2	2^1	2^0
…	128	64	32	16	8	4	2	1

위에서 변환한 1100_2를 다시 위의 표에서 제시한 각 자리 누승된 값을 바로 적용하면

…	2^7	2^6	2^5	2^4	2^3	2^2	2^1	2^0
…	128	64	32	16	8 × 1	4 × 1	2 × 0	1 × 0
					8 +	4 +	0 +	0

0인 자리를 곱하면 결국 값이 0이 되기 때문에 볼 필요가 없고 값이 1인 자리의 각 자리 누승 값을 확인하여 그 값을 더해주면 마찬가지로 12_{10}로 빠르게 변환할 수 있다. 대부분의 진법변환은 일단 이진수로 변환한 뒤에 다시 각 진수로 변환하면 되니 위 개념을 잘 이해하도록 한다.

1.2.3 16진수(Hexadecimal Number)

0에서 9까지 그리고 10부터 15까지의 수를 차례대로 알파벳 A, B, C, D, E, F로 사용하는 것을 16진수라고 한다. 16진수로 표시된 $AF7_{16}$의 의미는 다음과 같다.

$$\begin{aligned} AF7_{16} &= (10\times 16^2) + (15\times 16^1) + (7\times 16^0) \\ &= (10\times 256) + (15\times 16) + (7\times 1) \\ &= 2807_{10} \end{aligned}$$

또 다른 변환 방법은 16진수를 이진수로 먼저 변환한 뒤에 다시 십진수로 변환해도 동일하며 16진수의 한 자리 수는 이진수 4비트로 변환된다.

A				F				7			
1	0	1	0	1	1	1	1	0	1	1	1

16진수를 이진수로 변환한 값을 나열하면 101011110111이며 이진수를 다시 십진수로 변환하면 2807_{10} 값으로 변환되는 것을 알 수 있다.

1.2.4 데이터의 단위

디지털에서는 이진수를 사용하는 것이 가장 편리하다. 따라서 데이터의 단위는 이진수를 사용하여 나타낸다.

- 비트(bit) : Binary Digit로 0 또는 1 하나의 값을 의미하며 컴퓨터의 최소 데이터 단위이다.
- 니블(nibble) : 4비트를 1니블이라 한다. 1니블은 2^4를 의미하며 16개의 수를 표시할 수 있으므로 16진수를 표현할 수 있다.
- 바이트(byte) : 8비트를 1바이트라 한다. 데이터의 크기를 표시할 때 가장 기본적인 단위이다.
- 워드(word) : 2바이트를 워드라 한다.
- 킬로바이트(KB) : 1024바이트를 1킬로바이트라 한다. 1 Kbyte(2^{10}) = 1024 byte
- 메가바이트(MB) : 1024킬로바이트를 1메가바이트라 한다. 1 Mbyte(2^{20}) = 1024 Kbyte
- 기가바이트(GB) : 1024메가바이트를 1기가바이트라 한다. 1 Gbyte(2^{30}) = 1024 Mbyte
- 테라바이트(TB) : 1024기가바이트를 1테라바이트라 한다. 1 Tbyte(2^{40}) = 1024 Gbyte
- 페타바이트(PB) : 1024테라바이트를 1페타바이트라 한다. 1 Pbyte(2^{50}) = 1024 Tbyte

1.2.5 거듭제곱 표기

[표 1.2] SI 접두어와 단위 (다음 페이지에 계속)

단위	접두어	영어 표기	한글 발음
10^{24}	Y	yotta	요타
10^{21}	Z	zetta	제타
10^{18}	E	exa	엑사
10^{15}	P	peta	페타
10^{12}	T	tera	테라
10^{9}	G	giga	기가
10^{6}	M	mega	메가
10^{3}	k	kilo	킬로
10^{2}	h	hecto	헥토

[표 1.2] SI 접두어와 단위(계속)

단위	접두어	영어 표기	한글 발음
10	da	deka	데카
10^{-1}	d	deci	데시
10^{-2}	c	centi	센티
10^{-3}	m	milli	밀리
10^{-6}	μ	micro	마이크로
10^{-9}	n	nano	나노
10^{-12}	p	pico	피코
10^{-15}	f	femto	펨토
10^{-18}	a	atto	아토
10^{-21}	z	zepto	젭토
10^{-24}	y	yocto	욕토

1.2.6 데이터의 표현

8비트 마이크로컨트롤러인 ATmega128을 기본으로 다룰 것이기 때문에 8비트 데이터의 기본 구성에 대해서 살펴본다.

- 최상위 비트 : MSB(Most Significant Bit)는 한 데이터를 나타내는 비트 열에서 가장 왼쪽에 있는 비트를 의미한다. 즉, 가장 큰 값을 갖는 비트를 말한다.
- 최하위 비트 : LSB(Least Significant Bit)는 한 데이터를 나타내는 비트 열에서 가장 오른쪽에 있는 비트를 의미한다. 즉, 가장 작은 값을 갖는 비트를 말한다.
- 비트 또는 바이트를 셀 때는 오른쪽의 최하위 비트부터 왼쪽의 최상위 비트 방향으로 세어 나간다.
- 이진수 0b11100111을 16진수로 표기할 때는 상위 니블(4 bit)와 하위 니블(4 bit)를 각각 읽은 뒤에 0x를 붙여 0xE7로 표기하면 된다.

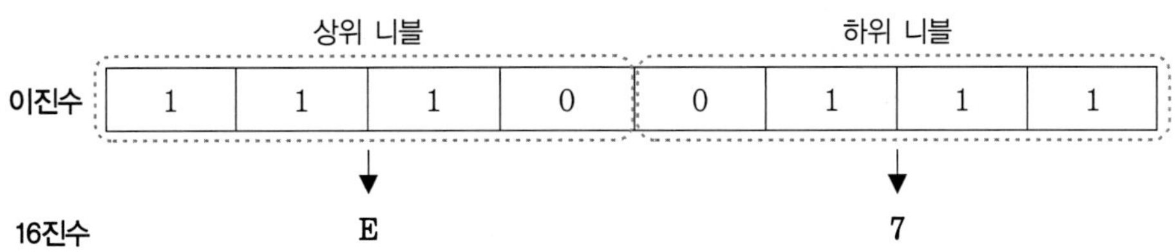

1.3 기본 논리회로

1.3.1 NOT (논리 부정)

'0'이 입력되면 '1'이 출력되고 '1'이 입력되면 '0'이 출력되는 소자로 인버터(inverter)라고도 하며 논리기호와 동작은 다음과 같으며 연산자는 '~'이다.

입력	출력
0 (Low)	1 (High)
1 (High)	0 (Low)

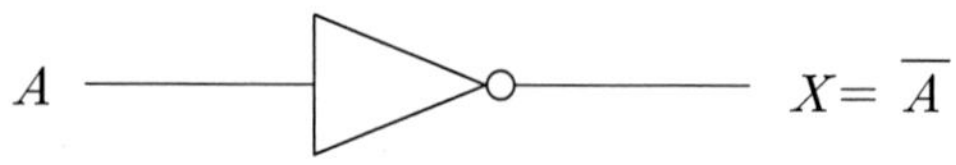

1.3.2 AND (논리곱 회로)

n개의 입력에서 모든 입력이 '1'일 경우에만 출력이 '1'이 되며 입력 중의 어느 하나라도 '0'이 입력될 경우 출력은 '0'이 된다. 논리기호와 동작은 다음과 같으며 연산자는 '&'이다.

입력		출력
A	B	X
0	0	0 (Low)
0	1	0 (Low)
1	0	0 (Low)
1	1	1 (High)

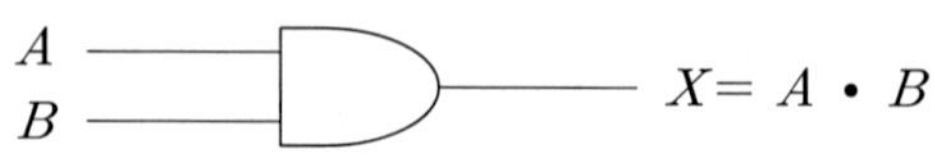

1.3.3 OR (논리합 회로)

n개의 입력에서 입력 중의 어느 하나라도 '1'이 될 경우 출력은 '1'이 되고 입력이 모두 '0'이 될 경우에만 출력은 '0'이 된다. 논리기호와 동작은 다음과 같으며 연산자는 '|'이다.

입력		출력
A	B	X
0	0	0 (Low)
0	1	1 (High)
1	0	1 (High)
1	1	1 (High)

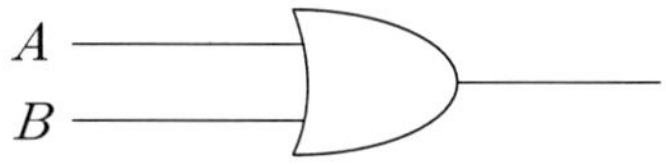

$$X = A + B$$

1.3.4 NAND (부정 논리곱 회로)

NAND는 AND의 출력에 NOT이 연결된 형태로 AND 출력의 반대로 출력이 된다. 즉, 모든 입력이 '1'일 경우에만 '0'이 출력되고 입력 중에 어느 하나라도 '0'이 입력될 경우 출력은 '1'이 된다. 논리기호와 동작은 다음과 같다.

입력		출력
A	B	X
0	0	1 (High)
0	1	1 (High)
1	0	1 (High)
1	1	0 (Low)

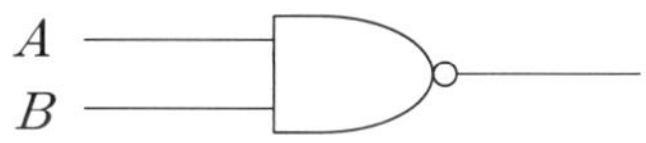

$$X = \overline{A \cdot B}$$

1.3.5 NOR (부정 논리합 회로)

NOR는 OR의 출력에 NOT이 연결된 형태로 OR 출력의 반대로 출력을 낸다. 즉, 모든 입력이 '0'일 경우에만 '1'이 출력되고 입력 중에 어느 하나라도 '1'이 입력될 경우 출력은 '0'이 된다. 논리기호와 동작은 다음과 같다.

입력		출력
A	B	X
0	0	1 (High)
0	1	0 (Low)
1	0	0 (Low)
1	1	0 (Low)

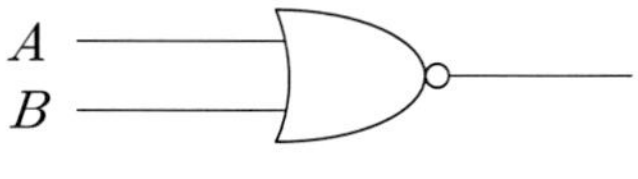

$$X = \overline{A + B}$$

1.3.6 XOR (배타적 논리합 회로)

XOR(Exclusive-OR)는 배타적 논리합 회로라 하며 두 입력이 서로 다를 경우(배타적) '1'이 출력되고 두 입력이 서로 같을 경우 '0'이 출력된다. 논리기호와 동작은 다음과 같으며 연산자는 '^'이다.

입력		출력
A	B	X
0	0	0 (Low)
0	1	1 (High)
1	0	1 (High)
1	1	0 (Low)

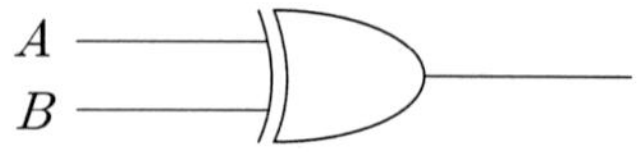

$X = A \oplus B$

1.3.7 XNOR (배타적 부정 논리합)

XNOR(Exclusive-NOR)는 배타적 부정 논리합 회로로서 XOR(배타적 논리합 회로)의 출력에 NOT이 연결된 형태이며 두 입력이 서로 다를 경우 '0'이 출력되고 두 입력이 서로 같을 경우 '1'이 출력된다. 논리기호와 동작은 다음과 같다.

입력		출력
A	B	X
0	0	1 (High)
0	1	0 (Low)
1	0	0 (Low)
1	1	1 (High)

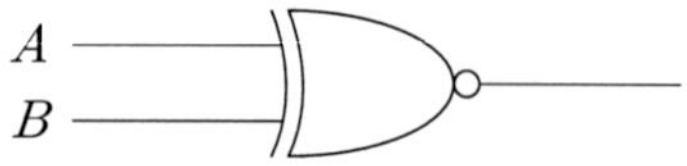

$X = A \odot B$

1.4 임베디드 시스템과 개발 환경

1.4.1 임베디드 시스템 개요

어떤 제품이나 솔루션에 내장되는 방식으로 하드웨어와 소프트웨어가 조합되어 특정 목적을 수행하도록 만들어진 시스템을 임베디드 시스템이라 한다.

컴퓨터의 경우 문서 작업, 그래픽 작업, 멀티미디어 작업 등 사용자가 다양한 작업을 할 수 있도록 범용으로 만들어지지만 임베디드 시스템이라 할 수 있는 엘리베이터, 프린터, 전자레인지 등을 보면 기능이 융합되는 경우를 제외하고 대부분 특정 목적에 국한된 기능만 제공되는 것을 알 수 있다. 이처럼 임베디드 시스템은 범용 목적으로 만들어지는 것이 아니라 특수 목적을 위해 만들어지기 때문에 시스템을 구성하는 장치와 소프트웨어가 제한적이다.

컴퓨터에서는 주로 인텔과 AMD 계열의 프로세서가 사용되지만 임베디드 시스템에서 사용되는 프로세서는 수많은 회사에서 개발되고 있고 그 종류가 매우 다양하다. 대표적인 프로세서는 ARM, AVR, PIC, MIPS, PowerPC, 8051 등이 있으며 소형화, 경량화, 고성능화, 저전력화 등의 요구사항을 충족하기 위해서 끊임없이 발전하며 진화하고 있다.

1.4.2 임베디드 시스템 구성

다음 [그림 1.2]는 일반적인 임베디드 시스템의 구성을 보여준다.

[그림 1.2] 임베디드 시스템 구성

- **마이크로프로세서**

중앙처리 장치(CPU, Central Processing Unit)를 말하며 버스 동작을 제어하고 각종 연산을 수행하는 장치로 내부에는 연산에 필요한 일정한 개수의 레지스터가 내장되어 있다.

- **메모리**

프로그램과 데이터를 저장하기 위해 필요하며 마이크로프로세서는 메모리에 저장된 명령어를 읽어 작업을 수행한다. 크게 비휘발성 메모리인 ROM(Read Only Memory)과 휘발성 메모리인 RAM(Random Access Memory)으로 구분한다.

ROM은 전원이 공급되지 않더라도 기억된 데이터가 지워지지 않으며 MASK ROM, PROM, EPROM, EEPROM, FLASH ROM 등이 있다. 반면 전원이 공급되지 않으면 기억된 데이터가 소멸되는 메모리를 RAM이라 하며 DRAM(Dynamic RAM)과 SRAM(Static RAM)이 있다.

이 책에서 다루게 될 ATmega128 마이크로컨트롤러의 경우 내부에 RAM과 ROM을 모두 가지고 있다. 개발자가 작성한 프로그램은 전원이 공급되지 않아도 정보가 지워지지 않는 플래시 메모리에 다운로드를 하며, 전원이 공급되는 동안 저장된 내용을 기억하기 위한 데이터는 SRAM에 저장을 하게 된다.

- **입·출력 장치**

외부 장치로부터 입력을 받거나 외부 장치에 데이터를 출력하는 모든 리소스를 포함한다. 인식된 데이터를 주기억 장치로 읽어 들이는 것을 입력 장치라 하며, 처리된 내용을 인식할 수 있는 형태로 표시되는 것을 출력 장치라고 한다.

명령어 실행과 파이프라인(pipeline)

CPU는 기억장치에 저장되어 있는 프로그램 코드인 명령어들을 실행한다. 다음은 세부 동작을 순서대로 나열한 것이다. 명령어 인출과 해독은 모든 명령어들에 대하여 공통적으로 수행되지만 나머지는 명령어에 따라 필요한 경우에만 수행된다.

① 명령어 인출(instruction fetch) : 기억 장치로부터 명령어를 읽어 온다.
② 명령어 해독(instruction decode) : 수행할 동작을 결정하기 위한 명령어를 해독한다.
③ 데이터 인출(data fetch) : 명령어 실행을 위해 데이터가 필요한 경우 기억장치 또는 입·출력 장치로부터 그 데이터를 읽어 온다.
④ 데이터 처리(data process) : 데이터에 대한 산술, 논리 연산을 수행한다.
⑤ 데이터 저장(data store) : 수행한 결과를 저장한다.

CPU가 한 개의 명령어를 실행하는데 필요한 전체 과정을 명령어 사이클(instruction cycle)이라 하며 CPU가 기억장치로부터 명령어를 읽어 오는 명령어 인출(instruction fetch) 단계와 인출된 명령어를 실행하는 명령어 실행(instruction execution) 단계로 이루어진다.

명령어 사이클에서 하나의 명령어가 실행되는 중에 다른 명령어 실행을 시작하는 방식으로 프로세서의 처리 속도를 높일 수 있는데 이렇게 CPU의 성능을 향상시키기 위하여 처리 동작을 시분할 회로에 의해서 처리하는 것을 파이프라인이라 한다. 명령어 파이프라인은 분할되는 단계의 수가 많아질수록 처리 속도가 높아지는데 AVR ATmega128의 경우 2단계 파이프라인을 쓰고 있다. 2단계 파이프라인의 경우 명령어 인출 단계(fetch stage)와 실행 단계(execute stage)로 구분된다.

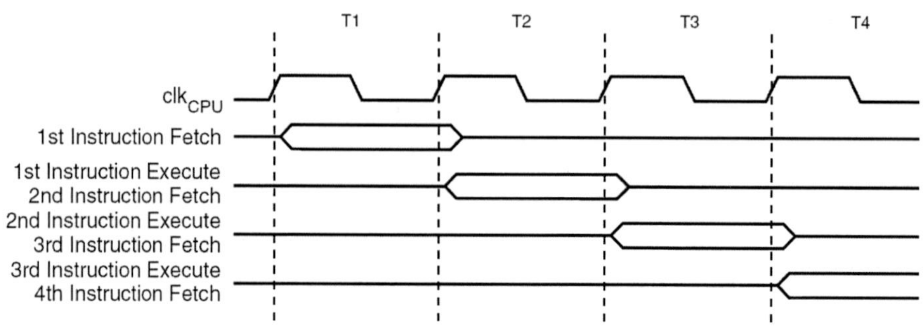

[그림 1.3] ATmega128의 명령어 인출과 명령어 실행

[그림 1.3]은 한 클록에 한 명령어 실행을 나타내는 타이밍도이다. 첫 번째 클록 주기 동안에 인출 단계가 첫 번째 명령어를 인출한다. 그리고 두 번째 주기에서는 그 명령어가 실행 단계로 보내져

처리되고 동시에 인출 단계는 두 번째 명령어를 인출한다. 실행 단계에서 처리될 명령어는 첫 번째 클록 주기 동안 미리 인출되었기 때문에 두 번째 클록 주기가 시작되는 즉시 실행이 시작될 수 있다. 이처럼 다음에 실행될 명령어를 미리 인출하는 것을 명령어 선인출(instruction prefetch) 또는 인출 중복(fetch overlap)이라 한다.

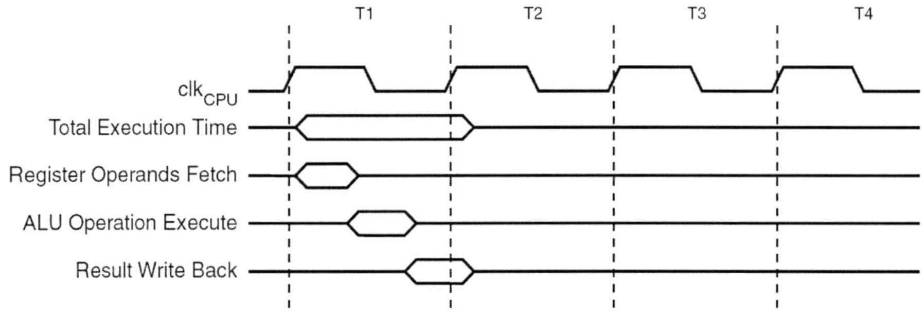

[그림 1.4] 한 클록에 수행되는 명령어 실행 동작

한 클록에서 실행되는 명령어의 세부 동작을 [그림 1.4]에서 보여주고 있다. 대부분의 ATmega128 명령어들은 Fetch, Execute 단계를 거쳐 결과를 기록하는 Write Back 과정까지 한 클록에 실행된다.

1.5 마이크로컨트롤러 (Microcontroller)

컴퓨터의 중앙처리장치(CPU)가 가진 기능의 대부분을 단일 또는 몇 개의 반도체 칩에 집적한 것을 마이크로프로세서(microprocessor)라고 하고, 마이크로프로세서를 중심으로 ROM, RAM, 입·출력 제어 인터페이스 회로 타이머/카운터, ADC 등을 내장한 것을 마이크로컨트롤러(microcontroller)라고 한다. 마이크로컨트롤러의 경우 단일 칩(VLSI)에 완전한 하나의 컴퓨터 시스템 기능을 갖추고 있으므로 단일 칩 마이크로컴퓨터(single chip microcomputer)라고도 한다.

마이크로컨트롤러의 사용 범위는 상당히 광범위하며 마이크로컨트롤러가 사용되지 않는 기기는 거의 없다. 일상에서 흔히 사용하는 스마트폰, 디지털카메라, 프린터, 기타 다양한 멀티미디어 기기들을 포함해서 텔레비전, DVD 플레이어, 각종 셋톱박스, 전화기, 냉장고, 전자레인지, 세탁기와 같은 생활가전 등에 대부분 마이크로컨트롤러가 내장되어 있으며 인공위성, 자동차, 선박, 항공기, GPS, 의료기기, 계측 장비, 중공업 산업용 로봇, 반도체 이송·검사용 로봇, 기타 다양한 로봇 등을 포함하여 가전·의료·산업분야를 총망라해서 사용되고 있다.

오늘날의 마이크로컨트롤러는 다양한 응용 분야에 기능별, 성능별 등으로 세분화되어 여러 반도체 회사들에서 매우 다양한 종류가 시리즈로 개발되어 사용되고 있으며 범용 마이크로프로세서를 뜻하는 MPU(Micro Processor Unit)와 구별하여 MCU(Micro Controller Unit)라고 부르기도 한다.

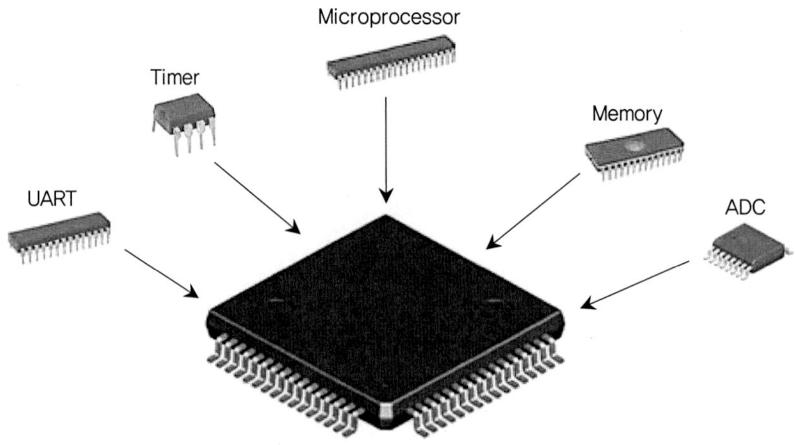

[그림 1.5] 마이크로컨트롤러의 개념도

일반적으로 그냥 마이크로프로세서라고 하면 범용 마이크로프로세서(MPU)와 마이크로컨트롤러(MCU), RISC 프로세서, DSP 등 CPU의 기능을 포함하는 단일 반도체 소자를 모두 지칭하는 포괄적인 개념이다. 이 책에서는 마이크로프로세서, 마이크로컨트롤러, MCU, MPU, MICOM, μP, CPU 등의 용어를 마이크로프로세서와 마이크로컨트롤러로 혼용해서 사용하고 있으므로 용어와 관련해서 혼동하지 않기 바란다.

1.6 RISC와 Harvard Architecture

범용 마이크로프로세서를 구성하는 요소에는 명령 세트, 레지스터, 메모리 공간 등이 있으며 이 중 명령 세트는 RISC(Reduced Instruction Set Compute) 방식과 CISC(Complex Instruction Set Computer) 방식으로 두 가지로 크게 분류할 수 있다.

RISC는 CISC의 길고 복잡한 명령어 설계를 짧고 처리가 빠른 여러 개의 명령어로 바꾸었기 때문에 명령어가 1워드의 길이로 짧으며 파이프라인과 슈퍼 스칼라 등의 명령어 처리 기술을 사용하여 멀티태스킹이 가능하다. 즉, RISC 방식은 고정된 길이의 명령어를 사용하고 명령어의 종류가 미리 정해져 있으므로 해석 속도가 빠르고 여러 개의 명령어를 처리하기에 적합하다는 것이 장점이다. 그러나 트랜지스터 집적에 있어서 효율성이 떨어지고 전력 소모가 크며, 처리 비트 단위가 변하거나 CPU의 구조가 조금만 바뀌어도 하위 프로세서와의 호환성이 떨어지는 단점을 가지고 있다.

폰 노이만 구조(Von Neumann architecture)는 데이터 메모리와 명령어 메모리가 구분되지 않고 하나의 버스를 가지고 있기 때문에 프로그램과 데이터를 전달할 때 발생하는 메모리 접근 병목현상의 단점을 가지고 있다. 이를 개선하기 위하여 제시된 것이 하버드 구조이다.

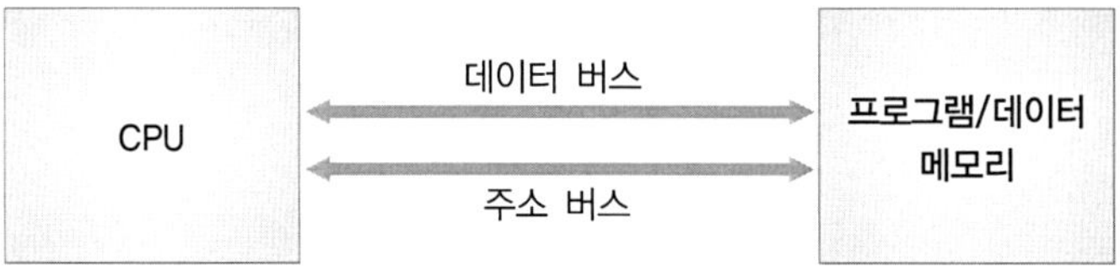

[그림 1.6] 폰 노이만 구조

하버드 구조는 프로그램과 데이터를 각각 물리적으로 분할한 구조이며 두 개의 버스를 통해서 명령어와 데이트를 동시에 읽거나 쓸 수 있다.

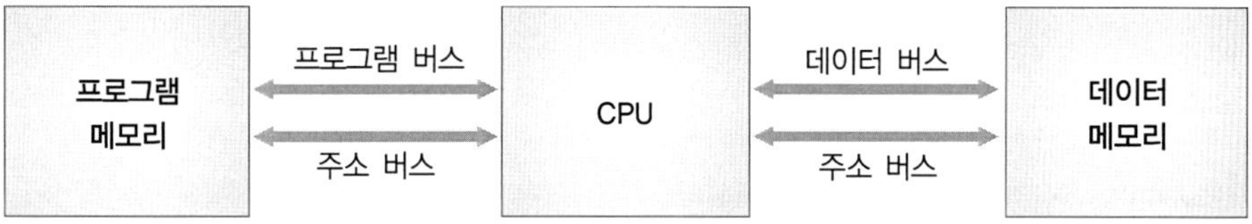

[그림 1.7] 하버드 구조

대부분의 마이크로프로세서는 RISC 방식에 하버드 구조(Harvard architecture)로 만들어지지만 CISC 방식과 폰 노이만 구조가 가지는 장점을 이용하여 설계되기도 한다.

1.7 Embedded C 언어의 기본

1.7.1. C 언어의 개요

- **C 언어의 역사**

C 프로그래밍 언어는 1971년 미국 Bell 연구소의 시스템 프로그래머인 Dennis Ritchie 등에 의해서 개발된 시스템 기술용의 프로그래밍 언어이다. UNIX 운영체제의 기술에 사용할 것을 목적으로 설계되었고 UNIX OS의 대부분이 C 언어로 개발되었다.

- **C 언어의 발전 과정**

Algol60 → CPL → BCPL → B → C → C++ …

C 언어의 기능에 객체 지향 프로그래밍(OOP, Object Oriented Programming) 기법을 도입한 언어가 C++이다. 임베디드 시스템을 어셈블리어(assembly language)로 개발하지 않는다면 C 언어나 C++ 언어에 관심을 가져야 한다.

- **C 언어의 주요 특징**

① 기계 중심의 저급 언어와 사용자 중심의 고급 언어의 장점을 가지고 있다.

② 절차 지향적 특성을 가지며 구조적 프로그래밍을 지원하는 함수 언어이다.
③ 풍부한 내장 함수 라이브러리를 제공한다.
④ 다른 시스템으로의 이식성이 좋다.
⑤ 실행 파일의 크기가 작고 빠른 성능을 가지고 있다.

1.7.2 데이터 형과 변수

- **데이터 형(data type)**

[표 1.3] 데이터 형과 범위

데이터 형	메모리 크기	범위
char	1 byte	–128 ~ +127
unsigned char	1 byte	0 ~ 255
short	2 byte	–32,768 ~ +32,767
unsigned short	2 byte	0 ~ 65,535
int	4 byte	–2,147,483,648 ~ +2,147,483,647
unsigned int	4 byte	0 ~ 4,294,967,295
long	4 byte	–2,147,483,648 ~ +2,147,483,647
unsigned long	4 byte	0 ~ 4,294,967,295
float	4 byte	±1.175e–38 ~ ±3.402e38
double	8 byte	±1.175e–38 ~ ±3.402e38

- **변수(variable)**

메모리 공간에 붙여지는 이름을 말하며 변수를 선언할 때는 데이터 형과 변수명을 함께 사용한다.

① 변수 이름은 반드시 영문자로 시작하고 대소문자 구분을 한다.
② 숫자(0~9)와 _(under bar)문자도 영문자와 함께 사용 가능하다.
③ C 언어의 키워드를 변수명으로 사용할 수 없다.
④ 변수 이름의 중간에 공백을 사용할 수 없다.

- **데이터 형(자료 형)과 변수의 선언 예**

```
int num;            // 부호를 갖는 정수를 저장하기 위한 num 변수 선언
float avg;          // 부호를 갖는 실수를 저장하기 위한 avg 변수 선언
int num, sum;       // 동일한 데이터 형일 경우 콤마(,) 연산자를 사용하여 여러 개의
                    // 변수를 한 번에 선언할 수 있다.
char ch = 'a'       // 한 문자를 저장하기 위한 ch 변수에 문자상수 'a' 저장
float pi = 3.14     // 실수를 저장하기 위한 pi 변수에 숫자상수 3.14 저장
```

1.7.3 연산자

C 언어에서 연산자는 산술, 비트, 관계, 논리 연산자 등이 존재하며 연산자간 처리 우선 순위가 있기 때문에 여러 연산자를 함께 사용할 때에는 연산자 우선순위 때문에 프로그램 결과의 오류가 발생되지 않도록 주의해야 한다.

[표 1.4] 연산자의 종류와 기능

<table>
<tr><th colspan="2">종류</th><th>C</th><th>사용 예</th><th>설명</th></tr>
<tr><td rowspan="15">산술 연산자</td><td rowspan="5">이 항
연산자</td><td>+</td><td>a = b + c;</td><td>b와 c를 더하여 a에 대입</td></tr>
<tr><td>-</td><td>a = b - c;</td><td>b에서 c를 뺀 값을 a에 대입</td></tr>
<tr><td>*</td><td>a = b * c;</td><td>b와 c를 곱하여 a에 대입</td></tr>
<tr><td>/</td><td>a = b / c;</td><td>b를 c로 나눈 몫을 a에 대입</td></tr>
<tr><td>%</td><td>a = b % c;</td><td>b를 c로 나눈 나머지 값을 a에 대입</td></tr>
<tr><td rowspan="5">단 항
연산자</td><td rowspan="2">++</td><td>a++;</td><td>a의 값을 먼저 출력한 뒤 1 증가</td></tr>
<tr><td>++a;</td><td>먼저 a의 값을 1 증가시키고 a를 출력</td></tr>
<tr><td rowspan="2">--</td><td>a--;</td><td>a의 값을 먼저 출력한 뒤 1 감소</td></tr>
<tr><td>--a;</td><td>먼저 a의 값을 1 감소시키고 a를 출력</td></tr>
<tr><td>-</td><td>a = -a;</td><td>a의 부호 반전</td></tr>
<tr><td rowspan="5">대 입
연산자</td><td>+=</td><td>a += b;</td><td>a와 b를 더한 값을 다시 a에 대입</td></tr>
<tr><td>-=</td><td>a -= b;</td><td>a에서 b를 뺀 값을 다시 a에 대입</td></tr>
<tr><td>*=</td><td>a *= b;</td><td>a와 b를 곱한 값을 다시 a에 대입</td></tr>
<tr><td>/=</td><td>a /= b;</td><td>a를 b로 나눈 몫을 다시 a에 대입</td></tr>
<tr><td>%=</td><td>a %= b;</td><td>a를 b로 나눈 나머지 값을 다시 a에 대입</td></tr>
<tr><td rowspan="6">비트 연산자</td><td rowspan="4">논 리
연산자</td><td>&</td><td>a = b & c</td><td>b와 c의 각 비트를 AND 연산하여 a에 대입</td></tr>
<tr><td>|</td><td>a = b | c</td><td>b와 c의 각 비트를 OR 연산하여 a에 대입</td></tr>
<tr><td>^</td><td>a = b ^ c</td><td>b와 c의 각 비트를 XOR 연산하여 a에 대입</td></tr>
<tr><td>~</td><td>a = ~b</td><td>b와 c의 각 비트를 NOT 연산하여 a에 대입</td></tr>
<tr><td rowspan="2">시프트
연산자</td><td><<</td><td>a = b << c</td><td>b의 값을 왼쪽으로 c만큼 이동하여 a에 대입</td></tr>
<tr><td>>></td><td>a = b >> c</td><td>b의 값을 오른쪽으로 c만큼 이동하여 a에 대입</td></tr>
<tr><td colspan="2" rowspan="6">관 계
연산자</td><td>></td><td>a > b</td><td>a가 b보다 크면 참(1), 작거나 같으면 거짓(0)</td></tr>
<tr><td><</td><td>a < b</td><td>a가 b보다 작으면 참(1), 크거나 같으면 거짓(0)</td></tr>
<tr><td>>=</td><td>a >= b</td><td>a가 b보다 크거나 같으면 참(1), 작으면 거짓(0)</td></tr>
<tr><td><=</td><td>a <= b</td><td>a가 b보다 작거나 같으면 참(1), 크면 거짓(0)</td></tr>
<tr><td>==</td><td>a == b</td><td>a와 b가 같으면 참(1), 같지 않으면 거짓(0)</td></tr>
<tr><td>!=</td><td>a != b</td><td>a와 b가 같지 않으면 참(1), 같으면 거짓(0)</td></tr>
<tr><td colspan="2" rowspan="3">논 리
연산자</td><td>&&</td><td>a && b</td><td>논리 a와 b가 모두 참이면 참(1), 그 외 거짓(0)</td></tr>
<tr><td>||</td><td>a || b</td><td>논리 a와 b가 모두 거짓이면 거짓(0), 그 외 참(1)</td></tr>
<tr><td>!</td><td>!a</td><td>논리 a가 거짓이면 참(1), a가 참이면 거짓(0)</td></tr>
</table>

1.7.4 조건문(분기문)

프로그램의 흐름을 변경시키고자 할 때 조건문이 사용되며 기본적으로 조건이 참이면 실행하고 거짓이면 무시한다. 조건문에는 크게 if 조건문과 switch 조건문이 있다.

(1) if 조건문

if 조건문은 비교 연산자 또는 논리 연산자 등과 함께 사용하여 조건의 수에 따라 다양한 방식으로 형식을 구성할 수 있다. 자주 사용되는 몇 가지 형식을 보자.

```
if (조건식)
{
        참인 경우 실행
}

else
{
        거짓인 경우 실행
}
```

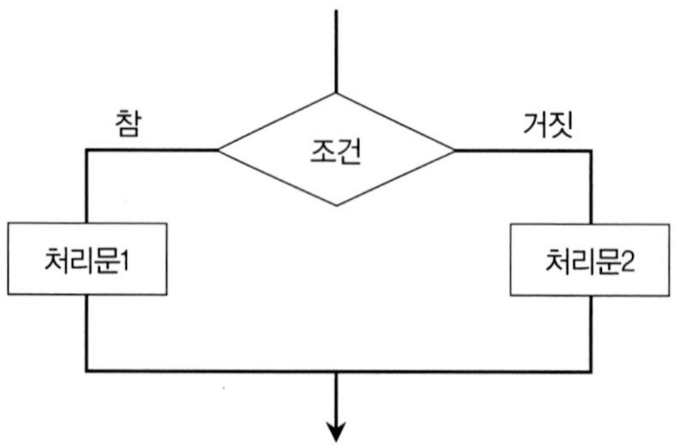

[그림 1.8] 기본적인 if 조건문과 조건문의 처리

● **if 조건만 사용한 예제**

```
#include <stdio.h>

void main (void)
{
      int x = 10;

      if (x == 10)                    // x 값이 10과 같으면...
      {
         printf ("x = 10₩n");
      }

      if (x)                          // x 값이면...
      {
         printf ("x = True₩n");
      }

      if (!x)                         // x 값이 아니면...
      {
```

```
        printf ("x = False₩n");
    }
}
```

● if else 조건문 예제

```
#include <stdio.h>

void main (void)
{
    int number;                     // 정수형 number 변수 선언

    printf ("Input an integer ? ");
    scanf ("%d", &number);          // 입력 받은 정수를 number 변수에 저장

    if (number % 3 == 0)            // 입력 받은 수를 3으로 나눠 0과 같으면...
      printf ("입력한 정수는 3의 배수입니다.");
    else
      printf ("입력한 정수는 3의 배수가 아닙니다.");
}
```

- 실행되는 문장이 한 줄로 처리가 가능할 때 블록({ })을 생략할 수 있다.
- else문은 생략이 가능하다. 하지만 예외 처리 문장이 실행되도록 구성하는 것이 좋다.

● 조건이 여러 개일 때

```
#include <stdio.h>

void main (void)
{
    int x = 2;                      // x 변수에 2를 대입

    if (x == 1)                     // x 값이 1이면...
      printf ("x = 1₩n");

    else if (x == 2)                // x 값이 2이면...
      printf ("x = 2₩n");

    else if (x == 3)                // x 값이 3이면...
      printf ("x = 3₩n");

    else                            // 모든 조건에 해당되지 않을 때
      printf ("Error!₩n");
}
```

(2) 중첩 조건문

조건문에 다시 조건문을 포함하는 것을 말하며 중첩의 회수에는 제한이 없으나 중첩이 깊어지면 코드 해석이 어려워지고 디버깅을 하기 어려워진다. 중첩은 조건문뿐만 아니라 반복문에도 적용이 된다.

```
if ( 조건식 1 )
{
      if ( 조건식 2 )
      {
         조건식 1이 참이고 조건식 2가 참인 경우 실행
      }

      else
      {
         조건식 1이 참이고 조건식 2가 거짓인 경우 실행
      }
}

else
{
      if ( 조건식3 )
      {
         조건식 1이 거짓이고 조건식 3이 참인 경우 실행
      }

      else
      {
         조건식 1이 거짓이고 조건식 3이 거짓인 경우 실행
      }
}
```

(3) switch 조건문

if문과 유사하지만 문법적인 구조와 내부적으로 처리되는 방식이 다르다. switch문의 조건식에는 반드시 정수형의 값을 써야 한다.

```
switch (변수 또는 값)
{
      case 값1 :
         값 1에 해당했을 때 실행되는 문장1;
         break;
```

```
        case 값2 :
            값 2에 해당했을 때 실행되는 문장2;
            break;

        case 값3 :
            값 3에 해당했을 때 실행되는 문장3;
            break;

        default :
            변수 또는 값에 해당되는 것이 없을 때 실행되는 문장4
}
```

- switch문의 기본 형태를 보면 case가 내어쓰기 형태로 되어 있어 if문의 조건보다 가독성이 좋다. 코드의 조건을 좀 더 빨리 확인할 수 있는 장점과 if문보다 실행 속도가 빠르다는 장점이 있다. 다만 정수형 상수, 정수형 변수, 문자 상수 외에 조건식을 쓸 수 없는 단점이 있다.
- case 조건을 실행하는 문장에 break를 제외하면 아래쪽 조건이 실행된다. 의도하지 않는 오류를 만들 수 있기 때문에 주의하도록 한다. 기본적으로 break는 필수적이다.
- default는 if문의 else처럼 생략할 수 있다. 하지만 예외 처리 문장이 실행되도록 구성하도록 한다.

● 기본적인 switch 조건문 예제

```
#include <stdio.h>

void main (void)
{
        int n = 4;                                  // 정수형 n 변수에 4 대입

        switch (n)
        {
            case 1:                                 // n 변수의 값이 1이면
                printf ("One₩n");
                break;

            case 2:                                 // n 변수의 값이 2이면
                printf ("Two₩n");
                break;

            case 3:                                 // n 변수의 값이 3이면
                printf ("Three₩n");
                break;
```

```
        case 4:                                   // n 변수의 값이 4이면
            printf ("Four₩n");
            break;

        case 5:                                   // n 변수의 값이 5이면
            printf ("Five₩n");
            break;

        default:                                  // 해당 사항이 없을 때
            printf ("Another Value₩n");
    }
}
```

● **코드 스타일이 다른 switch 조건문 예제**

```
#include <stdio.h>

void main (void)
{
    int kor, eng, mat;
    int total;                                    // 총점
    float avg;                                    // 평균
    char hak;                                     // 학점

    printf("국어, 영어, 수학 점수를 입력 : ");
    scanf("%d %d %d", &kor, &eng, &mat);  // 과목별 점수 입력

    total = kor + eng + mat;                      // 과목별 점수 합계
    avg = (float)(total / 3.0);                   // 평균. 캐스팅 연산

    switch ( (int)avg / 10 )                      // 10으로 나눈 조건
    {
        case 10:
        case 9:   hak = 'A';   break;             // 9나 10이면 A
        case 8:   hak = 'B';   break;             // 8이면 B
        case 7:   hak = 'C';   break;             // 7이면 C
        case 6:   hak = 'D';   break;             // 6이면 D
        default:  hak = 'F';                      // 해당 사항 없으면 F
    }

    printf ("국어 : %d, 영어 : %d, 수학 : %d\n", kor, eng, mat);
    printf ("총점 : %d, 평균 : %.2f, 학점 : %c\n", tot, avg, hak);
}
```

1.7.5 반복문

특정 조건이 만족될 때까지 반복해서 실행되도록 하는 명령을 말하며 if문과 마찬가지로 중첩해서 사용할 수 있다. 크게 for문과 while문이 있다.

종류	문법	설명

for	for (초기화; 조건식; 증감값)
	{
	    반복할 문장;
	}
		- 초기화는 for문이 처음 실행될 때 단 한번 실행되며 여러 개의 변수를 쉼표(,) 연산자로 구분하여 초기화할 수 있다.
		- 조건식은 루프의 반복을 계속할 것인지 중단할 것인지 결정하는 부분이며 일반적으로 반복 조건을 중단할 때의 조건을 선언한다.
		- 증감값은 초기화 변수의 값을 증감한다.

	for (a = 0; a < 10; a++)
	{
	    실행문 1;
	    실행문 2;
	        :
	}
	실행문 3;
		- a가 0에서 9가 될 때까지 실행문 1; 실행문 2;를 반복 실행하며 a 변수의 증감값이 1씩 더해지면서 10이 되는 순간 반복 실행은 중단되어 for문이 종료된다. 이후 실행문 3을 실행한다.

while	while (a > b)
	{
	    실행문 1;
	    실행문 2;
	        :
	}
	실행문 3;
		- while (조건식) 조건식의 결과가 참(1)이면 실행문 1;과 실행문 2;를 실행하고, 거짓이면 while문을 빠져 나간다.
		- while문을 빠져나갈 수 있는 변수의 초기화와 증감값의 처리를 잘 선언해줘야 한다.

do
~
while
	do
	{
	    실행문 1;
	    실행문 2;
	        :
	} while (a > b)
	
	실행문3;
		- 먼저 실행문 1;, 실행문 2; 문장을 먼저 실행하며 처음 실행한 이후 조건식(a 〉 b)을 확인한다.
		이 조건이 참이면 실행문 1;, 실행문 2;을 다시 실행하고 아니면 실행문 3을 실행한다.
		- while문과의 차이는 반복 문장을 처음 한번은 반드시 실행이 되고 조건을 묻는다는 점이다.

무한 반복문(무한 루프)

C 언어로 만들어지는 어플리케이션용 프로그램에서는 무한 반복문을 빈번하게 사용하지 않지만 임베디드 시스템의 프로그램 코드에서는 무한 반복문의 사용은 일반적이다. 즉, 무한 반복문의 사용이 임베디드 프로그래밍의 특징이라 할 수 있다.

일상에서 예를 들면 냉장고, 세탁기, 전기밥솥 등의 전자제품에는 기기의 동작을 제어하는 마이크로컨트롤러가 내장되어 있고 마이크로컨트롤러 내의 특정 명령은 실행 중지 명령이 있을 때까지 동일한 명령을 무한 반복하도록 되어 있다.

무한 반복 상태를 중지할 때 사용할 수 있는 프로그램 명령은 break문이 있다. break의 사용 방법은 다음의 프로그램 코딩 예를 참고한다.

```
for ( ; ; )
{
    실행문1;
    실행문2;
       :
}
```

```
while (1)
{
    실행문1;
    실행문2;
       :
}
```

```
for ( ; ; )
{
    실행문1;
    실행문2;
       :
    if (a < b)  break;
}
```

```
while (1)
{
    실행문1;
    실행문2;
       :
     if (a < b)  break;
}
```

- 기본적인 for문 예제

```
#include <stdio.h>

void main (void)
{
    int i, sum;                          // 정수형 변수 i, sum 선언
    sum = 0;                             // sum 변수 0으로 초기화

    for (i = 1; i <= 100; i++)           // 1에서 100까지 반복 실행
    {
        printf ("%d ", i);               // i 변수 값 출력
        sum = sum + i;                   // 수열 누적 합계, sum += i;
    }

    printf("1 부터 100 까지의 합은 %d 이다.₩n", sum);
}
```

- 중첩 for문 예제

```
#include <stdio.h>

void main (void)
```

```
{
    int i, j;                              // 정수형 변수 i, j 선언

    for (i = 1; i <= 8; ++i)               // 1에서 8까지 반복 실행
    {
        for (j = 1; j <= 8; j++)           // 중첩 실행
        {
            if (i == j)  printf ("*");     // i와 j가 같으면 '*' 출력
            else         printf (" ");     // 아니면 공란 출력
        }

        printf("₩n");
    }
}
```

● **기본적인 while문 예제**

```
#include <stdio.h>

void main (void)
{
    int i = 1;                             // 정수형 변수 i를 1로 초기화
    int sum = 0;                           // 정수형 변수 sum을 0으로 초기화

    while (i <= 100)                       // 변수 i 값이 100보다 작거나 같으면
    {
        sum = sum + i;                     // 누적 합계, sum += i
        i++;                               // 변수 i에 1을 더함. 후치연산
    }

    printf("1 부터 100 까지의 합은 %d 이다.₩n", sum);
}
```

● **기본적인 do~while문 예제**

```
#include <stdio.h>
#include <conio.h>                         // getchar(), putchar() 사용

void main (void)
{
    char ch;                               // 문자형 변수 ch 선언

    do
```

```
    {
        printf ("Continue (y/n) ? ");      // 조건에 상관없이 한번 출력

        ch = getchar ();                   // 한 문자를 입력받아 ch 변수에 저장
        putchar ('₩n');                    // 줄 바꿈
        fflush (stdin);
    } while (ch != 'n');                   // n이 입력될 때까지 반복
}
```

● **조건문, 반복문, break 사용 예제**

```
#include <stdio.h>

void main (void)
{
    int i, j, flag;                        // 정수형 변수 i, j, flag 선언
    flag = 0;                              // flag 변수 0으로 초기화

    for (i = 0; i <= 10; i++)
    {
        for (j = 0; j <= 10; j++)
        {
            printf ("i = %3d, j = %3d₩n", i, j);
            if (i == 3 && j == 5)          // i가 3이고 j가 5이면
            {
                flag = 1;                  // flag 변수에 1 대입
                break;                     // 중첩 for 탈출
            }
        }

        if (flag == 1)   break;            // flag 변수가 1이면 for 탈출
    }
}
```

➜ break문으로 중첩 for문을 한 번에 빠져 나올 수 없으며, 중첩된 반복문을 한 번에 빠져 나올 때 goto문을 쓸 수 있다.

1.7.6 함수

```
① 반환 값의 데이터 형 ②함수명 (③데이터 형 변수1, 데이터 형 변수2, …)
{
    필요시 변수 선언;
    실행문;
        :
    ④ return 변수 or, 반환 값;
}
```

① **반환 값의 데이터 형**: 사용자가 정의한 함수에서 계산된 결과를 호출한 곳으로 반환하게 되고 그 반환되는 데이터의 자료형을 선언해준다. 선언되는 데이터 형은 앞서 언급한 데이터 형들이고 값을 반환하지 않을 경우 void를 쓰면 된다.

주의할 점은 사용자가 정의한 함수 내에 return되는 변수나 값과 일치하는 데이터 형을 선언해야 한다.

② **함수명**: 함수명은 변수명 작성 규칙에 어긋나지 않는다면 어떻게 이름을 지어도 상관은 없으나 가급적이면 함수의 역할과 맞는 이름으로 만들어 코드의 가독성을 높여주는 것이 좋다.

③ **데이터 형 변수**: 함수를 호출한 문장에서 전달되는 변수나 값을 동일한 자료형에 맞도록 선언하여야 하며 콤마(,)연산자를 사용하여 전달되는 변수나 값만큼 나열할 수 있다. 여기에 선언되는 변수를 매개변수(parameter)라고 하며 main 함수에서 선언된 변수명과 중복이 되어도 문제가 되지 않는다.

④ **return**: 연산 결과를 호출한 곳으로 값을 전달할 경우에는 반환할 변수나 값을 기술한다. 반면 반환 값의 데이터 형을 void로 선언하였거나 연산 결과를 전달하지 않는 경우에는 return을 제외할 수 있다.

➜ main() 함수 하단에 사용자 정의 함수를 선언한 경우에는 main() 함수 상단에 사용자 정의 함수의 원형을 선언해야 한다. 이는 C 언어의 컴파일 특성 때문이며 컴파일을 하기 전 main() 함수 어딘가에 사용자 정의 함수가 존재한다는 것을 알려주는 것이다. 반대로 main() 함수 상단에 사용자 정의 함수를 선언하였을 경우에는 함수의 원형 선언은 하지 않아도 된다.

[함수의 원형 선언]

```
#include <stdio.h>

int Sum(int num1, int num2); ◀·······   // 함수의 원형 선언. 세미클론(;) 붙임

int main(void)
{
    int n1 = 2, n2 = 3;
    printf("%d ₩n", Sum(n1, n2));       // Sum 함수의 호출과 결과 5 출력

    return 0;
}

int Sum(int num1, int num2) ·········   // 반환되는 데이터의 자료형은 int
{
    int hap;
    hap = num1 + num2;

    return hap;
}
```

➜ C 언어의 특징은 함수를 이용한 구조적 프로그래밍이 가능하다는 점이다. 실무적으로 사용되는 대부분의 프로그램들은 각 기능별로 구분된 사용자 정의 함수 코딩이 많이 들어간다. 즉, 실무에서는 사용자 정의 함수가 없는 프로그램은 거의 없다고 생각해도 무방하다. 이런 C 언어의 사용자 정의 함수 구조 프로그래밍 방식은 유지 보수의 장점과 빠른 디버깅(debugging)을 통해 생산성을 높일 수 있는 장점을 제공해준다.

1.7.7 배열(array)

배열은 같은 데이터 형을 가진 변수들의 집합을 말한다. 배열의 이름이 포인터를 뜻하기 때문에 메모리 주소 개념과 함께 이해를 할 필요가 있다. 배열의 인덱스는 반드시 0부터 시작되며 1씩 증가되면서 자동으로 이름이 지어진다.

- **기본 형식**

char array[5]; → array라는 이름을 가진 공간이 5개 생성된다.

array[0]	array[1]	array[2]	array[3]	array[4]

- **1차원 배열의 초기화**

char array[5] = { 'a', 'b', 'c', 'd', 'e' };

array[0]	array[1]	array[2]	array[3]	array[4]
a	b	c	d	e

char array[5] = { 10, 20, 30, 40, 50 }; 또는 char array[ ] = { 10, 20, 30, 40, 50 };

array[0]	array[1]	array[2]	array[3]	array[4]
10	20	30	40	50

char array[5] = { 10, 20 }; → 나머지 공간은 0으로 채운다.

array[0]	array[1]	array[2]	array[3]	array[4]
10	20	0	0	0

char array[ ] = "funavr"; → 문자열의 끝은 자동으로 null('₩0')로 채워진다.

array[0]	array[1]	array[2]	array[3]	array[4]	array[5]	array[6]
f	u	n	a	v	r	null

- **2차원 배열의 초기화**

char array[2][3] = { 10, 20, 30, 40, 50, 60 }; 또는

char array[2][3] = { { 10, 20, 30 }, { 40, 50, 60 } }; 또는

char array[ ][3] = { 10, 20, 30, 40, 50, 60 };

	[0]	[1]	[2]
[0]	array[0][0]	array[0][1]	array[0][2]
	10	20	30
[1]	array[1][0]	array[1][1]	array[1][2]
	40	50	60

2행 × 3열 공간 생성

- **배열 예제**

```
#include <stdio.h>

int main(void)
{
```

```
    int i;
    int array[5] = { 10, 20, 30, 40, 50 };     // 배열의 초기화

    for (i = 0; i < 5; i++)
    {
       printf("%d ", array[i]);                // 인덱스 0부터 차례대로 출력
    }
    printf("₩n");

    return 0;
}
```

1.7.8 포인터

포인터는 메모리 주소를 저장할 수 있는 변수를 말한다.

일반 변수를 선언하면 메모리의 특정 공간을 할당 받았다는 의미인데, 포인터는 그 변수의 메모리 주소를 저장하고 접근하는데 사용된다.

● **포인터 선언과 예**

데이터 형 '*'(asterisk) 식별자 → int *p; (p라는 이름을 가진 포인터 변수 선언)

```
#include <stdio.h>

int main(void)
{
    int val = 5;
    int *pval = &val;                         // 포인터 선언과 참조

    printf("%#p 값 : %d ₩n", &val, val);     // val 변수 주소와 값 출력
    printf("%#p 값 : %d ₩n", pval, *pval);   // pval 포인터 주소와 값 출력

    return 0;
}
```

➜ 출력 : 0X0012FF7C 값 : 5
0X0012FF7C 값 : 5

● **포인터 개념 이해**

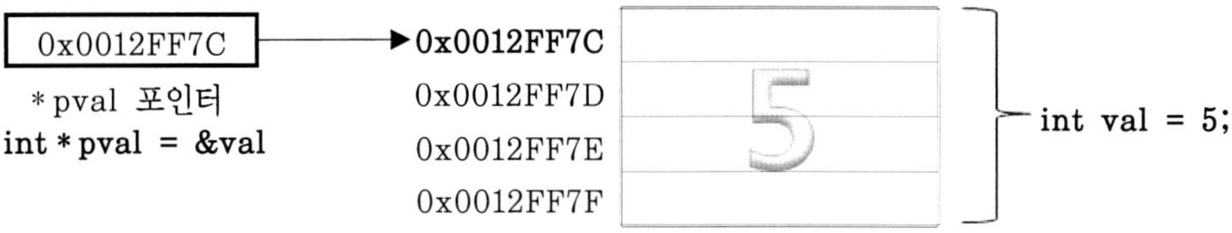

val 변수는 int 자료형의 크기인 4byte 공간을 특정 메모리 공간에 할당되고 이 메모리 공간에 5가 저장이 되어 있다. 메모리 주소의 첫 번째 주소가 val 변수를 의미하는 주소로 대표되고 *pval 포인터는 이 val 변수의 메모리 주소를 저장하도록 초기화되어 있는 것이다. 이때 '&' (ampersand)의 의미는 변수의 메모리 주소를 의미한다.

*pval 포인터가 val 변수의 메모리 주소를 안다는 것은 *pval 포인터는 언제든지 val 변수로 접근이 가능하다는 의미이고 val 변수에 저장되어 있는 값을 직접 변경할 수 있다.

포인터의 '*'의 역할을 구분할 필요가 있는데 *pval의 의미는 포인터에 저장된 메모리에 있는 대상 값 자체를 의미하고, pval의 의미는 포인터에 저장된 메모리 주소를 의미한다.

1.7.9 구조체

다양한 데이터 형의 변수들을 하나로 묶어서 새로운 데이터 형으로 정의한 것이다. 빈번하게 사용되는 다양한 데이터 형의 변수들을 구조체로 정의하면 유용하다.

● **구조체 선언과 예**

```
#include <stdio.h>

struct Data                              // 구조체 데이터 형
{
    char name;
    int age;
};

int main(void)
{
    struct Data people;                  // 구조체 변수를 people로 선언

    people.name = 'j';
    people.age = 20;
    printf("%c ₩n", people.name);        // name 구조체 멤버 변수 접근
```

```
    printf("%d ₩n", people.age);            // age 구조체 멤버 변수 접근

    return 0;
}
```

● **typedef 키워드와 구조체 선언**

```
#include <stdio.h>

typedef struct Data
{
    char name;
    int age;
} Type;                                     // 구조체 변수를 Type로 재정의

int main(void)
{
    Type people;                            // 재정의된 구조체를 people로 선언

    people.name = 'j';
    people.age = 20;
    printf("%c ₩n", people.name);
    printf("%d ₩n", people.age);

    return 0;
}
```

1.7.10 선행처리기(preprocessor)

원시 프로그램을 컴파일되기 전에 처리되는 명령어들을 말하며 '#'을 붙여서 정의한다. 일반적으로 대문자로 매크로 이름을 정의하고 세미클론(;)을 붙이지 않는다.

● **#define 선언 예**

```
#define 매크로명 대체문자열 → #define PI 3.1415
```

일반적으로는 단순 치환의 역할을 하기 때문에 상수 형태로 사용되는 대상을 정의한다.

```
#include <stdio.h>

#define NAME "JEONG"
#define AGE 20
```

```
int main(void)
{
    printf("%s ₩n", NAME);                  // JEONG으로 치환
    printf("%d ₩n", AGE);                   // 20으로 치환

    return 0;
}
```

- **매크로 함수 선언 예**

```
#define 매크로명(인수) 대체리스트 → #define  SQUARE(x)  x*x
```

```
#include <stdio.h>

#define  SQUARE(x)  ((x) * (x))

int main(void)
{
     printf("%d ₩n", SQUARE(2));          // 2 * 2 = 4 출력

     return 0;
}
```

02 VMLAB 사용 방법

CHAPTER

2.1 VMLAB 개요

Visual Micro Lab의 약자로 VMLAB이라고 하며 가상 시뮬레이터 기능과 디버깅 기능 등을 가지고 있다.

앞서 언급을 하였지만 일반적으로 마이크로컨트롤러와 관련된 실습을 하기 위해서는 관련 마이크로컨트롤러가 포함된 타겟 보드와 타겟 보드에 명령 코드를 Writing하기 위한 ISP(In System Programmer) 등의 장비가 구비되어야 하나 VMLAB을 이용하면 이런 장비나 보드 등을 구비할 필요 없이 사용자의 컴퓨터에서 프로그램 작성 → 컴파일 → 시뮬레이션 → 실행 확인 ↔ Debug 과정들을 진행할 수 있다.

VMLAB 시뮬레이션 결과만으로 만족을 하지 못할 경우 추후 타겟 보드나 개발 장비를 구비하여 시뮬레이션으로 확인된 프로그램(VMLAB 빌드 과정에서 생성된 HEX 파일)을 타겟 보드로 다운로드하면 된다.

VMLAB은 마이크로컨트롤러를 처음 학습하고자 하는 모든 이들에게 실습 장비 구비에 대한 부담을 줄여주고 구동 원리를 시각적으로 파악할 수 있어 매우 유용하다.

2.1.1 VMLAB의 주요 특징

- 아날로그 + 디지털 + 마이크로컨트롤러가 결합된 융합 시뮬레이션 엔진
- 마이크로컨트롤러 주변에 연결되는 기본적인 하드웨어 라이브러리 제공
- 스위치, 키 매트릭스, 가변저항, UART(RS-232), LED, LCD, I2C 모니터 등 기능
- 파형 측정을 위한 오실로스코프(oscilloscope) 기능

- SPICE와 같은 하드웨어 기술 언어 사용
- Stop, Wait, Sleep, Reset, NMI(Non-Maskable Interrupt), Interrupt 가능
- 멀티 마이크로프로세싱 시뮬레이션 가능
- AVR 마이크로프로세스 모델링을 포함하여 사용자 정의 구성 요소 프로그래밍 인터페이스 제공
- 변수와 레지스터를 여러 가지 형태(hexa, binary, decimal, analog bar)로 판독 가능
- GCC 컴파일러의 Windows 버전인 WinAVR 지원

VMLAB + WinAVR = Visual GCC

- 시뮬레이션 실행에 따른 소스코드 진행 상황 표시(히스토그램)

VMLAB은 Advanced Micro Tools(http://www.amctools.com)에서 무료로 다운로드가 가능하며 이 책에서 사용하는 마이크로컨트롤러는 Atmel사의 ATmega128이다.

2.1.2. 지원 모델

[표 2.1] VMLAB에서 지원되는 마이크로컨트롤러와 PC 사양

구분	AVR models(Atmel)	ST6 models(SGS-Thomson)
release 3.15	ATiny11, ATiny12, ATiny15, ATiny22, AT90S2343, AT90S2323, AT90S1200, AT90S2313, AT90S4433, AT90S4414, AT90S8515, AT90S4434, AT90S8535, ATmega8, ATmega16, ATmega161, ATmega162, ATmega32, ATmega64, ATmega128, ATmega48, ATmega88, ATmega168, ATmega8515, ATmega8535	ST6200, 01, 03, 08, 09, 10, 15, 20, 25
지원	Windows 95 / 98 / NT / 2000 / XP / Vista / 7 / Linux (WINE)	
요구	Pentium 300MHz 이상	

2.2 VMLAB 설치

2.2.1 VMLAB 다운로드와 설치

Advanced Micro Tools(http://www.amctools.com) 사이트로 이동하여 Download 페이지로 접근한다.

상단에 보이는 VMLAB 3.15 버전을 다운로드 받는다. 컴파일러가 포함되어 있지 않기 때문에 용량은 4.38 MB로 작은 용량임을 알 수 있다.

다운로드 받은 파일을 더블 클릭하여 설치 과정을 진행한다.

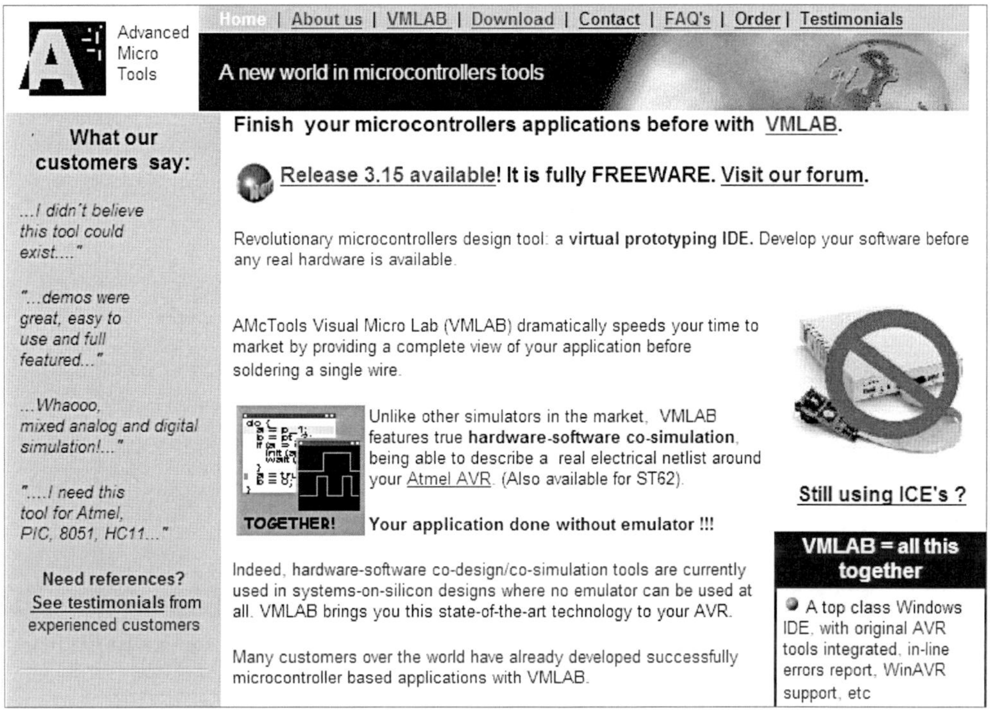

[그림 2.1] 개발사 홈페이지

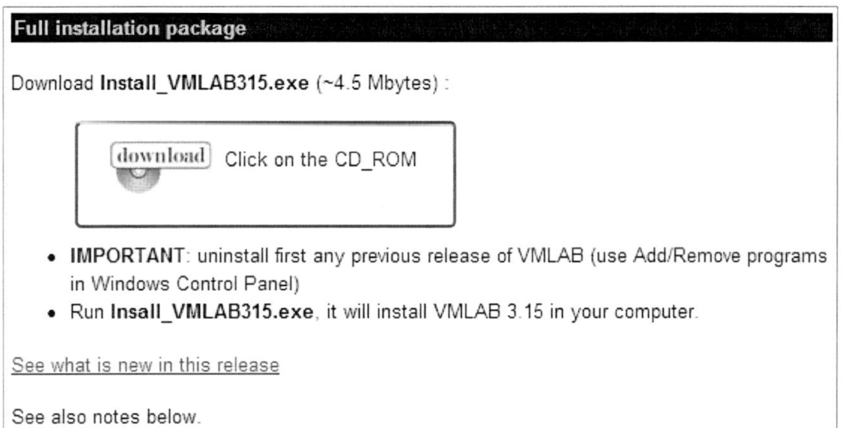

[그림 2.2] 다운로드 페이지의 VMLAB 다운로드 파일

① VMLAB 설치 과정을 시작한다. 설치를 진행하기 전에 다른 응용프로그램을 종료하라는 권고 메시지가 있지만 'Next' 버튼을 클릭!

② 동의 옵션 체크 후 'Next' 버튼 클릭!

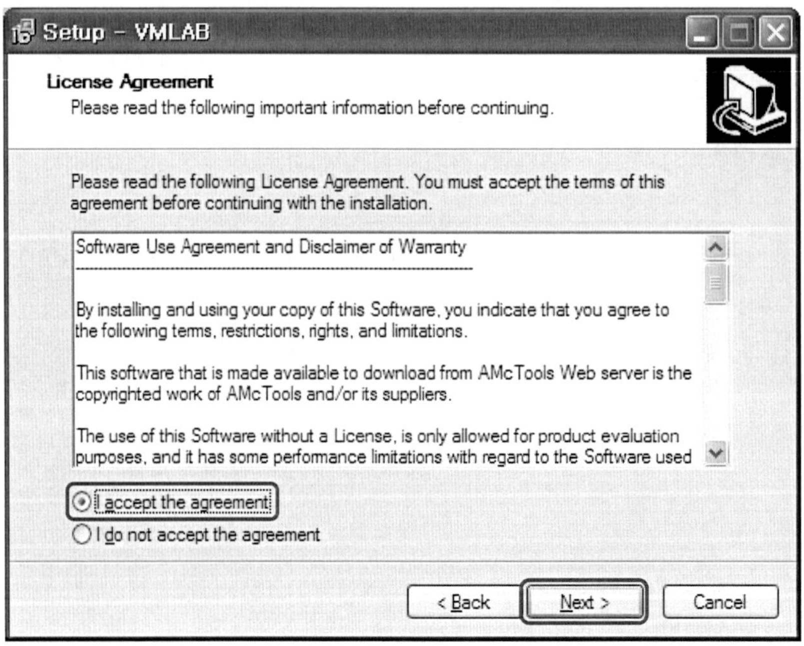

③ 사용자 정보를 입력한 뒤에 'Next' 버튼 클릭!

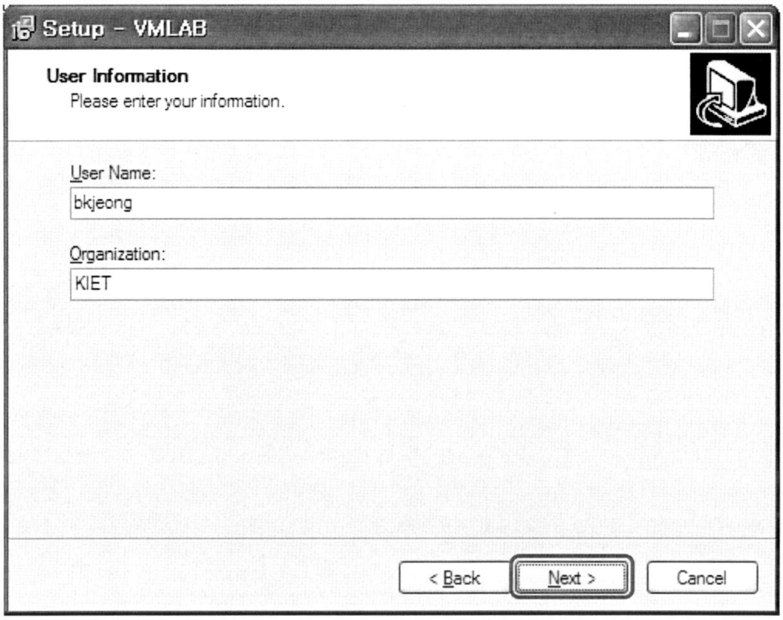

④ VMLAB이 설치되는 폴더는 기본으로 두고 'Next' 버튼 클릭!

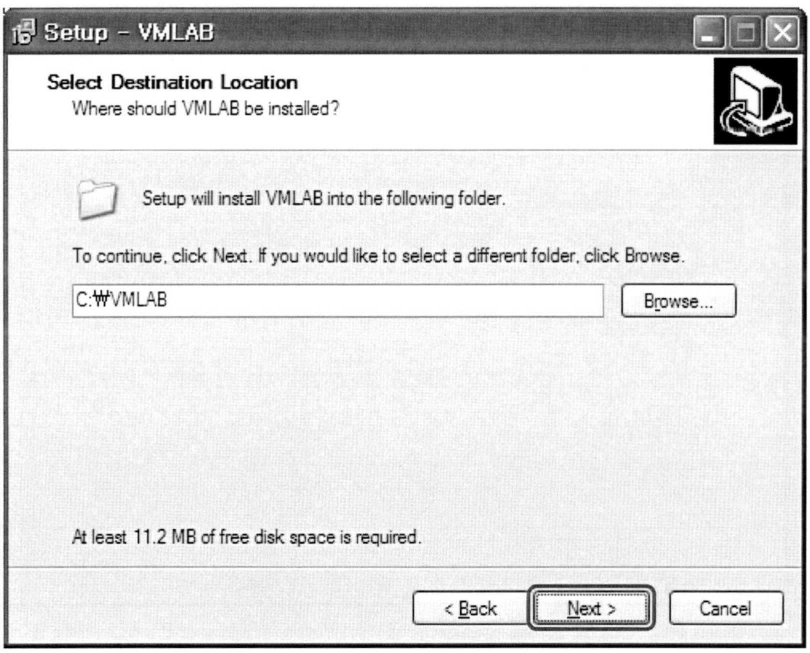

⑤ 시작 메뉴 폴더를 변경할 것이 아니라면 기본으로 두고 'Next' 버튼 클릭!

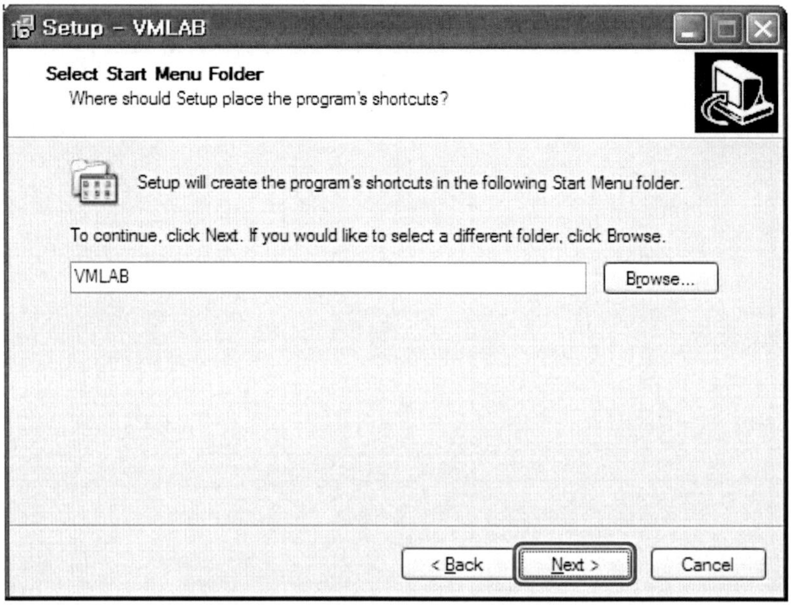

⑥ 바탕화면 아이콘 생성과 빠른 실행 아이콘 생성시 체크박스 체크하고 'Next' 버튼 클릭!

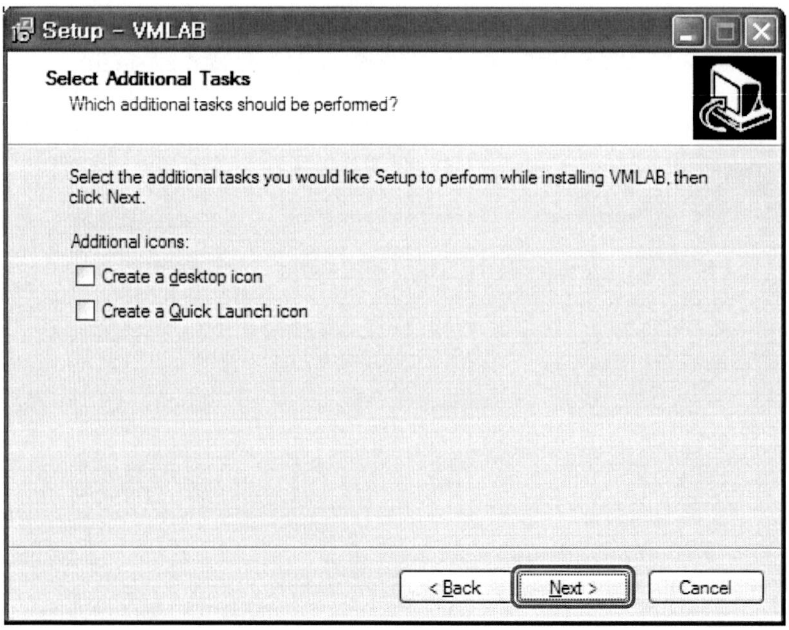

⑦ Install을 클릭하면 앞서 설정한 내용으로 설치가 진행된다. 설치 완료를 알려주는 창이 한 번 더 뜨기는 하나 설치 작업이 복잡하지 않음을 알 수 있다.

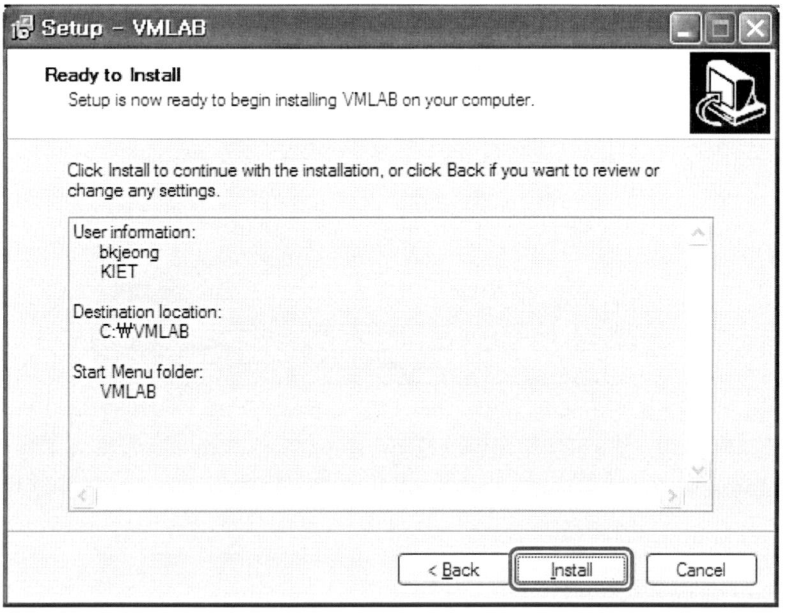

2.2.2 WinAVR 설치

VMLAB은 통합 개발 환경이고 시뮬레이션을 하거나 타겟 보드에 다운로드를 할 실행 파일을 생성하기 위해서는 컴파일러를 추가로 설치해줘야 하기 때문에 GNU C Compiler가 윈도우즈(Windows) 환경에서 실행하도록 만들어진 WinAVR을 다운로드한 후 설치한다.

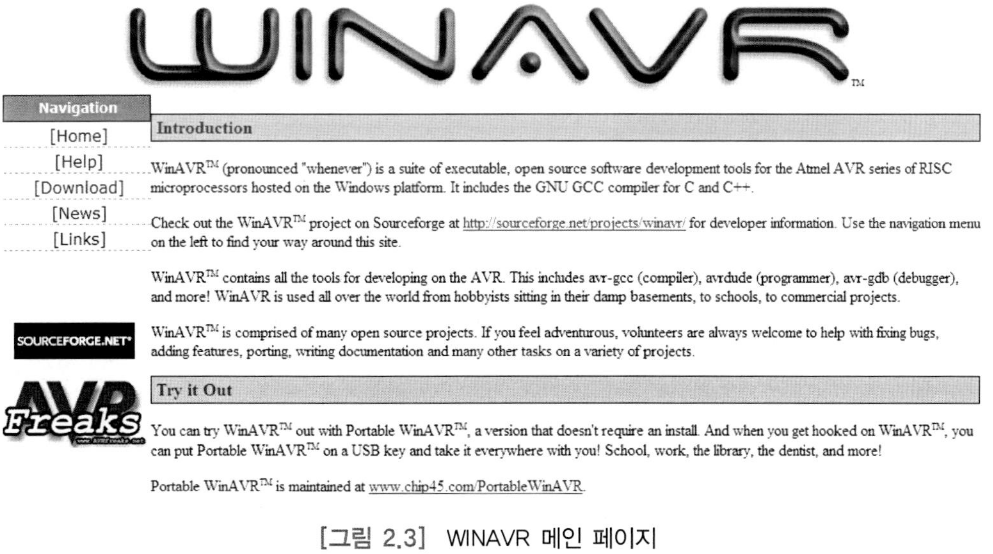

[그림 2.3] WINAVR 메인 페이지

설치 파일은 http://winavr.sourceforge.net 또는 http://sourceforge.net/projects/winavr 에서 다운로드 가능하다.

① 설치를 진행하면 설치 언어를 선택하는 것부터 시작된다. Korean이 기본으로 잡히니 'OK' 버튼 클릭!

② WinAVR 20100110 설치 시작을 알리는 창이 나온다. 오픈 소스 프로젝트로 진행되는 컴파일러이기 때문에 컴파일러의 버전은 바뀔 수 있다. '다음' 버튼 클릭!

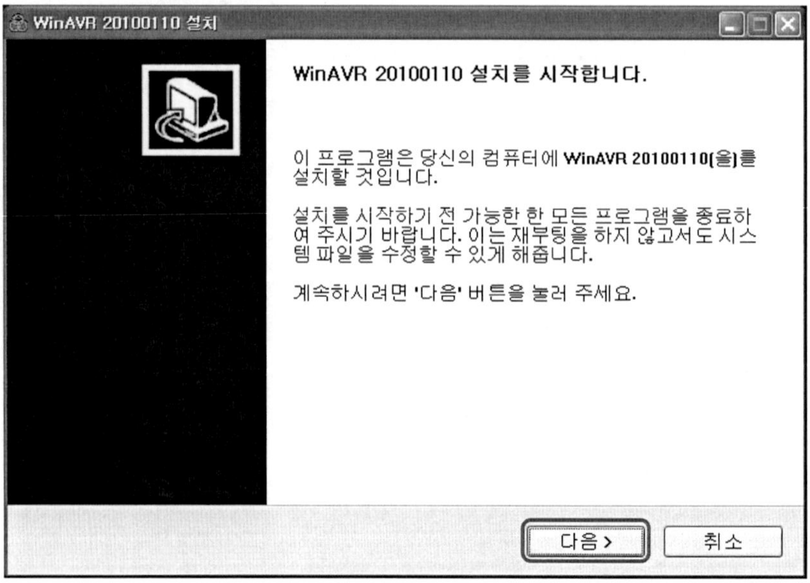

③ 사용권 계약 창이 뜬다. '동의함' 버튼 클릭!

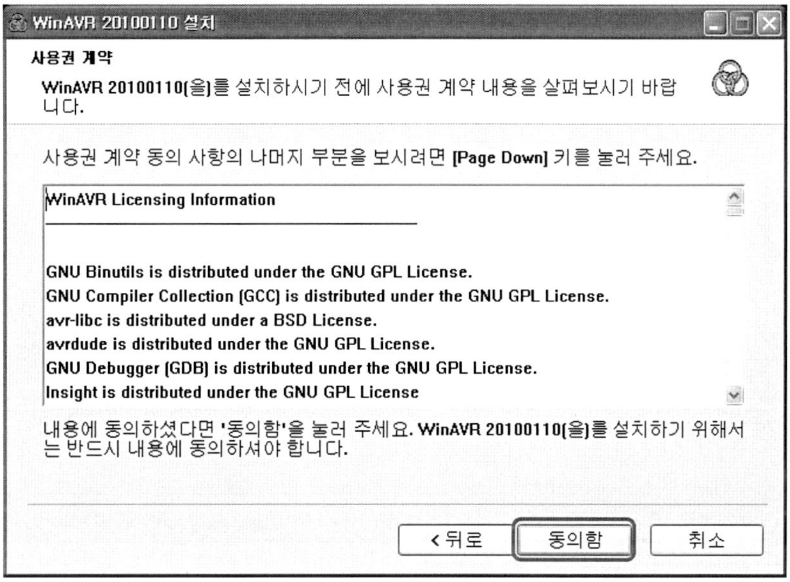

④ 기본 경로를 바꾸지 않는다. 하지만 WinAVR 버전이 폴더명으로 되어 있는데 뒤쪽의 숫자 부분을 지워준다. 이 부분에서 그냥 기본 폴더명으로 설치하게 되면 나중에 VMLAB에서 프로젝트를 생성할 때 GCC 컴파일러가 위치하는 폴더명에 주의해야 한다. C:₩WinAVR-20100110를 C:₩WinAVR으로 변경한 뒤 '다음' 버튼 클릭!

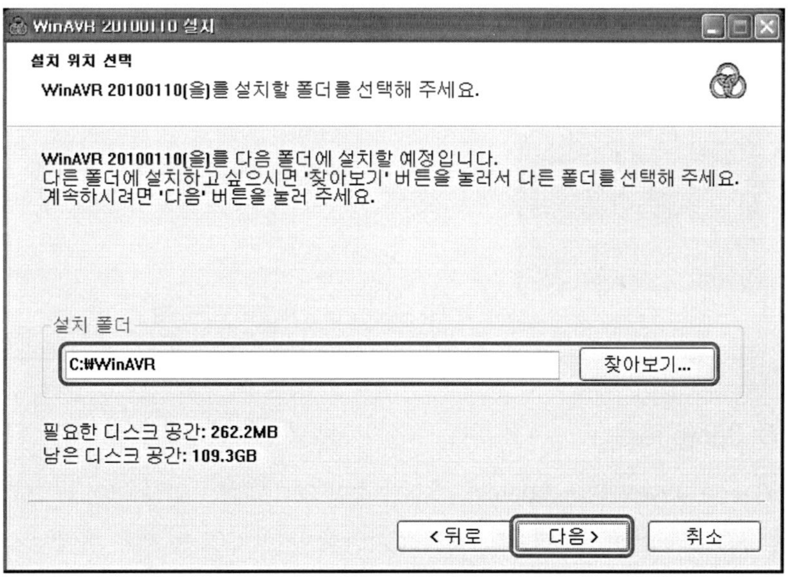

⑤ 구성 요소 선택 창이 뜨고 기본 상태로 두고 '설치' 버튼을 클릭한다.

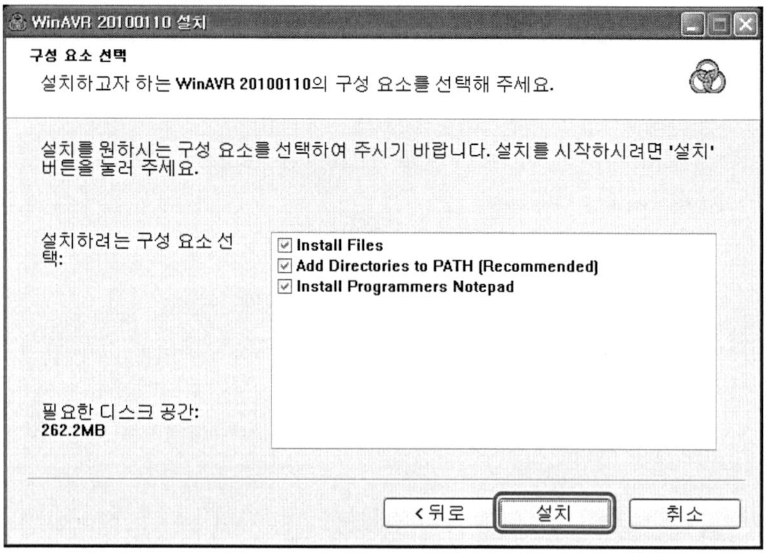

⑥ 설치 완료 창이 뜬다. '마침' 버튼을 클릭하여 WinAVR 설치를 완료한다.

2.2.3 GCC Compiler

GCC는 FSF(Free Software Foundation)에서 추진 중인 GNU(GNU is Not Unix) 프로젝트의 일환으로 개발된 공개 C 언어 컴파일러이다. 공개 컴파일러이지만 GCC는 매우 뛰어난 성능과 안정성을 갖추고 있으며 전 세계의 개발자들에 의해서 계속 보완·발전되고 있다. 그리고 매우 높은 수준의 최적화 기능을 가지고 있으며 다양한 운영체제를 지원할 정도로 높은 호환성을 가지고 있다.

여러 플랫폼에 대하여 거의 동일한 개발환경(development environment)과 소스 코드 호환성(source code compatibility)을 제공하며, 많은 개발 환경에서 GCC 컴파일러를 쓰고 있기 때문에 개발자에게 개발 환경 변화에 따른 부담을 줄이는데 크게 도움이 된다.

2.3 VMLAB 시뮬레이션 작업 흐름

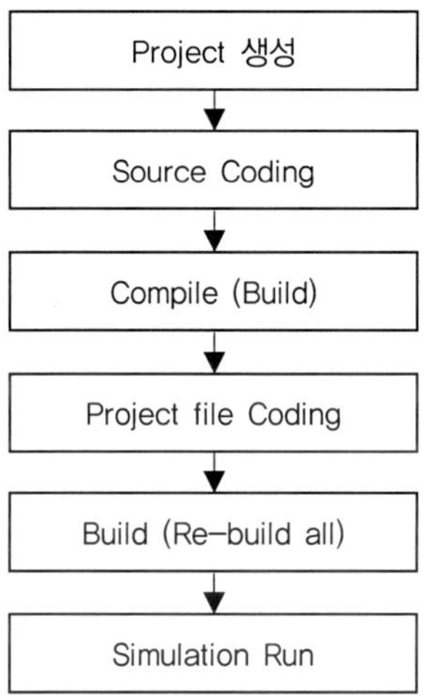

[그림 2.4] VMLAB 작업 순서

(1) Project 생성

VMLAB은 Project 단위로 프로그램, 컴파일, 시뮬레이션 등이 이루어진다. VMLAB 뿐만 아니라 대부분의 개발 툴들은 Project를 먼저 생성한 뒤에 작업을 시작하도록 되어 있다. Project의 확장자는 '프로젝트명.prj'의 형태이다.

(2) Source Coding

시뮬레이션을 할 회로를 기준으로 LED, LCD, 시리얼 통신, 스위치 등을 조작하기 위해서 C 언어를 이용하여 코딩한다. 코딩은 반드시 VMLAB 상에서 해야 하는 것이 아니기 때문에 메모장이나 UltraEdit 같은 익숙한 편집 툴을 사용할 수 있다.

소스 파일 확장자는 기본적으로 '파일명.c'이다.

(3) Compile

WinAVR 컴파일러가 설치되어 있지 않으면 이 단계에서 make file 에러가 나기 때문에 다음 과정으로 진행이 안 된다. 컴파일이라는 것은 사람이 알 수 있는 명령어를 마이크로컨트롤러가 알 수 있는 명령 코드로 바꿔주는 작업을 말한다. VMLAB에서는 이런 컴파일 작업이 빌드(Build) 메뉴를 통해서 이루어진다.

개발자가 최초 코딩한 원시 코드에 에러 요인이 있으면 빌드 에러 메시지를 띄우게 되며 개발자는 이 문제를 해결할 때까지 다음 단계로 진행하면 안 되고 반드시 에러 요인을 해결해줘야 한다.

(4) Project file Coding

VMLAB에서 시뮬레이션하기 위해서 이 단계에서 제어를 하고자 하는 각 소자의 회로 구성 부분을 코드 형태로 정의를 해준다. VMLAB의 시뮬레이션 기능을 주로 다룰 것이기 때문에 이 단계를 잘 이해하도록 한다. 프로젝트 파일을 완성한 다음 빌드를 한 번 더 진행한다.

(5) Simulation Run

VMLAB이 지원하는 각종 소자들이 실시간으로 작동되는 모습을 비주얼하게 볼 수 있고 Scope로 출력 파형 확인, 마이크로컨트롤러 내의 메모리 값과 레지스터 상태를 실시간 확인하면서 시뮬레이션할 수 있다.

시뮬레이션 중에 간혹 Run time error가 나는 경우가 있는데 이는 소스 코드와 프로젝트 파일의 컴파일이 정상적으로 된 이후 시뮬레이션 시 VMLAB에서의 초기 값과 하드웨어의 조건 값과의 인터페이스 관련 에러로 VMLAB 시뮬레이션이 아닌 빌드 이후에 생성된 HEX 파일을 실제 타겟 보드에 다운로드했을 경우에는 문제없이 실행되는 에러이다.

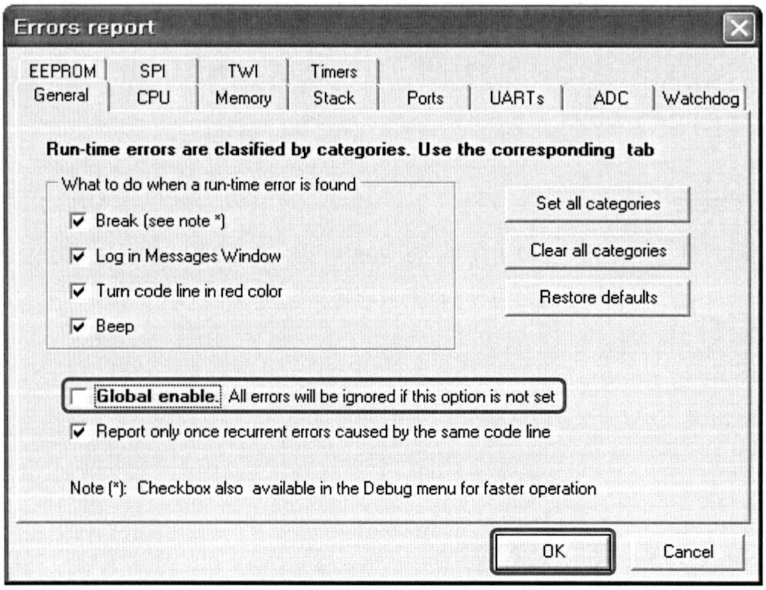

[그림 2.5] 에러 보고 창

이런 에러를 없애기 위해서 VMLAB 메뉴에서 Options → Errors reporting 메뉴를 선택하여 다음과 같이 Global enable 체크 박스의 체크를 해제해준다.

2.4 VMLAB 시뮬레이션 과정

VMLAB을 설치한 이후 프로그램을 실행하면 다음 화면으로 시작된다. 작업 창에 보이는 readme.txt 창은 닫아준다.

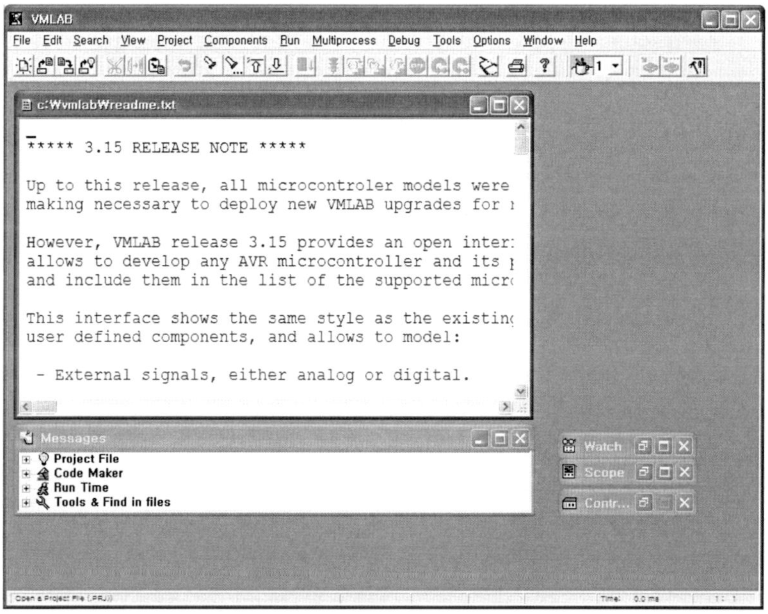

[그림 2.6] VMLAB 초기 화면

2.4.1 새 프로젝트 생성

Project → New project 메뉴를 클릭하면 다른 개발 툴들과는 달리 프로젝트 파일을 생성하는데 필요한 단계가 한 창에서 모두 진행이 되도록 메뉴가 만들어져 있다.

Step 1 ~ Step 4 단계가 반시계 방향으로 구성되어 있다. 단계별로 구분해서 보자.

① Step 1 : 프로젝트 파일 이름과 파일의 위치 선택 단계

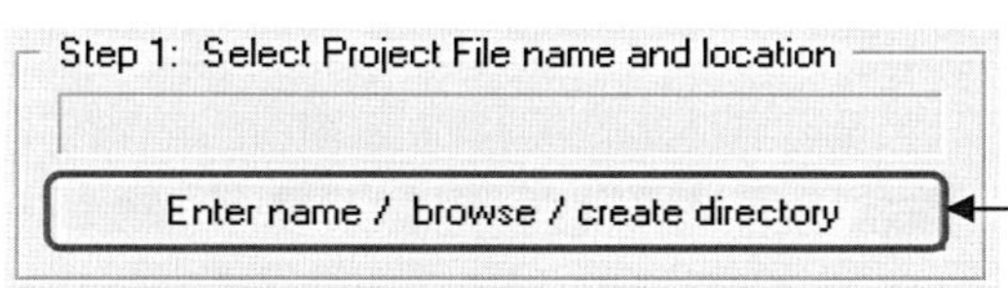

프로젝트 파일은 관리하기 좋은 위치에 찾기 쉬운 이름으로 저장해두는 습관을 가지는 것이 좋다. 컴퓨터의 C 드라이버 또는 다른 드라이버에 영문 이름을 가진 실습 폴더를 생성한다. 여기서는 C 드라이버에 VMLAB 폴더 안에 'work'라는 새 폴더를 만들고 프로젝트 파일이름도 'work'로 한 뒤 저장 버튼을 클릭한다.

프로젝트 파일이 저장되는 경로에 한글명이 있으면 컴파일되지 않는다. 이 점은 VMLAB 뿐만 아니라 대부분 외국에서 만들어진 개발 툴들이 가지고 있는 문제점이기 때문에 주의하도록 한다.

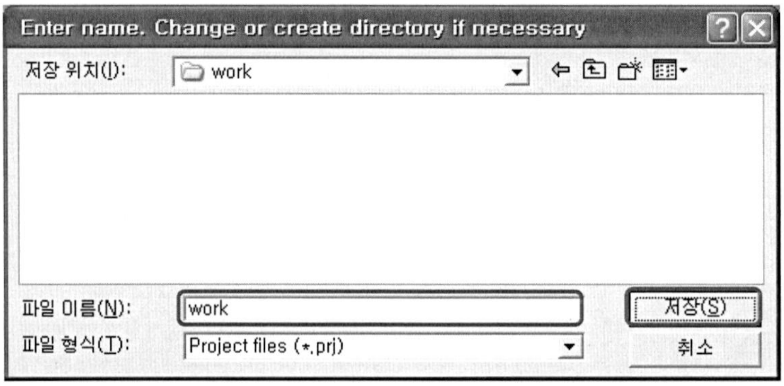

② Step 2 : 마이크로컨트롤러 선택 단계

VMLAB에서는 Atmel사의 ATtiny, AT90S, ATmega 계열과 STMicroelectronics사의 ST62 계열의 마이크로컨트롤러를 선택하여 시뮬레이션할 수 있다.

③ Step 3 : 어셈블러(assembler), GNU C Compiler, COFF 개발 환경 선택 단계

C 언어를 기반으로 마이크로컨트롤러 프로그램을 작성할 것이기 때문에 두 번째 GNU C Compiler (GCC) 옵션 버튼을 선택한다.

GCC 컴파일러가 설치된 폴더 경로가 C:₩WinAVR로 컴파일러를 설치할 때 WinAVR 버전 숫자 부분을 지워주지 않았을 때는 GCC 컴파일러가 있는 위치를 참조하지 못하기 때문에 빌드

시 make file 에러가 발생된다.

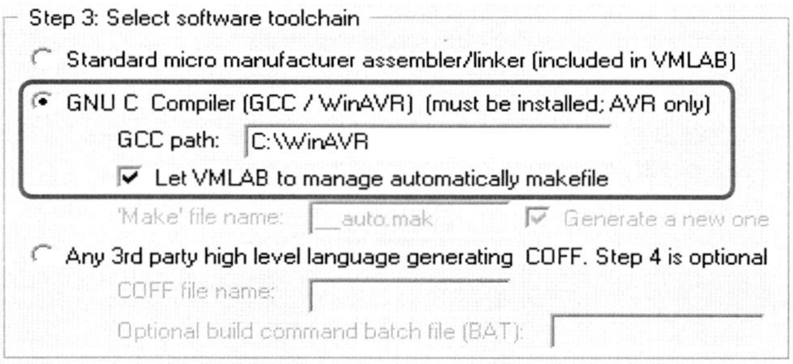

④ Step 4 : 소스 코드 파일을 추가하는 단계

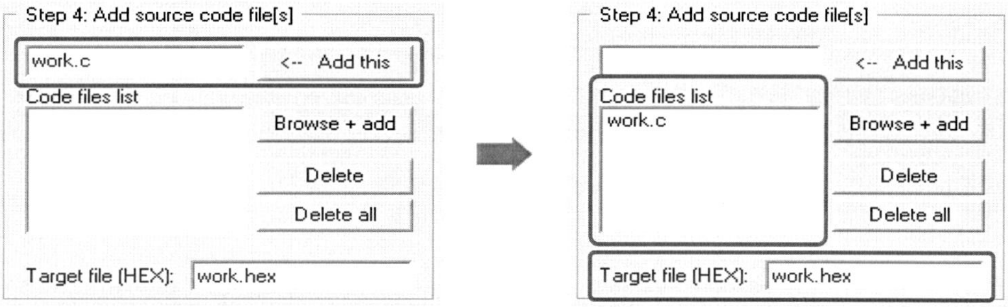

Step 1 단계에서 work 프로젝트를 생성하였기 때문에 C 확장자를 가진 프로젝트 명과 동일한 work.c 파일이 자동으로 생성되어 있다. Add this 버튼을 눌러서 코드 파일 리스트(code files list)에 넣는다. 프로젝트에서 추가적으로 사용해야 하는 파일이 있다면 미리 이 단계에서 추가해주면 된다. 그리고 Delete 버튼을 통해서 잘못 추가한 파일을 삭제할 수 있다.

맨 아래쪽을 보면 타겟 보드에 다운로드를 할 때 필요한 hex 파일이 프로젝트 명과 동일하게 생성되는 것을 확인할 수 있다. VMLAB 시뮬레이션을 할 때는 hex 파일은 불필요하지만 빌드를 하면 프로젝트 파일이 저장된 위치에 자동으로 생성이 된다는 것은 알고 있도록 한다.

⑤ 전체 Step을 모두 설정한 다음 OK 버튼을 클릭한다.

work.prj, work.hex, Messages 작업 창 세 개가 보인다. work.prj 파일에는 시뮬레이션과 관련된 코딩을 해줘야 하며, work.hex 파일 창은 C 언어를 이용하여 제어와 관련된 프로그램 코딩을 하는 부분이다. Messages 창은 빌드와 관련된 정보들을 보여주는 창이다.

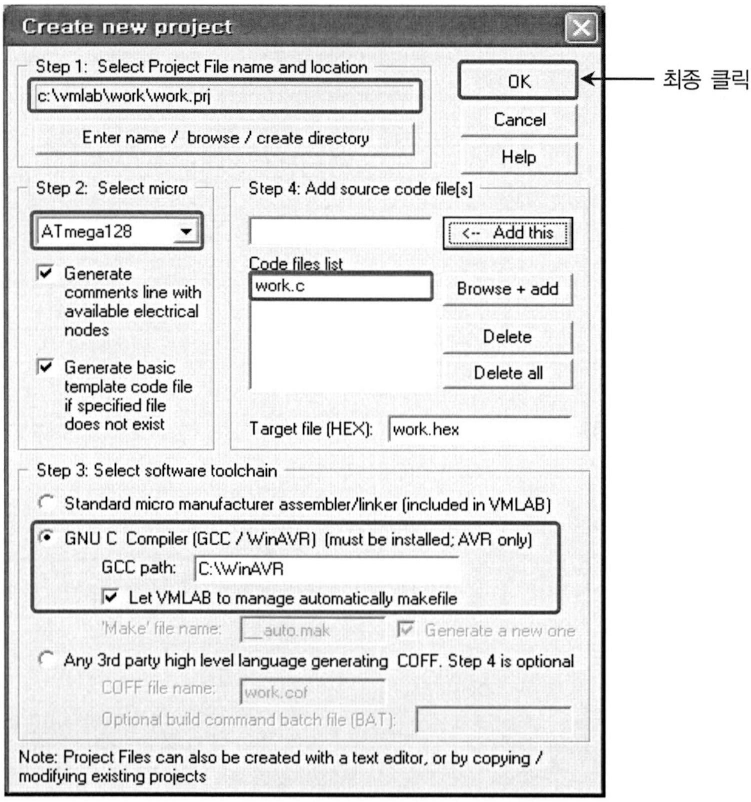
Create new project
Step 1: Select Project File name and location
c:\vmlab\work\work.prj
Enter name / browse / create directory
OK
Cancel
Help
최종 클릭
Step 2: Select micro
ATmega128
Generate comments line with available electrical nodes
Generate basic template code file if specified file does not exist
Step 4: Add source code file[s]
<-- Add this
Code files list
work.c
Browse + add
Delete
Delete all
Target file (HEX): work.hex
Step 3: Select software toolchain
Standard micro manufacturer assembler/linker (included in VMLAB)
GNU C Compiler (GCC / WinAVR) (must be installed; AVR only)
GCC path: C:\WinAVR
Let VMLAB to manage automatically makefile
Any 3rd party high level language generating COFF. Step 4 is optional
Note: Project Files can also be created with a text editor, or by copying / modifying existing projects

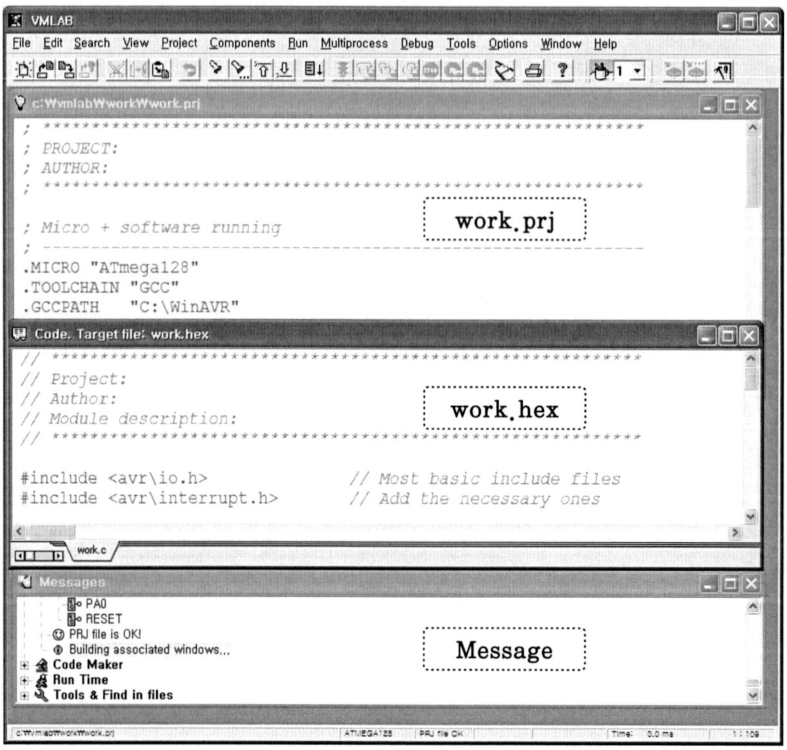
VMLAB
; PROJECT:
; AUTHOR:
; Micro + software running
.MICRO "ATmega128"
.TOOLCHAIN "GCC"
.GCCPATH "C:\WinAVR"
work.prj
Code, Target file: work.hex
// Project:
// Author:
// Module description:
#include <avr\io.h> // Most basic include files
#include <avr\interrupt.h> // Add the necessary ones
work.hex
Messages
PRJ file is OK!
Building associated windows...
Code Maker
Run Time
Tools & Find in files
Message

2.4.2 소스 코딩

work.hex 창에 보이는 기본 코드를 보면 헤더 파일과 전역 변수 선언, 인터럽트, 사용자 정의 함수, main 프로그램 코드의 구성 방식을 보여주는 것을 알 수 있다. 모두 삭제한 뒤 다음 소스 코드를 오타 없이 입력한다.

```
#include <avr/io.h>                 // 표준 헤더 파일
#include <util/delay.h>             // 지연 함수가 포함된 헤더 파일

int main(void)
{
    DDRC = 0xFF;                    // PORTC 모두 출력 핀으로 사용

    while (1)                       // 무한 반복
    {
      PORTC = 0xFF;                 // 2진수 표기 → 0b11111111
      _delay_ms(100);               // 100 ms 지연
      PORTC = 0x00;                 // 2진수 표기 → 0b00000000
      _delay_ms(100);               // 100 ms 지연
    }

    return 1;
}
```

코딩을 마친 뒤에 상단 메뉴에서 Project → Build 또는 F9 기능키를 사용하여 빌드를 한다. 이 때 Messages 창에 에러가 있다면 반드시 해당 에러를 찾아서 해결해준다. 에러가 발생한 코딩 라인과 함께 어떤 에러인지 알려준다. 그리고 빌드 과정에서 몇 개의 에러가 발생했는지 알려준다.

- **빌드를 성공했을 때 Messages 창**

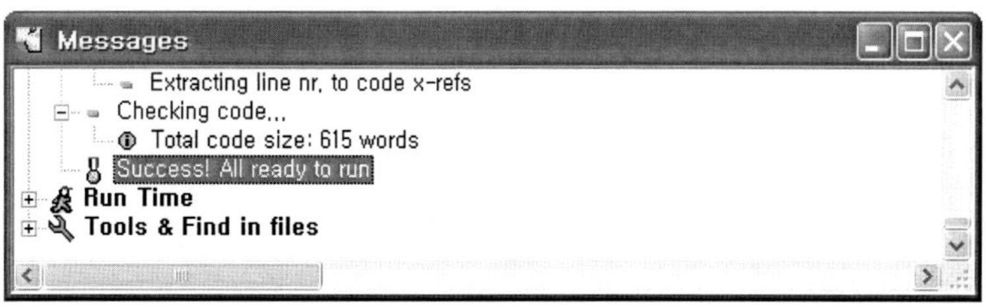

● 에러가 발생하였을 때 Messages 창

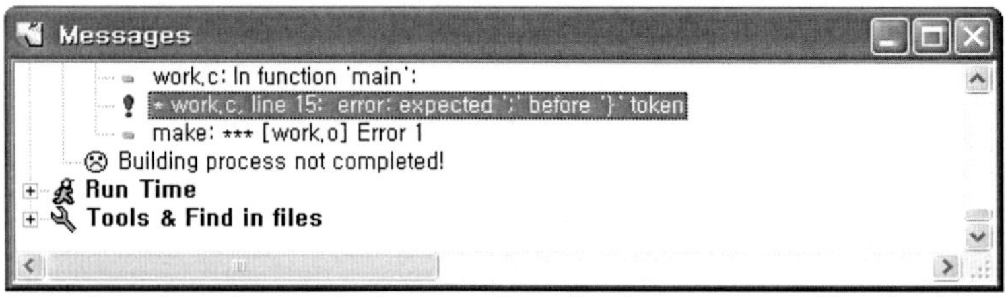

Messages 창에서 에러가 발생한 라인의 내용을 볼 수 있다. 일반적으로 문법적인 오류를 많이 범하게 되는데 위의 에러 메시지를 보면 오른쪽 브레이스('}') 전에 세미콜론(';')이 빠졌다는 내용이다.

해당 에러 메시지 문자열 위에서 마우스 왼쪽 버튼을 더블 클릭하면 코드 창에 에러 구간으로 커서가 자동으로 이동된다. 코드 라인이 긴 경우나 에러가 많을 경우 이런 방식으로 에러를 하나씩 찾아서 해결한다.

2.4.3 Project 파일 시뮬레이션 코드 생성

이제 시뮬레이션을 하기 위해서 회로 구성에 대한 코딩해줘야 한다. 이 부분에 대한 참조는 Help → Contents → Contents → Hardware components로 접근해서 해당 부품을 어떻게 기술하면 되는지 확인하면 된다. 다음 [그림 2.7]은 저항(resistor)을 클릭하였을 때 보이는 풍선 도움말을 보여준다.

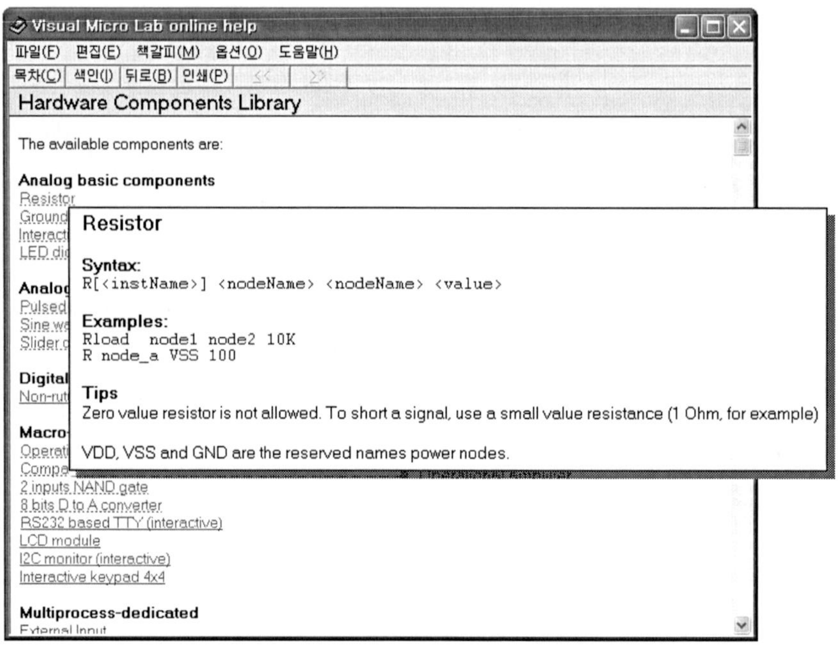

[그림 2.7] VMLAB 온라인 도움

VMLAB의 Visual Micro Lab online help 창에서 많은 정보를 얻을 수 있다. 하지만, 사용자의 PC 환경이 Windows 7 이상의 운영체제일 경우 도움말 창(Visual Micro Lab online help)이 뜨지 않는다. 이런 경우 사용자의 시스템에 맞는 Windows 도움말 프로그램 업데이트 파일을 다운로드한 뒤 설치하면 된다. 만약 Visual Micro Lab online help 창이 뜨지 않는다면 업데이트를 해야 한다는 설명과 해당 파일을 다운로드하는 링크를 알려주니 접근하여 설치하도록 한다.

work.prj Project 창이 보이지 않는다면 View→Project File 또는 Alt + Shift + P 를 이용하여 창을 띄운다. 커서가 보이는 빈 구간부터 회로에 대한 코딩을 하면 된다. 다음 코드를 오타 없이 입력한다. 그런 다음 다시 Project→Build 또는 Re-build all을 한다.

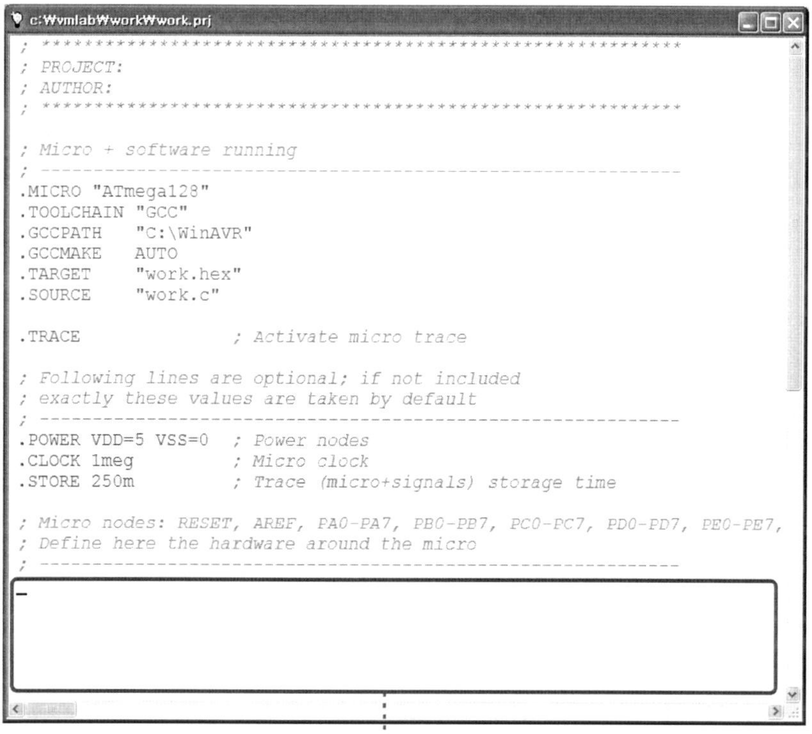


```
D1 VDD PC0                ; LED D1이 VDD와 PC0 port 사이에 연결
D2 VDD PC1
D3 VDD PC2
D4 VDD PC3
D5 VDD PC4
D6 VDD PC5
D7 VDD PC6
D8 VDD PC7
```

➜ VMLAB에서 주석 선언은 세미콜론(;)이다.

2.4.4 시뮬레이션 실행

Messages 창에 'Success! All ready to run' 메달 아이콘 메시지가 보였다면 이제 시뮬레이션을 실행한다. 우선 이번 실습은 LED를 동작시키는 실습 내용이기 때문에 감춰져 있는 창을 먼저 띄워 놓는다. View → Control Panel 또는 Alt + Shift + C 기능키를 사용하여 Control Panel 창을 띄운다.

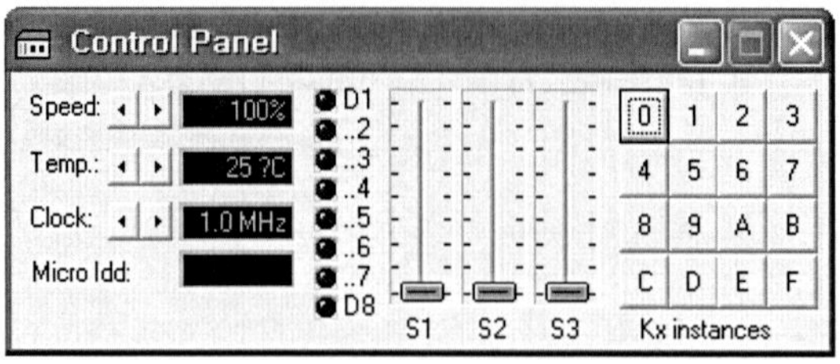

Run → Go / Continue 또는 F5 기능키를 사용하여 시뮬레이션 동작을 실행한다. 기본 도구 상자에서 신호등 아이콘( )을 클릭해도 된다. LED 8개가 일정한 간격으로 깜빡거리는 것을 눈으로 확인할 수 있다.

시뮬레이션 동작을 중지할 때는 Run → Pause program 또는 Shift + F5 기능키를 사용하여 중지하거나 기본 도구 상자에서 STOP 아이콘( )을 클릭하여 중지한다.

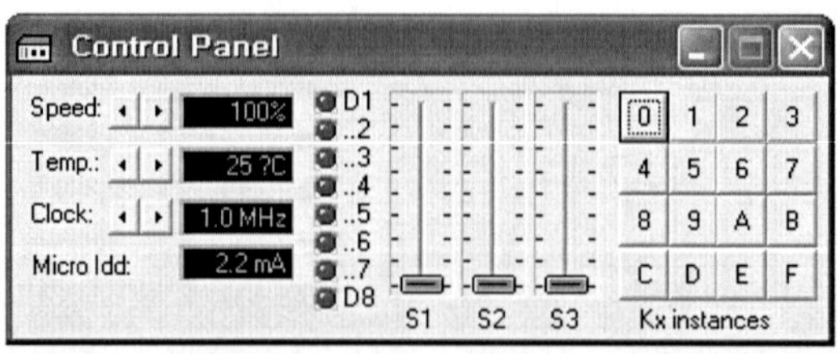

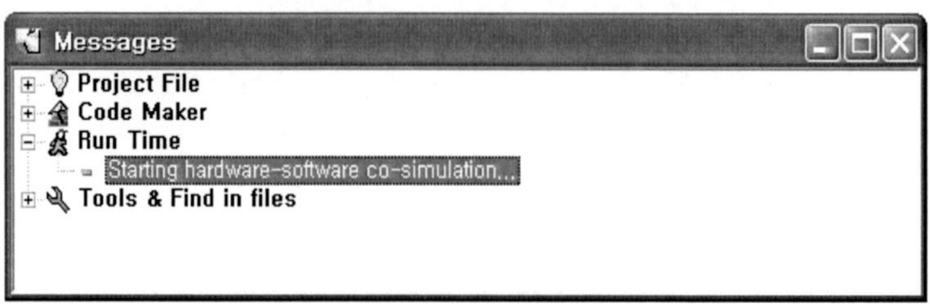

위에서 확인한 시뮬레이션 상황에서 LED 점멸 상태를 확인하는 것 외에 여러 가지 상태를 동시에 살펴볼 수 있는데 그 중에 입·출력 포트의 상태를 알아보기 위해 View → I/O ports 또는 Alt + Shift + I 기능키를 사용하여 입·출력 포트의 상태를 확인하는 창을 띄운다.

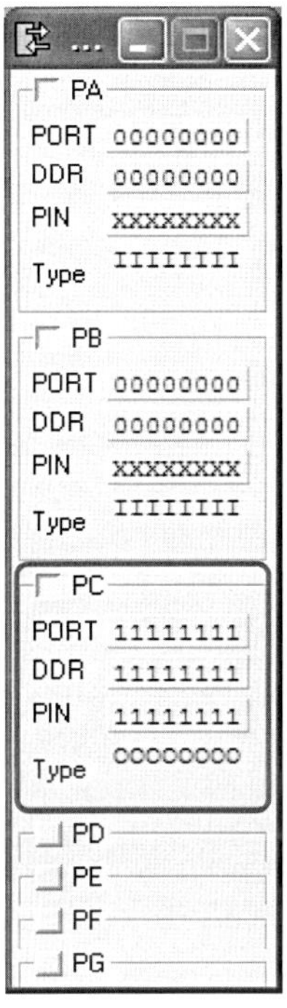

┌ 모양의 버튼을 클릭하면 PA ~ PG 내용이 펼쳐진다. ATmega128 마이크로컨트롤러는 포트 A부터 G까지 이름을 가지고 있다.

왼쪽 그림은 PA ~ PC 입·출력 포트만 펼쳐둔 것이다. 하지만 PA와 PB는 이번 예제에서는 사용하지 않았기 때문에 포트 C의 8 bit 레지스터의 상태만 살펴보면 된다.

Control Panel 창에서 LED가 깜빡 거릴 때마다 포트 C의 8 bit 상태가 11111111에서 00000000로 바뀌고 있으며 각 비트가 0일 때 LED가 켜진다는 것을 확인할 수 있다.

포트 C(PORTC)에 00000000이 입력이 되었을 때, 모든 LED가 켜지는 것을 이해하려면 LED가 연결된 회로를 이해해야 한다.

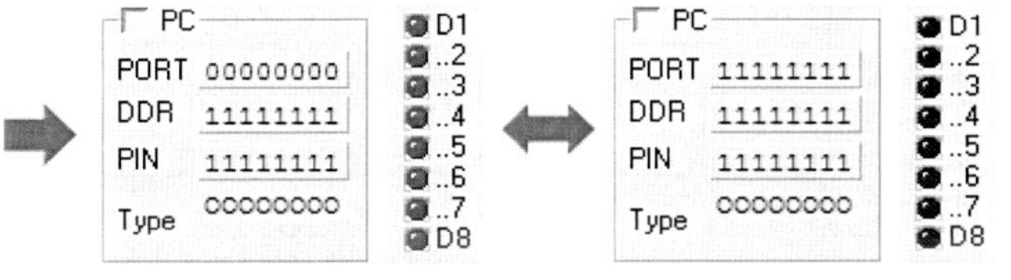

우리는 포트 C에 연결된 LED 회로도를 보지 않았지만 Project file에서 생성한 코드 선언이 LED의 회로 연결 상태를 나타낸 것이다.

'D1 VDD PC0'의 의미는 Control Panel 창에 D1이라는 이름을 가진 LED가 PC0 포트와 VDD(전원) 사이에 연결되어 있다는 의미이다. 앞쪽의 D1은 여기서 '주어'의 의미로 보면 된다. D1이라는 LED는 전원에 연결되어 있는 상황이고 전류는 전위차가 있어야 흐르게 되는 원리에 의해서 포트 C에 0, 즉 Low(0 V)를 넣어주게 되면 VDD 전원에서 포트 C 쪽으로 전류가 흐르는 상황이 되면서 LED가 켜지는 것이다.

Project file에 코딩하는 LED Diode의 기본 문법은 다음과 같다.

```
D{1 - 8} VDD <nodeName>        ; D1 VDD PC0
```

nodeName을 마이크로컨트롤러의 포트에 바로 연결하는 방법 외에 저항을 달아주는 방식의 코딩을 할 수도 있다. 이때는 전압 강하(voltage drop)를 확인할 수 있다.

```
D1 VDD n1        ; LED D1은 VDD와 n1 노드 사이에 있다.
R1 n1 PC0 1k     ; R1 저항은 n1 노드와 PC0 포트 사이에 1 kΩ의 크기로 연결되어 있다.
```

위의 LED 시뮬레이션 상황을 다음의 회로를 참조하면서 최종적으로 이해하도록 한다.

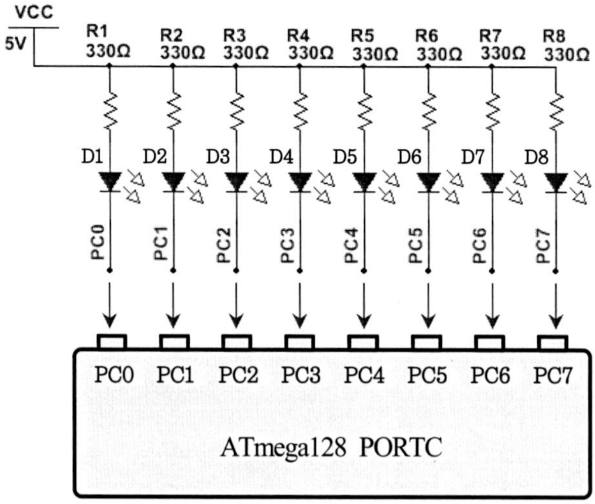

[그림 2.8] LED 연결 회로

회로 구성이 어떻게 되어 있는지 머릿속에서 그려지는 상황이라면 시뮬레이션을 할 때 도움이 많이 되겠지만 그렇지 않더라도 앞서 언급하였던 VMLAB의 도움말을 잘 활용하면서 코딩을 하면 되니 너무 어렵게 생각하지 않아도 된다. 이 책을 보고 있는 여러분들은 마이크로컨트롤러에 대해서 관심을 가지고 있기 때문에 기본적으로 회로도를 보는 방법과 해당 마이크로컨트롤러의 데이터 시트를 구하고 읽는 방법 등 관련된 정보들을 얻기 위해서 어디에서 어떻게 접근해야 하는지 습득을 해두는 것이 좋다.

2.4.5 소스 코드 세부 설명

```
① #include <avr/io.h>                  // 표준 헤더 파일
② #include <util/delay.h>               // 지연 함수 헤더 파일

   int main(void)
   {
③     DDRC = 0xFF;                      // 포트 C를 출력으로 선언

④     while (1)                         // 무한 반복
      {
⑤        PORTC = 0xFF;                  // 2진수 표기 → 0b11111111
⑥        _delay_ms(100);                // 100 ms 지연
         PORTC = 0x00;                  // 2진수 표기 → 0b00000000
         _delay_ms(100);                // 100 ms 지연
      }
```

```
⑦      return 1;                        // 비정상 종료
  }
```

① **#include <avr/io.h>**: 전처리 작업을 위한 헤더 파일을 가장 먼저 선언하였는데 'C:₩WinAVR₩avr₩include₩avr' 폴더로 접근해서 io.h 파일을 찾아서 열어보면 ATmega128 마이크로컨트롤러 외에 Atmel사에서 만들어지는 마이크로컨트롤러 패밀리에 대한 정보들도 함께 선언되어 있다. Windows 운영체제에서 폴더 경로는 백슬래쉬 '\'('₩')를 사용하는데 반해 리눅스에서는 슬래쉬('/')를 사용한다. GCC 컴파일러는 리눅스 기반의 컴파일러이기 때문에 WinAVR의 헤더 파일의 폴더 경로를 슬래쉬('/')로 쓰고 있음을 알 수 있다. GCC 컴파일러를 사용하는 개발 툴들은 기본적으로 동일한 헤더 파일을 사용한다.

② **#include <util/delay.h>**: while문에서 사용되고 있는 _delay_ms() 함수를 쓰기 위해서 선언해줘야 하는 헤더 파일이다.

③ **DDRC = 0xFF;** : DDR은 Data Direction Register의 의미를 가지고 있으며 AVR 마이크로컨트롤러를 사용할 때 사용하게 되는 레지스터 중에 하나로 main() 함수의 초기에 반드시 한 번 선언을 해줘야 하는 부분이다. 5장에서 다시 설명을 하겠지만 우선 먼저 알고 있어야 하는 각 포트와 관련된 레지스터 3개를 살펴보면 다음과 같다.

Port(포트)의 입·출력(I/O) 설정과 관련된 레지스터 3개

- DDRx (Data Direction Register x) : Port의 출력 또는 입력 모드를 설정
- PINx (Port Input Pins Address) : Port로 입력되는 값을 읽어 온
- PORTx (Data Register) : Port의 출력 설정

DDR 레지스터는 특정 포트의 핀을 입력 핀으로 쓸 것인지 아니면 출력 핀으로 쓸 것인지를 결정하는 부분이다. 1('High', 5 V)을 넣으면 출력 핀으로 결정되고 0('Low', 0 V)를 넣으면 입력 핀으로 특정 핀의 입·출력 기능이 결정된다. 즉, 개발자가 특정 핀에 출력 기능과 관련된 부품을 연결했다면 연결된 핀 레지스터에는 1을 써야 한다는 의미이다. 소문자 x의 의미는 ATmega128을 기준으로 A~G핀까지 8개 핀을 한 세트로 이름을 가지고 있기 때문에 A~G핀 중에 어떤 포트를 쓸 것인지를 의미한다. [그림 2.9]는 ATmega128 마이크로컨트롤러를 기준으로 포트 C의 DDRC 핀 8개를 모두 출력 핀으로 선언한 DDRC = 0xFF 코드 예제를 설명한 것이다.

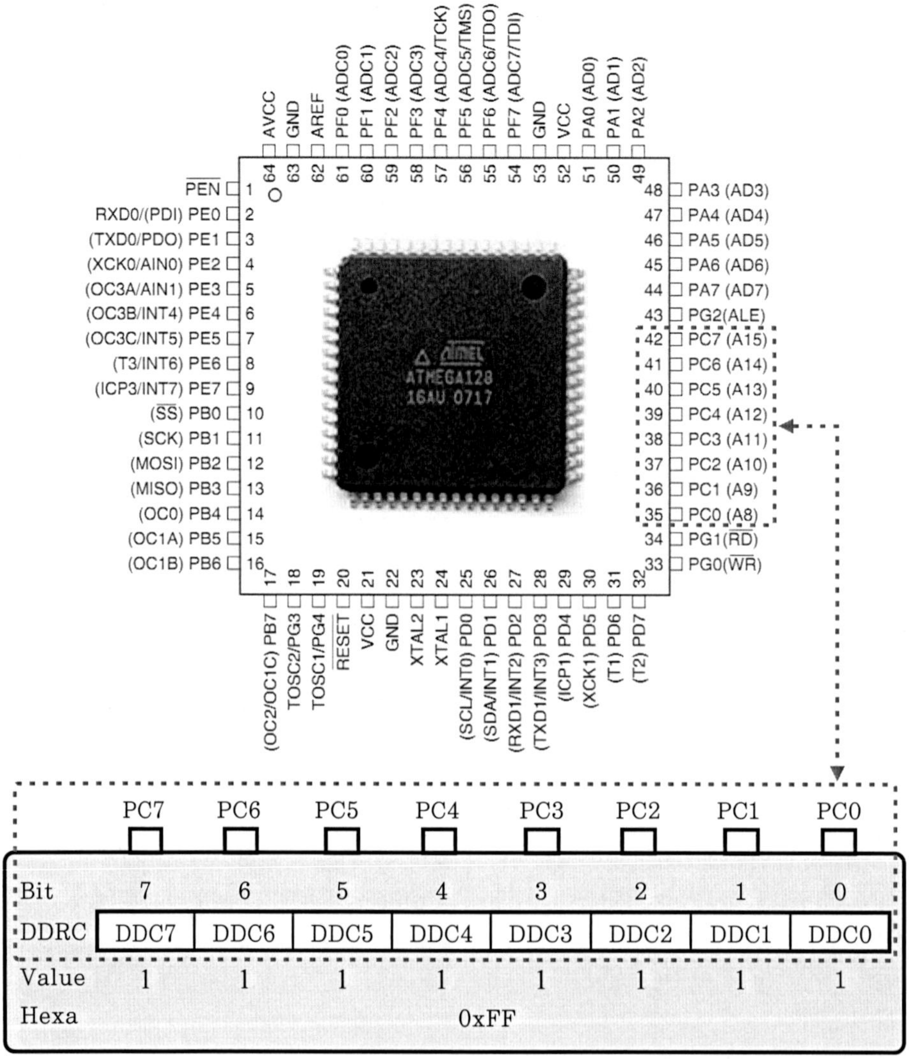

[그림 2.9] ATmega128 핀 구조

④ **while (1)** : { } 사이에 있는 명령들을 무한 반복하겠다는 의미이고 for (; ;)도 무한 반복문이며 둘 중에 어떤 것을 사용하든지 동일하다. 프로그램을 한 번만 실행하고 끝낼 때를 제외하고는 대부분의 임베디드 시스템 프로그램에는 무한 반복문이 빠지지 않는다.

⑤ **PORTC = 0xFF;** : DDRx는 Port의 입·출력을 결정짓는 레지스터였고, 그 다음 빈번하게 사용하는 레지스터가 PORTx이며 해당 포트에 1(High, 5 V) 또는 0(Low, 0 V)를 출력하고자 할 때 설정하는 레지스터이다.

[그림 2.10]을 보면 예제와 다르게 PORTC 레지스터에 상위 4 bit에는 1을 하위 4 bit에는 0을 설정했다. 핀 이름인 PC7~PC0로 1을 쓴 핀으로는 High(5 V)가 출력되고, 0을 쓴 핀으로는

Low(0 V)가 출력이 된다. PORTx 레지스터에 쓴 16진수 0xFF와 2진수 0b11111111은 동일하기 때문에 16진수 변환에 익숙하지 않을 경우 2진수 표기를 사용해도 괜찮다.

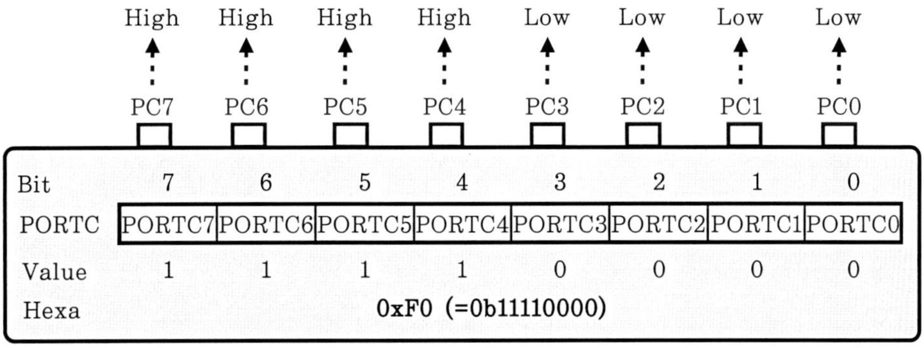

[그림 2.10] PORTC 레지스터 입력 값에 대한 핀 출력

⑥ **`_delay_ms(100);`** : C:₩WinAVR₩avr₩include₩util 폴더로 접근하면 delay.h 파일을 볼 수 있다. 파일을 열어보면 _delay_ms(double __ms) 함수와 _delay_us(double __us) 함수를 사용할 수 있음을 알 수 있다. 밀리초(ms. millisecond)는 1000분의 1초를 의미하는 단위이고 마이크로초(μs. micro second)는 100만분의 1초를 의미하는 단위이다.

delay.h 파일에 보면 함수 내에 지연 루틴 코드를 볼 수 있는데 정확한 지연이라기보다 임의의 지연이라 매우 정확한 시간으로 지연되는 것은 아니다. _delay_ms(100)의 의미는 100 ms 지연을 시키겠다는 의미이다.

LED를 On/Off 할 때 On과 Off 사이에 딜레이, 즉 지연을 적절하게 하지 않으면 LED가 계속 켜져 있는 것으로 보인다. 이것은 사람의 눈은 잔상이라 하여 어떤 정보가 눈앞에서 사라지더라도 그 형태와 색이 약 10분의 1초 가량 남는데 아주 빠른 속도로 On/Off 되는 깜박임을 인지하지 못하면서 LED가 계속 켜져 있는 것처럼 보이는 것이다.

⑦ **`return 1;`** : C 언어에서 return은 함수를 빠져 나와서 프로그램이 종료된다는 의미와 함수를 호출한 곳으로 값을 반환하는 역할을 한다. 예제 코드에서 사용된 return 1;은 프로그램에서 탈출하는 조건이 없는데 무한 반복되어야 하는 프로그램이 종료가 된다면 그것은 비정상적인 종료 또는 에러(error)의 의미를 가지고 1을 반환하며 프로그램을 종료하는 것이다. 일부 컴파일러에서는 return 1; 선언이 빠져 있을 경우 경고(warning)를 띄우기도 한다. 하지만, 프로그램에 무한 루프문이 있더라도 리턴(return)되는 1과 0의 차이로 프로그램 실행에 큰 문제를 주는 것은 아니다.

2.5 Project file 구조

다음은 VMLAB Project file의 내용을 그대로 옮긴 것으로 예제 파일 'work.prj' 파일의 내용이다. Project file에서 다양한 회로 소자, UART, LCD, Scope Probe 등을 정의한다.

```
; ************************************************************
; PROJECT:                                    ← 프로젝트 명 기재
; AUTHOR:                                     ← 작성자 명 기재
; ************************************************************

; Micro + software running
; ------------------------------------------------------------
.MICRO "ATmega128"                            ← 적용된 마이크로컨트롤러
.TOOLCHAIN "GCC"                              ← GCC 컴파일러 세트
.GCCPATH   "C:₩WinAVR"                        ← GCC 컴파일러의 위치
.GCCMAKE   AUTO                               ← makefile 옵션 자동
.TARGET    "work.hex"                         ← work.hex, 타겟 파일
.SOURCE    "work.c"                           ← work.c, 소스 파일

.TRACE              ; Activate micro trace

; Following lines are optional; if not included
; exactly these values are taken by default
; ------------------------------------------------------------
.POWER VDD=5 VSS=0; Power nodes               ← 시뮬레이션 전원
.CLOCK 1meg         ; Micro clock             ← 시뮬레이션 시스템 클록
.STORE 250m         ; Trace (micro+signals) storage time
                                              ← Scope 시간(X)축 저장 시간 설정

; Micro nodes: RESET, AREF, PA0-PA7, PB0-PB7, PC0-PC7, PD0-PD7, PE0-PE7,
  PF0-PF7, PG0-PG4, TIM1OVF                   ← ATmega128 Port
; Define here the hardware around the micro
; ------------------------------------------------------------
```

← 이 부분부터 마이크로컨트롤러와 회로의 연결 구성이나 시뮬레이션 하고자 하는 노드(단자)와 연결 구성되어 시뮬레이션 될 저항, 콘덴서, 스위치, 키 매트릭스, 가변 저항, UART (RS-232), LED, LCD, I2C 등에 대한 각종 부품(device) 정의나 매크로 모델들을 정의하여 사용 가능하며 아날로그 전압 원(pulse, sine wave, slider dependent voltage) 정의와 파형 측정을 위한 오실로스코프 등을 정의한다.

VMLAB Control Panel에 보이는 D1 ~ D8 LED의 회로 구성을 다음과 같이 코딩을 하였고, 단순히 LED의 상태 확인만 하고자 할 때는 Project file은 수정할 필요 없이 앞서 작성한 C 언어 기반의

프로그램 소스 파일만 수정하면서 여러 가지 LED 상태에 대한 테스트를 해볼 수 있게 된다.

```
D1 VDD PC0    ; LED D1의 애노드(+) 단자에 VDD, 캐소드(-) 단자에 PC0포트 연결
D2 VDD PC1    ; LED D2의 애노드(+) 단자에 VDD, 캐소드(-) 단자에 PC1포트 연결
D3 VDD PC2    ; LED D3의 애노드(+) 단자에 VDD, 캐소드(-) 단자에 PC2포트 연결
D4 VDD PC3    ; LED D4의 애노드(+) 단자에 VDD, 캐소드(-) 단자에 PC3포트 연결
D5 VDD PC4    ; LED D5의 애노드(+) 단자에 VDD, 캐소드(-) 단자에 PC4포트 연결
D6 VDD PC5    ; LED D6의 애노드(+) 단자에 VDD, 캐소드(-) 단자에 PC5포트 연결
D7 VDD PC6    ; LED D7의 애노드(+) 단자에 VDD, 캐소드(-) 단자에 PC6포트 연결
D8 VDD PC7    ; LED D8의 애노드(+) 단자에 VDD, 캐소드(-) 단자에 PC7포트 연결
```

→ LED의 애노드(+)에는 반드시 VDD(전원)가 연결되어야 한다.

CHAPTER 03 AVR Studio(Atmel Studio) 사용 방법

3.1 AVR Studio와 Atmel Studio?

Atmel사에서 무료로 제공하는 개발 툴이며 AVR Studio 이름으로는 버전 5.0까지 사용되었고 이후 6.0 버전부터는 Atmel Studio 이름으로 배포되고 있다.

Atmel사는 마이크로컨트롤러를 판매만 하는 것이 아니라 개발 툴까지 무료로 제공하고 있고, 이런 점은 사용자들에게 개발 툴 선택에 대한 부담을 덜어주게 되며, 결국에는 Atmel사의 제품을 최종 선택하는데 좋은 영향을 준다.

최근에 발표되는 개발 툴은 마이크로소프트사의 Visual Studio의 개발 환경과 거의 동일하여 C/C++ 코드를 사용하던 개발자들에게는 사용자 인터페이스(UI, User Interface)도 상당히 친숙하다. 그리고 Atmel사의 ARM 프로세서까지 동일 환경에서 개발이 가능해졌다.

개발 툴의 다운로드는 Atmel사의 홈페이지(www.atmel.com) 메인에서 최신 개발 툴 다운로드 링크를 바로 클릭하거나 개발 툴(development tools) 메뉴를 찾아 통합 개발 환경(IDE, Integrated Development Environment) 메뉴에서 필요한 버전의 개발 툴을 다운로드한 뒤 설치하면 된다. Studio Archive 링크로 접근하면 최근 발표된 개발 툴 외에 이전에 배포되었던 모든 버전의 개발 툴을 다운로드할 수 있다.

마이크로컨트롤러 개발 툴은 종류가 상당히 많으며 그 중에서 많이 알려진 것으로는 AVREdit, 코드비젼(codevision), IAR EWAVR, ICCAVR 등이 있으며 쉽게 구할 수 있고 사용자에게 익숙한 것을 선택하면 된다. 다만 통합 개발 환경 또는 컴파일러를 변경할 때는 기존에 사용하던 컴파일러와 다를 경우 프로그램 코드의 많은 부분을 수정해야 하기 때문에 가능하다면 같은 컴파일러를 사용하는 개발 툴을 쓰는 것이 좋다.

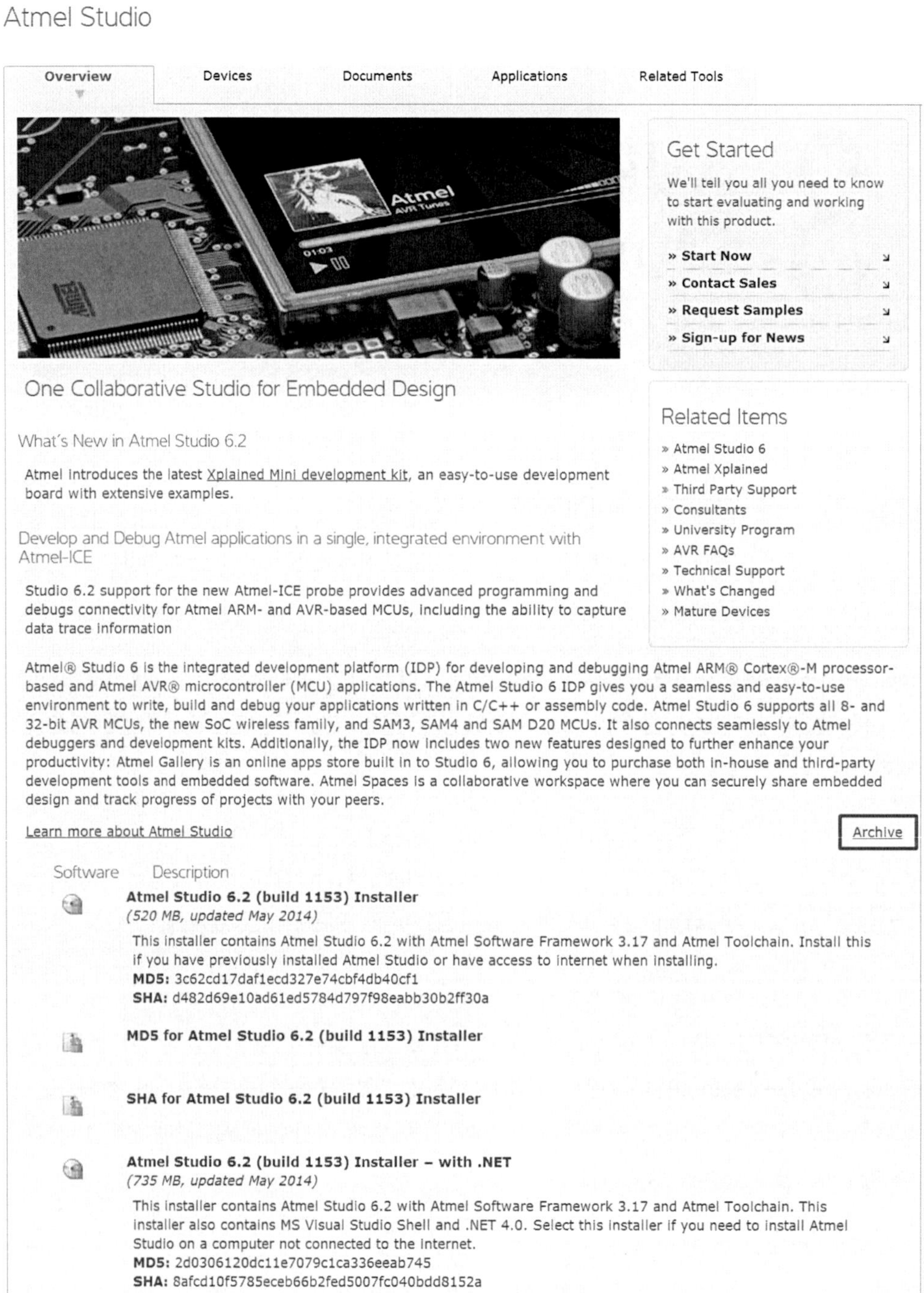

[그림 3.1] Atmel사 다운로드 페이지

Atmel사의 마이크로컨트롤러를 사용한다면 고민하지 말고 Atmel사에서 제공하는 개발 툴을 쓰도록 한다. Atmel사의 개발 툴들은 GCC 컴파일러를 쓰고 있고 VMLAB, AVREdit 등 GCC 컴파일러를 사용하는 개발 툴 간의 프로그램 코드는 서로 호환된다. 그리고 기술적인 문제로 도움을 받고자 할 때는 AVR Freaks(www.avrfreaks.net)를 이용하면 되니 유료 개발 툴을 굳이 사용하지 않아도 부족함이 없다.

개발 툴의 설치 과정은 어려운 것이 없으니 생략하고, AVR Studio 4.19(build 730) 이후부터 사용자 인터페이스가 많이 바뀌었기 때문에 프로그램 코드 작성 이후 타겟 보드에 프로그램을 다운로드하는 절차를 구분해서 설명하도록 하겠다.

3.2 AVR Studio 4.19 개발 툴 사용

3.2.1 프로젝트 생성과 HEX 파일 생성

AVR Studio 4.19를 최초 실행하면 다음과 같은 화면이 뜬다.

New Project 버튼을 눌러 새로운 프로젝트를 시작하거나 기존에 작성해 둔 프로젝트를 선택하거나 불러오기 할 수 있다. 프로젝트 마법사 창은 Cancel 버튼을 눌러 닫는다.

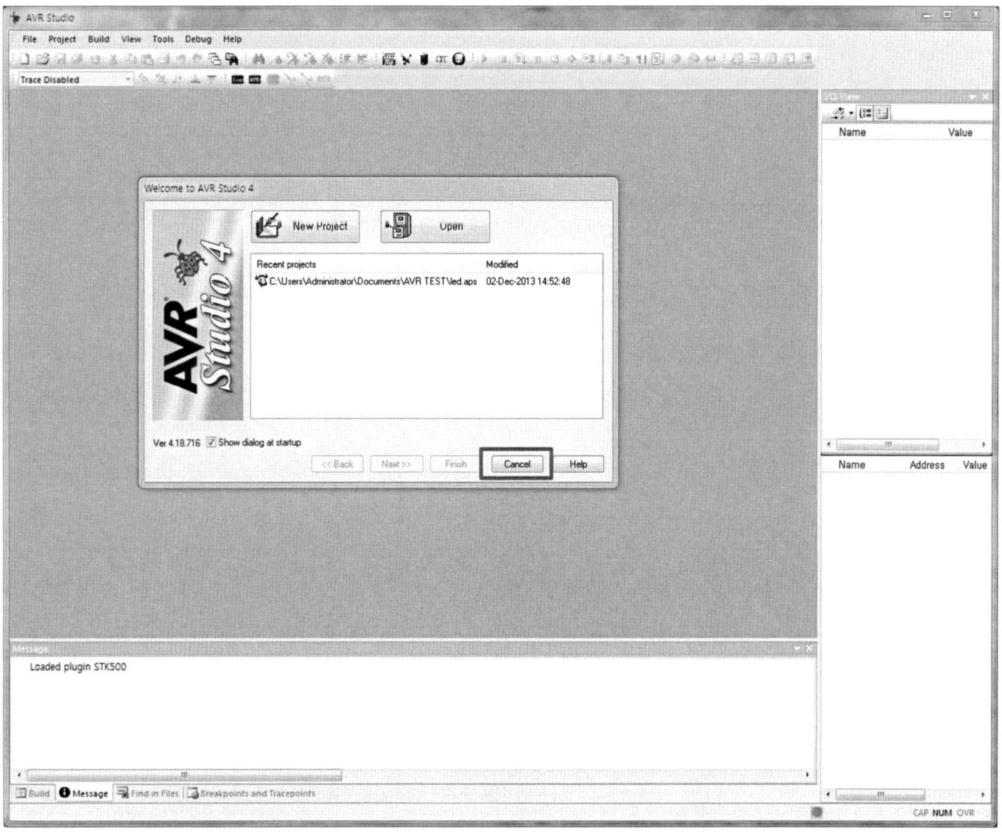

① Project → New Project 클릭

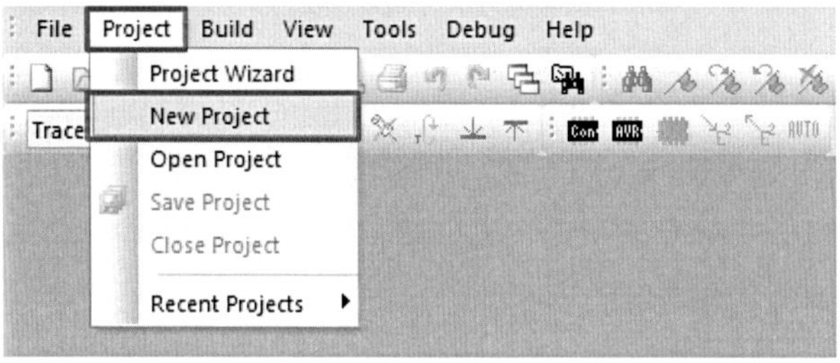

② Project type은 AVR GCC를 선택하고 Project name은 'work'로 한다. Create initial file 체크박스에 체크가 기본적으로 되어 있으며 'work.c' 파일이 만들어지는데 이름을 바꾸지 말고 그대로 둔다. 프로젝트 파일이 저장되는 위치(location)는 임의로 하되 관리를 잘 할 수 있는 폴더를 지정하도록 한다. 그리고 저장 경로에 한글명 폴더가 설정되지 않도록 주의한다.

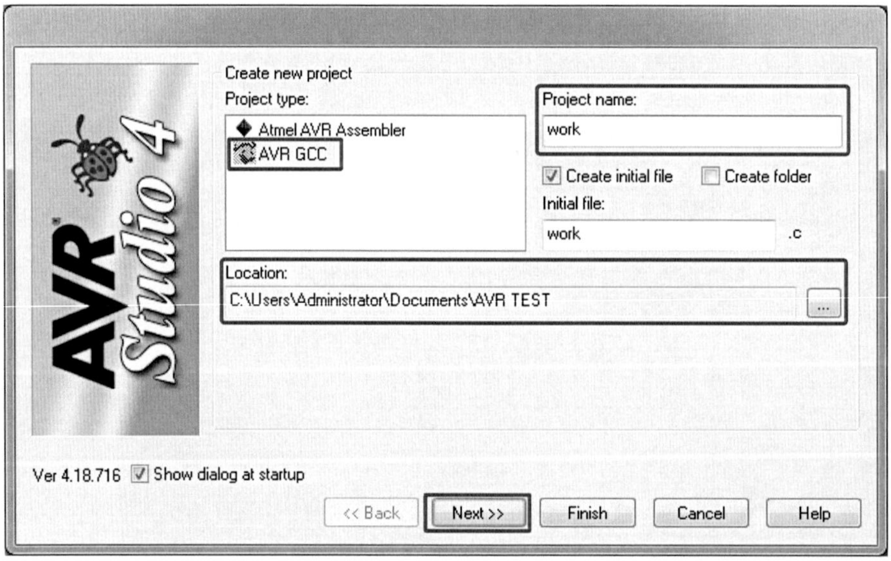

③ 디버그 플랫폼(debug platform)과 마이크로컨트롤러 선택 창이 뜬다. 디버그 플랫폼은 AVR Simulator 2를 선택하고 Device는 ATmega128을 선택한다.

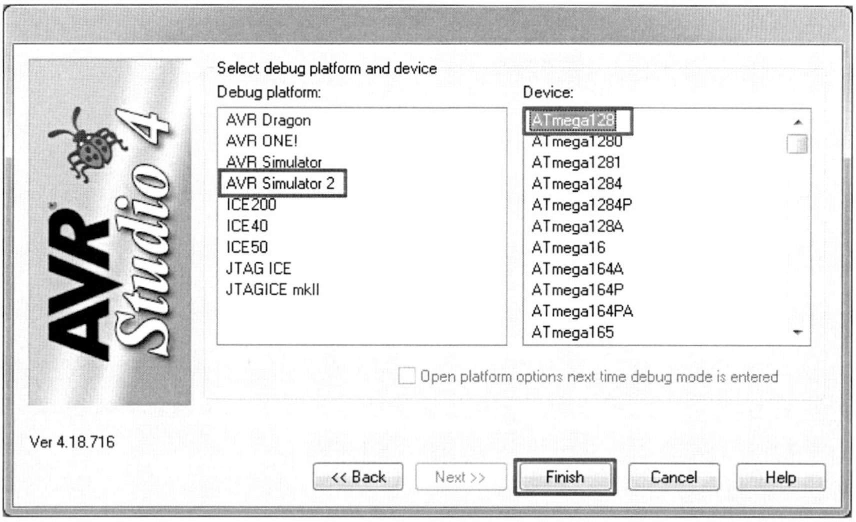

④ 생성된 work 프로젝트 화면이다. 가운데 편집 창이 work.c 작업 창이며 프로그램 코드를 이곳에 작성하면 된다. VMLAB 실습에서 사용한 동일한 코드를 오타 없이 코딩한다.

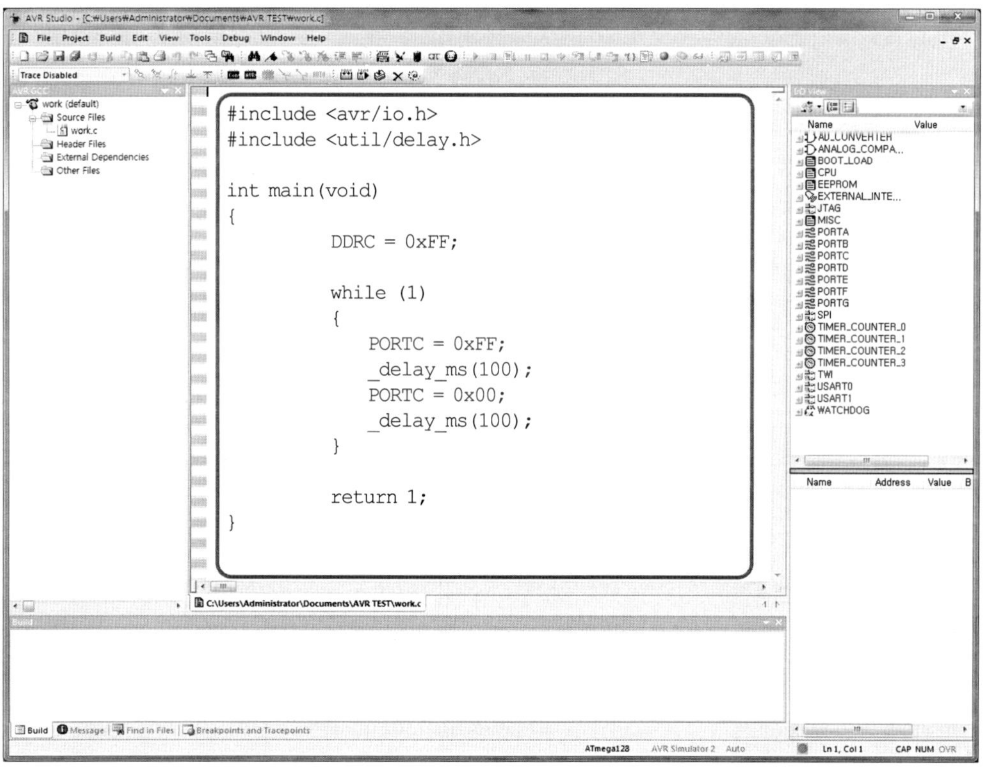

⑤ Build → Build 또는 F7 키를 사용하여 HEX 파일을 생성한다. 도구 상자에서 [아이콘] 아이콘을 클릭해도 동일한 결과를 얻을 수 있다. 아이콘이 보이지 않는다면 View → Toolbars → AVRGCC -PLUGIN를 다시 선택하면 된다.

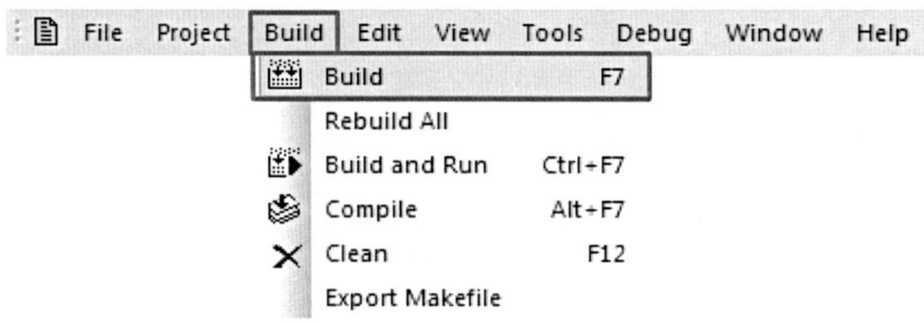

빌드 과정에서 코드에 문제가 없을 경우, 작업 창 아래쪽의 빌드 출력 창에 빌드를 성공했다는 메시지를 볼 수 있다. 하지만 프로그램 코드에 문제가 있을 경우, 어떤 부분에 오류가 있는지 알려준다. 에러가 발생한 부분은 반드시 해결을 해줘야 한다.

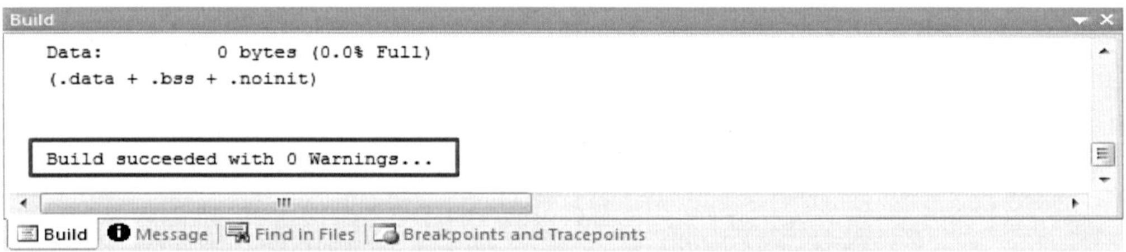

다음 그림은 프로그램 코드에 에러가 있을 때 빌드 출력 창의 내용이다. 몇 번째 줄의 어떤 부분이 에러인지 알려준다. 해당 에러 라인을 더블 클릭하면 에러가 발생한 코드 라인 부분으로 커서가 이동된다.

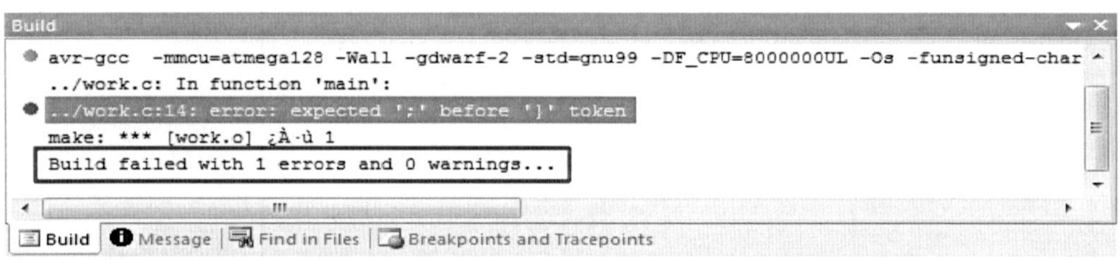

빌드(Build)를 마치면 프로젝트 파일이 저장된 폴더에 default 폴더가 자동으로 생성되고 그 default 폴더에 프로젝트 이름과 동일한 이름을 가진 HEX 파일이 생성되어 있는 것을 확인할 수 있다. 저자의 경우 C:₩Users₩Administrator₩Documents₩AVR TEST 경로에 'work' 프로젝트를 생성하였다. AVR TEST 폴더에서 'work.aps' 파일이 프로젝트 파일이며 AVR TEST 하위 폴더인 default 폴더에 'work.hex'이 생성되어 있다.

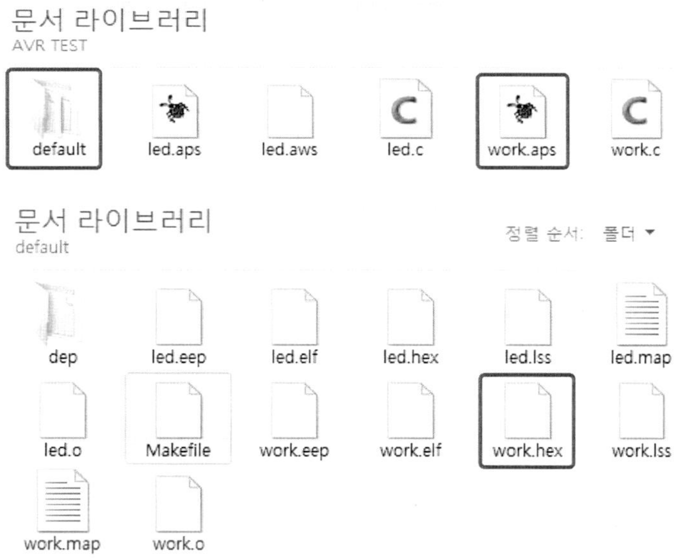

[그림 3.2] HEX 파일이 저장된 폴더 경로

타겟 보드에 프로그램을 다운로드할 때 'work.hex' 파일을 사용하게 되며 빌드가 문제없이 되었다면 프로젝트명과 동일한 이름의 hex 파일이 생성이 된다.

앞서 배운 VMLAB 개발 툴도 빌드 후 hex 파일을 생성하지만 hex 파일을 직접 타겟 보드에 다운로드하지 않고 VMLAB 개발 툴에서 제공하는 시뮬레이터를 이용해서 마치 타겟 보드에 프로그램을 다운로드한 것처럼 시뮬레이션으로 동작을 확인한 것이다.

3.2.2 프로그램을 타겟 보드에 올리기

HEX 파일을 타겟 보드에 다운로드하기 위해서는 AVR 마이크로컨트롤러가 포함되어 있는 타겟 보드와 ISP 장비를 준비해야 한다. ISP 플랫폼은 종류가 다양하며 일반적으로 AVRISP mkII나 STK500, STK600 등을 많이 사용하며 일부 ISP는 회로도가 오픈되어 있어 직접 제작도 가능하다.

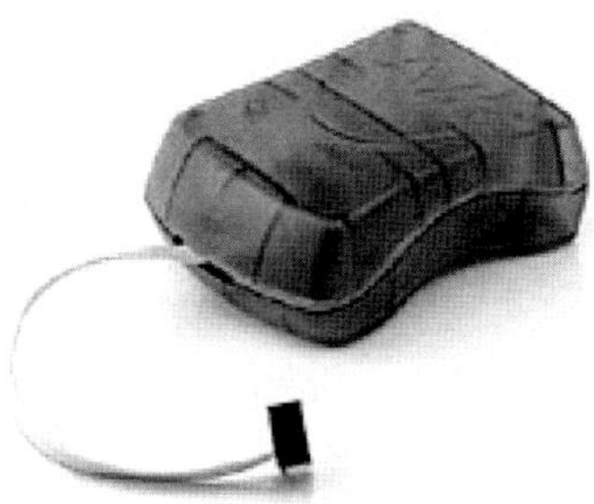

[그림 3.3] AVRISP mkII

STK500 ISP를 기준으로 설명하면 타겟 보드와 ISP가 연결되고 다시 ISP와 PC가 USB를 통해서 연결이 되는 구조이기 때문에 HEX 파일이 전송되기 위해서 USB 포트 드라이버가 설치되어야 한다. Windows7 이상의 운영체제일 경우 자동으로 설치되지만 하위 운영체제인 경우 해당 ISP 플랫폼과 호환되는 USB 포트 드라이버를 설치해야 한다(Silicon Labs사의 CP210x USB TO UART Bridge VCP Drivers).

상황에 따라서 몇 가지 옵션을 변경해야 하는 경우가 있지만 AVR Studio에서 사용자가 복잡한 옵션을 설정하지 않고 기본적인 설정 상태에서 HEX 파일을 다운로드하는 작업만 진행을 해도 타겟 보드에서 프로그램 동작을 확인할 수 있다.

① Tools → Program AVR → Connect... 또는 STK500 도구상자의 아이콘을 클릭한다. Port를 Auto로 해두고 Connect... 버튼을 클릭하면 자동으로 연결된다. 이 과정에서 다음 창으로 넘어가지 않는다면 케이블 연결 상태를 다시 확인하거나 USB 포트 드라이버가 제대로 설치되었는지 확인한다.

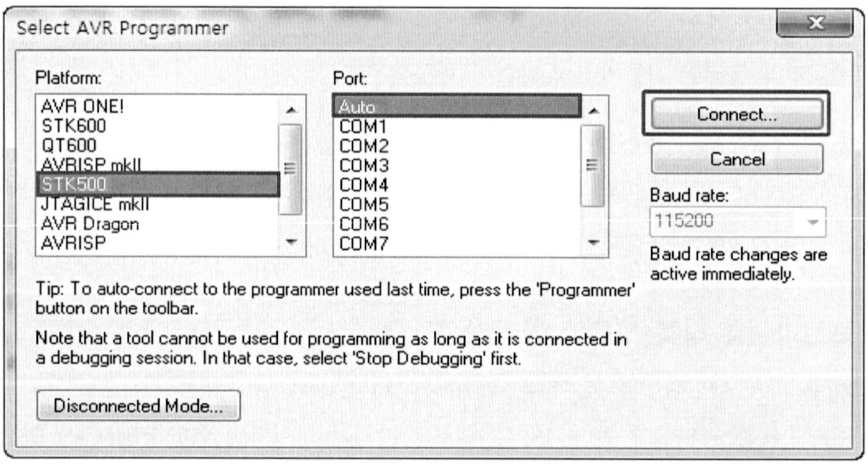

② PC와 타겟 보드가 ISP를 통해서 연결이 되면 다음과 같은 창이 뜬다. 여러 개의 탭 메뉴가 보이는데 일단 Program 탭에서 Device 항목의 체크 박스는 모두 체크가 되어 있는 상태로 두고 Flash 항목에서 Input HEX File 옵션을 통해 HEX 파일이 있는 경로를 연결해주면 되는데 일반적으로 자동으로 경로가 잡힌다.

C:₩Users₩Administrator₩Documents₩AVR TEST₩default₩work.hex 경로이다. hex 파일 경로가 자동으로 잡혀 있지 않다면 [...] 아이콘을 클릭하여 해당 경로를 지정해준다.

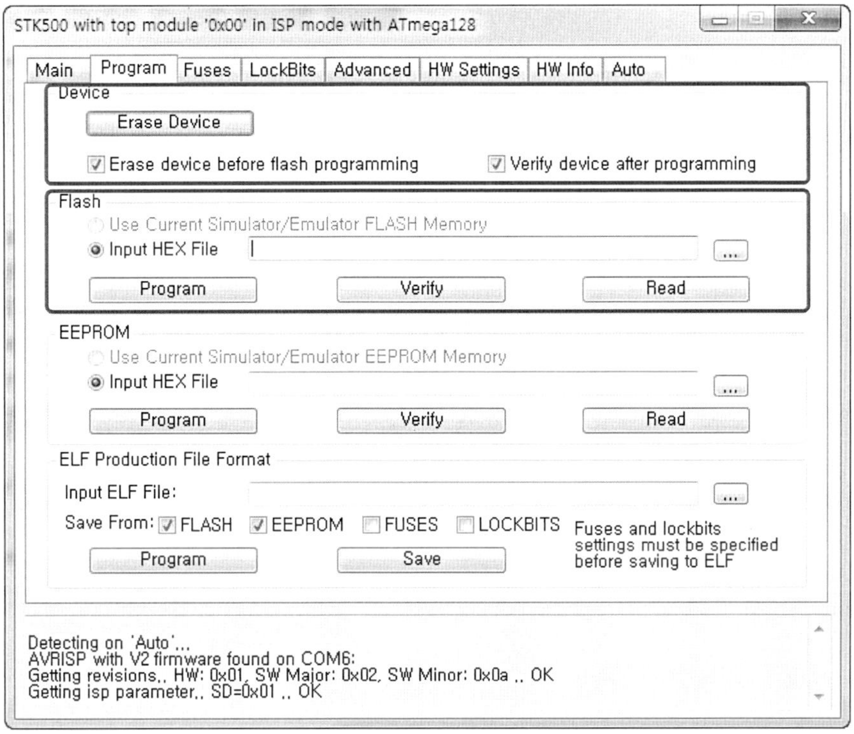

③ HEX 파일의 경로가 맞으면 Program 버튼을 클릭한다. 플래시 메모리에 HEX 파일을 쓰는 (Write) 과정이 잠시 진행되며 타겟 보드를 통해 해당 프로그램 동작을 바로 확인할 수 있다.

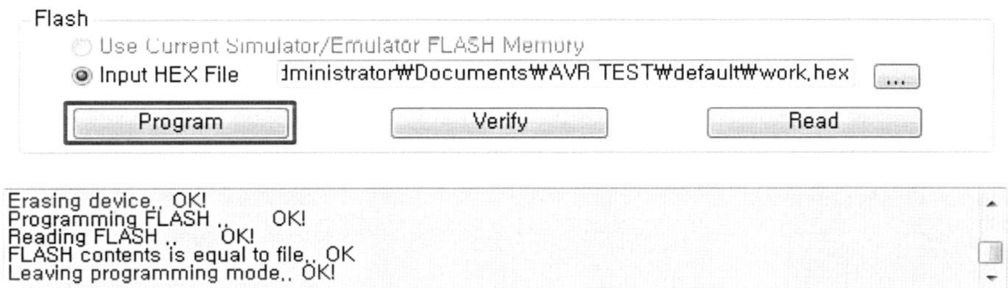

3.2.3 기본 환경 설정과 최적화 옵션

빌드를 성공하더라도 delay.h 헤더 파일을 포함하면서 F_CPU와 관련된 경고(Warnings)가 발생하는 경우 두 가지 방법으로 문제를 해결할 수 있다.

첫 번째는, 프로그램 코드를 작성할 때 제일 첫 줄에 **#define F_CPU 1000000L;**처럼 F_CPU 매크로 명에 CPU 클록 상수를 포함하면 된다. 1000000L이면 1 MHz를 의미한다.

두 번째는, 개발 툴의 옵션에서 CPU 클록을 입력하면 된다.

① Project → Configuration Options 메뉴를 클릭한다.

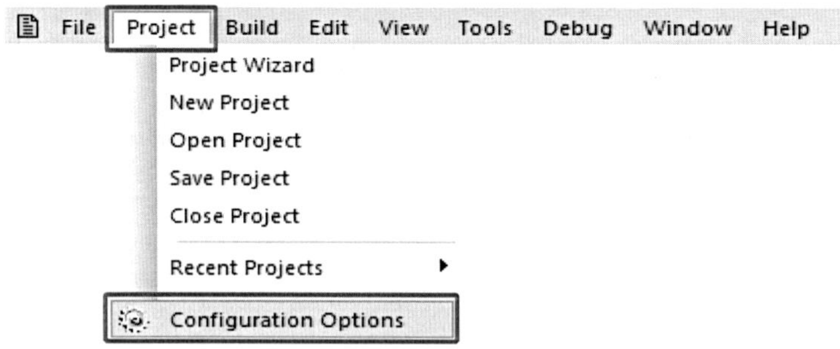

② 프로젝트 옵션 창의 General 옵션 설정 내용에서 Frequency가 비어 있을 것이다. 클록 주파수 값을 직접 입력하면 된다.

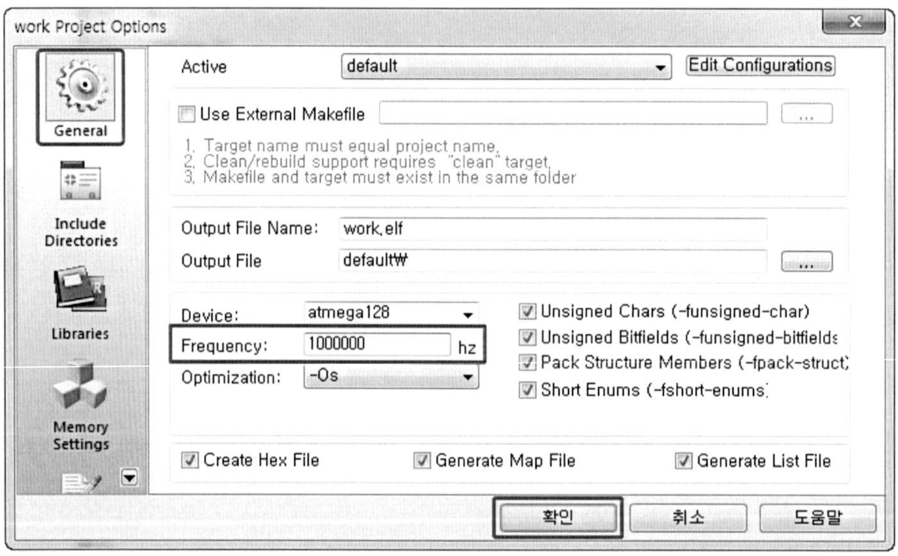

최적화 옵션 설정

Optimization 옵션에서 컴파일할 때 프로그램 코드 최적화를 어떻게 할 것인지를 설정할 수 있으며 AVR Studio 4.19에서는 '-Os' 옵션이 기본 값이다.

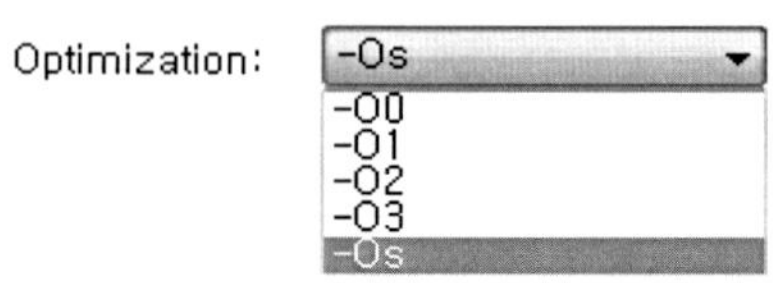

· O0 (Level 0) : 최적화를 실행하지 않는다.

· O1 (Level 1) : 코드 크기를 가능한 작게 하고 컴파일 시간을 줄이는 범위에서 최적화를 실행한다.

· O2 (Level 2) : 실행 파일이 가능한 빠르게 실행되도록 하면서 코드의 크기가 너무 커지지 않도록 하는 범위 내에서 최적화를 실행한다.
· O3 (Level 3) : 가장 높은 최적화 단계로 코드 크기를 고려하지 않고 빠르게 실행되는 코드를 만들기 위한 최적화를 실행한다.
· Os (Level 2.5) : 레벨 2와 비슷한 최적화에서 코드 크기를 증가시키는 단계를 줄인다.

3.2.4 내부 클록 변경

ATmega128 내부 클록을 사용하는 경우 1 MHz, 2 MHz, 4 MHz, 8 MHz로 클록을 변경할 수 있다. CPU 클록을 변경하면 프로그램이 처리되는 시간이 변경되기 때문에 타이밍을 맞추는 프로그램의 경우 CPU의 클록 선택이 정확해야 한다.

① ISP 장치 연결이 되어 있는 상태에서는 퓨즈 비트 설정을 사용자가 할 수 있다. 도구 상자에서 아이콘을 클릭하여 Fuses 탭 메뉴로 이동한다.

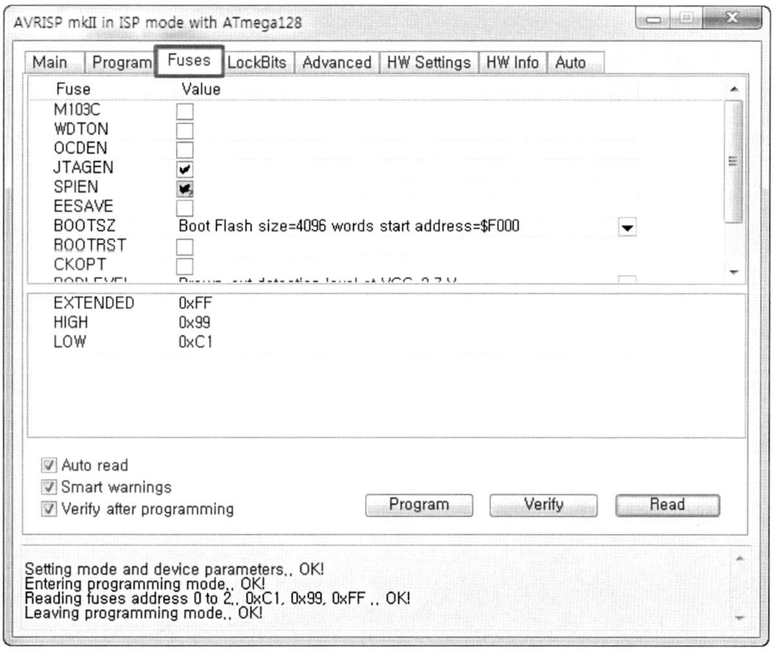

② 맨 아래쪽에 'SUT_CKSEL' 옵션의 드롭다운 버튼을 클릭하면 선택할 수 있는 내부 또는 외부 클록 리스트가 나타난다. 내부 클록을 사용할 때는 'Int.'로 시작하는 클록을 선택하면 된다. 'Ext.'로 시작하는 클록들은 외부 오실레이터를 사용했을 경우에 선택하면 된다.

③ 클록을 선택한 뒤에 Program 버튼을 클릭하면 내부 클록이 변경된다. 이 과정에서 오류가 발생되면 마이크로컨트롤러의 클록이 멈춰버리는 경우가 있기 때문에 외부 오실레이터가 연결되지 않은 상태에서는 외부 클록을 설정하지 않도록 주의한다.

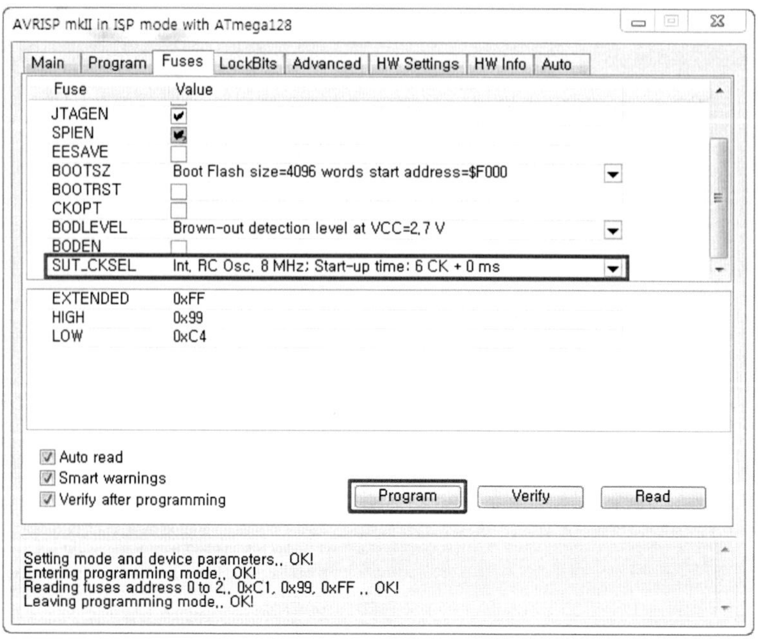

→ 개발 툴에서 클릭 몇 번만 하면 쉽게 시스템 클록을 변경할 수 있지만 실제 마이크로컨트롤러 내부를 보면 까다롭고 매우 정확하게 설정되어야 한다. 이 부분은 이후 퓨즈 비트를 설명하는 부분에서 좀 더 자세히 설명한다.

3.3 Atmel Studio 6.1 개발 툴 사용

3.3.1 프로젝트 생성과 HEX 파일 생성

Atmel Studio 6.1을 최초 실행하면 다음과 같은 화면이 뜬다.

New Project... 항목을 눌러 새로운 프로젝트를 시작하거나 Open Project... 항목을 눌러 기존에 작성해둔 프로젝트를 선택하거나 불러올 수 있다.

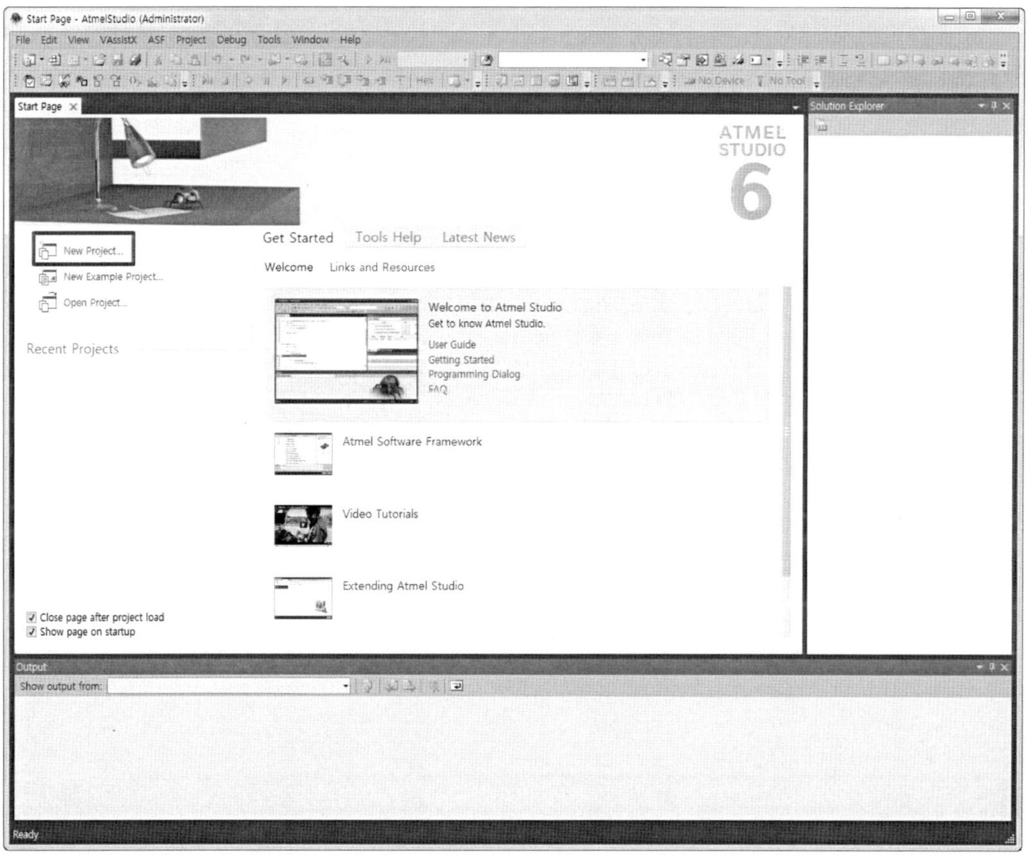

① 메뉴를 이용해서 새 프로젝트 작업을 진행한다.

File → New → Project...로 접근하거나 표준 도구상자(standard)에서 [아이콘] 아이콘을 클릭한다. 또는 Ctrl + Shift + N 기능키를 사용해도 된다.

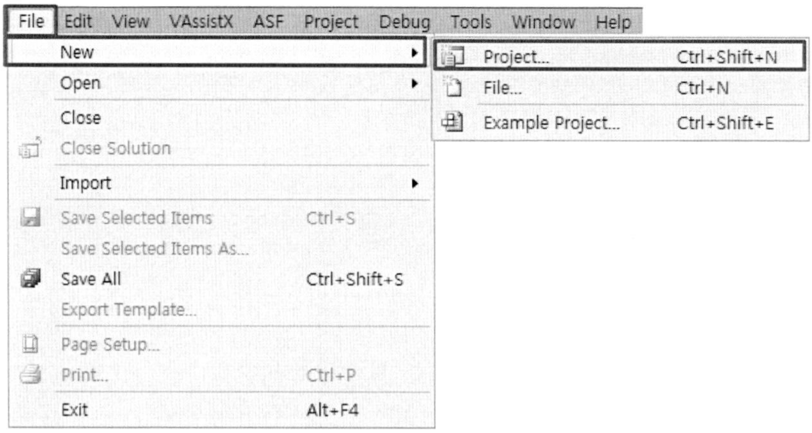

② New Project 창이 뜨면 'GCC C Executable Project'를 선택하고 프로젝트 명을 'work'로 입력한다. 그리고 프로젝트 파일의 저장 위치(location)는 임의로 하되 관리를 할 수 있는 폴더를 지정하도록 한다.

여기서는 'C:₩Users₩Administrator₩Documents₩AVR TEST₩'로 프로젝트 파일의 저장 위치를 설정하였다.

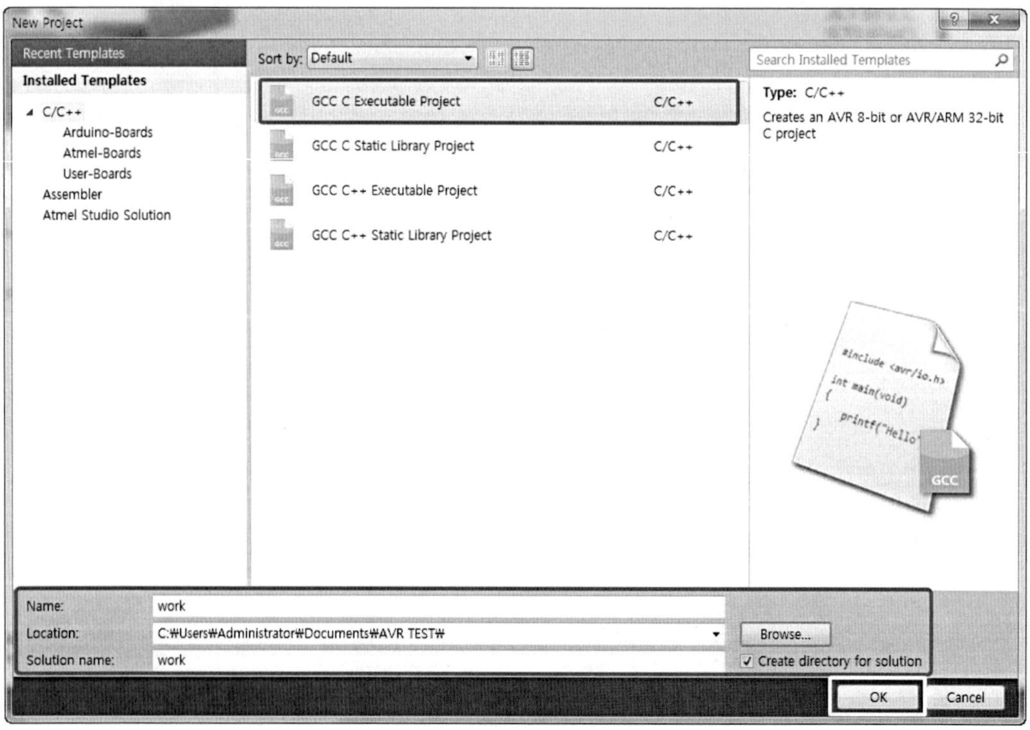

③ Device Selection 창의 뜨는데 타겟 보드의 마이크로컨트롤러를 선택해줘야 한다. Device Family 항목에서 'megaAVR, 8-bit'를 선택하면 해당 마이크로컨트롤러들 리스트가 필터링되는데 스크롤바를 움직여 'ATmega128'을 선택하면 된다. 마이크로컨트롤러를 선택하면 Device Info 항목에 선택된 마이크로컨트롤러의 데이터시트(Datasheets)와 지원되는 툴들(Supported Tools)이 나타난다. STK600이나 AVRISP mkⅡ 등의 링크를 클릭하면 Atmel사의 장치와 관련된 링크 페이지가 뜬다. 이런 부분들은 개발자가 관련된 자료를 찾기 위해서 낭비하는 시간을 줄이는데 도움이 된다.

장치를 잘 선택했다면 OK 버튼을 클릭한다.

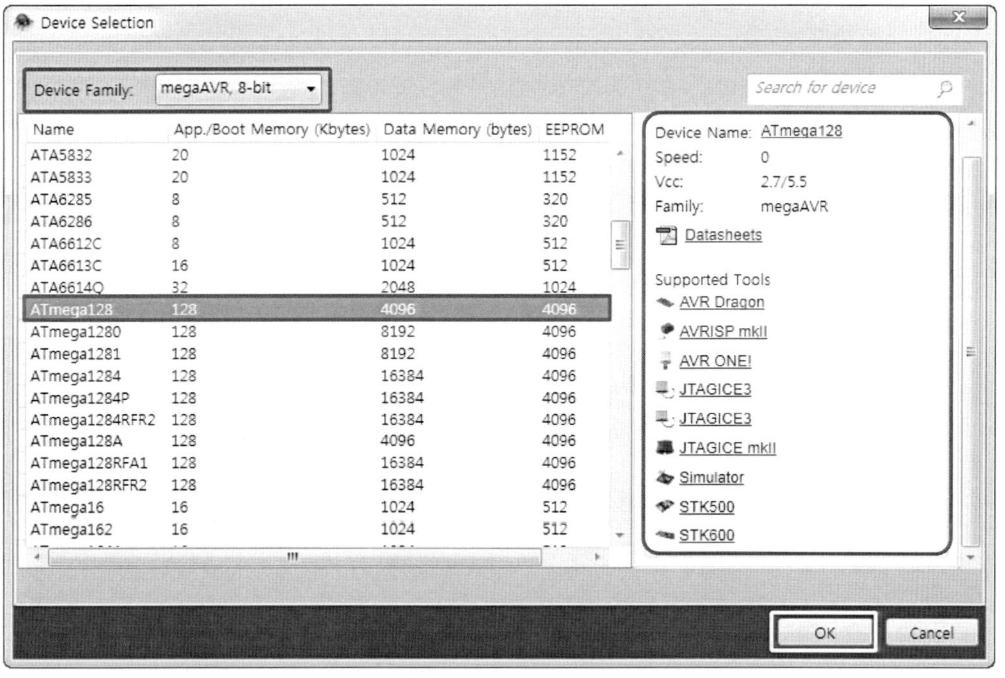

해당 마이크로컨트롤러를 바로 찾는 방법도 있는데 Device Selection 창에서 상단의 오른쪽에 찾기 도구를 사용하면 된다. 'ATmega128'을 입력하면 동일한 이름을 가진 마이크로컨트롤러 리스트를 마찬가지로 보여준다.

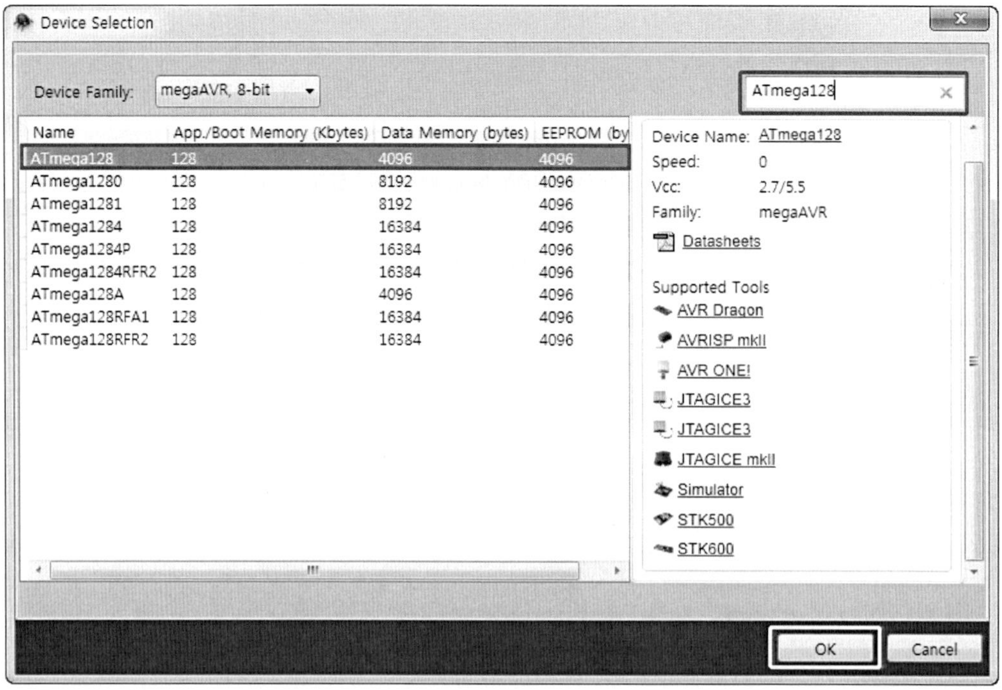

④ work 프로젝트 솔루션이 생성되었다. 작업 창을 보면 자동으로 기본 코드가 입력되어 있고 솔루션 탐색(solution explorer) 창을 보면 'work.c' 파일이 자동으로 생성되어 있는 것을 확인할 수 있다. 기본적으로 입력되어 있는 코드를 지우고 앞서 사용했던 코드를 동일하게 입력한다.

```
#include <avr/io.h>
#include <util/delay.h>

int main(void)
{
    DDRC = 0xFF;

    while (1)
    {
      PORTC = 0xFF;
      _delay_ms(100);
      PORTC = 0x00;
      _delay_ms(100);
    }

    return 1;
}
```

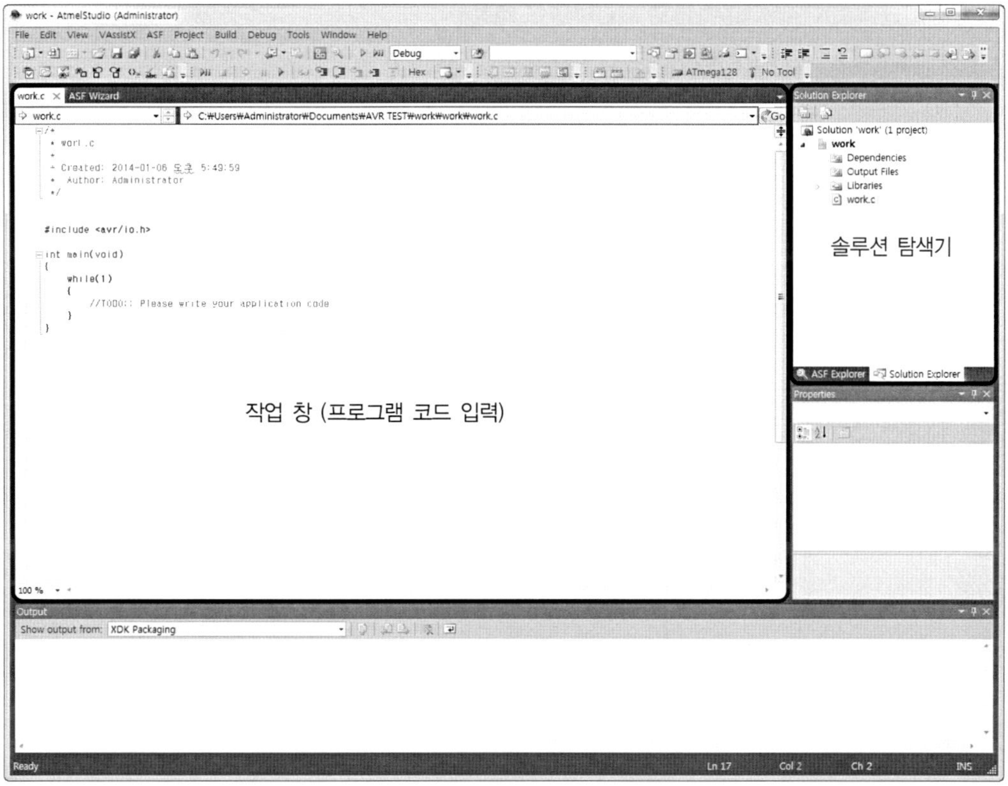

⑤ Build → Build Solution (또는 F7 기능키)을 클릭하여 HEX 파일을 생성한다. 빌드 도구상자에서 아이콘을 클릭해도 된다. 빌드 과정에서 에러가 없다면 출력 창에 빌드가 성공했다는 메시지를 보여준다. 이 과정에서 에러가 있다면 에러를 반드시 해결해줘야 HEX 파일이 생성된다. 프로그램 코드를 빌드할 때 발생된 에러를 해결하는 방법은 VMLAB과 AVR Studio 4.19에서 설명한 방법과 동일하기 때문에 생략한다.

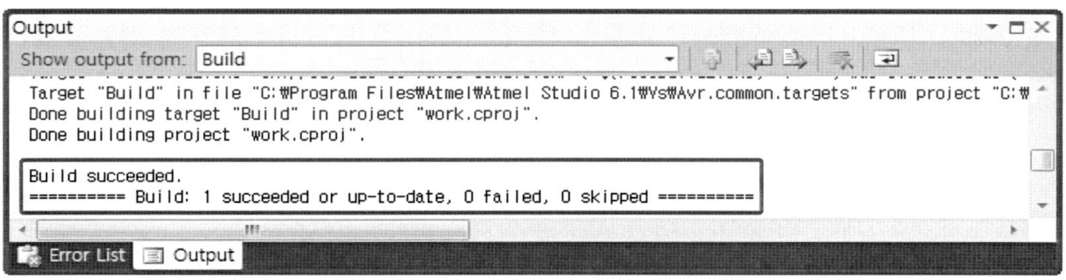

빌드를 마치면 솔루션 파일이 저장된 폴더에 '프로젝트명' 폴더가 자동으로 생성된다. 솔루션 폴더에서 '.atsln' 확장자를 가진 파일은 해당 솔루션을 다시 불러올 때 사용한다.

참고로 솔루션은 여러 개의 프로젝트를 포함할 수 있으며 프로젝트는 여러 개의 소스 파일을 포함할 수 있다. 이것은 파일을 관리하는 크기의 차이로 이해하면 되겠다.

work 폴더 내에 Debug 폴더로 접근하면 프로젝트명과 동일한 이름을 가진 HEX 파일이 생성되어 있는 것을 확인할 수 있다.

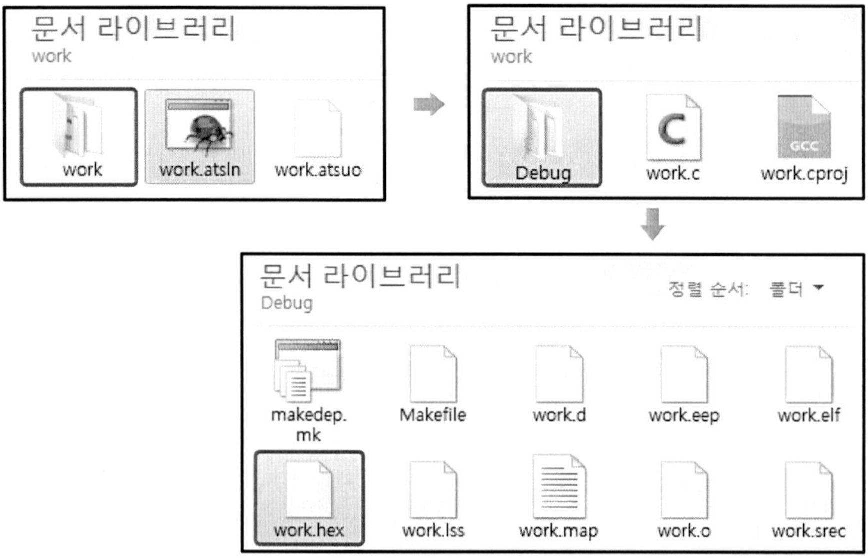

[그림 3.4] HEX 파일 저장 위치

3.3.2 프로그램을 타겟 보드에 올리기

Atmel Studio 6.1에서는 STK500 플랫폼의 ISP를 지원하지 않는다. STK500 플랫폼을 추가해주는 방법이 있지만 Atmel Studio 6.1를 이용한 프로그램 다운로드에서는 AVRISP mkⅡ를 사용하였다.

STK500 플랫폼을 반드시 사용해야 한다면 Atmel Studio 6.1에서 STK500 플랫폼을 사용하는 방법과 관련된 자료를 찾아서 해결하도록 한다.

① Tools → Device Programming 또는 Ctrl + Shift + P 기능키를 사용한다. 기본 도구 상자에서  아이콘을 클릭해도 된다.
Atmel Studio 6.1의 경우 솔루션을 만들 때부터 PC와 타겟 보드 그리고 AVRISP mkⅡ가 제대로 연결이 되어 있어야 한다. 제어판의 장치 관리자에서 Jungo 리스트에 AVRISP mkⅡ가 보이면 드라이버 설치는 된 것이다. 개발 툴이 설치되어 있는 상태에서 AVRISP mkⅡ 드라이버는 자동으로 설치되지만 만약 오류가 나면 케이블 연결 상태를 다시 확인하거나 해당 드라이버를 재설치한다.
왼쪽 상단의 툴, 장치, 인터페이스가 맞는지 확인한 뒤 'Apply' 버튼을 클릭한다.

② 장치 프로그래밍 창의 왼쪽에 메뉴가 나타난다.

Interface settings 메뉴에서는 ISP의 클록 속도를 세팅할 수 있고 AVRISP mkⅡ의 경우 마이크로프로세서 클록의 4분의 1 클록까지 ISP 클록을 높일 수 있다. 주의할 점은 마이크로프로세서 즉, CPU의 클록을 먼저 확인한 뒤에 ISP 클록을 세팅해야 한다.

HEX 파일 다운로드를 하는 메뉴는 Memories 메뉴이다. Memories 메뉴를 클릭한다.

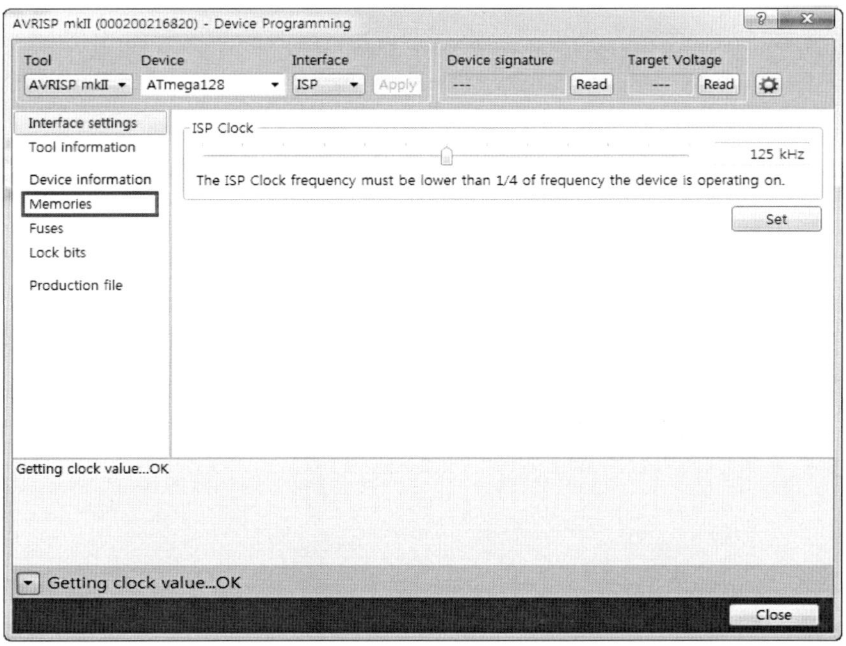

③ 프로그램 메모리인 플래시 메모리에 'work.hex' 파일을 열고 Program 버튼을 클릭하면 타겟 보드로 프로그램이 다운로드되며 타겟 보드를 통해 해당 프로그램 동작을 바로 확인할 수 있다.

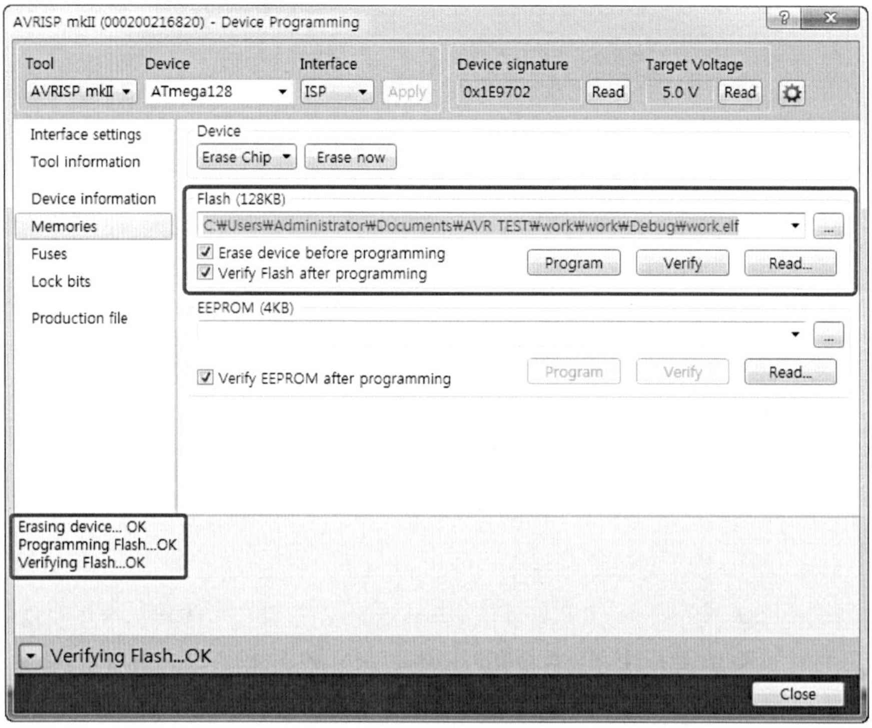

3.3.3 기타 설정

(1) AVR/GCC C 컴파일러(Compiler) 최적화 옵션

Project → '솔루션명' Properties... (Alt+F7) 또는 ATmega128 아이콘을 클릭한다.

Toolchain 메뉴에서 AVR/GCC C Compiler → Optimization 메뉴를 선택하면 최적화 레벨을 선택할 수 있다. Atmel Studio 6.1의 기본 최적화 옵션은 '-O1'이다.

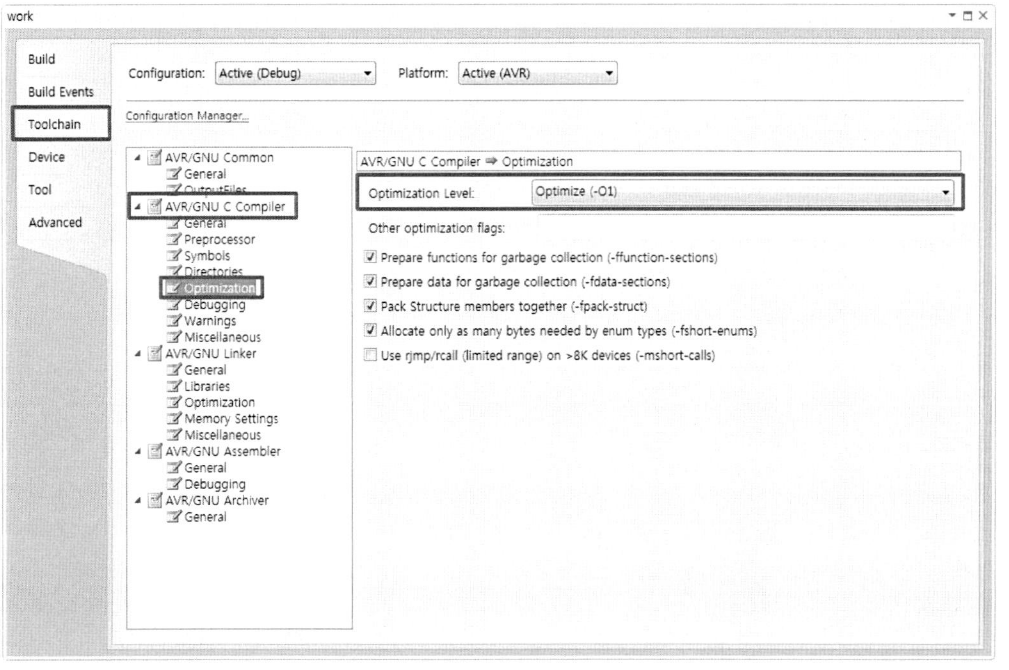

(2) 내부 클록 변경

ISP 장치가 연결이 되면 퓨즈 비트를 설정할 수 있다. 'EXT'로 시작하는 클록은 외부 클록이며 'INT'로 시작하는 클록은 내부 클록이다. 원하는 클록을 선택한 뒤에 Program 버튼을 클릭해야 시스템 클록이 변경된다.

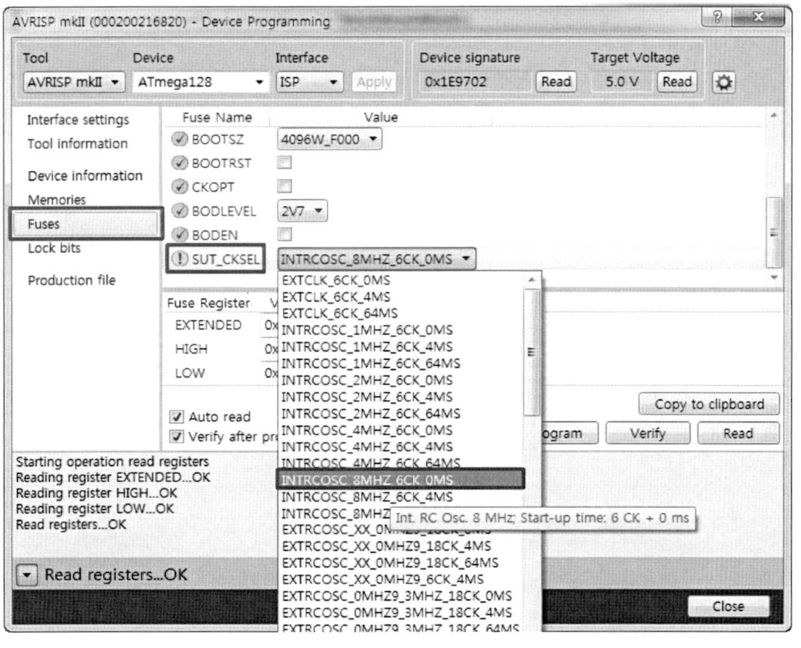

(3) F_CPU 클록 설정

F_CPU 클록을 설정하는 방법이 AVR Studio 4.x 버전과 다르다.

Project → '솔루션명' Properties... (Alt + F7) 또는 ATmega128 아이콘을 클릭한다.

Toolchain 메뉴에서 AVR/GCC C Compiler → Symbols → Add Item ( )을 클릭한다.

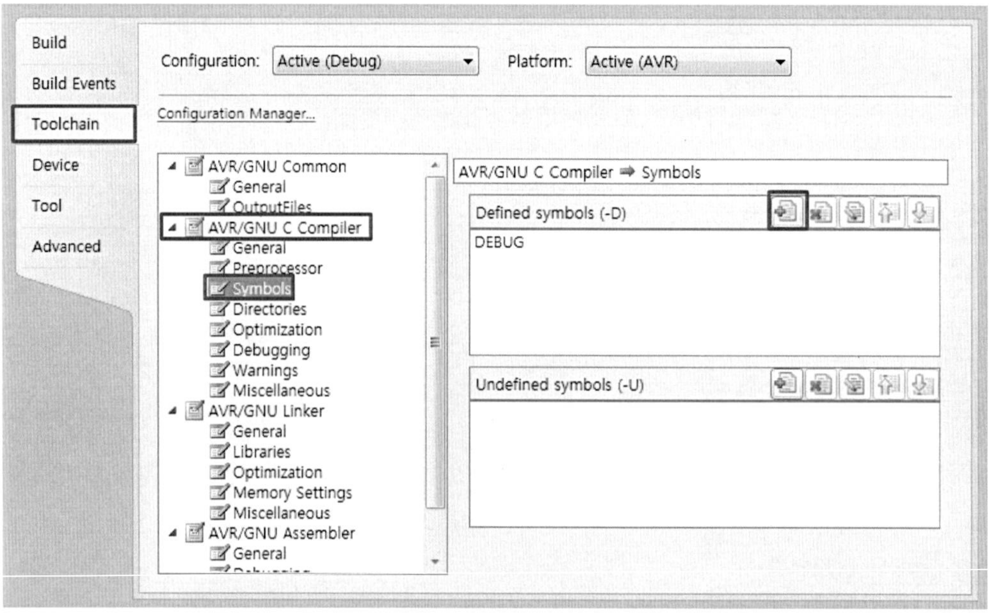

다음과 같이 대화 상자가 뜨면 'F_CPU=설정하고자 하는 클록 수'를 입력하고 OK 버튼을 클릭한다. 이때 단위는 Hz이다.

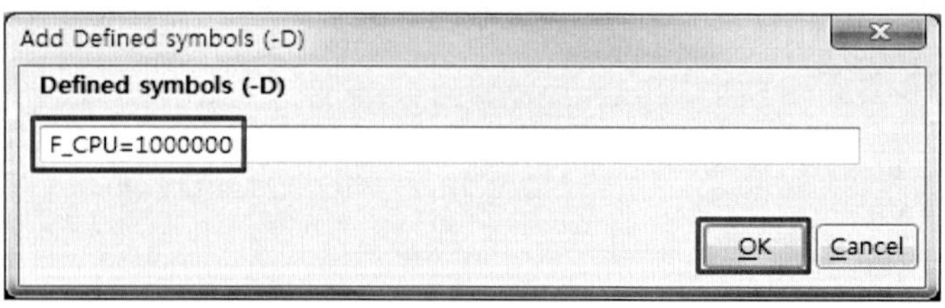

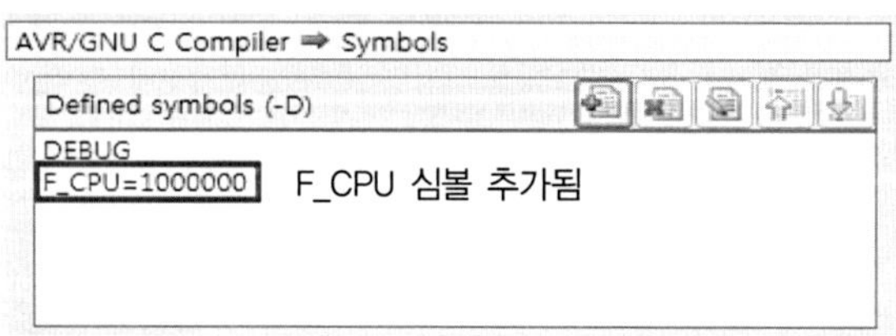

CHAPTER 04 AVR ATmega128

4.1 ATmega128의 특징과 구조

4.1.1 ATmega128의 특징

- **고성능, 저전력 AVR 8-bit 마이크로컨트롤러**
- **진보된 RISC 구조**

· 133 가지의 강력한 명령어 : 대부분의 명령이 한 클록에 실행

· 32개의 8비트 범용 작업 레지스터 + 주변장치 제어 레지스터

· 16 MHz의 클록을 사용할 경우 16 MIPS까지 실행 가능

· 2사이클에 곱셈이 되는 곱셈기를 내장

- **비휘발성의 프로그램, 데이터 메모리**

· 10,000번 읽기/지우기가 가능한 128 Kbyte의 In-System-Reprogrammable Flash Memory와 100,000번 읽기/지우기가 가능한 4 Kbyte EEPROM이 내장되어 있으며, 4 Kbyte 크기의 내부 SRAM도 내장되어 있다. 필요시 최대 64 Kbyte까지 외부 메모리 장착이 가능

· 독립 락 비트를 지원하는 옵션 부트 코드 섹션

· 읽고 쓰는 동작을 동시에 실행 가능

· 소프트웨어의 보안을 위한 프로그램 방식의 락

- **JTAG(IEEE 표준 1149.1 준수) 인터페이스**

· JTAG 표준에 근거한 Boundary-scan 제공

· 방대한 칩 내장형 디버그 제공

· JTAG 인터페이스로 플래시, EEPROM, 퓨즈와 락 비트 프로그래밍 가능

- 주변장치 특징

· 독립적인 프리스케일러와 비교 모드를 갖는 두 개의 8비트 타이머/카운터
· 독립적인 프리스케일러, 비교 모드와 캡처 모드를 갖는 확장 16비트 타이머/카운터 두 개
· 독립적인 오실레이터를 갖는 실시간 카운터
· 두 개의 8비트 PWM 채널
· 2비트~16비트로 프로그램 가능한 분해능을 가진 6개의 PWM 채널
· 비교기 출력
· 8채널, 10비트 AD 컨버터
· 2 Wire 직렬 인터페이스 제공
· 두 개의 프로그램 가능한 직렬 UART
· 마스터 / 슬레이브 SPI 직렬 인터페이스
· 내장 오실레이터를 갖는 프로그램 가능한 Watchdog Timer
· 칩 내장형 아날로그 비교기

- 기타 특수 기능

· Power-on Reset과 Brown-out Detection(전원 불안 시 자동 Reset 기능)
· 내부 RC 오실레이터
· 외부/내부 인터럽트
· 6개의 슬립모드 : IDLE, ADC 노이즈 감소, 파워 절약, 파워 다운, 대기, 확장대기
· 소프트웨어로 선택 가능한 클록 주파수
· Pull-up 해제 기능

- I/O 및 패키지

· 53개의 프로그램 가능한 I/O 핀
· 64핀의 TQFP 방식과 64핀 MLF 방식

- 동작 전압, 클록 주파수

· ATmega128L : 2.7 ~ 5.5 V, 0 ~ 8 MHz
· ATmega128 : 4.5 ~ 5.5 V, 0 ~ 16 MHz

4.1.2 AVR 시리즈 및 구조

Atmel사의 AVR 시리즈에 속하는 마이크로컨트롤러들은 동일한 구조를 사용하고 있으며 패키지에 따라 다양한 내부 컨트롤러들의 구조를 포함하고 있으며 C 또는 Assembly로 개발이 가능하다.

Atmel사의 AVR 시리즈는 매우 다양한 종류가 있으며 메모리 사이즈와 내부 컨트롤러의 포함 여부, 핀 수 등에 따라 다음과 같이 ATtiny, ATmega, XMEGA 등으로 구분하고 있다.

① ATtiny 시리즈 : 종류에 따라 512 Byte ~ 16 KB Flash 메모리를 가지고 있으며 6핀 ~ 32핀을 가진 8비트 마이크로컨트롤러이며 소규모 시스템 구축과 비용 효율성이 필요한 경우 유용하며 0.7 V에서 운영이 가능하다.

② ATmega 시리즈 : 종류에 따라 4 KB ~ 256 KB Flash 메모리를 가지고 있으며 28핀 ~ 100핀을 가진 8비트 마이크로컨트롤러이며 LCD, CAN, LIN, USB 등의 전문화된 컨트롤러를 포함하고 있는 종류도 있다. 확장된 성능과 주변장치로 폭넓은 시스템 구축에 사용될 수 있다.

③ XMEGA 시리즈 : 종류에 따라 16 KB ~ 384 KB Flash 메모리를 가지고 있으며 A ~ E 시리즈별로 44핀, 64핀, 100핀을 가진 8비트/16비트 마이크로컨트롤러이다. DMA, Event System, 암호화 지원 등을 제공하며 다양한 주변장치를 가지고 있다.

4.1.3 ATmega128 핀 구조

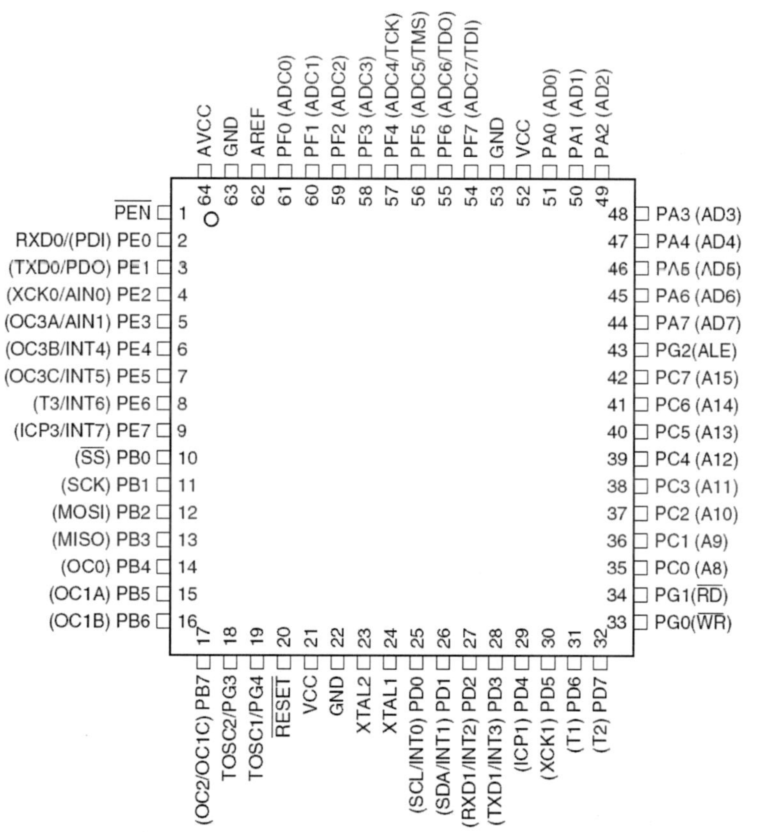

[그림 4.1] ATmega128 핀 구조

4.1.4 핀의 기능

ATmega128 핀은 모두 64개이며 프로그램이 가능한 53개 핀에서는 개발자가 선택하여 특별한 기능이 수행 가능하도록 되어 있다. 각 핀의 기능은 다음과 같다.

- VCC (21, 52) : 디지털 전원 공급 핀
- GND (22, 53, 63) : 접지
- Port A (PA7~PA0) (51~44) : 내부 풀업 저항을 갖는 8비트 양방향 입·출력 포트이다.
- Port B (PB7~PB0) (10~17) : 내부 풀업 저항을 갖는 8비트 양방향 입·출력 포트이다.
- Port C (PC7~PC0) (35~42) : 내부 풀업 저항을 갖는 8비트 양방향 입·출력 포트이다.
- Port D (PD7~PD0) (25~32) : 내부 풀업 저항을 갖는 8비트 양방향 입·출력 포트이다.
- Port E (PE7~PE0) (2~9) : 내부 풀업 저항을 갖는 8비트 양방향 입·출력 포트이다.
- Port F (PF7~PF0) (61~54) : 내부 풀업 저항을 갖는 8비트 양방향 입·출력 포트이다.
- Port G (PG4~PG0) (33, 34, 43, 18, 19) : 내부 풀업 저항을 갖는 5비트 양방향 입·출력 포트이다.
- RESET (20) : 리셋 입력. 최소 펄스 폭보다 긴 Low 레벨 신호를 인가하면 리셋된다.
- XTAL1 (24) : 반전 오실레이터 증폭기에 대한 입력이며 내부 클록 동작 회로에 대한 입력이다.
- XTAL2 (23) : 반전 오실레이터 증폭기의 출력이다.

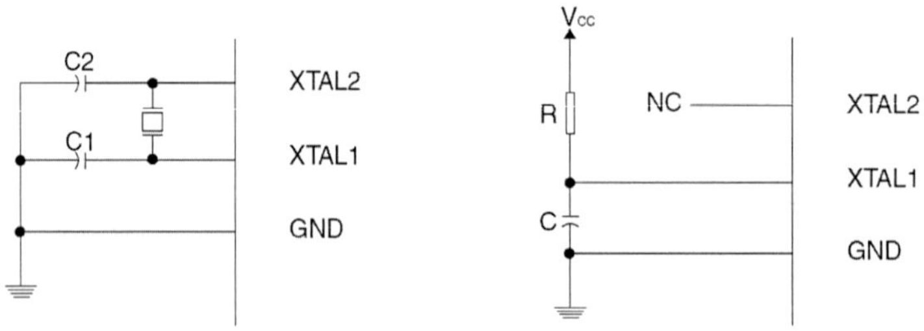

[그림 4.2] 크리스털 오실레이터 접속과 외부 RC 구성

- AVCC (64) : AVCC는 포트 F의 A/D 컨버터를 위한 전압을 공급하는 핀이다. ADC를 사용하지 않을 때에도 VCC에 연결해야 하고, ADC를 사용할 경우에는 저주파 통과 필터를 통하여 VCC에 연결되어야 한다.
- AREF (62) : AREF는 A/D 컨버터를 위한 아날로그 기준 전압 핀이다.
- PEN (1) : PEN은 SPI 직렬 프로그램 모드를 위한 프로그램 Enable 핀이다. 내부적으로 풀업되어 있으며 전원 투입에 의한 리셋 시에 Low 상태를 유지하면 CPU가 SPI 직렬 통신에 의한 프로그래밍 모드로 들어가도록 허용하는 기능을 수행한다.

4.1.5 ATmega128 내부 블록 다이어그램

ATmega128은 내부적으로 하버드 구조의 특징을 가진다. [그림 4.3]의 내부 블록 다이어그램을 보면 마치 폰 노이만 구조처럼 버스가 한 개인 것처럼 보인다. 내부 블록 다이어그램에서 굵은 선이 데이터 액세스용 버스이고 프로그램 카운터(program counter), 프로그램 플래시(program flash), 명령 레지스터(instruction register), 명령 해독기(instruction decoder) 등을 연결하는 버스가 프로그램 액세스용 버스이다.

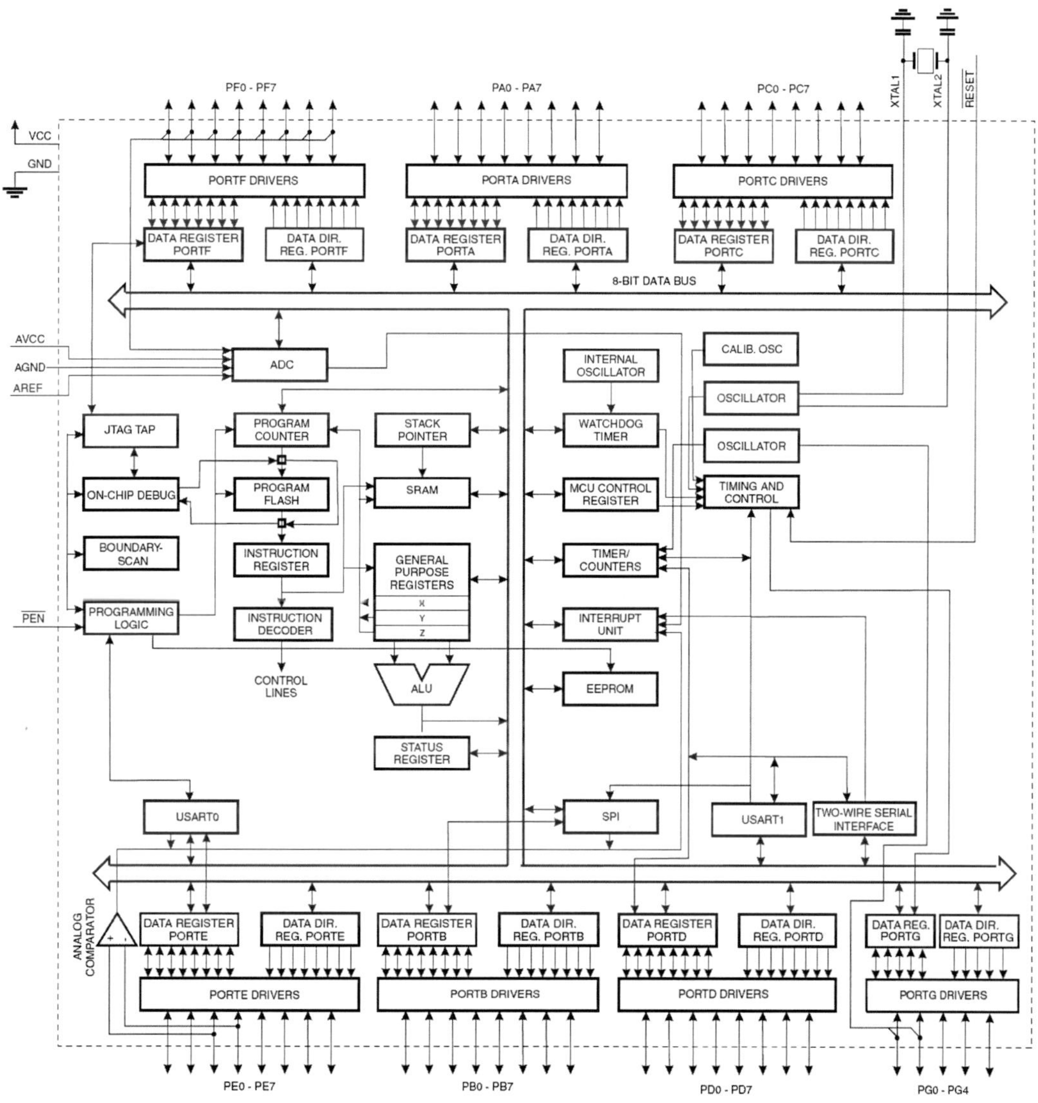

[그림 4.3] 내부 블록 다이어그램

[그림 4.4]는 ATmega128의 핵심 코어 부분을 다시 확대해서 보여주고 있으며 프로그램 카운터가 플래시 메모리에서 명령을 인출하고 해석하는 부분과 상태 레지스터, 32개의 8비트 범용 레지스터, ALU(Arithmetic and Logical Unit), 데이터 메모리와 기타 확장 주변장치 등으로 구성되어 있다.

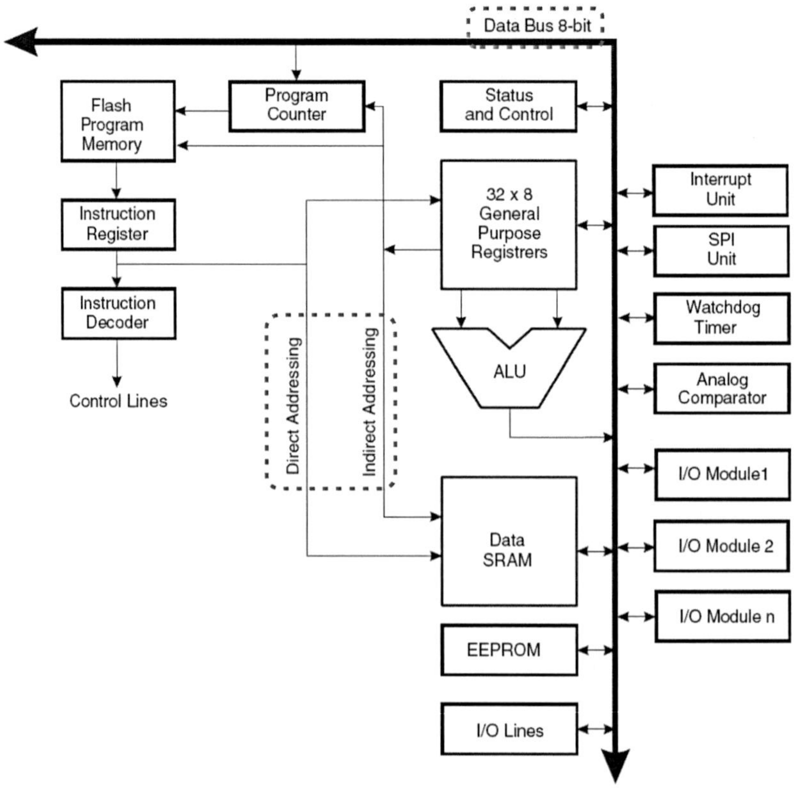

[그림 4.4] Block Diagram of the AVR Architecture

4.2 레지스터

레지스터는 작은 양의 데이터나 중간 결과를 일시적으로 메모리처럼 사용하는 고속 영역이다. 사용자가 레지스터를 직접 제어하지 하지 않더라도 C 언어로 작성된 프로그램을 마이크로컨트롤러에 쓰면 자동으로 레지스터에 할당되어 빠르게 프로그램이 처리될 수 있도록 한다.

4.2.1 상태 레지스터(Status Register) : SREG

비트	7	6	5	4	3	2	1	0	
	I	T	H	S	V	N	Z	C	SREG
읽기/쓰기	R/W	R/W	R/W	R/W	R/W	R/W	R/W	R/W	
초기값	0	0	0	0	0	0	0	0	

상태 레지스터는 읽기/쓰기가 가능한 레지스터로 가장 최근에 실행된 연산 결과에 대한 상태를 나타낸다. 0비트에서 6비트까지는 프로그램 흐름을 바꿀 경우를 제외하고는 사용자가 처리할 일이 거의 없어 최상위 비트만 설명한다.

- **Bit 7 – I : 전역 인터럽트 가능(Global Interrupt Enable)**

  전체 인터럽트를 허용하도록 설정할 때 이 비트에 1을 쓴다. 이 비트에 0을 쓰면 모든 인터럽트는 사용할 수 없게 된다.

4.2.2 범용 레지스터(General Purpose Register)

ATmega128은 누산기가 없으며 32개의 8비트 범용 레지스터를 가지고 있다. 모두 기본적인 사칙연산을 수행할 수 있으며 즉치 데이터를 처리하는 일부 연산은 R16~R31에서만 수행된다. R26~R31은 주로 데이터 메모리의 16비트 주소를 간접 지정하는 주소 포인터로 사용되며 각각 2개씩 합해져서 X, Y, Z 이름을 가진 3개의 16비트 레지스터로 사용된다.

	7　　　　0	Addr.	
General Purpose Working Registers	R0	$00	
	R1	$01	
	R2	$02	
	...		
	R13	$0D	
	R14	$0E	
	R15	$0F	
	R16	$10	
	R17	$11	
	...		
	R26	$1A	X-register Low Byte
	R27	$1B	X-register High Byte
	R28	$1C	Y-register Low Byte
	R29	$1D	Y-register High Byte
	R30	$1E	Z-register Low Byte
	R31	$1F	Z-register High Byte

[그림 4.5] 범용 레지스터 R0~R31

	15	XH		7	XL	0
X-register	7		0	7		0
		R27 ($1B)			R26 ($1A)	

	15	YH			YL	0
Y-register	7		0	7		0
		R29 ($1D)			R28 ($1C)	

	15	ZH			ZL	0
Z-register	7		0	7		0
		R31 ($1F)			R30 ($1E)	

[그림 4.6] X, Y, Z 레지스터

4.2.3 스택 포인터

스택은 서브루틴 호출이나 인터럽트 발생시 복귀 주소(return address)를 저장하며 스택 포인터 레지스터는 항상 스택의 현재 최상위 위치를 가리키는데 이것은 데이터 저장이 가능한 스택 주소를 의미한다.

비트	15	14	13	12	11	10	9	8	
	SP15	SP14	SP13	SP12	SP11	SP10	SP9	SP8	SPH
	SP7	SP6	SP5	SP4	SP3	SP2	SP1	SP0	SPL
	7	6	5	4	3	2	1	0	
읽기/쓰기	R/W	R/W	R/W	R/W	R/W	R/W	R/W	R/W	
	R/W	R/W	R/W	R/W	R/W	R/W	R/W	R/W	
초기값	0	0	0	0	0	0	0	0	
	0	0	0	0	0	0	0	0	

[그림 4.7] 스택 포인터 SP

4.3 메모리 구조

ATmega128은 하버드 구조로 프로그램 메모리와 데이터 메모리를 가지고 있다.

4.3.1 프로그램 메모리

ATmega128은 내부에 128 KB의 용량을 가진 플래시 메모리를 프로그램 메모리로 사용한다. 이는 비휘발성 메모리로 각 번지가 16비트 구조로 되어 있고 기본 단위는 워드이다. 프로그램 메모리의 크기는 64 KB × 2 byte = 128 KByte이다.

프로그램 메모리에 저장되는 모든 명령어는 16비트 또는 32비트의 길이로 구성되며 이는 8비트 마이크로프로세서가 마치 16비트 마이크로프로세서인 것처럼 동작한다. 프로그램 메모리는 부트 플래시 섹션(boot flash section)과 응용 플래시 섹션(application flash section)으로 나뉘어져 있다.

SPI 직렬 통신을 이용한 ISP를 사용하여 플래시 메모리에 직접 프로그램을 다운로드할 수 있다. 플래시 메모리는 10,000번의 쓰기가 가능하다.

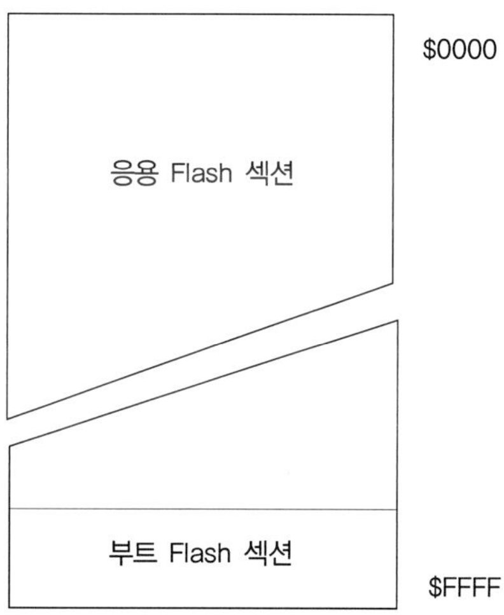

[그림 4.8] 프로그램 메모리

4.3.2 데이터 메모리

데이터 메모리는 읽고 쓰기가 가능하며 크게 내부 데이터 메모리 SRAM, 외부 확장 데이터 메모리, 데이터 메모리 EEPROM이 있다. [그림 4.9]에서 A와 B로 구분된 것은 ATmega128과 ATmega103 호환 모드에서 메모리 번지가 다르게 사용되고 있는 것을 나타낸다. ATmega128의 경우 0x0060 ~ 0x00FF로 160개 번지가 확장 I/O 레지스터로 사용되고 있으며, 내부 SRAM의 경우 ATmega128의 경우 4096개 번지를 사용하고 있으며, ATmega103은 4000개의 번지를 사용하고 있다.

- **내부 SRAM(Internal SRAM)**

  내부 데이터 메모리 SRAM은 휘발성이며 0x0100 ~ 0x10FF 번지로 4 KByte의 용량을 가지고 있다. 프로그램에서 사용자 변수로 사용되거나 스택 영역으로 사용되기도 한다.

● 외부 SRAM(External SRAM)

내부 SRAM의 용량이 부족할 경우 0x1100 ~ 0xFFFF 번지로 약 60 KByte의 SRAM을 추가할 수 있다.

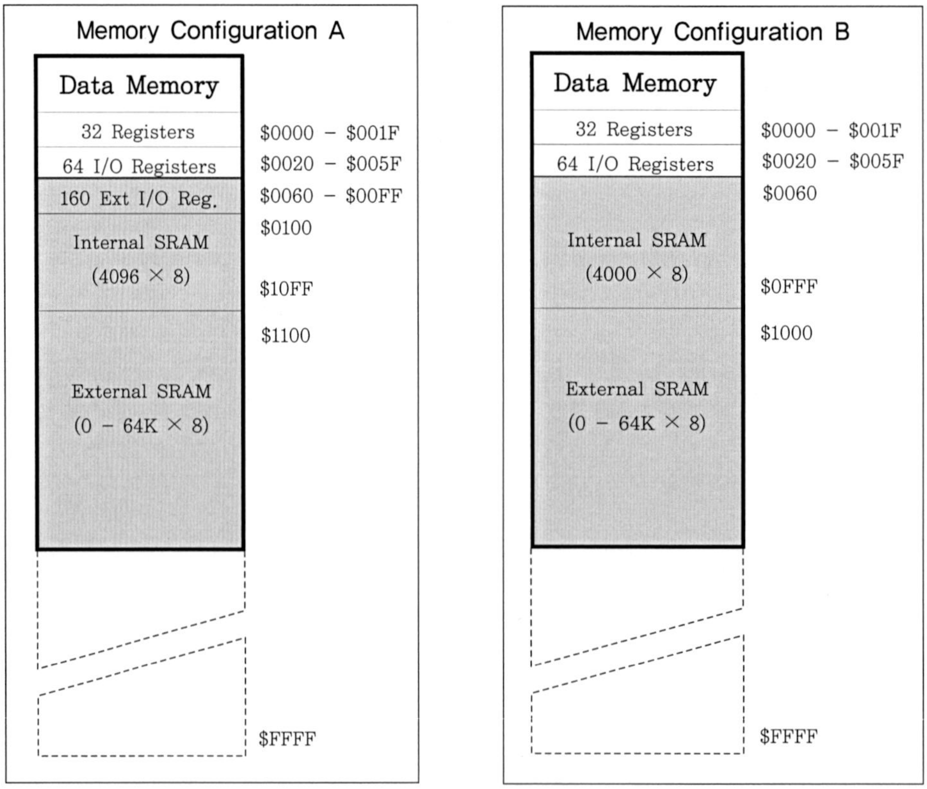

[그림 4.9] 데이터 메모리

● EEPROM

EEPROM의 경우 프로그램 메모리와 데이터 메모리와 다른 별도의 0x0000 ~ 0x0FFF 번지를 사용한다.

ATmega128은 100,000번까지 쓸 수 있는 4 KByte의 EEPROM을 가지고 있으며 이는 비휘발성 메모리로 사용자의 프로그램에서 읽고 쓰기를 할 수 있다.

전원이 꺼져도 보존되어야 하는 데이터의 경우 EEPROM에 저장을 하면 된다. 다만 사용자가 EEPROM에 데이터를 쓸 때 정해진 규칙을 잘 따라야 하며 저전압 상태에서 잘못된 동작이 발생하지 않도록 주의해야 한다.

Address	Name	Bit 7	Bit 6	Bit 5	Bit 4	Bit 3	Bit 2	Bit 1	Bit 0	Page
($FF)	Reserved	–	–	–	–	–	–	–	–	
..	Reserved	–	–	–	–	–	–	–	–	
($9E)	Reserved	–	–	–	–	–	–	–	–	
($9D)	UCSR1C	–	UMSEL1	UPM11	UPM10	USBS1	UCSZ11	UCSZ10	UCPOL1	192
($9C)	UDR1	USART1 I/O Data Register								190
($9B)	UCSR1A	RXC1	TXC1	UDRE1	FE1	DOR1	UPE1	U2X1	MPCM1	190
($9A)	UCSR1B	RXCIE1	TXCIE1	UDRIE1	RXEN1	TXEN1	UCSZ12	RXB81	TXB81	191
($99)	UBRR1L	USART1 Baud Rate Register Low								194
($98)	UBRR1H	–	–	–	–	USART1 Baud Rate Register High				194
($97)	Reserved	–	–	–	–	–	–	–	–	
($96)	Reserved	–	–	–	–	–	–	–	–	
($95)	UCSR0C	–	UMSEL0	UPM01	UPM00	USBS0	UCSZ01	UCSZ00	UCPOL0	192
($94)	Reserved	–	–	–	–	–	–	–	–	
($93)	Reserved	–	–	–	–	–	–	–	–	
($92)	Reserved	–	–	–	–	–	–	–	–	
($91)	Reserved	–	–	–	–	–	–	–	–	
($90)	UBRR0H	–	–	–	–	USART0 Baud Rate Register High				194
($8F)	Reserved	–	–	–	–	–	–	–	–	
($8E)	Reserved	–	–	–	–	–	–	–	–	
($8D)	Reserved	–	–	–	–	–	–	–	–	
($8C)	TCCR3C	FOC3A	FOC3B	FOC3C	–	–	–	–	–	137
($8B)	TCCR3A	COM3A1	COM3A0	COM3B1	COM3B0	COM3C1	COM3C0	WGM31	WGM30	133
($8A)	TCCR3B	ICNC3	ICES3	–	WGM33	WGM32	CS32	CS31	CS30	136
($89)	TCNT3H	Timer/Counter3 – Counter Register High Byte								138
($88)	TCNT3L	Timer/Counter3 – Counter Register Low Byte								138
($87)	OCR3AH	Timer/Counter3 – Output Compare Register A High Byte								138
($86)	OCR3AL	Timer/Counter3 – Output Compare Register A Low Byte								138
($85)	OCR3BH	Timer/Counter3 – Output Compare Register B High Byte								139
($84)	OCR3BL	Timer/Counter3 – Output Compare Register B Low Byte								139
($83)	OCR3CH	Timer/Counter3 – Output Compare Register C High Byte								139
($82)	OCR3CL	Timer/Counter3 – Output Compare Register C Low Byte								139
($81)	ICR3H	Timer/Counter3 – Input Capture Register High Byte								139
($80)	ICR3L	Timer/Counter3 – Input Capture Register Low Byte								139
($7F)	Reserved	–	–	–	–	–	–	–	–	
($7E)	Reserved	–	–	–	–	–	–	–	–	
($7D)	ETIMSK	–	–	TICIE3	OCIE3A	OCIE3B	TOIE3	OCIE3C	OCIE1C	140
($7C)	ETIFR	–	–	ICF3	OCF3A	OCF3B	TOV3	OCF3C	OCF1C	141
($7B)	Reserved	–	–	–	–	–	–	–	–	
($7A)	TCCR1C	FOC1A	FOC1B	FOC1C	–	–	–	–	–	137
($79)	OCR1CH	Timer/Counter1 – Output Compare Register C High Byte								138
($78)	OCR1CL	Timer/Counter1 – Output Compare Register C Low Byte								138
($77)	Reserved	–	–	–	–	–	–	–	–	
($76)	Reserved	–	–	–	–	–	–	–	–	
($75)	Reserved	–	–	–	–	–	–	–	–	
($74)	TWCR	TWINT	TWEA	TWSTA	TWSTO	TWWC	TWEN	–	TWIE	207
($73)	TWDR	Two-wire Serial Interface Data Register								209
($72)	TWAR	TWA6	TWA5	TWA4	TWA3	TWA2	TWA1	TWA0	TWGCE	209
($71)	TWSR	TWS7	TWS6	TWS5	TWS4	TWS3	–	TWPS1	TWPS0	208
($70)	TWBR	Two-wire Serial Interface Bit Rate Register								207
($6F)	OSCCAL	Oscillator Calibration Register								41
($6E)	Reserved	–	–	–	–	–	–	–	–	
($6D)	XMCRA	–	SRL2	SRL1	SRL0	SRW01	SRW00	SRW11		31
($6C)	XMCRB	XMBK	–	–	–	–	XMM2	XMM1	XMM0	33
($6B)	Reserved	–	–	–	–	–	–	–	–	
($6A)	EICRA	ISC31	ISC30	ISC21	ISC20	ISC11	ISC10	ISC01	ISC00	89
($69)	Reserved	–	–	–	–	–	–	–	–	
($68)	SPMCSR	SPMIE	RWWSB	–	RWWSRE	BLBSET	PGWRT	PGERS	SPMEN	280
($67)	Reserved	–	–	–	–	–	–	–	–	
($66)	Reserved	–	–	–	–	–	–	–	–	
($65)	PORTG	–	–	–	PORTG4	PORTG3	PORTG2	PORTG1	PORTG0	88
($64)	DDRG	–	–	–	DDG4	DDG3	DDG2	DDG1	DDG0	88
($63)	PING	–	–	–	PING4	PING3	PING2	PING1	PING0	88
($62)	PORTF	PORTF7	PORTF6	PORTF5	PORTF4	PORTF3	PORTF2	PORTF1	PORTF0	87

[그림 4.10] I/O 레지스터(다음 페이지 계속)

Address	Name	Bit 7	Bit 6	Bit 5	Bit 4	Bit 3	Bit 2	Bit 1	Bit 0	Page
($61)	DDRF	DDF7	DDF6	DDF5	DDF4	DDF3	DDF2	DDF1	DDF0	88
($60)	Reserved	–	–	–	–	–	–	–	–	
$3F ($5F)	SREG	I	T	H	S	V	N	Z	C	11
$3E ($5E)	SPH	SP15	SP14	SP13	SP12	SP11	SP10	SP9	SP8	14
$3D ($5D)	SPL	SP7	SP6	SP5	SP4	SP3	SP2	SP1	SP0	14
$3C ($5C)	XDIV	XDIVEN	XDIV6	XDIV5	XDIV4	XDIV3	XDIV2	XDIV1	XDIV0	43
$3B ($5B)	RAMPZ	–	–	–	–	–	–	–	RAMPZ0	14
$3A ($5A)	EICRB	ISC71	ISC70	ISC61	ISC60	ISC51	ISC50	ISC41	ISC40	90
$39 ($59)	EIMSK	INT7	INT6	INT5	INT4	INT3	INT2	INT1	INT0	91
$38 ($58)	EIFR	INTF7	INTF6	INTF5	INTF4	INTF3	INTF	INTF1	INTF0	91
$37 ($57)	TIMSK	OCIE2	TOIE2	TICIE1	OCIE1A	OCIE1B	TOIE1	OCIE0	TOIE0	108, 140, 160
$36 ($56)	TIFR	OCF2	TOV2	ICF1	OCF1A	OCF1B	TOV1	OCF0	TOV0	108, 141, 161
$35 ($55)	MCUCR	SRE	SRW10	SE	SM1	SM0	SM2	IVSEL	IVCE	31, 44, 63
$34 ($54)	MCUCSR	JTD	–	–	JTRF	WDRF	BORF	EXTRF	PORF	53, 257
$33 ($53)	TCCR0	FOC0	WGM00	COM01	COM00	WGM01	CS02	CS01	CS00	103
$32 ($52)	TCNT0	Timer/Counter0 (8 Bit)								105
$31 ($51)	OCR0	Timer/Counter0 Output Compare Register								105
$30 ($50)	ASSR	–	–	–	–	AS0	TCN0UB	OCR0UB	TCR0UB	106
$2F ($4F)	TCCR1A	COM1A1	COM1A0	COM1B1	COM1B0	COM1C1	COM1C0	WGM11	WGM10	133
$2E ($4E)	TCCR1B	ICNC1	ICES1	–	WGM13	WGM12	CS12	CS11	CS10	136
$2D ($4D)	TCNT1H	Timer/Counter1 – Counter Register High Byte								138
$2C ($4C)	TCNT1L	Timer/Counter1 – Counter Register Low Byte								138
$2B ($4B)	OCR1AH	Timer/Counter1 – Output Compare Register A High Byte								138
$2A ($4A)	OCR1AL	Timer/Counter1 – Output Compare Register A Low Byte								138
$29 ($49)	OCR1BH	Timer/Counter1 – Output Compare Register B High Byte								138
$28 ($48)	OCR1BL	Timer/Counter1 – Output Compare Register B Low Byte								138
$27 ($47)	ICR1H	Timer/Counter1 – Input Capture Register High Byte								139
$26 ($46)	ICR1L	Timer/Counter1 – Input Capture Register Low Byte								139
$25 ($45)	TCCR2	FOC2	WGM20	COM21	COM20	WGM21	CS22	CS21	CS20	158
$24 ($44)	TCNT2	Timer/Counter2 (8 Bit)								160
$23 ($43)	OCR2	Timer/Counter2 Output Compare Register								160
$22 ($42)	OCDR	IDRD/OCDR7	OCDR6	OCDR5	OCDR4	OCDR3	OCDR2	OCDR1	OCDR0	254
$21 ($41)	WDTCR	–	–	–	WDCE	WDE	WDP2	WDP1	WDP0	55
$20 ($40)	SFIOR	TSM	–	–	–	ACME	PUD	PSR0	PSR321	72, 109, 145, 229
$1F ($3F)	EEARH	–	–	–	–	EEPROM Address Register High				21
$1E ($3E)	EEARL	EEPROM Address Register Low Byte								21
$1D ($3D)	EEDR	EEPROM Data Register								22
$1C ($3C)	EECR	–	–	–	–	EERIE	EEMWE	EEWE	EERE	22
$1B ($3B)	PORTA	PORTA7	PORTA6	PORTA5	PORTA4	PORTA3	PORTA2	PORTA1	PORTA0	86
$1A ($3A)	DDRA	DDA7	DDA6	DDA5	DDA4	DDA3	DDA2	DDA1	DDA0	86
$19 ($39)	PINA	PINA7	PINA6	PINA5	PINA4	PINA3	PINA2	PINA1	PINA0	86
$18 ($38)	PORTB	PORTB7	PORTB6	PORTB5	PORTB4	PORTB3	PORTB2	PORTB1	PORTB0	86
$17 ($37)	DDRB	DDB7	DDB6	DDB5	DDB4	DDB3	DDB2	DDB1	DDB0	86
$16 ($36)	PINB	PINB7	PINB6	PINB5	PINB4	PINB3	PINB2	PINB1	PINB0	86
$15 ($35)	PORTC	PORTC7	PORTC6	PORTC5	PORTC4	PORTC3	PORTC2	PORTC1	PORTC0	86
$14 ($34)	DDRC	DDC7	DDC6	DDC5	DDC4	DDC3	DDC2	DDC1	DDC0	86
$13 ($33)	PINC	PINC7	PINC6	PINC5	PINC4	PINC3	PINC2	PINC1	PINC0	87
$12 ($32)	PORTD	PORTD7	PORTD6	PORTD5	PORTD4	PORTD3	PORTD2	PORTD1	PORTD0	87
$11 ($31)	DDRD	DDD7	DDD6	DDD5	DDD4	DDD3	DDD2	DDD1	DDD0	87
$10 ($30)	PIND	PIND7	PIND6	PIND5	PIND4	PIND3	PIND2	PIND1	PIND0	87
$0F ($2F)	SPDR	SPI Data Register								170
$0E ($2E)	SPSR	SPIF	WCOL	–	–	–	–	–	SPI2X	170
$0D ($2D)	SPCR	SPIE	SPE	DORD	MSTR	CPOL	CPHA	SPR1	SPR0	168
$0C ($2C)	UDR0	USART0 I/O Data Register								190
$0B ($2B)	UCSR0A	RXC0	TXC0	UDRE0	FE0	DOR0	UPE0	U2X0	MPCM0	190
$0A ($2A)	UCSR0B	RXCIE0	TXCIE0	UDRIE0	RXEN0	TXEN0	UCSZ02	RXB80	TXB80	191
$09 ($29)	UBRR0L	USART0 Baud Rate Register Low								194
$08 ($28)	ACSR	ACD	ACBG	ACO	ACI	ACIE	ACIC	ACIS1	ACIS0	229
$07 ($27)	ADMUX	REFS1	REFS0	ADLAR	MUX4	MUX3	MUX2	MUX1	MUX0	245
$06 ($26)	ADCSRA	ADEN	ADSC	ADFR	ADIF	ADIE	ADPS2	ADPS1	ADPS0	246
$05 ($25)	ADCH	ADC Data Register High Byte								247
$04 ($24)	ADCL	ADC Data Register Low byte								247
$03 ($23)	PORTE	PORTE7	PORTE6	PORTE5	PORTE4	PORTE3	PORTE2	PORTE1	PORTE0	87
$02 ($22)	DDRE	DDE7	DDE6	DDE5	DDE4	DDE3	DDE2	DDE1	DDE0	87
$01 ($21)	PINE	PINE7	PINE6	PINE5	PINE4	PINE3	PINE2	PINE1	PINE0	87
$00 ($20)	PINF	PINF7	PINF6	PINF5	PINF4	PINF3	PINF2	PINF1	PINF0	88

[그림 4.10] I/O 레지스터(계속)

4.4 메모리 락 비트와 퓨즈 비트

ATmega128을 설정하는 용도로 1바이트 구조로 된 락 비트(lock bit)를 가지며, 마이크로컨트롤러에 프로그램할 때 지정하는 것으로 프로그램의 외부 유출을 방지하기 위한 옵션이다.

- Flash Lock Bit : 코드 프로그램의 잠금 설정
- Boot Lock Bit : 부트 프로그램의 잠금 설정

4.4.1 메모리 락 비트

메모리 락 비트는 메모리 프로그램 작성을 할 때 프로그램의 보호 및 보안 유지를 위한 기능을 설정하는데 사용되며, 1바이트 중에서 6개의 비트만 사용된다. 이 비트들은 모두 기본(default) 1(unprogrammed)로 설정되어 있으며 프로그램하면 0(programmed)으로 설정된다. 칩 삭제(chip erase) 명령을 수행하면 이 비트들은 다시 1(default)로 된다.

[표 4.1] Lock Bit Byte

Lock Bit Byte	Bit No.	설명	기본 값
	7	–	1(unprogrammed)
	6	–	1(unprogrammed)
BLB12	5	Boot lock bit	1(unprogrammed)
BLB11	4	Boot lock bit	1(unprogrammed)
BLB02	3	Boot lock bit	1(unprogrammed)
BLB01	2	Boot lock bit	1(unprogrammed)
LB2	1	lock bit	1(unprogrammed)
LB1	0	lock bit	1(unprogrammed)

[표 4.2] Lock Bit 보호 모드(다음 페이지 계속)

메모리 락 비트			보호 형태
LB mode	LB2	LB1	
1	1	1	memory lock 기능 사용 불능
2	1	0	Flash와 EEPROM을 병렬 모드와 SPI/JTAG 시리얼 프로그래밍 모드에서 더 이상 프로그래밍할 수 없다. 퓨즈 비트도 시리얼모드와 병렬 프로그래밍 모드에서 사용할 수 없게 된다.
3	0	0	병렬 모드와 SPI/JTAG 시리얼 프로그래밍 모드에서 더 이상 프로그래밍하거나 확인(verify)할 수 없다. 퓨즈 비트도 시리얼모드와 병렬 프로그래밍 모드에서 사용할 수 없게 된다.

[표 4.2] Lock Bit 보호 모드(계속)

메모리 락 비트			보호 형태
BLB0 mode	BLB02	BLB01	
1	1	1	SPM 또는 (E)LPM 명령을 사용하여 어플리케이션 섹션에 접근하는데 제한이 없다.
2	1	0	SPM 명령으로 어플리케이션 섹션에 쓰는 것을 허용하지 않는다.
3	0	0	SPM 명령으로 어플리케이션 섹션에 쓰기가 허용되지 않으며, 부트 로드 섹션에서 실행되는 (E)LPM명령으로 어플리케이션 섹션을 읽는 것이 불가능하다. 만약 인터럽트 벡터들이 부트 로드 섹션에 위치해 있다면, 인터럽트들은 어플리케이션 섹션이 실행되는 동안 사용이 불가능하다.
4	0	1	부트 로드 섹션에서 실행되고 있는 (E)LPM 명령으로 어플리케이션 섹션을 읽는 것은 불가능하다. 만약 인터럽트 벡터들이 부트 로드 섹션에 위치해 있다면, 인터럽트들은 어플리케이션 섹션이 실행되는 동안 사용이 불가능하다.
BLB1 mode	BLB12	BLB11	
1	1	1	SPM 또는 (E)LPM 명령을 사용하여 부트 로드 섹션에 접근하는데 제한이 없다.
2	1	0	SPM 명령으로 부트 로드 섹션에 쓰는 것은 허용되지 않는다.
3	0	0	SPM 명령으로 부트 로드 섹션에 쓰기가 허용되지 않으며, 어플리케이션 섹션에서 실행되는 (E)LPM 명령으로 부트 로드 섹션을 읽는 것은 불가능하다. 만약 인터럽트 벡터들이 어플리케이션 섹션에 위치해있다면, 인터럽트들은 부트 로드 섹션에서 실행되는 동안 사용이 불가능하다.
4	0	1	어플리케이션 섹션에서 실행되는 (E)LPM 명령으로 부트 로드 섹션을 읽는 것은 불가능하다. 만약 인터럽트 벡터들이 어플리케이션 섹션에 위치해 있다면, 인터럽트들은 부트 로드 섹션이 실행되는 동안 사용이 불가능하다.

4.4.2 개발 툴에서의 락 비트 설정

VMLAB을 포함하여 최근에 배포되는 대부분의 개발 툴에서는 기본적으로 개발하는데 편리한 설정으로 초기화 되어 있다. 그렇기 때문에 고급 개발자가 아니라면 기본 설정 상태로 개발하면 된다. [그림 4.11]은 Atmel사의 Atmel Studio 6.1의 Lock bits 설정 창이며 기본 설정은 모두 락 기능을 사용하지 않도록 설정되어 있다.

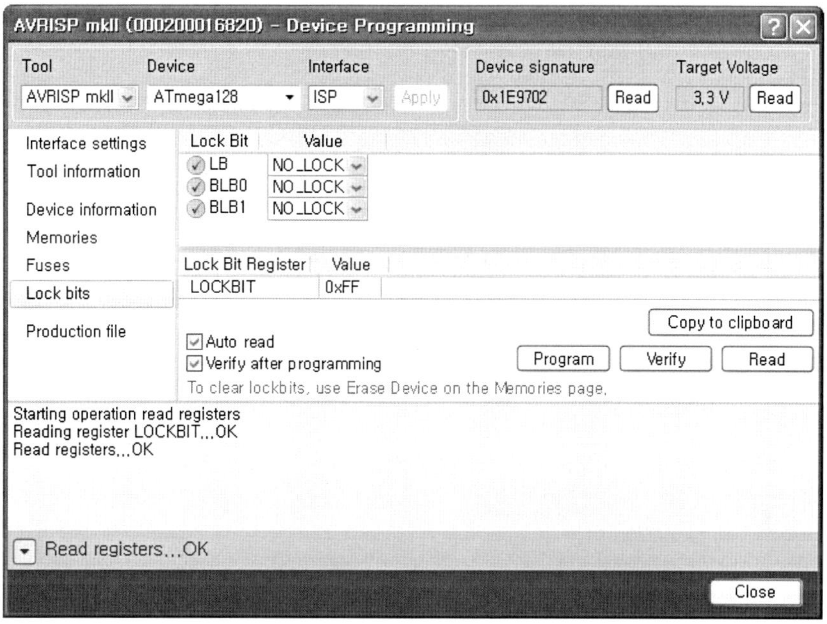

[그림 4.11] Atmel Studio 6.1의 락 비트 설정 창

4.4.3 퓨즈 비트

퓨즈 비트는 마이크로컨트롤러의 기본적인 시스템 설정용으로 사용되며 모두 3바이트로 구성되어 있다.

ATmega103 마이크로컨트롤러와의 코드 호환성 모드, 워치독 타이머(watchdog timer) 동작 허용, JTAG 사용, 내·외부 오실레이터 선택 등을 설정하기 위한 것으로 고급 개발자가 아니라면 개발 툴의 기본 설정 사항을 그대로 두고 개발하면 된다.

이 비트들은 프로그램하지 않으면 1(unprogrammed)로 설정되고, 프로그램하면 0(programmed)으로 설정된다. 칩 삭제 명령을 수행해도 퓨즈 비트는 영향을 받지 않으며 락 비트의 LB1을 사용하여 퓨즈 비트를 변경할 수 없도록 보호할 수 있다. 퓨즈 비트를 보호하기 위해서 퓨즈 비트를 먼저 설정한 뒤에 메모리 락 비트를 설정한다.

다음 [그림 4.12]는 Atmel사의 AtmelStudio 6.0의 Fuses 비트 설정 창이다.

퓨즈 비트를 설정하는 첫 번째 바이트는 확장 퓨즈 바이트(extended fuse byte)로 8비트에서 하위 2비트만 사용된다.

ATmega128의 기본 설정에서 ATmega103 호환 모드로 설정되어 있는데 개발 툴에 따라 이 설정이 다르다. 퓨즈 비트의 ATmega103 호환 모드로 설정되어 있는 경우에 HEX 파일을 타겟 보드에 다운로드했을 때 프로그램이 제대로 동작을 하지 않을 수 있다. 이때 퓨즈 비트의 ATmega103 호환 모드에 체크되어 있는지 확인을 하여 체크되어 있다면 해제해주면 된다.

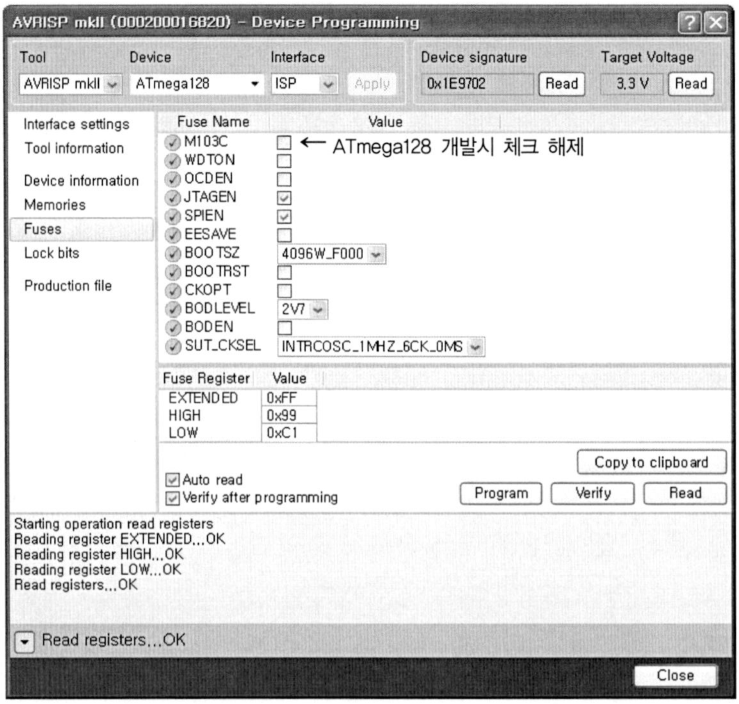

[그림 4.12] Atmel사의 Atmel Studio 6.1의 퓨즈 비트 설정 창

[표 4.3] 확장 퓨즈 바이트(Extended Fuse Byte)

비트 이름	비트번호	설명	기본 값
–	7	–	1
–	6	–	1
–	5	–	1
–	4	–	1
–	3	–	1
–	2	–	1
M103C	1	ATmega103 호환 모드	0 (programmed)
WDTON	0	Watchdog Timer 동작 허용	1 (unprogrammed)

퓨즈 비트를 설정하는 두 번째 바이트는 Fuse High Byte로 ATmega128의 기본 상태에서 JTAG과 SPI에 의한 프로그래밍이 가능한 상태에 있다. EESAVE 비트의 기본 값이 1(unprogrammed)인 상태로 칩 삭제를 하게 되면 EEPROM은 보호되지 않는다. 기본 부트 사이즈는 0xF000～0xFFFF 영역으로 4096워드이다.

[표 4.4] 퓨즈 상위 바이트(Fuse High Byte)

비트 이름	비트번호	설명	기본 값
OCDEN	7	OCD(On Chip Debug) 사용 가능	1
JTAGEN	6	JTAG 사용 가능	0
SPIEN	5	SPI를 이용한 시리얼 프로그램 및 데이터 다운로드 가능	0
CKOPT	4	오실레이터 옵션(oscillator options)	1
EESAVE	3	칩 삭제시 EEPROM 메모리 보호	1
BOOTSZ1	2	부트 사이즈 선택 ([표 4.5 참조])	0
BOOTSZ0	1	부트 사이즈 선택 ([표 4.5 참조])	0
BOOTST	0	리셋 벡터(Reset Vector) 선택	1

[표 4.5] 부트 사이즈 설정

BOOTSZ1	BOOTSZ0	부트 사이즈	페이지	어플리케이션 Flash 섹션	부트 로더 Flash 섹션
1	1	512워드	4페이지	0x0000~0xFDFF	0xFE00~0xFFFF
1	0	1024워드	8페이지	0x0000~0xFBFF	0xFC00~0xFFFF
0	1	2048워드	16페이지	0x0000~0xF7FF	0xF800~0xFFFF
0	0	4096워드	32페이지	0x0000~0xEFFF	0xF000~0xFFFF

퓨즈 비트를 설정하는 세 번째 바이트는 Fuse Low Byte로 ATmega128은 기본 상태에서 특정 전압 이하로 떨어지면 리셋이 되도록 하는 BOD(Brown Out Detector) 기능이 사용되지 않도록 되어 있다. 스타트 업 시간(start-up time)은 최대값으로 되어 있고 시스템 클록은 내부 RC 오실레이터에 의하여 기본 1 MHz로 발진된다. 시스템 외부에 별도로 오실레이터나 크리스털 발진 회로를 구성하지 않더라도 ATmega128 내부의 1 MHz~8 MHz 발진 클록으로 시스템 작동이 가능하다.

[표 4.6] Fuse Low Byte

Fuse Low Byte	Bit No.	설명	기본 값
BODLEVEL	7	BOD 기능 트리거 레벨 선택	1 (unprogrammed)
BODEN	6	BOD 기능 허용	1 (unprogrammed, BOD disabled)
SUT1	5	스타트 업 시간 선택	1 (unprogrammed)
SUT0	4	스타트 업 시간 선택	0 (programmed)
CKSEL3	3	클록 소스 선택	0 (programmed)
CKSEL2	2	클록 소스 선택	0 (programmed)
CKSEL1	1	클록 소스 선택	0 (programmed)
CKSEL0	0	클록 소스 선택	1 (unprogrammed)

4.5 시스템 클록

ATmega128에서는 타이머/카운터, 범용 입·출력 모듈, ADC, CPU 코어, RAM, 플래시 메모리, EEPROM 등에 클록 공급이 필요하며 타이머/카운터 오실레이터, 외부 RC 오실레이터, 외부 클록, 크리스털 오실레이터, 저주파 크리스털 오실레이터 등으로 클록을 발생할 수 있는 방법이 여러 가지가 있다.

시스템 내부의 클록이 필요한 부분들에 동일한 클록이 필요하지 않을 때 다른 클록 신호를 분배하는 것이 가능하며 클록을 쓰지 않는 부분은 슬립 모드를 사용하여 해당 장치의 클록 공급을 차단할 수 있다.

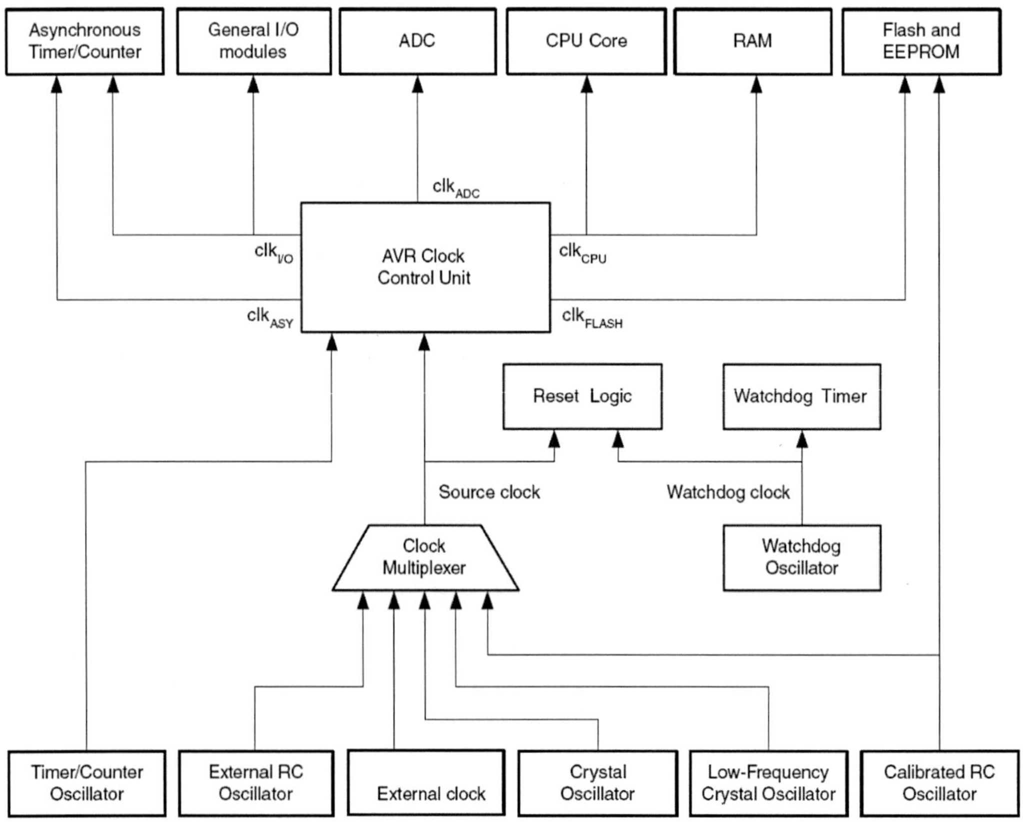

[그림 4.13] 클록 분배

4.5.1 클록 소스 선택

ATmega128에서 사용할 수 있는 클록 소스는 모두 5가지가 있으며 퓨즈 비트 설정용의 3번째 바이트인 Fuse Low Byte에 있는 4개의 비트 CKSEL3 ~ 0을 사용하여 필요한 클록을 지정할 수 있다.

[표 4.7] 외부·내부 RC 오실레이터 사용 시 동작 클록 선택

Device Clocking Option	CKSEL3..0
External Crystal/Ceramic Resonator	1111 - 1010
External Low-frequency Crystal	1001
External RC Oscillator	1000 - 0101
Calibrated Internal RC Oscillator	0100 - 0001
External Clock	0000

CKSEL3..0	Frequency Range (MHz)
0101	0.1 - 0.9
0110	0.9 - 3.0
0111	3.0 - 8.0
1000	8.0 - 12.0

CKSEL3..0	Nominal Frequency (MHz)
0001	1.0
0010	2.0
0011	4.0
0100	8.0

[표 4.8] 클록 소스 선택과 동작 클록

클록 소스		CKSEL3..0
외부 크리스털/세라믹 레조네이터(resonator)		1111 ~ 1010
외부 저주파 크리스털		1001
외부 RC 오실레이터	8.0 ~ 12.0 MHz	1000
	3.0 ~ 8.0 MHz	0111
	0.9 ~ 3.0 MHz	0110
	0.1 ~ 0.9 MHz	0101
Calibrated 내부 RC 오실레이터	8.0 MHz	0100
	4.0 MHz	0011
	2.0 MHz	0010
	1.0 MHz	0001
외부 클록		0000

CKSEL3 ~ 0 비트들은 기본 0001로 설정되어 있어서 초기화를 하지 않고 처음 사용할 때는 내부 RC 오실레이터에 의해 발생된 1 MHz의 클록으로 ATmega128이 동작하게 된다.

초기 기본 상태에서 Fuse Low Byte의 SUT1 ~ 0 비트들은 10으로 되어 있으므로 스타트 업 시간은 가장 최대값을 갖는다. 동작 클록 초기 설정 상태는 개발자가 ISP나 JTAG를 사용하여 필요한 다른 클록으로 변경할 수 있다.

4.5.2 외부 크리스털 또는 오실레이터 사용

외부에 크리스털 또는 오실레이터를 사용하는 경우에는 XTAL1 입력 단자 및 XTAL2 출력 단자에 접속하는데 ATmega128의 경우 23 ~ 24 핀을 사용한다. 크리스털을 사용하는 경우 C1과 C2는 통상 15 pF ~ 33 pF 범위 내의 것을 사용하는 것이 일반적이다.

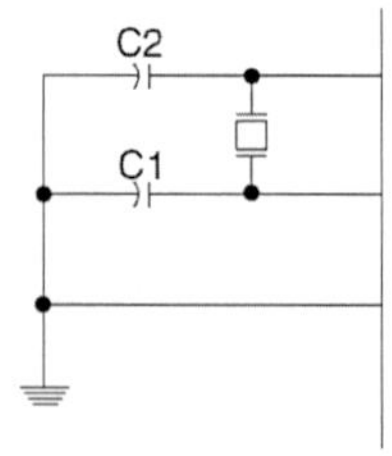

[그림 4.14] 외부 크리스털 또는 오실레이터 접속

외부에 크리스털 또는 오실레이터(또는 세라믹 레조네이터)를 연결하고 CKSEL3 ~ 0 비트를 제대로 설정하면 ATmega128에 내장된 발진 회로에 의하여 클록 주파수가 발생되는데 이때 CKOPT 비트는 발진 회로 증폭기의 동작 모드를 선택한다. CKOPT 비트 설정 상태에 따라 발진 회로의 출력 전압, 노이즈 대응, 발진 주파수, 소비 전력 상태가 변경되기 때문에 시스템에 따라 옵션 값 설정을 변경한다.

[표 4.9] 외부 크리스털 또는 오실레이터 동작 모드

CKOPT	CKSEL3..1	주파수 범위	권장 콘덴서 C1, C2 값
1	101	0.4 ~ 0.9 MHz	–
1	110	0.9 ~ 3.0 MHz	12 pF ~ 22 pF
1	111	3.0 ~ 8.0 MHz	12 pF ~ 22 pF
0	101, 110, 111	1.0 ~ 16.0 MHz	12 pF ~ 22 pF

CKSEL0 비트는 SUT1..0 비트와 함께 스타트 업 시간을 선택하기 위해 사용한다. 스타트 업 시간은 마이크로프로세서가 파워 다운 모드 또는 파워 세이브 모드로부터 벗어나 정지해 있던 시스템 클록이 안정되게 발진하여 마이크로프로세서가 명령을 실행하기 시작할 때까지의 지연 시간이다.

[표 4.10] 크리스털 오실레이터를 사용했을 때의 스타트 업 시간 선택

CKSEL0	SUT1..0	기동 시간	리셋의 경우 추가지연 시간	권장 사용
0	00	258 클록	4.1 ms	세라믹 레조네이터, fast rising power
0	01	258 클록	65 ms	세라믹 레조네이터, slowly rising power
0	10	1024 클록	–	세라믹 레조네이터, BOD 사용
0	11	1024 클록	4.1 ms	세라믹 레조네이터, fast rising power
1	00	1024 클록	65 ms	세라믹 레조네이터, slowly rising power
1	01	16384 클록	–	크리스털, BOD 사용
1	10	16384 클록	4.1 ms	크리스털, fast rising power
1	11	16384 클록	65 ms	크리스털, slowly rising power

4.5.3 외부 RC 사용

정밀한 타이밍이 요구되지 않는 용도에서는 다음과 같이 외부에 RC 소자를 접속한 발진 회로를 사용할 수 있다. 이때는 대략 발진 주파수가 f = 1 / (3RC)로 결정되며, 콘덴서(C. Capacitor)는 적어도 22 pF 이상을 사용해야 한다. 만약 CKOPT 비트를 0으로 설정하면 외부의 XTAL1과 GND 단자 사이에 외부 커패시터 C 대신에 내부의 36 pF 콘덴서가 사용되며 이때는 외부에 별도의 콘덴서를 연결하지 않는다.

동작 주파수 범위에 따라 CKSEL3 ~ 0 비트를 설정한다. 스타트 업 시간은 SUT1 ~ 0 비트에 따라 선택된다.

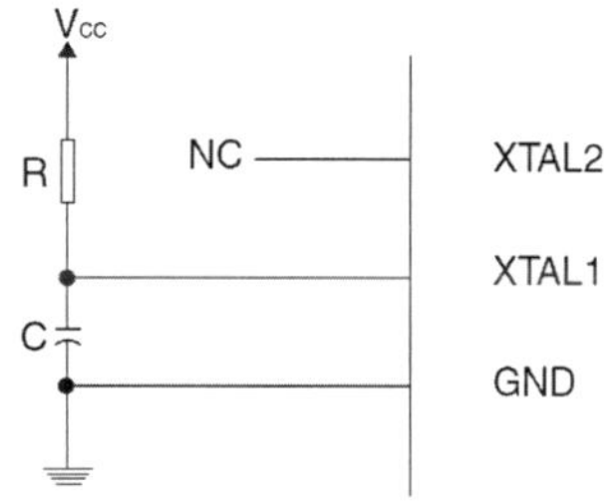

[그림 4.15] 외부 RC 접속

[표 4.11] 외부 RC 오실레이터 동작 모드

CKSEL3..0	주파수 범위 (MHz)
0101	0.1 ~ 0.9
0110	0.9 ~ 3.0
0111	3.0 ~ 8.0
1000	8.0 ~ 12.0

[표 4.12] 외부 RC를 사용할 때 스타트 업 시간 선택

SUT1..0	기동 시간	리셋의 경우 추가 지연 시간	권장 사용
00	18 클록	–	BOD 사용
01	18 클록	4.1 ms	fast rising power
10	18 클록	65 ms	slowly rising power
11	6 클록	4.1 ms	fast rising power 또는 BOD 사용

4.5.4 내부 RC 사용

내부 RC 오실레이터(calibrated internal RC oscillator)는 1.0, 2.0, 4.0, 8.0 MHz의 지정된 클록을 CKSEL3~0 비트를 사용하여 선택한다. 이때 반드시 CKOPT 비트는 1로 설정되어야 하며 XTAL1과 XTAL2 단자에는 아무것도 연결하지 않아야 한다.

ATmega128은 기본적으로 CKSEL3~0 비트가 0001로 설정되어 있어서 내부 RC 오실레이터에 의하여 1 MHz ±3%의 주파수로 동작하게 된다. 내부 RC 오실레이터가 사용되는 경우의 스타트 업 시간은 SUT1~0 비트에 따라 선택된다. SUT1~0 비트는 기본 10으로 설정되어 있다.

내부 RC 오실레이터에 의해 발생되는 클록 주파수는 대체로 부정확하기 때문에 이를 조정하는데 OSCCAL 레지스터가 사용되며 [표 4.14]는 OSCCAL 레지스터를 통해 조정 가능한 주파수 범위이다.

[표 4.13] 내부 RC 오실레이터 동작 모드

CKSEL3..0	공칭 주파수 (MHz)
0001	1.0
0010	2.0
0011	4.0
0100	8.0

- **OSCCAL 레지스터(Oscillator Calibration Register)**

비트	7	6	5	4	3	2	1	0	
	CAL7	CAL6	CAL5	CAL4	CAL3	CAL2	CAL1	CAL0	OSCCAL
읽기/쓰기	R/W	R/W	R/W	R/W	R/W	R/W	R/W	R/W	
초기값	Device Specific Calibration Value								

[표 4.14] 내부 RC 오실레이터 주파수 조정 범위

OSCCAL 값	최저 주파수 (공칭 주파수에 대한 %값)	최고 주파수 (공칭 주파수에 대한 %값)
0x00	50	100
0x7F	75	150
0xFF	100	200

4.5.5 외부 클록 사용

외부에서 클록 신호를 공급할 경우에는 반드시 공급되는 클록 신호를 XTAL1 단자에 연결하며 이때 XTAL2 단자는 사용하지 않고 비워둬야 한다. 이때 CKSEL3~0 비트는 0000으로 설정되며 CKOPT 비트를 0으로 설정하면 외부의 XTAL1과 GND 단자 사이에 내부의 36 pF 콘덴서가 연결된다. 스타트 업 시간은 SUT1~0 비트에 따라 선택된다.

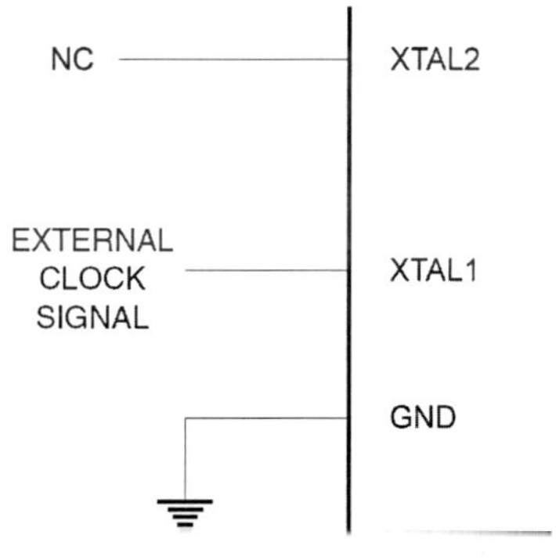

[그림 4.16] 외부 클록 연결

[표 4.15] 외부 클록을 사용할 때 스타트 업 시간 선택

SUT1..0	기동 시간	리셋의 경우 추가 지연 시간(V_{CC} = 5.0V)	권장 사용
00	6 클록	–	BOD 사용
01	6 클록	4.1 ms	Fast rising power
10	6 클록	65 ms	Slowly rising power
11	예약됨(reserved)		

4.6 시스템 리셋

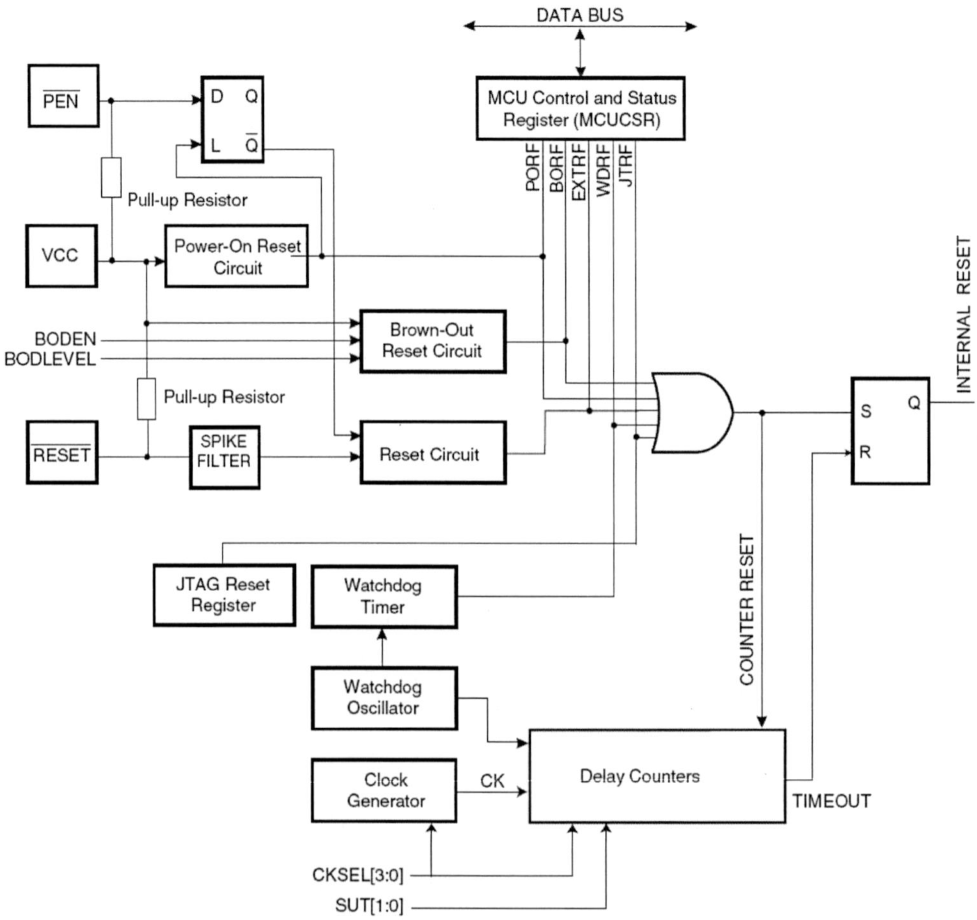

[그림 4.17] 리셋 로직(Reset Logic)

ATmega128이 리셋 되면 모든 I/O 레지스터들이 기본 값으로 초기화되며 프로그램은 리셋 벡터로부터 시작된다. ATmega128의 리셋 소스는 다음과 같이 5가지가 있다.

① Power-on Reset : 전원 전압 VCC가 Power-on Reset Threshold(1.4 V) 이하일 때 리셋된다.

② External Reset : $\overline{RESET}$ 핀에 지정된 최소 폭(1.5 μs) 이상의 L레벨(0.2 V) 펄스가 입력될 때 리셋된다.

③ Watchdog Reset : 워치독 타이머에서 지정된 주기 이상의 시간이 경과되어 워치독 기능이 동작함으로써 리셋된다.

④ Brown-out Reset : 전원 전압 VCC가 정해진 시간(2 μs) 이상동안 설정된 전원 전압(2.6 V) 이하로 떨어져 BOD(Brown-out Detector)가 동작함으로써 리셋된다.

⑤ JTAG AVR Reset : JTAG 시스템에서 리셋 레지스터에 논리 값 1을 저장하고 이에 관련된 하드웨어가 동작함으로써 리셋된다.

4.7 워치독 타이머(Watchdog Timer)

시스템에 문제가 발생했을 때, 가까이 있는 시스템의 경우에는 리셋 스위치 조작을 통해서 초기화시킬 수 있지만 인공위성처럼 원거리에서 제어를 하는 시스템의 경우 문제가 발생되면 시스템을 영구히 사용하지 못할 수도 있다. 이처럼 시스템에 문제가 발생했을 경우 스스로 리셋되도록 하는 기능이 바로 워치독 타이머이다.

워치독 타이머가 동작되면 일정한 시간 후에 워치독 타이머가 리셋되지 않으면 시스템이 리셋되기 때문에 타임아웃이 되기 전에 소프트웨어 명령으로 그 값을 클리어시켜 준다. 이런 방식으로 시스템이 정상적으로 동작하고 있는지 감시하여 오동작을 방지하게 되는데 마이크로컨트롤러의 신뢰성을 높여주는 기술이라 할 수 있다.

ATmega128 워치독 타이머는 1 MHz로 동작하는 독립된 내장 발진기로 구동되며 개발자가 이를 분주하여 8가지로 클록 주기를 변경할 수 있다.

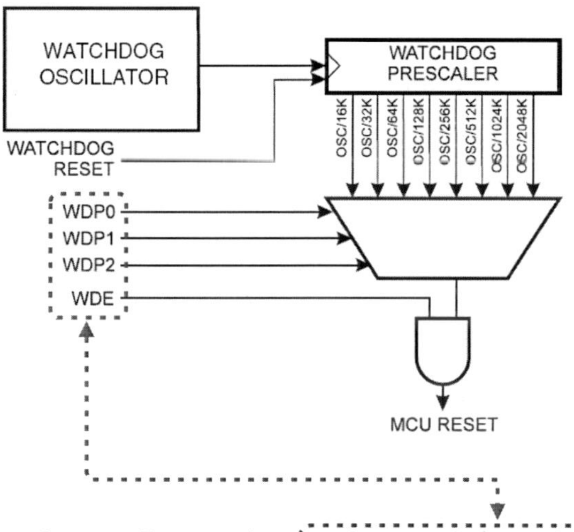

Bit	7	6	5	4	3	2	1	0	
	–	–	–	WDCE	WDE	WDP2	WDP1	WDP0	WDTCR
Read/Write	R	R	R	R/W	R/W	R/W	R/W	R/W	
Initial Value	0	0	0	0	0	0	0	0	

[그림 4.18] 워치독 타이머와 WDTCR(Watchdog Timer Control Register) 레지스터

[표 4.16] 워치독 타이머 프리스케일러 설정

WDP2	WDP1	WDP0	WDT Oscillator 사이클 수	V_{CC} = 3.0 V에서 리셋 시간	V_{CC} = 5.0 V에서 리셋 시간
0	0	0	16 K (16,384)	14.8 ms	14.0 ms
0	0	1	32 K (32,768)	29.6 ms	28.1 ms
0	1	0	64 K (65,536)	59.1 ms	56.2 ms
0	1	1	128 K (131,072)	0.12 s	0.11 s
1	0	0	256 K (262,144)	0.24 s	0.22 s
1	0	1	512 K (524,288)	0.47 s	0.45 s
1	1	0	1,024 K (1,048,576)	0.95 s	0.9 s
1	1	1	2,048 K (2,097,152)	1.9 s	1.8 s

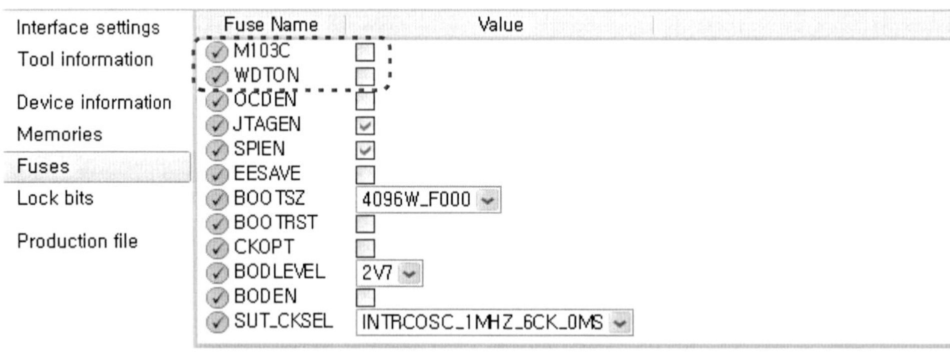

[그림 4.19] 워치독 타이머 관련 퓨즈 비트 부분

[표 4.17] 퓨즈 비트 설정에 따른 안전레벨

M103C	WDTON	안전 레벨	워치독 초기상태	워치독 해제 방법	워치독 리셋 간격 변경 방법
미설정(1)	미설정(1)	1	불능	지정된 순서	지정된 순서
미설정(1)	설정(0)	2	가능	항상 가능	지정된 순서
설정(0)	미설정(1)	0	불능	지정된 순서	제한 없음
설정(0)	설정(0)	2	가능	항상 가능	지정된 순서

워치독 타이머는 프로그램의 오류로 인하여 실수로 동작이 되거나 변경이 되면 안 되기 때문에 Extended Fuse Byte의 M103C와 WDTON 비트로 3단계의 안전 레벨을 설정할 수 있게 되어 있다.

① 안전레벨 0 : 워치독 타이머가 불능인 상태로 초기화 된다. WDTCR 레지스터의 WDE 비트에 1을 쓰면 워치독 타이머가 허용된다. 리셋 간격은 WDP2, WDP1, WDP0 비트에 설정 값을 쓰면 되며 워치독 타이머를 불능시키려면 다음 순서를 따라야 한다.

가. WDTCR 레지스터의 WDCE와 WDE 비트를 동시에 1로 쓴다.

나. 4사이클 내에 WDTCR 레지스터의 WDE에 0을 쓴다.

② 안전레벨 1 : 워치독 타이머가 불능인 상태로 초기화 된다. WDTCR 레지스터의 WDE 비트에 1을 쓰면 워치독 타이머가 허용된다. 동작 중인 워치독 타이머를 불능시키거나 워치독 리셋 간격을 변경하려면 다음 순서를 따라야 한다.

가. WDTCR 레지스터의 WDCE와 WDE 비트를 동시에 1로 쓴다.

나. 4사이클 내에 WDTCR 레지스터의 WDE에 0을 쓰고 WDE와 WDP에 원하는 값을 쓴다.

③ 안전레벨 2 : 워치독 타이머가 기본으로 허용이 되어 있어 불능시킬 수 없다. 워치독 타이머의 리셋 간격을 변경하려면 다음 순서를 따라야 한다.

가. WDTCR 레지스터의 WDCE와 WDE 비트를 동시에 1로 쓴다.

나. 4사이클 내에 WDTCR 레지스터의 WDE에 0을 쓰고 WDP에 원하는 값을 쓴다.

4.8 슬립모드(Sleep Mode)

슬립모드(Sleep Mode)는 마이크로컨트롤러 내부에서 사용하지 않는 모듈(module)들의 동작을 정지시켜 소비 전력을 절감하기 위한 것으로 ATmega128은 6가지의 형태의 슬립모드를 제공한다.

슬립모드를 사용하려면 MCUCR 레지스터에서 SE 비트를 1로 설정하고 SM2~0 비트를 이용하여 6개의 슬립모드의 하나로 지정한 상태에서 SLEEP 명령을 실행하면 된다.

비트	7	6	5	4	3	2	1	0	
	SRE	SRW10	SE	SM1	SM0	SM2	IVSEL	IVCE	MCUCR
읽기/쓰기	R/W	R/W	R/W	R/W	R/W	R/W	R/W	R/W	
초기값	0	0	0	0	0	0	0	0	

[그림 4.20] MCUCR(MCU Control Register) 레지스터

[표 4.18] 슬립 모드 선택

SM2	SM1	SM0	슬립 모드
0	0	0	Idle
0	0	1	ADC Noise Reduction
0	1	0	Power-down
0	1	1	Power-save
1	0	0	(reserved)
1	0	1	(reserved)
1	1	0	Standby
1	1	1	Extended Standby

① Idle 모드: CPU의 동작을 멈추지만 SPI, USART, 아날로그 비교기, ADC, TWI, 타이머/카운터, 워치독 타이머, 인터럽트 시스템 등의 동작은 계속된다. 이 모드에서 clk_{cpu}와 clk_{FLASH}는 차단되지만 다른 클록은 모두 동작한다.

② ADC Noise Reduction 모드: CPU의 동작을 멈추지만 ADC, 외부 인터럽트, TWI, 타이머/카운터 0, 워치독 타이머 등의 동작은 계속된다. 이 모드에서 $clk_{I/O}$, clk_{cpu}, clk_{FLASH}는 차단되지만 다른 클록은 모두 동작한다.

③ Power-down 모드: 외부 오실레이터는 멈추지만 외부 인터럽트, TWI, 워치독 타이머 등의 동작은 계속된다. 이 모드에서 모든 클록 생성은 차단되지만 비동기 모듈의 동작은 허용된다.

④ Power-save 모드: Power-down 모드와 유사하지만 타이머/카운터 0의 ASSR 레지스터의 AS0 비트를 1로 셋하여 외부 클록에 의해 비동기로 동작할 때 이 모드를 사용하는 점이 다르다. AS0 비트를 0으로 설정했을 경우에는 Power-down 모드를 사용하는 것이 좋다. 이 모드에서는 clk_{ASY}를 제외한 모든 클록이 차단된다.

⑤ Standby 모드: 오실레이터가 동작하는 것을 제외하고는 Power-down 모드와 동일하다. Standby 모드에서 장치가 정상 동작하는데 6개의 클록 사이클이 소요된다.

⑥ Extended Standby 모드: 오실레이터가 동작하는 것을 제외하고는 Power-save 모드와 동일하다. Extended Standby 모드에서 장치가 정상 동작하는데 6개의 클록 사이클이 소요된다.

CHAPTER 5 입·출력 포트

ATmega128은 프로그램이 가능한 입·출력 포트가 PA~PG까지 53개의 핀이 있으며 포트 A~포트 F는 각 8비트(8핀)로 구성되어 있고 포트 G는 5비트(5핀)로 구성되어 있다. 그리고 제한된 포트를 더 효율적으로 사용할 수 있는 방법으로 각각의 입·출력 포트는 추가적으로 다른 기능들을 가지고 있다. 하지만 한 개의 핀에서 중복의 기능을 동시에 사용할 수 없고 다른 기능으로 변경하고자 할 때는 관련된 레지스터의 값을 설정해야 한다.

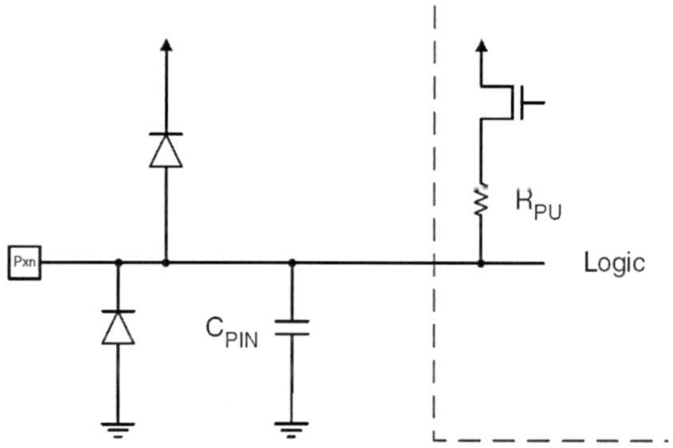

[그림 5.1] 입·출력 핀의 구조

입·출력 핀을 사용할 때는 입·출력 포트 제어와 관련된 I/O 레지스터를 설정해야 하는데 제일 먼저 초기화해야 하는 부분이 데이터의 방향을 결정하는 DDRx 레지스터이다. 그리고 해당 핀에 신호를 출력하기 위해서 PORTx 레지스터에 값을 쓰면 되고 핀으로 입력되는 신호를 읽기(read) 위해서 PINx 레지스터를 사용한다.

각 핀의 최대 구동전류는 40 mA이고 각 포트 내부의 풀업 저항(pull-up resistor) 사용 여부를 SFIOR 레지스터의 PUD 비트에 값을 쓰면서 소프트웨어적으로 선택을 할 수 있다.

5.1 입·출력 관련 레지스터

실제 레지스터의 주소로 프로그램을 작성하지 않고 레지스터 명을 사용해서 프로그램 작성을 할 수 있는 이유는 GCC 컴파일러가 설치된 폴더의 'iom128' 헤더 파일을 참조하면 알 수 있는데 우리가 사용하는 모든 레지스터에는 고유의 이름이 부여되어 있으며 이 레지스터 이름은 마이크로컨트롤러 내부의 해당 메모리 주소로 접근할 수 있도록 헤더 파일에 모두 정의되어 있다.

다음 [그림 5.2] 내용은 iom128 헤더 파일의 일부이다. 이렇게 레지스터 이름과 메모리에 접근하는 주소가 정의되어 있지 않다면 C 언어로 프로그램 코드를 작성할 때마다 해당 메모리 주소를 확인해야 하고 해당 주소에 접근할 수 있는 포인터를 써야 하기 때문에, 많은 시간이 낭비될 수 있으며 나아가 개발 비용이 많이 드는 문제로 연결될 수 있다.

```
/* Input Pins, Port A */
#define PINA      _SFR_IO8(0x19)

/* Data Direction Register, Port A */
#define DDRA      _SFR_IO8(0x1A)

/* Data Register, Port A */
#define PORTA     _SFR_IO8(0x1B)
```

[그림 5.2] iom128.h 파일의 일부

5.1.1 DDRx 레지스터 : 각 포트의 입력 또는 출력 모드를 설정하는 레지스터

레지스터 이름 뒤의 x는 포트 A, B, C, D, E, F, G를 나타낸다. 각각의 포트마다 데이터의 입·출력 방향을 설정할 수 있도록 DDRA~DDRG의 레지스터들이 있으며 8비트 포트인 A ~ F 포트와 5비트 포트인 G 포트 각각의 비트마다 모두 다르게 설정이 가능하다.

DDRx 레지스터의 특정 비트를 '1'로 설정하면 해당 포트를 출력 핀으로 사용하게 되는 것이고 '0'로 설정하면 입력 핀으로 된다.

비트	7	6	5	4	3	2	1	0	
	DDA7	DDA6	DDA5	DDA4	DDA3	DDA2	DDA1	DDA0	DDRA
읽기/쓰기	R/W	R/W	R/W	R/W	R/W	R/W	R/W	R/W	
초기값	0	0	0	0	0	0	0	0	

예를 들어 위 DDRA 레지스터에 0x0F를 입력했다고 가정하자. 이해를 좀 더 쉽게 하기 위해 0x0F

를 이진수로 변환해보면 0b00001111이다. 0000인 상위 포트 PA7~PA4까지는 입력 포트로 설정되고 1111인 하위 PA3~PA0은 출력 포트로 설정된다.

C 언어를 사용하여 DDRA = 0x0F; 로 코딩한다. 주의할 것은 출력 포트로 설정된 핀은 입력이 되지 않고 입력 포트로 설정된 핀은 출력 포트로 사용될 수 없다.

5.1.2 PORTx 레지스터 : 데이터를 출력하는 레지스터

DDRx에서 포트가 출력으로 설정되어 있는 핀에 데이터를 출력하는 레지스터로 PORTx 레지스터의 각 비트에 0을 쓰게 되면 해당되는 핀에서 Low가 출력되고 각 비트에 1을 쓰게 되면 해당되는 핀에서 High가 출력된다. DDRx 레지스터에서 출력 핀으로 설정되어 있어야만 출력이 되고 입력으로 설정되어 있으면 데이터가 출력되지 않는다.

비트	7	6	5	4	3	2	1	0	
	PORTA7	PORTA6	PORTA5	PORTA4	PORTA3	PORTA2	PORTA1	PORTA0	PORTA
읽기/쓰기	R/W	R/W	R/W	R/W	R/W	R/W	R/W	R/W	
초기값	0	0	0	0	0	0	0	0	

예를 들어 DDRA 레지스터에 16진수로 0xFF로 설정하면 이진수로 0b11111111이다. 포트 A의 모든 핀이 출력으로 정의되며 PORTA 레지스터에 16진수로 0x00을 쓰거나 이진수로 0b00000000을 쓰면 포트 A의 PA7~PA0 모두 Low(0 V)가 출력된다. 반대로 PORTA 레지스터에 16진수 0xFF를 쓰거나 이진수로 0b11111111을 쓰면 포트 A의 PA7~PA0 모두 High(5 V)가 출력된다. 이를 C 언어로 코딩하면 다음과 같다.

```
DDRA = 0xFF;            // 포트 A 8비트 모두 출력으로 정의
PORTA = 0x00;           // 포트 A 8비트 모두 Low 출력
PORTA = 0xFF;           // 포트 A 8비트 모두 High 출력
```

5.1.3 PINx 레지스터

DDRx에서 포트가 입력으로 설정되어 있는 핀으로부터 데이터를 입력받는 레지스터이며 PINx 레지스터를 읽어보면 현재 핀으로 입력되는 데이터를 확인할 수 있다.

비트	7	6	5	4	3	2	1	0	
	PINA7	PINA6	PINA5	PINA4	PINA3	PINA2	PINA1	PINA0	PINA
읽기/쓰기	R	R	R	R	R	R	R	R	
초기값	N/A	N/A	N/A	N/A	N/A	N/A	N/A	N/A	

예를 들어 DDRA 레지스터를 16진수로 0x00로 설정하면 이진수로 0b00000000이고 이때 PINA의 레지스터 값을 변수(temp)에 저장하면 이 저장된 값은 포트 A핀의 8비트 입력 값으로 사용할 수 있게 된다. 이를 C 언어로 코딩하면 다음과 같다.

```
DDRA = 0x00;            // 포트 A 8비트 모두 입력으로 정의
PORTA = PINA;           // 포트 A 8비트에 PINA로 입력된 값 대입
temp = PINA;            // temp 변수에 PINA로 입력된 값 대입
```

5.1.4 SFIOR(Special Function IO Register) 레지스터의 PUD 비트

ATmega128의 입·출력 핀에는 내부 풀업 저항이 있으며 PORTxn 비트와 SFIOR 레지스터의 PUD 비트를 설정하여 내부 풀업 저항의 사용 유무를 결정할 수 있다. SFIOR의 PUD(Pull-up Disable) 비트를 1로 설정하면 ATmega128 내부에 있는 풀업 저항을 사용하지 않는 것이고 PUD를 0으로 설정하면 내부 풀업 저항을 사용하는 것이다.

비트	7	6	5	4	3	2	1	0	
	TSM	–	–	–	ACME	PUD	PSR0	PSR321	SFIOR
읽기/쓰기	R/W	R	R	R	R/W	R/W	R/W	R/W	
초기값	0	0	0	0	0	0	0	0	

[표 5-1]은 DDxn, PORTxn, PUD 레지스터 설정에 따른 I/O 포트의 입·출력 형태를 보여준다.

[표 5.1] 포트 핀 설정

DDxn	PORTxn	PUD(in SFIOR)	입·출력	내부 풀업	비고
0	0	X	입력	No	하이 임피던스(Hi-Z) 상태 외부 풀업 필요
0	1	0	입력	Yes	내부에서 풀업
0	1	1	입력	No	하이 임피던스(Hi-Z) 상태 외부 풀업 필요
1	0	X	출력	No	Low 출력(싱크)
1	1	X	출력	No	High 출력(소스)

풀업(Pull-up) 저항

스위치 회로에서 스위치의 On/Off 상태에 따라 분명한 논리 레벨을 얻기 위해서 연결하는 저항을 말한다. 부논리로 스위치가 On(닫힘)되면 논리 입력은 0(Low)이 되고 Off(열림)되면 논리 입력은 1(High)이 된다.

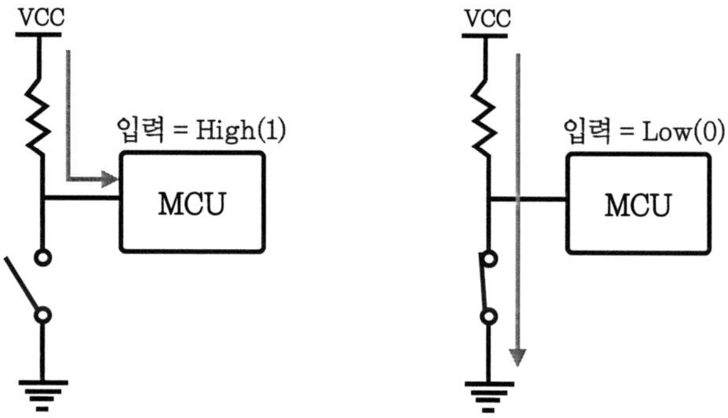

[그림 5.3] 풀업 저항의 스위치를 On/Off 했을 때 입력 상태

풀다운(Pull-down) 저항

풀다운 저항은 풀업 저항의 반대인 정논리로 입력을 받는다.

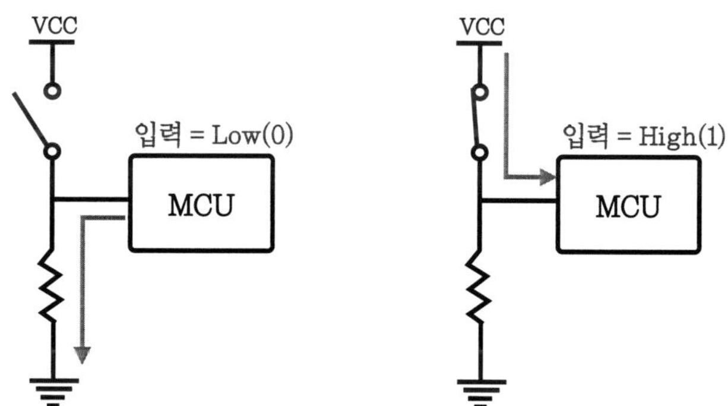

[그림 5.4] 풀다운 저항의 스위치를 On/Off 했을 때 입력 상태

5.1.5 입·출력(I/O) 핀의 다른 기능

앞서 언급한 것처럼 각 포트들은 GPIO(General Purpose Input Output) 기능 외에 추가적으로 다른 기능들을 가지고 있다.

(1) 포트 A

포트 A는 내부에 풀업 기능이 있는 양방향 8비트 포트로 GPIO 기능 외에 외부 메모리나 I/O를 확장할 때 하위 주소 바이트와 데이터 버스로 동작한다.

[표 5.2] Port A 핀들의 다른 기능

포트 핀	다른 기능(alternate function)
PA7	AD7 (외부 메모리 인터페이스 주소와 데이터 비트 7)
PA6	AD6 (외부 메모리 인터페이스 주소와 데이터 비트 6)
PA5	AD5 (외부 메모리 인터페이스 주소와 데이터 비트 5)
PA4	AD4 (외부 메모리 인터페이스 주소와 데이터 비트 4)
PA3	AD3 (외부 메모리 인터페이스 주소와 데이터 비트 3)
PA2	AD2 (외부 메모리 인터페이스 주소와 데이터 비트 2)
PA1	AD1 (외부 메모리 인터페이스 주소와 데이터 비트 1)
PA0	AD0 (외부 메모리 인터페이스 주소와 데이터 비트 0)

(2) 포트 B

포트 B는 내부에 풀업 기능이 있는 양방향 8비트 포트로 GPIO 기능 외에 타이머/카운터와 SPI 통신과 관련된 기능을 가지고 있다.

[표 5.3] Port B 핀들의 다른 기능

포트 핀	다른 기능(alternate function)
PB7	OC2/OC1C (타이머/카운터1 또는 타이머/카운터2의 출력 비교 및 PWM 출력)
PB6	OC1B (타이머/카운터1의 출력 비교 및 PWM 출력 B)
PB5	OC1A (타이머/카운터1의 출력 비교 및 PWM 출력 A)
PB4	OC0 (타이머/카운터0 출력 비교 및 PWM 출력)
PB3	MISO (SPI 버스 마스터 입력/슬레이브 출력)
PB2	MOSI (SPI 버스 마스터 출력/슬레이브 입력)
PB1	SCK (SPI 버스 시리얼 클록)
PB0	$\overline{SS}$ (SPI 슬레이브 입력 선택)

(3) 포트 C

포트 C는 내부에 풀업 기능이 있는 양방향 8비트 포트로 GPIO 기능 외에 외부 메모리 접속시 상위 주소 바이트로 동작한다. 단, ATmega103 호환 모드일 때 포트 C는 출력으로만 사용된다.

[표 5.4] Port C 핀들의 다른 기능

포트 핀	다른 기능(alternate function)
PC7	A15 (외부 메모리 인터페이스 주소 비트 15)
PC6	A14 (외부 메모리 인터페이스 주소 비트 14)
PC5	A13 (외부 메모리 인터페이스 주소 비트 13)
PC4	A12 (외부 메모리 인터페이스 주소 비트 12)
PC3	A11 (외부 메모리 인터페이스 주소 비트 11)
PC2	A10 (외부 메모리 인터페이스 주소 비트 10)
PC1	A9 (외부 메모리 인터페이스 주소 비트 9)
PC0	A8 (외부 메모리 인터페이스 주소 비트 8)

(4) 포트 D

포트 D는 내부에 풀업 기능이 있는 양방향 8비트 포트로 GPIO 기능 외에 타이머/카운터, 외부 인터럽트, USART1, TWI와 관련된 기능들을 가지고 있다.

[표 5.5] Port D 핀들의 다른 기능

포트 핀	다른 기능(alternate function)
PD7	T2 (타이머/카운터2의 클록 입력)
PD6	T1 (타이머/카운터1의 클록 입력)
PD5	XCK1 (USART1 외부 클록 입력/출력)
PD4	ICP1 (타이머/카운터1 입력 캡쳐 핀)
PD3	INT3/TXD1 (외부 인터럽트3 또는 USART1 송신 데이터)
PD2	INT2/RXD1 (외부 인터럽트2 또는 USART1 수신 데이터)
PD1	INT1/SDA (외부 인터럽트1 또는 TWI 시리얼 통신 데이터)
PD0	INT0/SCL (외부 인터럽트0 또는 TWI 시리얼 통신 클록)

(5) 포트 E

포트 E는 내부에 풀업 기능이 있는 양방향 8비트 포트로 GPIO 기능 외에 타이머/카운터, 외부 인터럽트, USART0, 아날로그 비교기, ISP와 관련된 기능들을 가지고 있다.

[표 5.6] Port E 핀들의 다른 기능

포트 핀	다른 기능(alternate function)
PE7	INT7/ICP3 (외부 인터럽트7 또는 타이머/카운터3 입력 캡쳐 핀)
PE6	INT6/T3 (외부 인터럽트6 또는 타이머/카운터3 클록 입력)
PE5	INT5/OC3C (외부 인터럽트5 또는 타이머/카운터3 출력 비교 및 PWM 출력 C)
PE4	INT4/OC3B (외부 인터럽트4 또는 타이머/카운터3 출력 비교 및 PWM 출력 B)
PE3	AIN1/OC3A (아날로그 비교기 Negative 또는 타이머/카운터3 출력 비교 및 PWM 출력 A)
PE2	AIN0/ACK0 (아날로그 비교기 Positive 입력 또는 USART0 외부 클록 입력/출력)
PE1	PDO/TXD0 (프로그래밍 데이터 출력 또는 USART0 송신 데이터)
PE0	PDI/RXD0 (프로그래밍 데이터 입력 또는 USART0 수신 데이터)

(6) 포트 F

포트 F는 내부에 풀업 기능이 있는 양방향 8비트 포트로 GPIO 기능 외에 A/D 컨버터, JTAG 인터페이스와 관련된 기능들을 가지고 있다.

[표 5.7] Port F 핀들의 다른 기능

포트 핀	다른 기능(alternate function)
PF7	ADC7/TDI (ADC 입력 채널 7 또는 JTAG Test 데이터 입력)
PF6	ADC6/TDO (ADC 입력 채널 6 또는 JTAG Test 데이터 출력)
PF5	ADC5/TMS (ADC 입력 채널 5 또는 JTAG Test 모드 선택)
PF4	ADC4/TCK (ADC 입력 채널 4 또는 JTAG Test 클록)
PF3	ADC3 (ADC 입력 채널 3)
PF2	ADC2 (ADC 입력 채널 2)
PF1	ADC1 (ADC 입력 채널 1)
PF0	ADC0 (ADC 입력 채널 0)

(7) 포트 G

포트 G는 내부에 풀업 기능이 있는 양방향 5비트 포트로 GPIO 기능 외에 외부 메모리 인터페이스, 타이머/카운터와 관련된 기능들을 가지고 있다. 단, ATmega103 호환 모드에서는 GPIO 기능은 사용할 수 없고 다른 기능만 사용할 수 있다.

[표 5.8] Port G 핀들의 다른 기능

포트 핀	다른 기능(alternate function)
PG4	TOSC1 (타이머/카운터0 RTC 오실레이터 입력)
PG3	TOSC2 (타이머/카운터0 RTC 오실레이터 출력)
PG2	ALE (외부 메모리 주소 래치 인에이블(latch enable) 신호)
PG1	$\overline{RD}$ (외부 메모리 읽기 스트로브(strobe))
PG0	$\overline{WR}$ (외부 메모리 쓰기 스트로브(strobe))

5.2 입·출력(I/O Port) 프로그램 실습

5.2.1 VMLAB에서 LED On/Off 실습

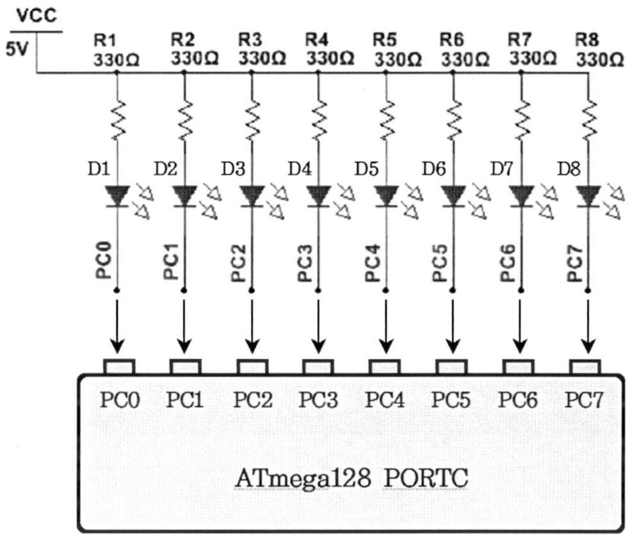

[그림 5.5] LED 예제 적용 회로

(1) LED 상·하위 4비트를 번갈아 가며 On/Off

```
#include <avr/io.h>
#include <util/delay.h>

int main(void)
{
    DDRC = 0xFF;                    // Port C : 출력

    while (1)
    {
      PORTC = 0xF0;                 // 1111 0000 = 0b11110000
      _delay_ms(100);               // 100 ms 지연
      PORTC = 0x0F;                 // 0000 1111 = 0b00001111
      _delay_ms(100);               // 100 ms 지연
    }

    return 1;
}
```

- **Project 파일에서 Scope 설정**

스코프를 사용하기 위한 기본 문법은 다음과 같다.

```
. PLOT V(<nodeName>) [V(<nodeName2>)...]
```

이때 nodeName은 RESET, AREF, PA0-PA7, PB0-PB7, PC0-PC7, PD0-PD7, PE0-PE7, PF0-PF7, PG0-PG4, TIM1OVF 그리고 사용자 정의 node Name이 가능하다.

[Project File 코딩]

```
; ************************************************************
; PROJECT : led01
; AUTHOR : KIET_Jeong
; ************************************************************

; Micro + software running
; ------------------------------------------------------------
.MICRO "ATmega128"
.TOOLCHAIN "GCC"
.GCCPATH   "C:₩WinAVR"
.GCCMAKE   AUTO
.TARGET    "led01.hex"
.SOURCE    "led01.c"

.TRACE                    ; Activate micro trace

; Following lines are optional; if not included
; exactly these values are taken by default
; ------------------------------------------------------------
.POWER VDD=5 VSS=0        ; Power nodes
.CLOCK 1meg               ; Micro clock
.STORE 250m               ; Trace (micro+signals) storage time

; Micro nodes: RESET, AREF, PA0-PA7, PB0-PB7, PC0-PC7, PD0-PD7, PE0-PE7,
  PF0-PF7, PG0-PG4, TIM1OVF
; Define here the hardware around the micro
; ------------------------------------------------------------
; Control Panel LED와 Scope 기능을 사용하기 위해 추가로 입력해야 하는 부분
; Control Panel LED 설정
D1 VDD n1                 ; D1 LED를 VDD와 n1 노드 사이에 연결
R1 n1 PC0 330             ; R1 저항을 n1과 PC0 포트 사이에 연결. R1 저항은 330 Ω
D2 VDD n2
```

```
R2 n2 PC1 330
D3 VDD n3
R3 n3 PC2 330
D4 VDD n4
R4 n4 PC3 330
D5 VDD n5
R5 n5 PC4 330
D6 VDD n6
R6 n6 PC5 330
D7 VDD n7
R7 n7 PC6 330
D8 VDD n8
R8 n8 PC7 330

; Probe(Scope) 설정 (PC0~PC7 포트에 전압 Probe 연결)
.PLOT V(PC0) V(PC1) V(PC2) V(PC3) V(PC4) V(PC5) V(PC6) V(PC7)
```

➜ 간혹 코드 상에 문법적인 오류가 없는데 Build를 하면 에러가 발생하는 경우가 있다. 이때는 Project File에 코딩된 제일 마지막 문장에서 엔터키(Enter↵)를 눌러준 다음 다시 Build를 하면 해결이 된다.

➜ Project File에 저항을 뺀 'D1 VDD PC0' 형식으로 코딩을 하게 되면 D1 LED의 애노드(+)단자에 VDD, 캐소드(-)단자에 PC0를 직접 연결한 구성으로 이런 회로 구성에서는 출력 파형을 제대로 관찰할 수 없다.

➜ 시뮬레이션 시 동작 파형, LED 점멸, I/O 상태를 보려면 다음의 창들을 활성화해준다.

- 파형 관찰 : View → Scope 또는 Alt + Shift + S
- LED 점멸 : View → Control Panel 또는 Alt + Shift + C
- I/O 출력 : View → I/O Ports 또는 Alt + Shift + I

[시뮬레이션 확인]

① **Scope 창**

- 시뮬레이션을 시작하면 Port에서 출력되는 파형을 실시간으로 확인할 수 있다.
- 시뮬레이션 중에는 Scope 창의 왼쪽 버튼들 중 Zoom in, Export, Cursor(1, 2) 기능을 사용할 수 없으며 나머지 Full view, Undo view, Zoom out, Analyze, Horiz./div, Vertical/div 기능들은 시뮬레이션 실행과 상관없이 필요 시 사용할 수 있다.
- 시뮬레이션 중지를 한 뒤에 Export 버튼을 이용하여 Scope data를 .csv 확장자로 저장할 수 있다.

· 시뮬레이션 실행 중이거나 중지를 한 뒤 PC0~PC7 포트를 클릭한 상태에서 Analyze 버튼을 클릭하면 해당 포트의 평균 주파수, Vpeak(+, -), 평균 전압을 확인할 수 있다.

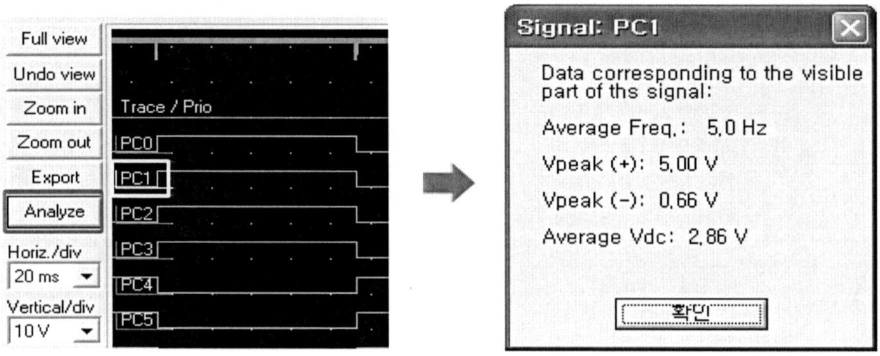

· Scope 화면에서 Horiz./div는 시간(X)축의 스케일을 가변하는 것이고 Vertical/div는 전압(Y)축의 스케일을 가변하기 위한 것이다.

· 시뮬레이션이 중지된 이후 Cursor 메뉴를 이용하여 코드에서 설정한 지연시간을 확인할 수 있다. 커서 1 (Cursor 1__) 옵션 버튼을 먼저 선택한 뒤 파형이 시작되는 지점을 클릭하고 다시 커서 2 (Cursor 2_ _) 옵션 버튼을 선택하고 지연이 유지되는 지점에 클릭을 하면 Scope 창 왼쪽 하단의 Cursors delta time 창을 통해 지연시간을 확인할 수 있다.

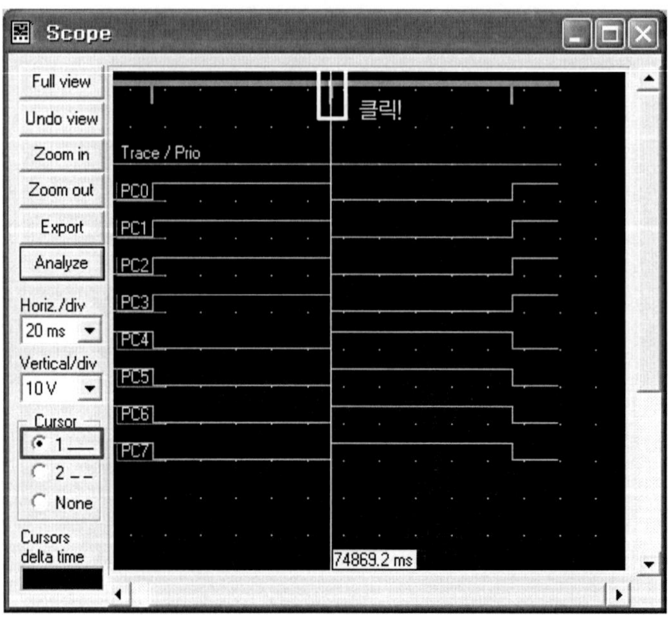

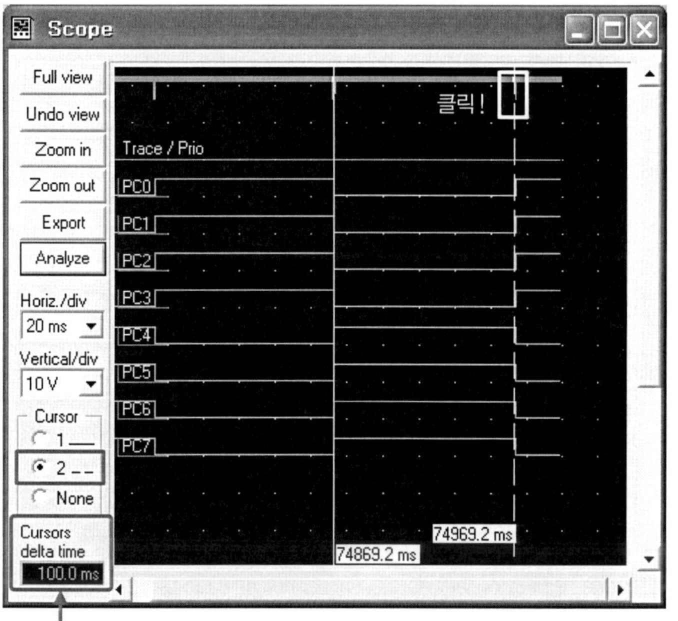

_delay_ms(100); 코드로 100 ms 지연이 되고 있음을 확인할 수 있다.

· Scope 창의 배경색 및 파형 등의 색을 바꾸고 싶을 때는 Options → Display control 메뉴에서 Colors 탭으로 이동한 뒤 변경을 원하는 부분의 색을 바꾸면 된다.

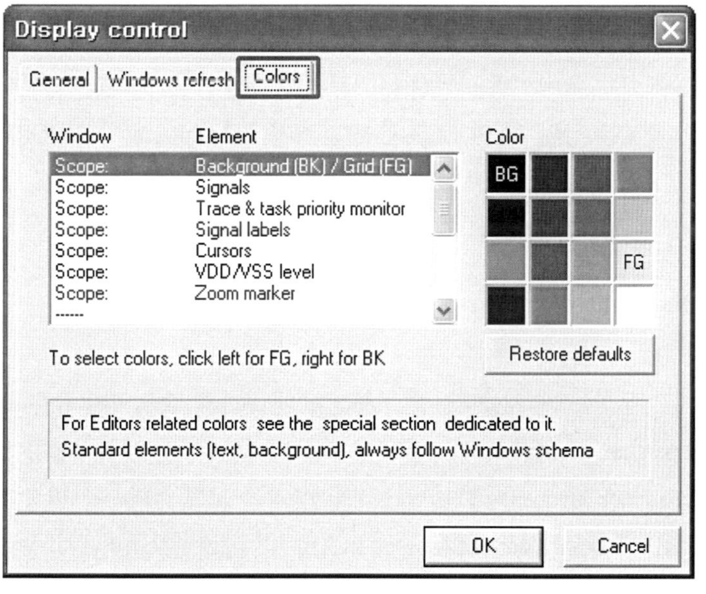

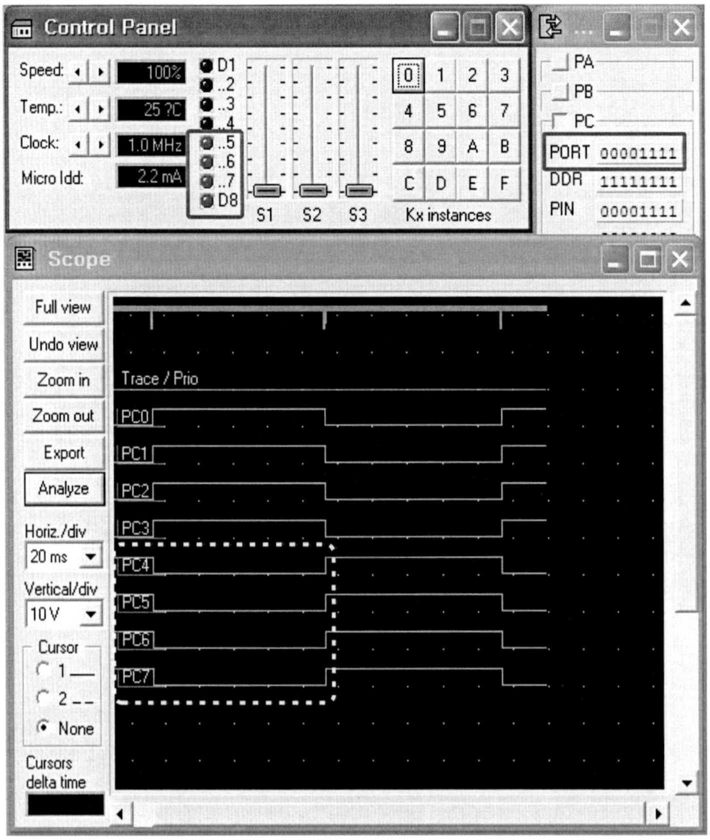

- 위의 Scope 창의 파형을 보면 PC4~PC7까지가 Low 상태이다. Low는 0 V를 의미하고 Control Panel의 D1~D8 이름을 가진 LED들은 전원에 연결되어 있는 상태이기 때문에 포트에서 0 V로 출력되는 상위 4개의 LED에 불이 켜진다. I/O Ports 창의 PORT 레지스터의 값도 00001111로 상위 비트가 모두 0으로 출력되는 것을 확인할 수 있다. 회로 구성과 레지스터 값, LED 상태 모두 정확하게 동작되고 있는 것을 시뮬레이션으로 확인할 수 있다.

② Control Panel 창

- Speed : 1~100%로 시뮬레이션 속도를 조절할 수 있다. 단 소스 코드에서 지정한 지연시간과 상관이 없으며 너무 빠르게 시뮬레이션이 동작할 때 속도를 조절하면 유용하다.
- Temp : Temperature Control로 시스템의 온도를 제어할 수 있으나 사용할 일이 없다.
- Clock : Micro clock frequency로 마이크로컨트롤러의 클록 주파수를 변경할 수 있다.
- Micro Idd : Micro supply current estimation으로 마이크로컨트롤러에서 공급하는 전류를 확인할 수 있다.
- Components를 추가하면 Control Panel 창의 인터페이스가 변경된다.

③ 디버깅 관련

- View 메뉴를 통해서 Program Memory, Data Memory, Registers 등의 창을 통해서 JTAG 없이 디버깅(debugging)이 가능하다.
- Program Memory 창을 열어보면 C 언어로 코딩한 부분과 대응되는 어셈블리어(assembly language)를 확인할 수 있다. 요즘 컴파일러는 C 언어로 개발을 하더라도 어셈블리어를 이용하여 개발하는 것과 거의 차이가 없을 정도로 최적화 기능이 뛰어나다.

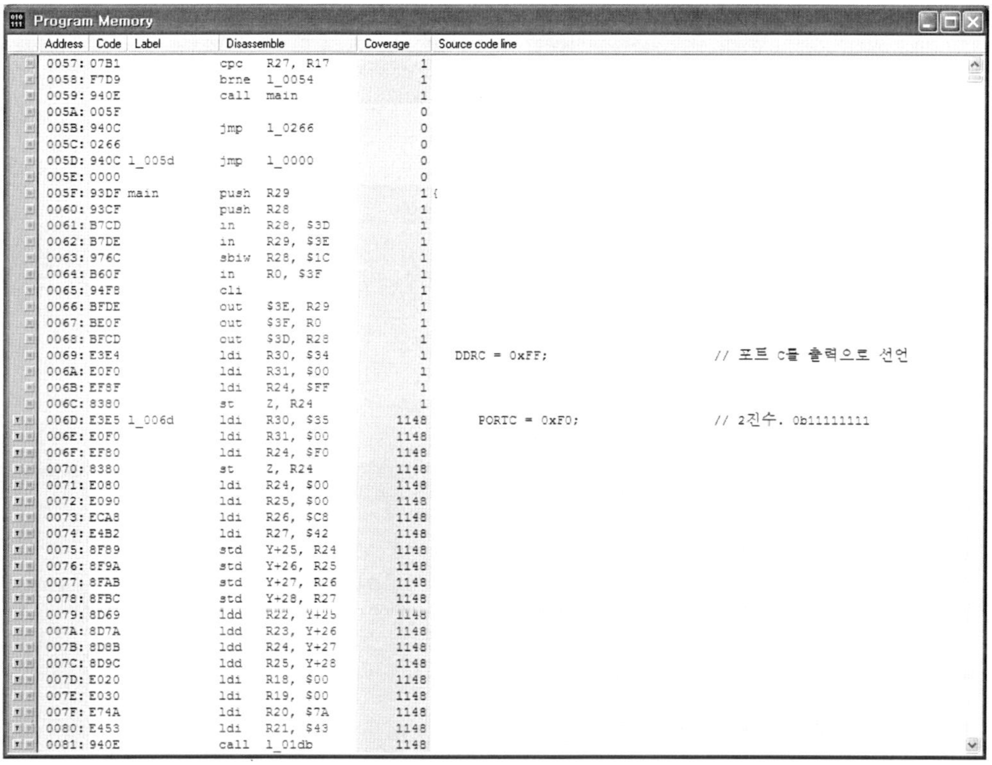

- Data Memory 창에서는 32개의 범용 레지스터, 64개의 I/O 레지스터 데이터 메모리 값을 확인하거나 수정할 수 있다. 값을 변경하고자 할 때는 마우스 왼쪽 버튼을 더블 클릭하면 된다.

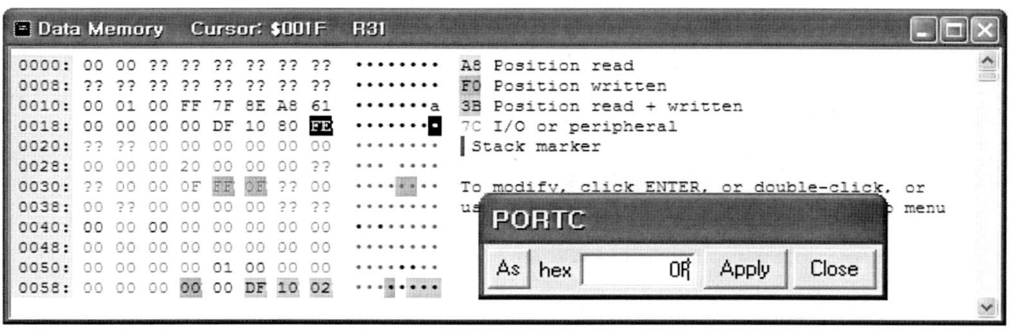

· Registers/Flags 창을 통해서 32개의 범용 레지스터 및 인터럽트 관련 레지스터, 기타 일부 레지스터들의 상태를 이진수 형태로 확인을 할 수 있으며 이 창에서도 레지스터의 특정 비트 값을 마우스 왼쪽 버튼을 더블 클릭하면 0 또는 1로 레지스터 값이 변경된다.

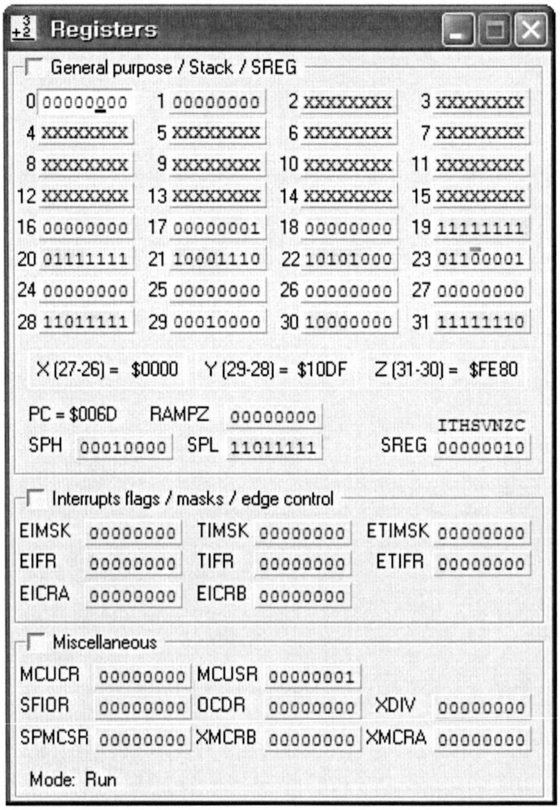

(2) LED를 왼쪽/오른쪽으로 이동되면서 On

```
#include <avr/io.h>
#include <util/delay.h>

int main(void)
{
    unsigned char led, i ;
    DDRC = 0xFF;                        // Port C. all Output

    while (1)
    {
        led = 0x01;                     // 0b00000001
        for (i = 0; i < 7; i++)
        {
```

```
        PORTC = ~led ;          // led 변수 값 반전. 0b11111110
        _delay_ms(100);         // 100 ms 지연
        led <<= 1 ;             // led = led << 1. left shift
    }

    led = 0x80;                 // 0b10000000
    for (i = 0; i < 7; i++)
    {
        PORTC = ~led;           // led 변수 값 반전. 0b01111111
        _delay_ms(100);         // 100 ms 지연
        led >>= 1;              // led = led >> 1. right shift
    }
  }

  return 1;

}
```

[코드 해석]

① led = 0x01; : led 변수에 00000001 값 대입. 이진수 표기로는 0b00000001이다.

② PORTC = ~led ; : PORTC 레지스터에 led 변수 값을 반전시켜 대입한다. for 반복문 바깥에서 led 변수 값이 00000001 이고 틸드('~')는 비트 연산자 NOT으로 최초 PORTC 레지스터에 반전되어 들어가는 값은 11111110 이 된다. 최하위 비트 한 곳만 0(Low)이 출력되면서 Control Panel 창의 D1 LED에 불이 켜진다.

③ _delay_ms(100); : delay 헤더 파일 루틴으로 100 ms 지연된다.

④ led <<= 1 ; : led = led << 1의 의미로 led 변수 값을 왼쪽으로 한 칸 이동한 뒤에 led 변수에 그 값을 대입하라는 의미이다. 대입 연산자의 의미를 혼동하면 잘못 해석할 수 있으니 주의한다.

➜ for 반복문으로 다음 과정들이 7번 반복되면서 LED가 이동하고 있는 것이다.

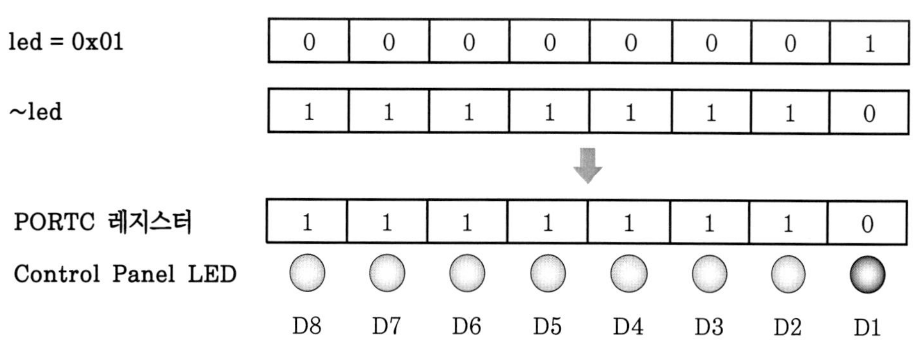

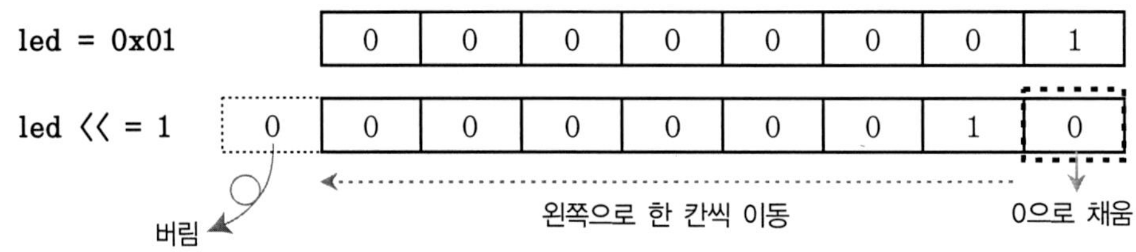

➜ for 반복문의 i 변수가 0에서 1로 증가한 뒤 위 과정을 다음과 같이 반복하게 된다.

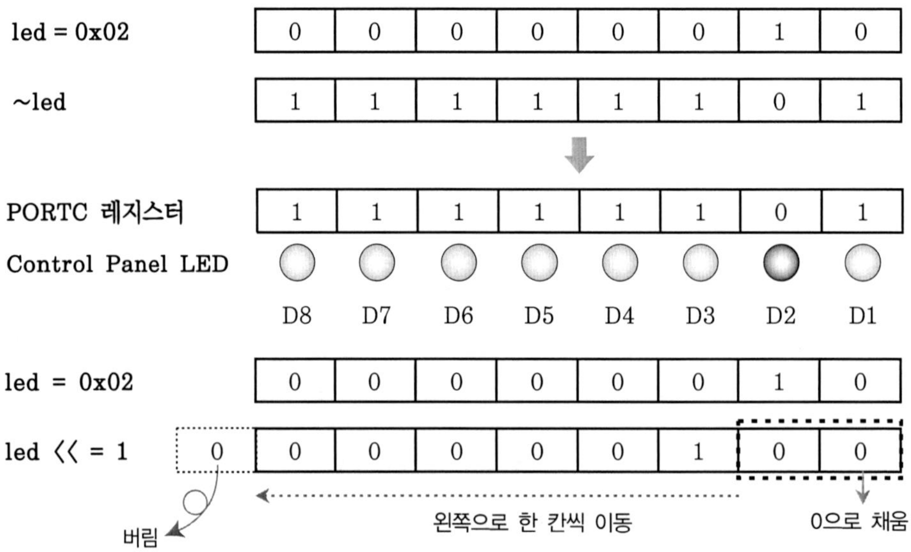

[Project File 코딩]

```
; ***********************************************************
; PROJECT : led02
; AUTHOR : KIET_Jeong
; ***********************************************************

; Micro + software running
; -----------------------------------------------------------
.MICRO "ATmega128"
.TOOLCHAIN "GCC"
.GCCPATH   "C:₩WinAVR"
.GCCMAKE   AUTO
.TARGET    "led02.hex"
.SOURCE    "led02.c"

.TRACE                    ; Activate micro trace

; Following lines are optional; if not included
```

```
; exactly these values are taken by default
; -----------------------------------------------------------
.POWER VDD=5 VSS=0          ; Power nodes
.CLOCK 1meg                 ; Micro clock
.STORE 1000m                ; Trace (micro+signals) storage time

; Micro nodes: RESET, AREF, PA0-PA7, PB0-PB7, PC0-PC7, PD0-PD7, PE0-PE7,
               PF0-PF7, PG0-PG4, TIM1OVF
; Define here the hardware around the micro
; -----------------------------------------------------------
; Control Panel LED와 Scope 기능을 사용하기 위해 추가로 입력해야 하는 부분
; Control Panel LED 설정
D1 VDD n1                   ; D1 LED를 VDD와 n1 노드 사이에 연결
R1 n1 PC0 330               ; R1 저항을 n1과 PC0 포트 사이에 연결. R1 저항은 330 Ω
D2 VDD n2
R2 n2 PC1 330
D3 VDD n3
R3 n3 PC2 330
D4 VDD n4
R4 n4 PC3 330
D5 VDD n5
R5 n5 PC4 330
D6 VDD n6
R6 n6 PC5 330
D7 VDD n7
R7 n7 PC6 330
D8 VDD n8
R8 n8 PC7 330

; Probe(Scope) 설정 (PC0~PC7 포트에 전압 Probe 연결)
.PLOT V(PC0) V(PC1) V(PC2) V(PC3) V(PC4) V(PC5) V(PC6) V(PC7)
```

➔ LED 시뮬레이션 작업만 변경하면서 시뮬레이션하는 경우에는 특별한 추가 작업을 하는 경우를 제외하고 매번 Project File 코딩을 하지 않고 소스 코드 부분만 변경해보면서 시뮬레이션하면 된다.

➔ 이번 예제의 경우 포트에서 출력되는 파형을 한 화면에서 확인할 필요가 있다. 이런 경우에는 Project File에서 .STORE 값을 변경해줘야 다음 시뮬레이션 결과처럼 포트 출력 파형을 한 화면에서 확인할 수 있다. 단, .STORE 값의 범위는 컴퓨터의 메모리 성능에 의존적이며 최대 2000 msec까지 저장할 수 있다.

[Simulation 결과]

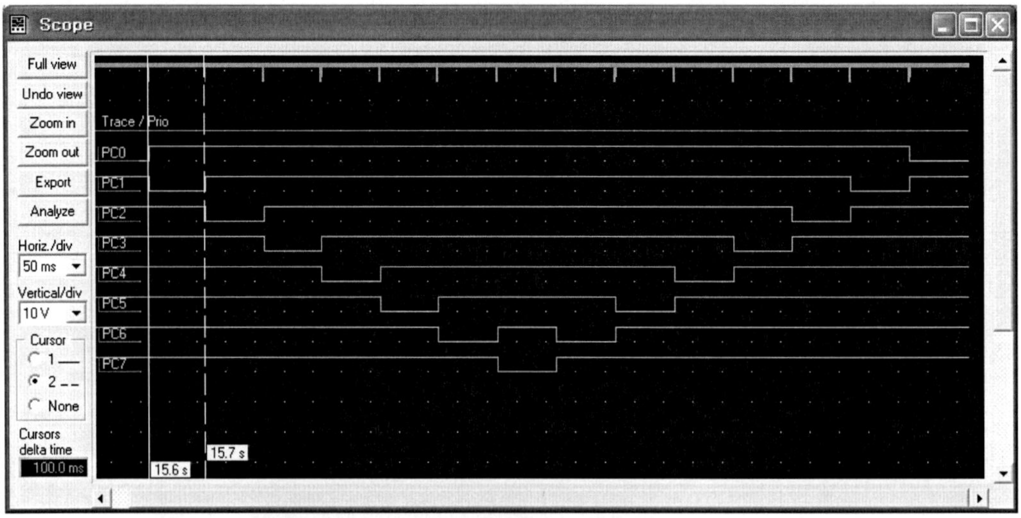

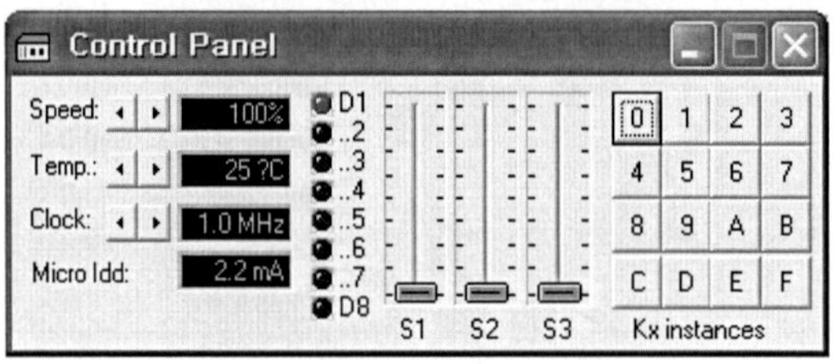

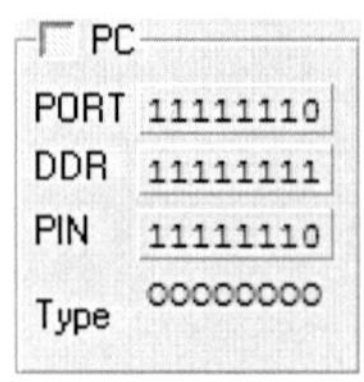

(3) LED를 왼쪽오른쪽으로 이동하면서 On

➜ 배열 문법을 사용해서 앞의 예제와 동일한 동작을 만들어 낼 수 있다.

➜ Project File 내용은 그대로 두고 Build만 다시 한 뒤 에러가 없으면 시뮬레이션을 실행해본다. 시뮬레이션 결과는 동일하다. Messages 창의 Code Maker 항목을 보면 앞의 예제보다 배열을 사용하였을 때 전체 코드 사이즈가 줄어든 것을 확인할 수 있다.

```
#include <avr/io.h>
#include <util/delay.h>

unsigned char shift_array[14] = { 0x01, 0x02, 0x04, 0x08, 0x10, 0x20, 0x40,
                                  0x80, 0x40, 0x20, 0x10, 0x08, 0x04, 0x02 };
int main(void)
{
    unsigned char i;

    DDRC  = 0xFF;        // Port C 방향 : 출력
    PORTC = 0xFF;        // Port C : 0b11111111 = LED OFF
```

```
    while (1)
    {
       for (i = 0; i < 14; i++)
       {
          PORTC = ~shift_array[ i ];
          _delay_ms(100);
       }
    }

    return 1;
}
```

5.2.2 WinAVR 컴파일러를 이용한 LED 실습

이후 VMLAB 실습과 다르게 구분된 프로그램 코드들은 VMLAB을 이용한 시뮬레이션 실습도 가능하지만 VMLAB 시뮬레이터의 한계점도 분명히 있기 때문에 VMLAB 이외의 개발 툴들인 AVR Studio 또는 Atmel Studio, AvrEdit 등의 WinAVR 컴파일러를 사용하여 타겟보드에 프로그램을 다운로드할 수 있는 환경을 갖춘 경우까지 고려하였다.

(1) 임의의 지연코드를 사용하여 전체 LED Blinking

```
#include <avr/io.h>

void delay (unsigned int dcnt) // 지연 함수
{
    while (dcnt--);
}

int main (void)
{
                                // LED 초기화
    DDRC  = 0xFF;               // Port C 방향 : 출력
    PORTC = 0xFF;               // Port C 출력 : High (Active Low)

    while (1)
    {
       PORTC = 0xFF;            // High → LED Off
       delay (5000);            // 지연 함수 호출

       PORTC = 0x00;            // Low → LED On
```

```
            delay (5000);              // 지연 함수 호출
      }

      return 1;
}
```

➜ 주의할 점은 사용자가 참조하는 타겟 보드의 회로와 이 책에서 사용된 프로그램 코드의 포트가 동일하지 않는 경우에는 해당 포트와 관련된 레지스터의 설정을 변경해야 한다.

➜ 깜박거려야 하는 LED 예제에서 LED가 켜진 것처럼 보이는 경우 지연 시간의 상수 값을 좀 더 크게 해주거나 퓨즈 비트에서 마이크로프로세서의 클록을 낮춰본다.

➜ 지연 함수에 어셈블리 nop 명령을 사용하여 다음과 같은 방식으로 변경할 수 있다.

```
void delay (unsigned int dcnt)
{
      unsigned int i;
      for ( ; dcnt > 0; dcnt--)
      {
               for (i = 0; i < 3000; i++)
               {
                   asm volatile ("nop");        // 1 클록 지연
               }
      }
}
```

➜ **volatile** 키워드 : 외부 요인에 의해 변수 값이 변할 수 있다는 것을 컴파일러에게 알려 volatile로 선언된 해당 변수가 최적화 옵션에 의해서 없어지지 않도록 한다.

(2) 비트 연산을 사용한 LED 점등

```
#include <avr/io.h>
#include <util/delay.h>

int main (void)
{
      DDRC  = 0xFF;
      PORTC = 0xFF;

      while (1)
      {
```

```
        PORTC = ~( (1 << 3) | (1 << 5) );      // LED D4, D6 On
        _delay_ms(100);

        PORTC = ~( _BV(4) | _BV(6) );          // LED D5, D7 On
        _delay_ms(100);
    }

    return 1;
}
```

➜ **_BV(bit)** 매크로 함수

```
#define  _BV(bit)  (1 << (bit))
```

WinAVR 헤더 파일 중 "sfr_defs" 헤더 파일을 열어보면 _BV 매크로 함수를 확인할 수 있다. "sfr_defs.h" 파일은 "io.h" 파일을 include하면 자동으로 포함된다. _BV 매크로 함수를 이용하면 레지스터의 특정 비트를 1로 쓸 때 상당히 유용하다.

예를 들면 컴파일되기 전에 레지스터의 비트명은 전처리 과정에서 비트 값으로 변경되도록 정의되어 있다. 즉, DDRC의 bit7에서 bit0까지는 DDC7 ~ DDC0라는 이름으로 정의되어 있고 이 이름들은 컴파일이 되기 전에 숫자로 모두 변경되도록 되어 있다("io.h" 헤더 파일을 참고한다). 다음의 설명처럼 DDRC 레지스터의 DDC7 비트를 _BV 매크로 함수에 적용했다고 가정하면 _BV(DDC7) 코드는 _BV(7)로 변경이 되며 이것은 1을 왼쪽으로 7번 이동하라는 의미가 된다. 이후부터 _BV 매크로 함수를 보면 바로 해당 레지스터 비트를 1로 쓰라는 의미로 이해하도록 하자.

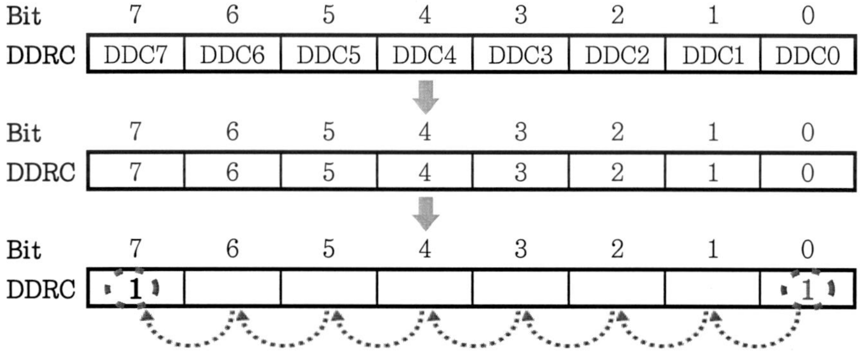

1 〈〈 7 : 1을 왼쪽으로 7칸 이동하면 최상위 비트에 1을 쓴다.

➜ **_BV** 매크로 함수 사용 예

```
PORTB = _BV(PB1);                    // PB1 핀만 High, 나머지는 Low
PORTB = PORTB | _BV(PB1);            // PB1 핀만 High, 나머지는 변화 없음
PORTB |= _BV(PB1);                   // PB1 핀만 High, 나머지는 변화 없음

PORTB = PORTB & ~_BV(PB1);           // PB1 핀을 Low로 하고 나머지는 변화 없음
PORTB &= ~_BV(PB1);                  // PORTB = PORTB & ~_BV(PB1); 동일

PORTB |=  _BV(3);                    // PORTB의 bit 3을 1로 Set
PORTB &= ~_BV(4);                    // PORTB의 bit 4를 0으로 Clear
```

➜ **PORTC | = _BV(4) ;**

_BV 매크로 함수를 보면 (1 << 4)로 1을 왼쪽으로 4칸 이동하라는 의미이다. 즉, PORTC4 (PC4) 비트에 1을 쓴 것이다.

PORTC	0	0	0	0	0	0	0	1
1 << 4	0	0	0	1	0	0	0	0

← 왼쪽으로 4 칸 이동

비트	7	6	5	4	3	2	1	0	
	PORTC7	PORTC6	PORTC5	PORTC4	PORTC3	PORTC2	PORTC1	PORTC0	PORTC
읽기/쓰기	R/W	R/W	R/W	R/W	R/W	R/W	R/W	R/W	
초기값	0	0	0	1	0	0	0	0	

➜ LED가 전원에 연결되어 있는 상태에서는 0(Low)이 출력되는 포트의 LED만 불이 켜진다. 프로그램 코드를 보면 쉬프트 연산을 한 뒤에 '~' (NOT)을 취해서 1이 들어간 비트를 모두 0으로 변경하고 있다.

(3) 흔들어서 LED로 알파벳 'A' 표시

```
#include <avr/io.h>
#include <util/delay.h>

unsigned char A[8] = { 0x3E, 0x7E, 0xC8, 0x88, 0xC8, 0x7E, 0x3E, 0x00 };

int main (void)
{
```

```
        unsigned char i;

        DDRC  = 0xFF;
        PORTC = 0xFF;

        while (1)
        {
            for (i = 0; i < 8; i++)
            {
                PORTC = ~A[ i ];
                _delay_ms(5);
            }
        }

        return 1;
}
```

➜ 이 예제는 잔상을 이용한 실습이기 때문에 VMLAB 시뮬레이션으로 확인하기 힘들며 LED 값이 변경되는 지연 시간과 타겟 보드를 흔드는 속도에 영향을 많이 받는다. 타겟 보드를 적당한 속도로 흔들면 알파벳 'A'에 해당하는 켜진 LED 상태가 잔상으로 남아 'A'로 보이게 된다.

➜ LED를 흔들면 세로로 읽은 LED 상태 값이 빠르게 변경이 되고 흩어진 조각이 맞춰지는 것처럼 눈의 잔상으로 남아 'A'로 보이는 것인데 흔드는 방향에 따라 PORTC에 적용되는 LED 상태 배열 값은 변경되어야 한다. 예제에서는 세로로 LED 값을 읽었다.

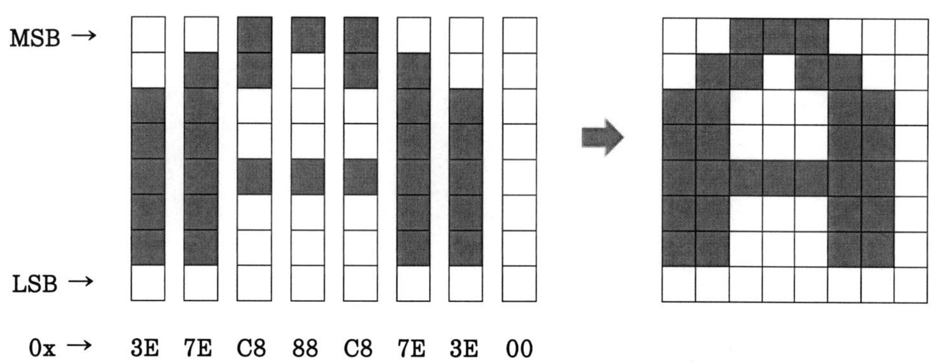

(4) 흔들어서 LED로 알파벳 'I ♥ YOU' 문자열 표시

```
#include <avr/io.h>
#include <util/delay.h>

unsigned char array_LOVE[5][8] = {
  0x00, 0x00, 0x82, 0xFE, 0xFE, 0x82, 0x00, 0x00,           // 'I'
  0x30, 0x78, 0x7C, 0x3E, 0x7C, 0x78, 0x30, 0x00,           // '♥'
  0x00, 0xE0, 0xF2, 0x1E, 0x1E, 0xF2, 0xE0, 0x00,           // 'Y'
  0x7C, 0xFE, 0x82, 0x82, 0x82, 0xFE, 0x7C, 0x00,           // 'O'
  0xFC, 0xFE, 0x02, 0x02, 0x02, 0xFE, 0xFC, 0x00            // 'U'
};

int main(void)
{
     unsigned char i, j;

     DDRC  = 0xFF;
     PORTC = 0xFF;

     while (1)
     {
        for (j = 0; j < 5; j++)
        {
           for (i = 0; i < 8; i++)
           {
              PORTC = ~array_LOVE[ j ][ i ];
              _delay_ms(5);
           }
        }
     }

     return 1;
}
```

5.2.3 도트 매트릭스에 글자 표시

도트 매트릭스(dot matrix)는 흔히 볼 수 있는 전광판 형태의 표시 장치로 LED를 일정한 간격과 크기로 모아 놓은 것이다. 앞서 배운 LED를 On/Off 하는 것에서 조금 더 확대된 개념으로 이해하면 된다. 다만 모든 LED에 핀을 할당할 수 없기 때문에 도트 매트릭스의 줄(행) 단위를 공통으로 묶어 핀 할당을 좀 더 효율적으로 해서 사용한다. 이때 줄(행) 단위로 묶인 것을 스캔(scan) 라인이라 부르고 해당 줄(행)만 사용(enable)하도록 한 뒤에 표현하고자 하는 LED 패턴 데이터를 보내는 방식으로 표시한다. 도트 매트릭스의 회로가 어떻게 연결되는지에 따라 LED 패턴 데이터가 달라질 수 있기 때문에 주의한다.

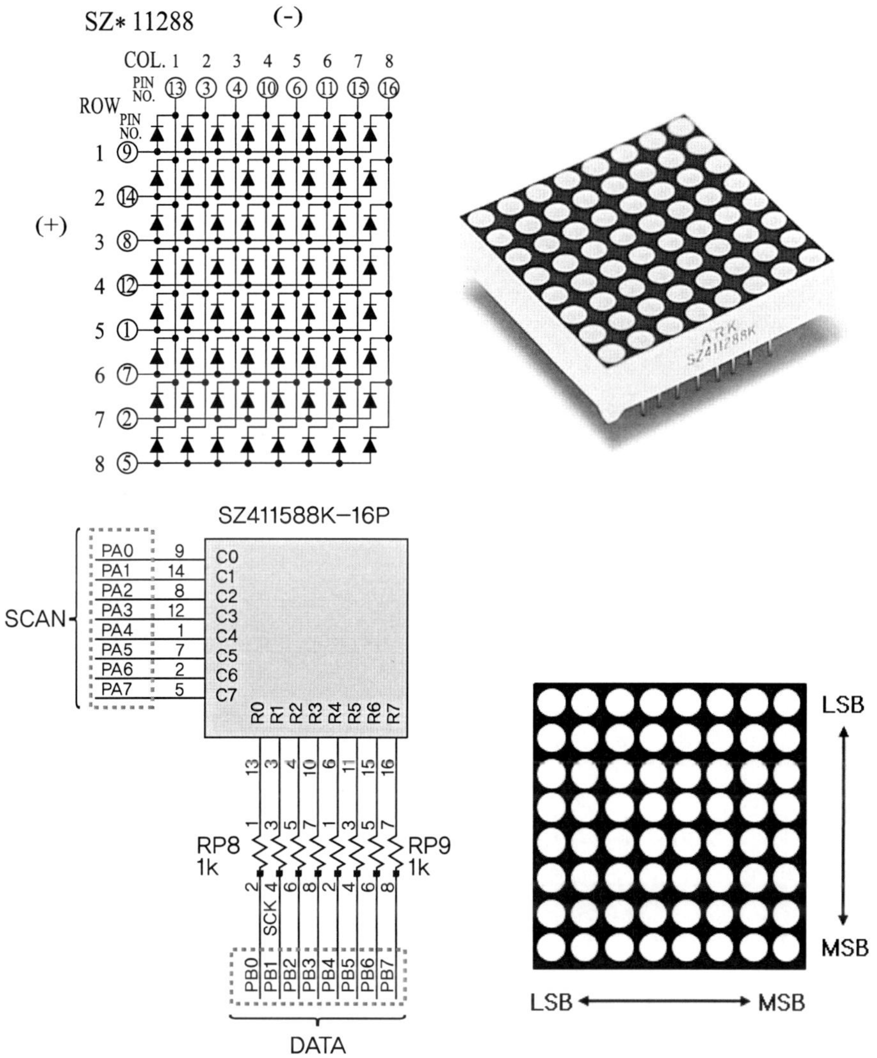

[그림 5.6] 8×8 도트 매트릭스 내부 구조와 외형 그리고 예제 적용 회로

(1) 8×8 도트 매트릭스에 'X' 표시

```
#include <avr/io.h>
#include <util/delay.h>

unsigned char Scan[8] = {0x80, 0x40, 0x20, 0x10, 0x08, 0x04, 0x02, 0x01};
unsigned char Pattern[8] = {0x81, 0x42, 0x24, 0x18, 0x18, 0x24, 0x42, 0x81};
```

```
int main (void)
{
      unsigned int i;
      DDRA = 0xFF;                      // Port A 방향 : 출력
      DDRB = 0xFF;                      // Port B 방향 : 출력

      while (1)
      {
         for (i = 0; i < 8; i++)
         {
            PORTA = Scan[ i ];
            PORTB = ~Pattern[ i ];
            _delay_ms(50);
         }
      }

      return 1;
}
```

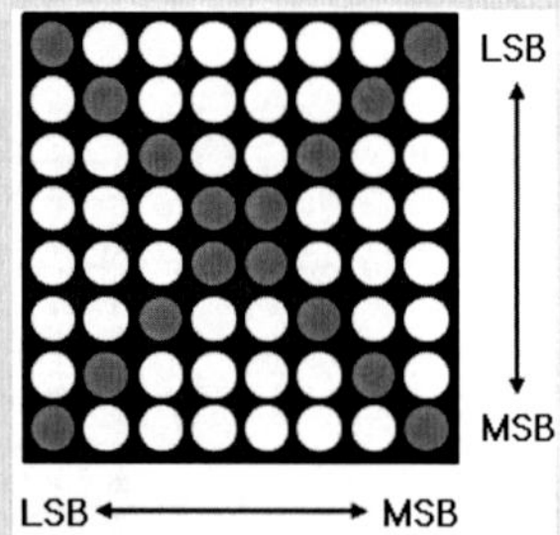

➜ 스캔 라인은 Active High이고 데이터 라인은 Active Low이다. 즉, 스캔 라인으로 할당된 PORTA에는 1을 쓴 비트가 활성화되며 데이터 라인으로 할당된 PORTB에는 0을 쓴 비트가 활성화 된다.

➜ 데이터를 읽을 때 최상위 비트(MSB)와 최하위 비트(LSB)를 혼동하지 않도록 한다.

➜ 반복문에서 지연 시간을 빠르게 하면 'X'가 멈춰진 것처럼 보이고 느리게 변경해보면 'X' 문자 패턴이 줄(행) 단위로 보인다. 일반적으로는 'X' 문자의 깜박임이 느껴지지 않도록 지연시간을 빠르게 해준다.

➜ 도트 매트릭스나 LED의 상태 값을 16진수로 쉽게 변환해주는 프로그램들이 많다. 데이터 값을 읽기 힘들거나 번거로울 경우 코드 변환 프로그램들을 찾아서 사용해본다.

(2) 8×8 도트 매트릭스에 큰 하트와 작은 하트가 변경되면서 표시

```
#include <avr/io.h>
#include <util/delay.h>

unsigned char Scan[8] = {0x01, 0x02, 0x04, 0x08, 0x10, 0x20, 0x40, 0x80};
unsigned char Large_Love[8] = {0x00, 0x6C, 0xFE, 0xFE, 0x7C, 0x38, 0x10, 0x00};
unsigned char Small_Love[8] = {0x00, 0x00, 0x6C, 0x7C, 0x38, 0x10, 0x00, 0x00};
```

```
int main(void)
{
    unsigned char i, j, k, l;

    DDRA = 0xFF;
    DDRB = 0xFF;

    while (1)
    {
        for (i = 0; i < 50; i++)            // 지연용
        {
            for (j = 0; j < 8; j++)
            {
                PORTA = Scan[ j ];
                PORTB = ~Large_Love[ j ];
                _delay_ms(10);
            }
        }

        for (k = 0; k < 50; k++)            // 지연용
        {
            for (l = 0; l < 8; l++)
            {
                PORTA = Scan[ l ];
                PORTB = ~Small_Love[ l ];
                _delay_ms(10);
            }
        }
    }

    return 1;
}
```

(3) 8×8 도트 매트릭스에 문자를 한 글자씩 표시한 뒤 한 방향으로 흐르도록 표시

```
#include <avr/io.h>
#include <util/delay.h>

#define dot_i 0
#define dot_L 1
```

```
#define dot_y 2
#define dot_o 3
#define dot_u 4

unsigned char Scan[8] = {0x01, 0x02, 0x04, 0x08, 0x10, 0x20, 0x40, 0x80};
unsigned char Pattern[5][8] = {
      { 0x1C, 0x08, 0x08, 0x08, 0x08, 0x08, 0x08, 0x1C },     // I
      { 0x00, 0x6C, 0xFE, 0xFE, 0x7C, 0x38, 0x10, 0x00 },     // ♥
      { 0x82, 0x44, 0x28, 0x10, 0x10, 0x10, 0x10, 0x10 },     // Y
      { 0x3C, 0x42, 0x42, 0x42, 0x42, 0x42, 0x42, 0x3C },     // O
      { 0x42, 0x42, 0x42, 0x42, 0x42, 0x42, 0x42, 0x3C },     // U
};

void Print (int n, int delay)                          // 한 글자씩 표시 함수
{
      int i, j;

      for (j = 0; j < delay; j++)
      {
         for (i = 0; i < 8; i++)
         {
            PORTA = Scan[ i ];
            PORTB = ~Pattern[ n ][ i ];
            _delay_ms(2);
         }
      }
}

void Shift (int line, int delay)                       // 문자 왼쪽으로 이동 함수
{
      int i, j, m, n;
      unsigned char Buff[8];                           // 글자 패턴 임시 저장

      for (n = 7; n >= 0; n--)                         // 패턴 오른쪽으로 Shift
      {
         for (m = 0; m < 8; m++)
         {
            Buff[m] = Pattern[ line ][ m ] << n;
         }

         for (j = 0; j < delay; j++)
         {
```

```
            for (i = 0; i < 8; i++)
            {
                PORTA = Scan[ i ];
                PORTB = ~Buff[ i ];
                _delay_ms(10);
            }
        }
    }

    for (n = 1; n < 8; n++)                    // 패턴 왼쪽으로 Shift
    {
        for (m = 0; m < 8; m++)
        {
            Buff[m] = Pattern[ line ][ m ] >> n;
        }

        for (j = 0; j < delay; j++)
        {
            for (i = 0; i < 8; i++)
            {
                PORTA = Scan[ i ];
                PORTB = ~Buff[ i ];
                _delay_ms(10);
            }
        }
    }
}

int main(void)
{
    DDRA = 0xFF;
    DDRB = 0xFF;

    while (1)
    {
        Print (dot_i, 100);                    // 한 글자씩 표시 함수 호출
        Print (dot_L, 100);
        Print (dot_y, 100);
        Print (dot_o, 100);
        Print (dot_u, 100);

        Shift (dot_i, 5);                      // 왼쪽으로 이동 함수 호출
```

```
            Shift (dot_L, 5);
            Shift (dot_y, 5);
            Shift (dot_o, 5);
            Shift (dot_u, 5);
        }

        return 1;
    }
```

➔ void Shift (int line, int delay) 함수의 원리를 코드 실행 단계별로 보면 다음과 같다.

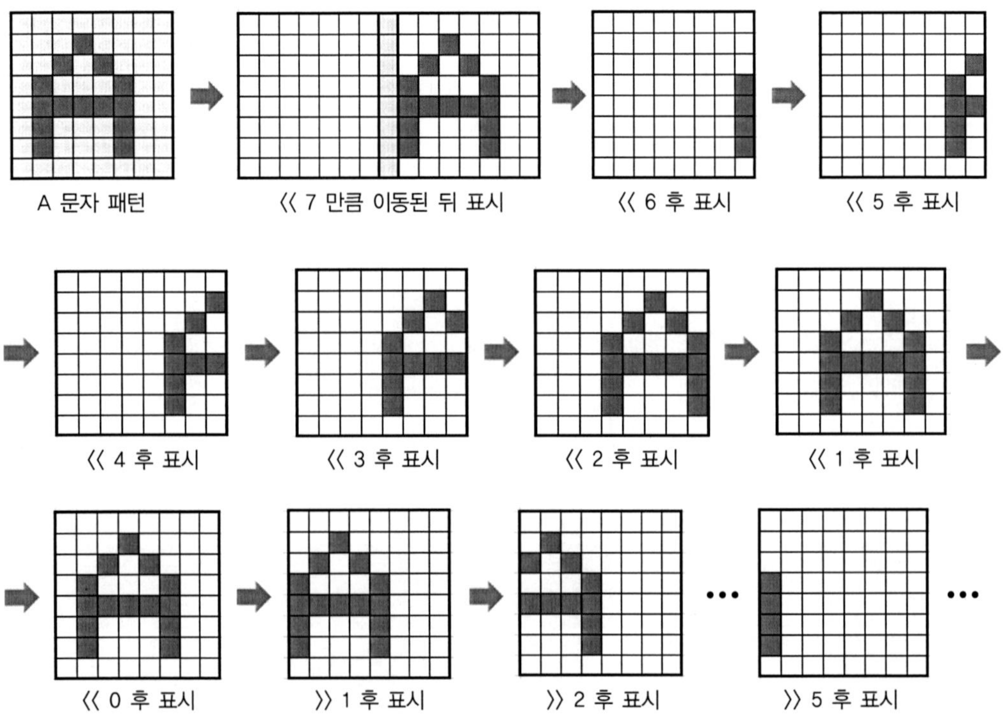

5.2.4 스위치 입력

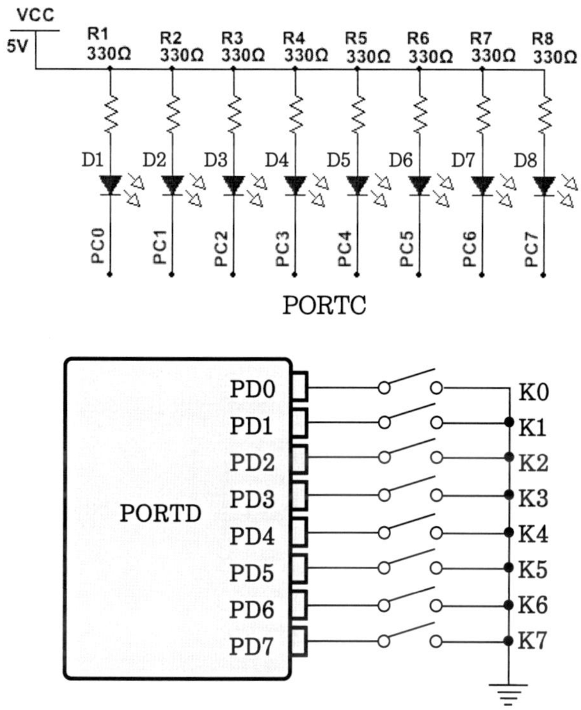

[그림 5.7] 스위치 예제 적용 회로

실제 스위치 회로를 구성할 때 각 포트의 내부 풀업 저항을 사용하지 않을 경우에는 각 포트와 스위치 사이에 풀업 저항을 연결해줘야 한다.

포트 내부 풀업을 쓰지 않는 상태에서 만약 [그림 5.7]처럼 스위치 회로를 구성하면 스위치 조작이 있을 때는 그라운드(ground, GND) 상태로 0(Low)을 PINx 레지스터에서 읽을 수 있지만 스위치 조작이 없을 때 하이 임피던스(Hi-Z) 상태로 노이즈에 상당히 취약해지며 PINx 레지스터에서 읽은 값의 신뢰성이 떨어진다. 그래서 스위치 회로에서는 내부 풀업의 사용 유무와 관계없이 풀업 저항을 연결해주도록 한다.

스위치는 접점 부분에서 열림과 닫힘이 여러 번 반복 발생되는 채터링(chattering) 문제를 해결해야 하며 채터링을 방지하는 것을 디바운싱(debouncing)이라 한다. 디바운싱을 하는 방법은 하드웨어적인 방법과 소프트웨어적인 방법이 있다.

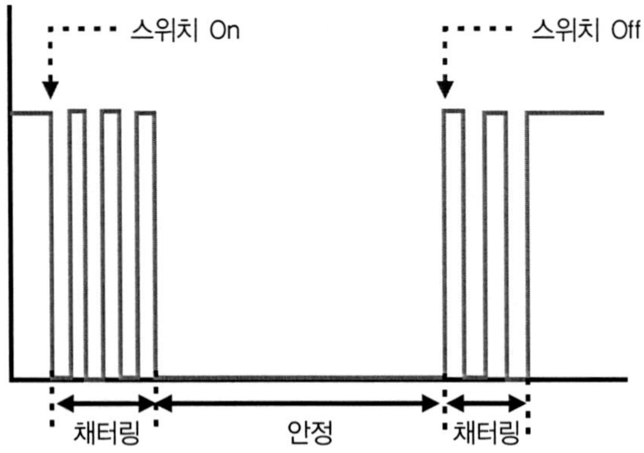

[그림 5.8] 스위치 채터링

하드웨어적인 방식에는 스위치 입력단 앞쪽에 슈미트트리거(Schmitt-trigger) 회로를 구성하거나 수 μF 용량의 콘덴서(capacitor)를 연결해주는 방법이 있다. 소프트웨어적인 방식은 스위치의 입력 상태 변화가 일어난 뒤 채터링이 발생되는 수 십~수 백 밀리 초(ms)동안 지연을 시키면 채터링을 어느 정도 방지할 수 있다.

(1) 스위치(K0~K7 버튼) 조작과 LED On/Off

```
#include <avr/io.h>

int main(void)
{
    // LED 초기화
    DDRC = 0xFF;                // Port C 방향 : 출력
    PORTC = 0xFF;               // Port C : 0b11111111. 모든 LED Off

    // KEY 초기화
    DDRD = 0x00;                // Port D 방향 : 입력
    PORTD = 0xFF;               // PORTxn = 1, PUD = 0. 내부 풀업

    while (1)                   // 반복 실행문이 한 줄일 경우 { } 생략 가능
        PORTC = PIND;           // PIND 레지스터 값을 PORTC에 대입

    return 1;
}
```

- **Project 파일에서 키 매트릭스 설정**

Control Panel의 Kx instances를 사용하기 위한 문법은 다음과 같다.

```
K{0 - 9, A - F} <nodeName1> <nodeName2> [{NORMAL, LATCHED,
MONOSTABLE(<timeValue>)}]
```

- NORMAL : 기본 상태로 키를 누르고 있으면 On, 떼면 Off 되며 코딩은 하지 않는다.
- LATCHED : 토글 스위치로 동작하며 키를 누를 때마다 On, Off 반복
- MONOSTABLE (시간, 값) : 키를 누르면 지정된 "시간 값" 후에 Off

[예제]

```
K0 PD0 VSS                      ; Button 0
K1 PD1 VSS LATCHED              ; Button 1. 토글 기능
K2 PD2 GND monostable(100m)     ; Button 2. 지정된 시간만큼 On
```

[Project File 코딩]

```
; *************************************************************
; PROJECT : sw01
; AUTHOR : KIET_Jeong
; *************************************************************

; Micro + software running
; -------------------------------------------------------------
.MICRO "ATmega128"
.TOOLCHAIN "GCC"
.GCCPATH "C:₩WinAVR"
.GCCMAKE AUTO
.TARGET "sw01.hex"
.SOURCE "sw01.c"

.TRACE                       ; Activate micro trace

; Following lines are optional; if not included
; exactly these values are taken by default
; -------------------------------------------------------------
.POWER VDD = 5 VSS = 0       ; Power nodes
.CLOCK 1meg                  ; Micro clock
.STORE 250m                  ; Trace (micro+signals) storage time

; Micro nodes: RESET, AREF, PA0-PA7, PB0-PB7, PC0-PC7, PD0-PD7, PE0-PE7,
PF0-PF7, PG0-PG4, TIM1OVF
; Define here the hardware around the micro
; -------------------------------------------------------------
```

```
D1 VDD n1                  ; D1 LED를 VDD와 n1 노드 사이에 연결
R1 n1 PC0 330              ; R1을 n1과 PC0포트 사이에 연결, R1은 330 Ω
D2 VDD n2
R2 n2 PC1 330
D3 VDD n3
R3 n3 PC2 330
D4 VDD n4
R4 n4 PC3 330
D5 VDD n5
R5 n5 PC4 330
D6 VDD n6
R6 n6 PC5 330
D7 VDD n7
R7 n7 PC6 330
D8 VDD n8
R8 n8 PC7 330

; Probe(Scope) 설정 (PC0~PC7, PD0~PD7 포트에 전압 Probe 연결)
.PLOT V(PC0) V(PC1) V(PC2) V(PC3) V(PC4) V(PC5) V(PC6) V(PC7)
.PLOT V(PD0) V(PD1) V(PD2) V(PD3) V(PD4) V(PD5) V(PD6) V(PD7)

; 스위치 설정
K0 PD0 VSS              ; K0 스위치를 PD0와 VSS 사이에 연결
K1 PD1 VSS              ; K1 스위치를 PD1와 VSS 사이에 연결
K2 PD2 VSS              ; K2 스위치를 PD2와 VSS 사이에 연결
K3 PD3 VSS              ; K3 스위치를 PD3와 VSS 사이에 연결
K4 PD4 VSS              ; K4 스위치를 PD4와 VSS 사이에 연결
K5 PD5 VSS              ; K5 스위치를 PD5와 VSS 사이에 연결
K6 PD6 VSS              ; K6 스위치를 PD6와 VSS 사이에 연결
K7 PD7 VSS              ; K7 스위치를 PD7와 VSS 사이에 연결
```

[Simulation 결과]

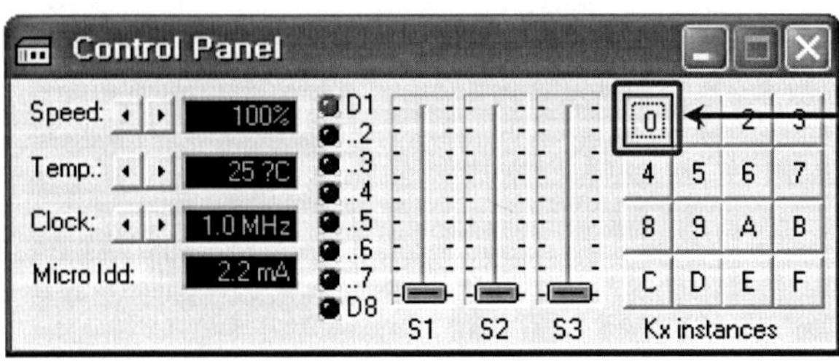

0 버튼을 누르면 D1 LED에 불이 들어온다. Scope 파형을 보면 PIN 레지스터의 PD0 비트가 Low(0)로 떨어지고 그 값이 PC0 비트로 들어가게 된다.

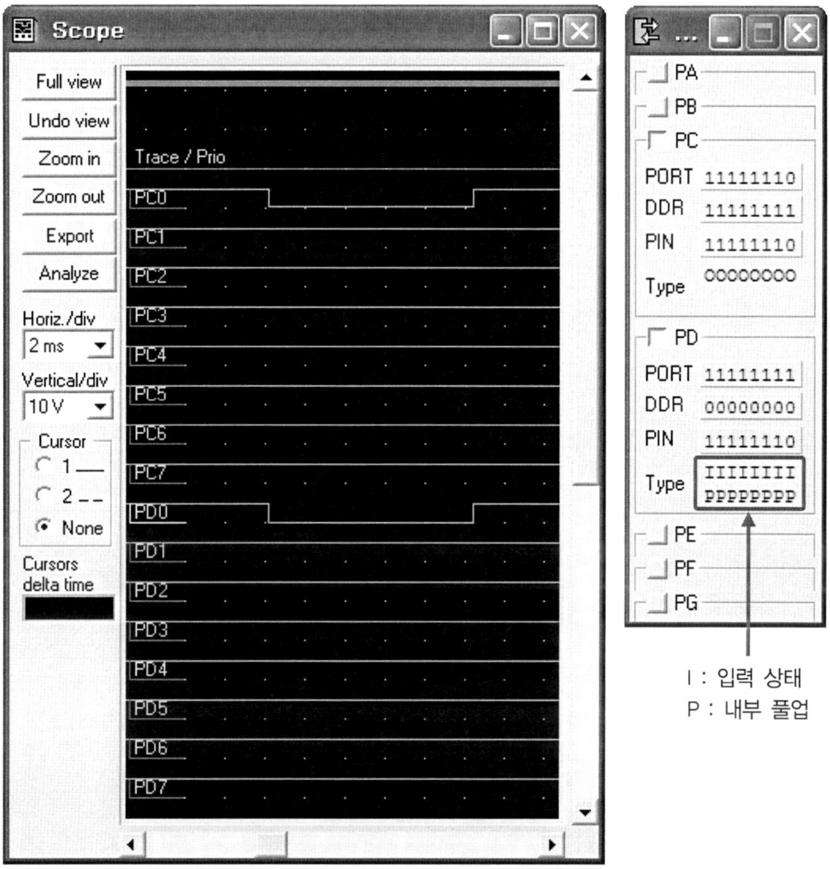

(2) 스위치(K0 버튼) 입력 구분

```
#include <avr/io.h>
#include <util/delay.h>

int main(void)
{
     unsigned char key;

     DDRC = 0xFF;                // Port C Direction : Output
     PORTC = 0xFF;               // Port C Output : High. all LED Off
     DDRD = 0x00;                // Port D Direction : Input
     PORTD = 0xFF;               // PORTxn = 1, PUD = 0. 내부 풀업

     while (1)
     {
        key = PIND & 0xFE;       // 0b11111110 = K0 버튼
```

```
        if (key == PIND)          // K0 버튼 입력이 확인되면,
        {
            PORTC = 0x00;
            _delay_ms(200);
            PORTC = 0xFF;
            _delay_ms(200);
        }
        else                      // 입력이 없을 경우
            PORTC = 0xFF;         // LED Off
    }

    return 1;
}
```

[Project File 코딩]

```
; *************************************************************
; PROJECT : sw02
; AUTHOR : KIET_Jeong
; *************************************************************

; Micro + software running
; -------------------------------------------------------------
.MICRO "ATmega128"
.TOOLCHAIN "GCC"
.GCCPATH  "C:₩WinAVR"
.GCCMAKE  AUTO
.TARGET   "sw02.hex"
.SOURCE   "sw02.c"

.TRACE                    ; Activate micro trace

; Following lines are optional; if not included
; exactly these values are taken by default
; -------------------------------------------------------------
.POWER VDD=5 VSS=0        ; Power nodes
.CLOCK 1meg               ; Micro clock
.STORE 250m               ; Trace (micro+signals) storage time

; Micro nodes: RESET, AREF, PA0-PA7, PB0-PB7, PC0-PC7, PD0-PD7, PE0-PE7,
  PF0-PF7, PG0-PG4, TIM1OVF
; Define here the hardware around the micro
```

```
; ---------------------------------------------------------------
D1 VDD n1                    ; D1 LED를 VDD와 n1 노드 사이에 연결
R1 n1 PC0 330                ; R1을 n1과 PC0포트 사이에 연결, R1은 330 Ω
D2 VDD n2
R2 n2 PC1 330
D3 VDD n3
R3 n3 PC2 330
D4 VDD n4
R4 n4 PC3 330
D5 VDD n5
R5 n5 PC4 330
D6 VDD n6
R6 n6 PC5 330
D7 VDD n7
R7 n7 PC6 330
D8 VDD n8
R8 n8 PC7 330

; Probe(Scope) 설정 (PC0~PC7, PD0 포트에 전압 Probe 연결)
.PLOT V(PC0) V(PC1) V(PC2) V(PC3) V(PC4) V(PC5) V(PC6) V(PC7)
.PLOT V(PD0)

; 스위치 설정
K0 PD0 VSS                   ; K0 스위치를 PD0와 VSS 사이에 연결
```

➜ 기본 스위치 시뮬레이션을 확인한 뒤 K0 버튼을 래치 형(type)으로 변경한 뒤 시뮬레이션을 다시 해본다. 래치 스위치는 한번 누르고 다시 누를 때까지 키 상태를 유지하는 방식을 말한다.

```
K0 PD0 VSS LATCHED           ; K0 LATCHED 형으로 변경
```

[Simulation 결과]

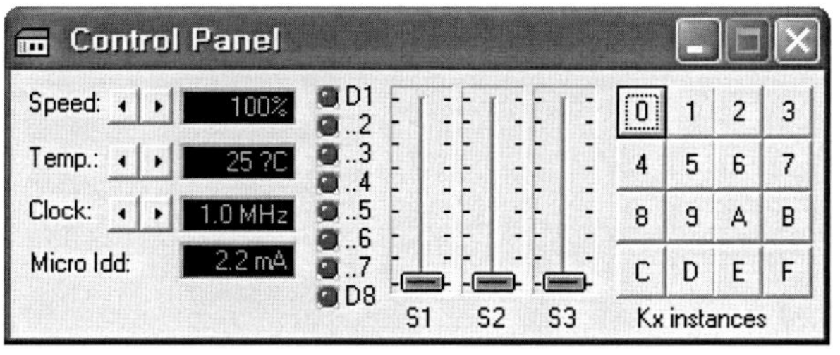

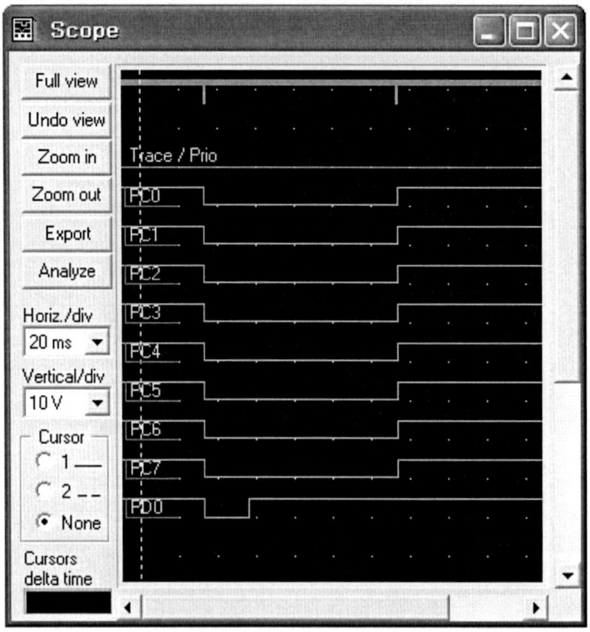

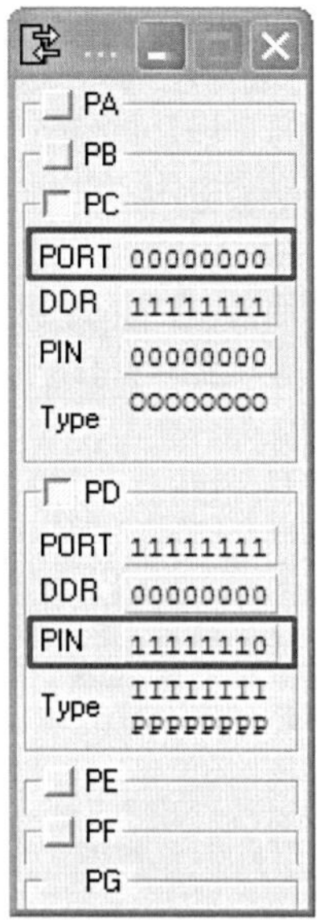

(3) 스위치(K0~K3 버튼) 입력 구분

```
#include <avr/io.h>

int main(void)
{
     unsigned char key;

     DDRC = 0xFF;                 // Port C Direction : Output
     PORTC = 0xFF;                // Port C Output : High. all LED Off
     DDRD = 0x00;                 // Port D Direction : Input
     PORTD = 0xFF;                // PORTxn = 1, PUD = 0. 내부 풀업

     while (1)
     {
        key = PIND & 0xFF;        // 내부 풀업 & 11111111 → 11111111
                                  // 마스크. 버튼 입력으로 한 비트를 체크함
        switch (key)
        {
           case 0xFE:             // 1111 1110 : SW_K0
              PORTC = ~_BV(0);
              break;
           case 0xFD:             // 1111 1101 : SW_K1
              PORTC = ~_BV(1);
```

```
            break;
        case 0xFB:          // 1111 1011 : SW_K2
            PORTC = ~_BV(2);
            break;
        case 0xF7:          // 1111 0111 : SW_K3
            PORTC = ~_BV(3);
            break;
        default:            // 입력이 없을 경우
            PORTC = 0xFF;
        }
    }

    return 1;
}
```

[Project File 코딩]

```
; ***********************************************************
; PROJECT : sw03
; AUTHOR : KIET_Jeong
; ***********************************************************

; Micro + software running
; -----------------------------------------------------------
.MICRO "ATmega128"
.TOOLCHAIN "GCC"
.GCCPATH   "C:₩WinAVR"
.GCCMAKE   AUTO
.TARGET    "sw03.hex"
.SOURCE    "sw03.c"

.TRACE                      ; Activate micro trace

; Following lines are optional; if not included
; exactly these values are taken by default
; -----------------------------------------------------------
.POWER VDD = 5 VSS = 0      ; Power nodes
.CLOCK 1meg                 ; Micro clock
.STORE 250m                 ; Trace (micro+signals) storage time

; Micro nodes: RESET, AREF, PA0-PA7, PB0-PB7, PC0-PC7, PD0-PD7, PE0-PE7,
  PF0-PF7, PG0-PG4, TIM1OVF
```

```
; Define here the hardware around the micro
; -------------------------------------------------------------
D1 VDD n1                   ; D1 LED를 VDD와 n1 노드 사이에 연결
R1 n1 PC0 330               ; R1을 n1과 PC0포트 사이에 연결, R1은 330 Ω
D2 VDD n2
R2 n2 PC1 330
D3 VDD n3
R3 n3 PC2 330
D4 VDD n4
R4 n4 PC3 330

; Probe(Scope) 설정 (PC0~PC7, PD0~PD3 포트에 전압 Probe 연결)
.PLOT V(PC0) V(PC1) V(PC2) V(PC3) V(PC4) V(PC5) V(PC6) V(PC7)
.PLOT V(PD0) V(PD1) V(PD2) V(PD3)

; 스위치 설정 (K0~K3 버튼)
K0 PD0 VSS                  ; K0 스위치를 PD0와 VSS 사이에 연결
K1 PD1 VSS                  ; K1 스위치를 PD1와 VSS 사이에 연결
K2 PD2 VSS                  ; K2 스위치를 PD2와 VSS 사이에 연결
K3 PD3 VSS                  ; K3 스위치를 PD3와 VSS 사이에 연결
```

[Simulation 결과]

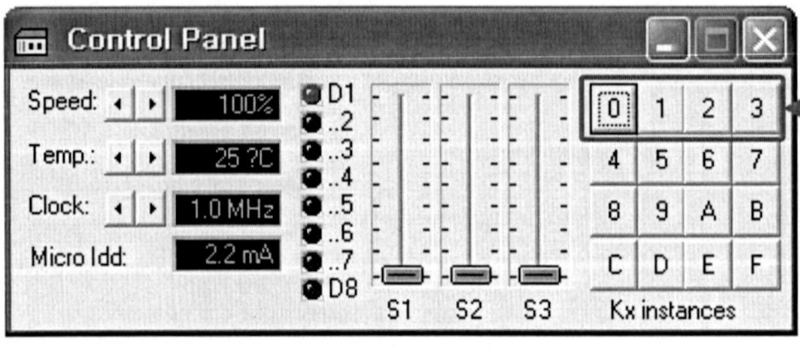

KEY 버튼을 0~3까지 번갈아가면서 눌러보면 D1~D4 LED가 반응하고, Scope 파형도 입력과 일치하는 것을 확인할 수 있다.

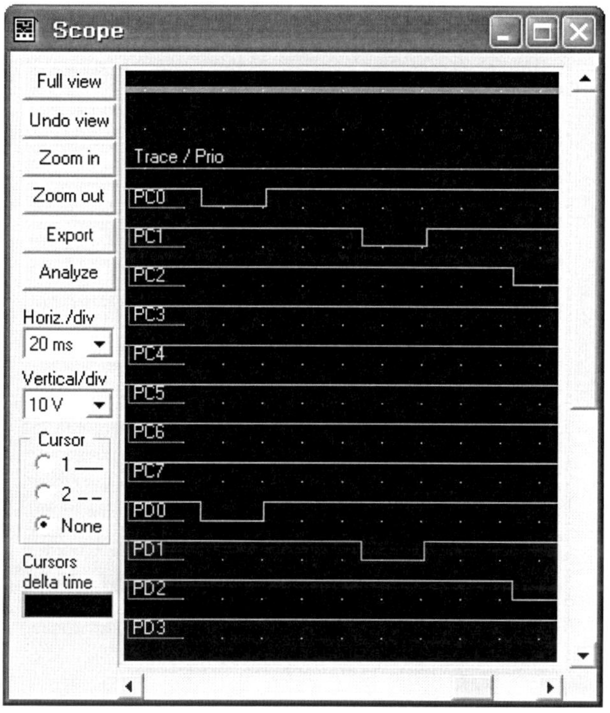

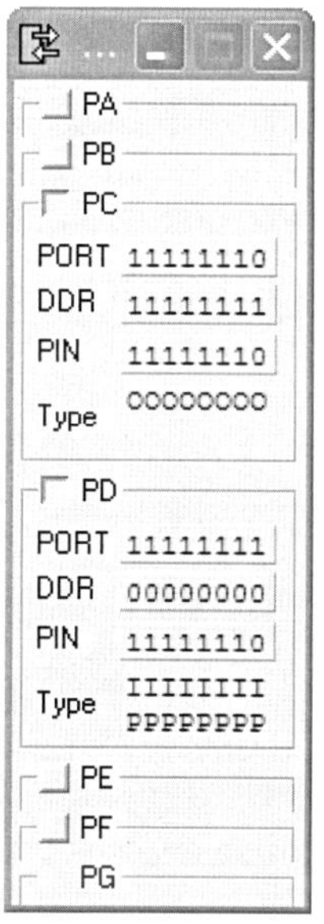

5.2.5 WinAVR 컴파일러를 이용한 스위치(Key) 실습

(1) 스위치와 연결된 하위 비트 4개 조작으로 LED On/Off

```
#include <avr/io.h>

int main(void)
{
    unsigned char key;

    DDRC = 0xFF;
    PORTC = 0xFF;

    // KEY 초기화
    DDRD = 0xF0;                    // PD7...PD4 (출력), PD3...PD0 (입력)

    while (1)
    {
        key = PIND & 0x0F;          // 0000 xxxx

        switch (key)
        {
            case 0x0E:              // 0000 1110 : SW_KEY_0
                PORTC = ~_BV(0);
```

```
                break;

            case 0x0D:                // 0000 1101 : SW_KEY_1
                PORTC = ~_BV(1);
                break;

            case 0x0B:                // 0000 1011 : SW_KEY_2
                PORTC = ~_BV(2);
                break;

            case 0x07:                // 0000 0111 : SW_KEY_3
                PORTC = ~_BV(3);
                break;
        }
    }

    return 1;
}
```

(2) 스위치와 연결된 하위 비트 조작으로 LED 상태 변화

```
#include <avr/io.h>
#include <util/delay.h>

int main(void)
{
    unsigned char key, i;
    unsigned char led_Pattern[5] = {0xFF, 0x7E, 0x3C, 0x18, 0x00};

    DDRD = 0xF0;
    DDRC = 0xFF;
    PORTC = 0xFF;

    while (1)
    {
        key = PIND & 0x0F;

        if (key == 0x0E)                    // PD0 연결 스위치
        {
            for (i = 0; i < 5; i++)
            {
                PORTC = led_Pattern[ i ];
                _delay_ms(100);
            }
```

```
            for (i = 3; i > 0; i--)
            {
                PORTC = led_Pattern[ i ];
                _delay_ms(100);
            }
        }

        else if (key == 0x0B)                       // PD3 연결 스위치
        {
            PORTC = 0xFF;
            _delay_ms(200);
            PORTC = 0x00;
            _delay_ms(200);
        }

        else
            PORTC = 0xFF;
    }

    return 1;
}
```

(3) 4×2 키 매트릭스(Key Matrix) 입력

```
#include <avr/io.h>
#include <util/delay.h>

#define KEY_0     0x80
#define KEY_1     0x81
#define KEY_2     0x82
#define KEY_3     0x83
#define KEY_4     0x84
#define KEY_5     0x85
#define KEY_6     0x86
#define KEY_7     0x87
#define TRUE      1
#define FALSE     0

unsigned char KeyPress;
unsigned char KeyScanValue;
unsigned char KeyEnable;
unsigned char KeyScanCount;                 // 1110 → 1101 → 1011 → 0111
unsigned char KeyTemp;                      // KEY_IN Port에서 읽은 Key 값
unsigned char KeyCountOld;                  // 출력 순번값 백업
```

```
unsigned char KeyEnable;                    // Key 값이 유효하면 1
unsigned char KeyPress;                     // Key 누르고 있으면 1, 떼면 0
unsigned char KeyScanValue;                 // 최종 유효한 Key 값 저장

unsigned char KeyScanData[5] = {
    0b11101111, 0b11011111, 0b10111111, 0b01111111, 0b11111111
};

void KEY_scan(void)
{
    for(KeyScanCount = 0; KeyScanCount < 5; KeyScanCount++)
    {
       // KEY_OUT에 KeyScanData를 순차적으로 출력
       PORTD = KeyScanData[KeyScanCount];

       if (KeyPress == FALSE)
       {
          KeyTemp = PIND & 0x0F;
          if (KeyTemp != 0x0F)              // 키가 눌려짐
          {
             // 최종 키 값 계산 KeyScanValue에 저장
             Save_KeyValue(KeyTemp, KeyScanCount);

             KeyPress = TRUE;               // Key Press
             KeyEnable = TRUE;
             KeyCountOld = KeyScanCount;    // 출력 순번값 백업
          }
       }

       else                                 // 연속 키 처리
       {
          if (KeyCountOld == KeyScanCount)
          {
             KeyTemp = PIND & 0x0F;
             if(KeyTemp == 0x0F)            // 키가 눌려지지 않음
             {
                KeyPress = FALSE;           // Key Release
             }
          }
       }
    }
}

void Save_KeyValue (unsigned char KeyTemp, unsigned char KeyScanCount)
```

```
{
    if (KeyScanCount == 0)
    {
       switch(KeyTemp)
       {
          case 0b00001110 : KeyScanValue = 0x80; break;
          case 0b00001101 : KeyScanValue = 0x84; break;
       }
    }

    else if (KeyScanCount == 1)
    {
       switch(KeyTemp)
       {
          case 0b00001110 : KeyScanValue = 0x81; break;
          case 0b00001101 : KeyScanValue = 0x85; break;
       }
    }

    else if (KeyScanCount == 2)
    {
       switch(KeyTemp)
       {
          case 0b00001110 : KeyScanValue = 0x82; break;
          case 0b00001101 : KeyScanValue = 0x86; break;
       }
    }

    else if (KeyScanCount == 3)
    {
       switch(KeyTemp)
       {
          case 0b00001110 : KeyScanValue = 0x83; break;
          case 0b00001101 : KeyScanValue = 0x87; break;
       }
    }
}

void KEY_initialize(void)
{
    DDRD = 0xF0;                    // PD7...PD4 (출력), PD3...PD0 (입력)
    PORTD = 0xF0;

    KeyPress = FALSE;
```

```
    KeyEnable = FALSE;
    KeyScanValue = 0;
    KeyScanCount = 0;
    KeyTemp = 0;
    KeyCountOld = 0;
}

int main(void)
{
    DDRC = 0xFF;
    PORTC = 0xFF;
    KEY_initialize();

    while (1)
    {
      KEY_scan();
/*
      if (KeyPress == TRUE)
         PORTC &= ~_BV(0);
      else
         PORTC |= _BV(0);
*/
      if (KeyEnable == TRUE)
      {
         KeyEnable = FALSE;

         switch (KeyScanValue)
         {
            case KEY_0: PORTC ^= _BV(0); break;
            case KEY_1: PORTC ^= _BV(1); break;
            case KEY_2: PORTC ^= _BV(2); break;
            case KEY_3: PORTC ^= _BV(3); break;
            case KEY_4: PORTC ^= _BV(4); break;
            case KEY_5: PORTC ^= _BV(5); break;
            case KEY_6: PORTC ^= _BV(6); break;
            case KEY_7: PORTC ^= _BV(7); break;
         }
      }
    }

    return 1;

}
```

5.2.6 FND(Flexible Numerical Display) 표시

FND는 LCD와 함께 표시 장치로 많이 사용된다. FND에 보이는 점(dot)을 제외하고 7개의 LED로 문자와 숫자를 표시하기 때문에 7-세그먼트(seven-segment)라고도 한다. 모양은 동일하게 보이나 세그먼트라고 불리는 a ~ h까지의 LED들이 접지(그라운드)에 공통으로 연결되어 있는 Common Cathode 형과 전원에 공통으로 연결되어 있는 Common Anode 형 두 가지 방식이 있다.

한 개의 FND를 구동할 때 필요한 핀 수는 세그먼트 a ~ h까지 8개 그리고, Enable 신호에 한 핀을 할당해야 하기 때문에 모두 9개의 핀이 필요하다. 만약 8개의 FND를 구동해야 한다고 가정했을 때 72개의 출력 핀이 필요하다. ATmega128에서는 53개의 입·출력 핀을 사용할 수 있지만 8개의 FND를 사용한다고 가정했을 때 입·출력 핀 수가 많이 부족하다. 그리고 핀 수가 많더라도 FND를 동작시키기 위해서 모든 핀을 할당할 수도 없는 문제이다. 여기서 일반적인 핀 할당 방식을 사용해서 안 된다는 것을 알 수 있다.

많은 핀을 할당해야 하는 문제를 해결하기 위해서 FND는 동적 표시(dynamic display) 방식으로 대부분 사용하는데 이는 사람 눈의 잔상 효과를 이용하는 방식이다. LED 실습에서도 언급을 하였지만 사람의 눈은 영상이 사라진 뒤에도 그 영상이 약 10분의 1초 동안 유지 또는 기억되는 특성을 가지고 있다.

동적 표시 방식은 FND의 각 세그먼트들을 공통으로 묶어서 세그먼트에 할당되어야 하는 핀 수를 8개로 줄이고 FND를 활성 또는 비활성화시키는 핀만 각각의 FND에 할당한다. 이렇게 핀을 할당하면 6개의 FND를 동작시키는데 총 14개의 핀만 할당하면 된다. [그림 5.9]는 동적 표시 방식의 개념을 설명하고 있는데 여섯 개의 FND를 모두 활성화한 상태에서 숫자 1을 표시하면 FND의 모든 세그먼트가 공통으로 연결되어 있는 상태에서는 모든 FND에 숫자 1이 표시되지만, 숫자를 표시할 FND만 활성화하고 나머지 FND는 모두 비활성화시킨 뒤에 숫자 1을 표시하면 활성화된 FND에만 숫자 1이 표시된다. 이렇게 각 FND에 차례대로 숫자를 표시하면 FND를 하나씩 옮겨가며 숫자가 표시되지만 이것을 매우 빠르게 구현하면 여섯 개의 FND에 한 번에 숫자들이 표시되는 것처럼 보인다. 하지만 VMLAB에서 동적 표시 방식으로 코딩한 뒤 시뮬레이션을 해보면 한 번에 숫자가 표시되는 것처럼 보이지 않는데 시뮬레이션으로 잘 구현되지 않더라도 동적 표시 방식을 이해하고 있도록 한다.

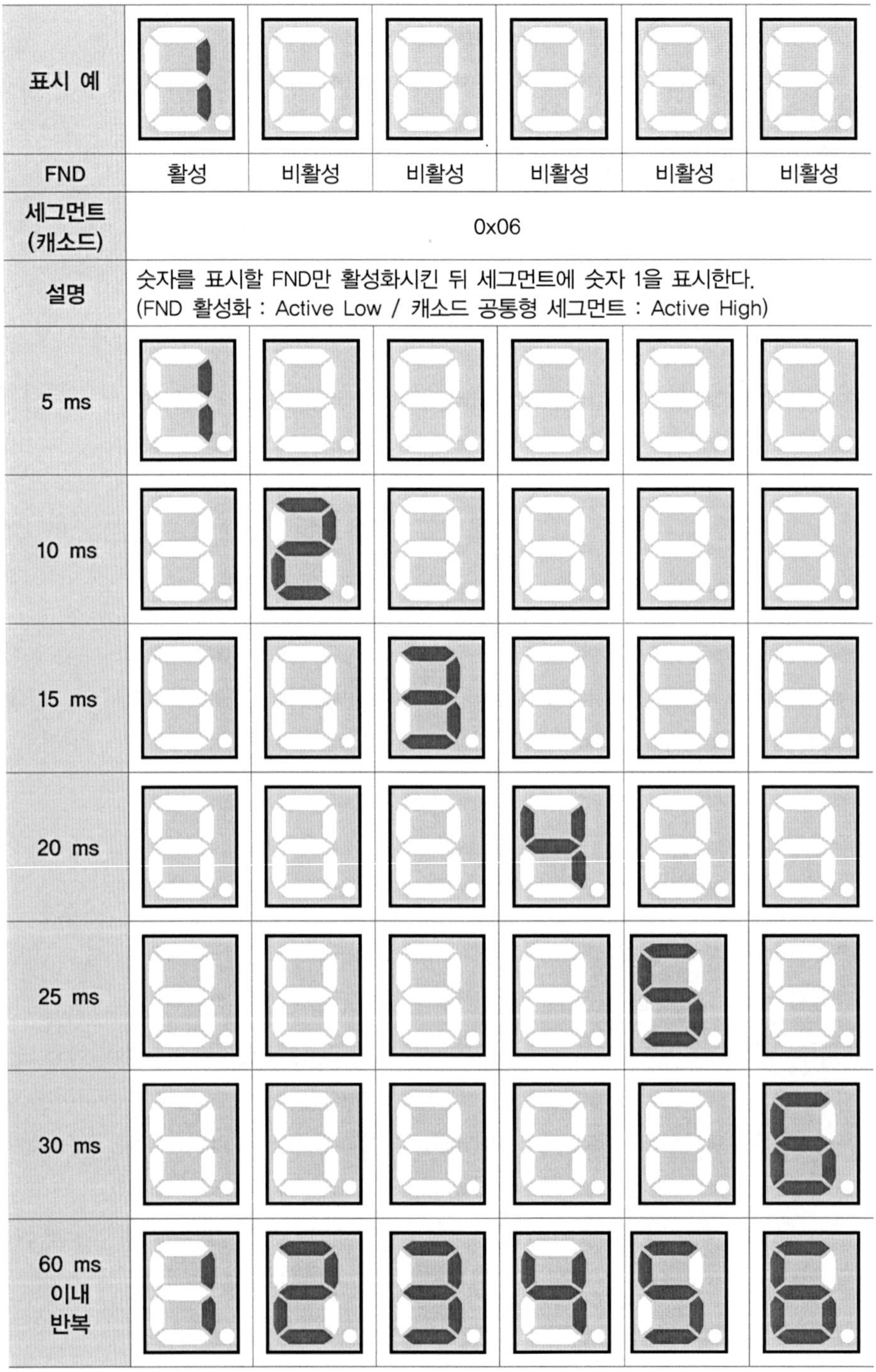

[그림 5.9] 6개의 FND에 숫자 1~6까지 표시하는 방식 개념(동적 표시 방식의 원리)

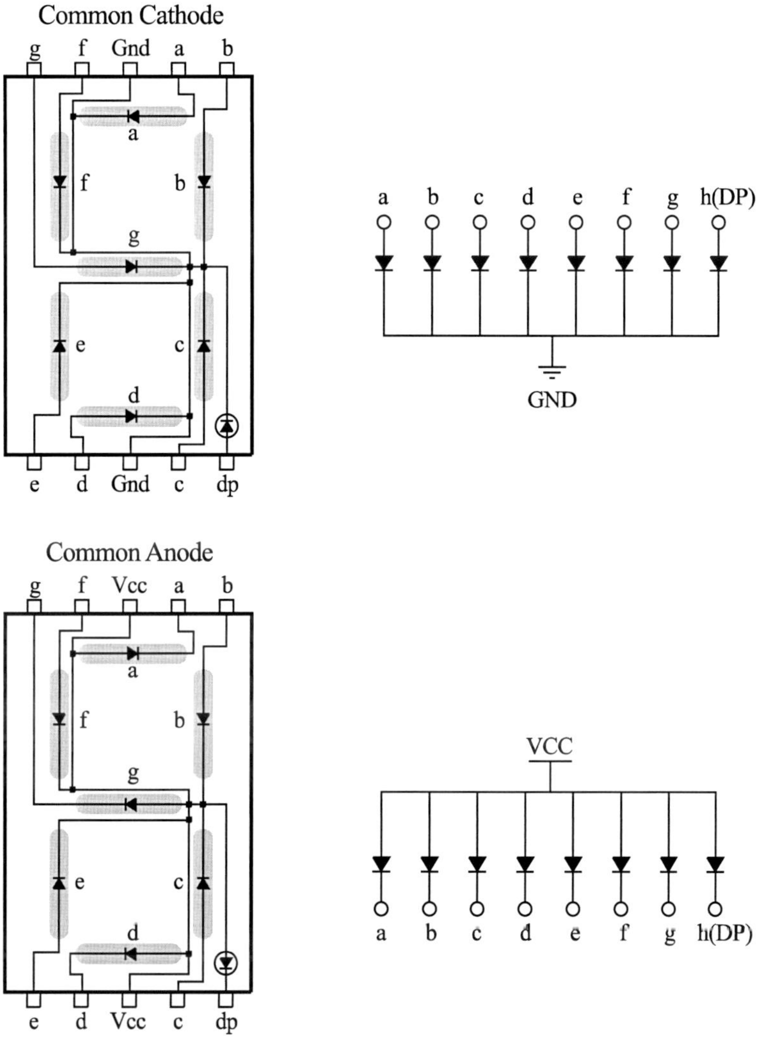

[그림 5.10] 캐소드 방식과 애노드 방식의 FND 회로

VMLAB에서의 FND 시뮬레이션

VMLAB이 모든 컴포넌트(components) 라이브러리들을 포함하고 있지 않기 때문에 VMLAB에서 메뉴에서 제공하고 있지 않은 하드웨어 컴포넌트를 사용하기 위해서는 해당 VMLAB → Components → Create new 메뉴의 툴을 이용해서 직접 필요한 모듈을 생성하거나 VMLAB 사용자 포럼 등을 통해 공개되어 있는 컴포넌트를 이용하면 된다.

VMLAB에서는 사용자가 필요한 하드웨어 컴포넌트를 개발할 수 있도록 툴을 제공하고 있으며 개발과 관련된 매뉴얼을 <VMLAB이 설치된 경로> ₩help 폴더 내에 "usercomp.pdf" 파일로 제공하고 있다. 하지만 C++ 등의 언어로 프로그래밍해야 하기 때문에 이는 쉬운 작업이 아니다.

VMLAB이 설치되어 있는 상태에서는 <VMLAB이 설치된 경로>₩userlib 폴더에 FND 시뮬레이션에 필요한 파일들이 이미 존재하고 있지만 만약 필요한 파일들이 없는 경우에는 ThVortex (https://sites.google.com/site/thvortex/)의 VMLAB User Components에 있는 LED 7-Segment Display와 관련된 다음의 두 개 파일들을 다운로드하면 된다. 적당한 곳에 다운로드 한 뒤에 압축된 파일들을 <VMLAB이 설치된 경로>₩userlib 폴더에 풀어준다.

```
led7seg-1.0.zip : 캐소드/애노드 공통 7-Segment 컴포넌트 파일
led7seg-1.0-src.zip : 아이콘 이미지들과 makefile을 하는데 필요한 소스 코드
```

➜ Project 파일에서 FND 문법은 다음과 같다.

```
X<Name> _led7cc <A> <B> <C> <D> <E> <F> <G> <DP> <CATHODE>
X<Name> _led7ca <A> <B> <C> <D> <E> <F> <G> <DP> <ANODE>
```

- X<Name> : Control Panel에 보이는 FND의 이름이며 X1 ~ X8, X9 ~ X16까지의 이름을 선택할 수 있다.
- led7cc/led7ca : 캐소드 공통과 애노드 공통을 선택한다. 캐소드 공통 형으로 시뮬레이션 할 경우에는 “led7cc”로 코딩하고 애노드 공통 형으로 시뮬레이션 할 경우에는 “led7ca”로 코딩하면 된다. 캐소드 공통 형은 원하는 세그먼트에 VDD(1)을 인가하면 LED가 켜지게 되며, 애노드 공통 형은 원하는 세그먼트에 GND(0)를 인가하면 LED에 불이 들어온다.
- <A> ~ <DP> : 각 세그먼트에 공급되는 전압
- <CATHODE>/<ANODE> : 캐소드 공통은 접지(GND)에 연결하고 애노드 공통은 전원(ACC)에 연결한다. 이 부분은 FND의 Enable/Disable 신호라 보면 된다.

[예제]

```
X2 _led7cc VDD VDD GND VDD VDD GND VDD GND GND
XletterA11 _led7cc VDD VDD VDD GND VDD VDD VDD GND GND
```

먼저 Control Panel 창에서 캐소드 공통 형의 첫 번째 FND인 X1에 숫자 ‘2’를 표현한다고 가정하면, FND 세그먼트 a, b, d, e, g 부분의 LED를 켜주면 된다. VMLAB Project 파일에서 X1 _led7cc VDD VDD GND VDD VDD GND VDD GND GND로 코딩한 뒤 build를 하고 시뮬레이션을 실행 해보면 첫 번째 FND(X1)에 숫자 2가 표현되는 것을 확인할 수 있다.

애노드 공통 형은 각 세그먼트에 Low(0)가 되는 곳에 불이 들어오기 때문에 위의 코딩에서 X1 _led7ca GND GND VDD GND GND VDD GND VDD VDD로 코딩하면 된다.

FND	형	a	b	c	d	e	f	g	h	Enable
Xn	led7cc	VDD	VDD	GND	VDD	VDD	GND	VDD	GND	GND
Xn	led7ca	GND	GND	VDD	GND	GND	VDD	GND	VDD	VDD

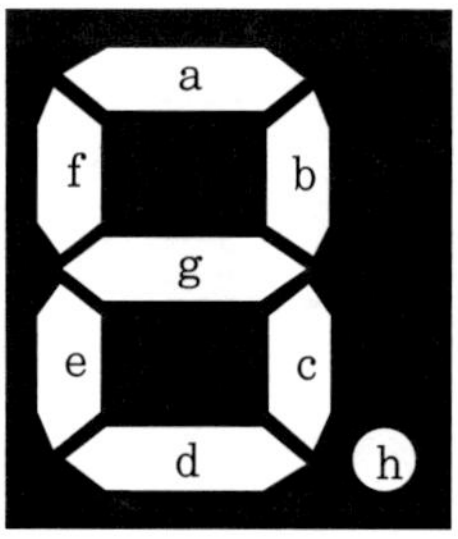

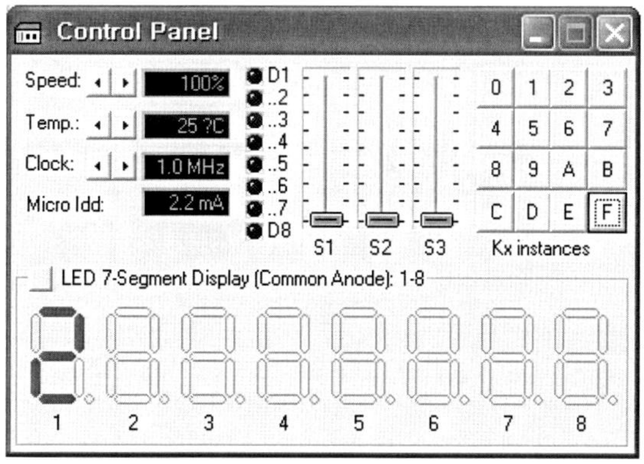

캐소드 공통형을 기준으로 7-Segment 16진수 표시 테이블을 [표 5.9]와 같이 미리 만들어 놓고 참고할 수 있다. 애노드 공통형일 경우 캐소드 공통형 코드 값에 NOT(~)을 적용하면 된다.

[표 5.9] FND 캐소드 공통 형의 코드 값

PORTA	bit 7	bit 6	bit 5	bit 4	bit 3	bit 2	bit 1	bit 0	HEX
FND	h	g	f	e	d	c	b	a	
0	0	0	1	1	1	1	1	1	0x3F
1	0	0	0	0	0	1	1	0	0x06
2	0	1	0	1	1	0	1	1	0x5B
3	0	1	0	0	1	1	1	1	0x4F
4	0	1	1	0	0	1	1	0	0x66
5	0	1	1	0	1	1	0	1	0x6D
6	0	1	1	1	1	1	0	1	0x7D
7	0	0	1	0	0	1	1	1	0x27
8	0	1	1	1	1	1	1	1	0x7F
9	0	1	1	0	1	1	1	1	0x6F
A	0	1	1	1	0	1	1	1	0x77
B	0	1	1	1	1	1	0	0	0x7C
C	0	0	1	1	1	0	0	1	0x39
D	0	1	0	1	1	1	1	0	0x5E
E	0	1	1	1	1	0	0	1	0x79
F	0	1	1	1	0	0	0	1	0x71
Off	0	0	0	0	0	0	0	0	0x00

VMLAB의 Project 파일에서 각 세그먼트 a~h는 왼쪽에서 오른쪽으로 적용하지만 프로그램 코드

작성시 포트 레지스터에 적용할 각 세그먼트 a~h는 오른쪽에서 왼쪽으로 되어 있기 때문에 세그먼트 코드 값을 읽을 때 주의하도록 한다.

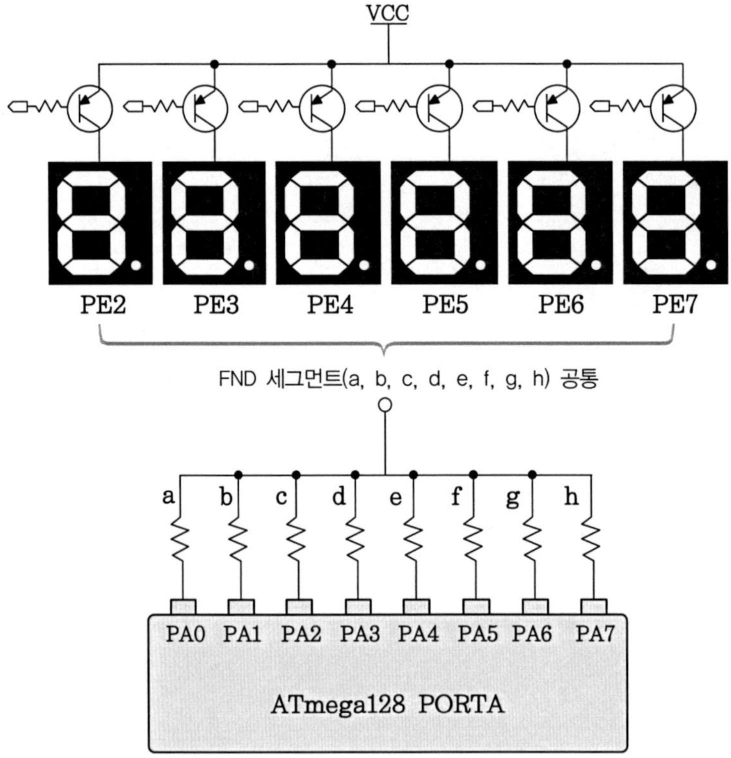

[그림 5.11] FND 예제 적용 회로

BJT(Bipolar Junction Transistor)

포트의 신호를 사용해서 FND의 On/Off 스위치 용도로 사용하고 있다. BJT는 아날로그 증폭 회로에 사용하거나 디지털 회로에서 릴레이라고 하는 전자석 스위치를 동작시킬 때나 LED를 제어하는 경우에 사용할 수 있다. PNP형과 NPN형이 있다.

PNP형은 포트 신호의 전압이 에미터(E)의 전압보다 낮으면 On되고 높으면 Off 된다.
NPN형은 포트 신호의 전압이 에미터(E)의 전압보다 높으면 On되고 낮으면 Off 된다.

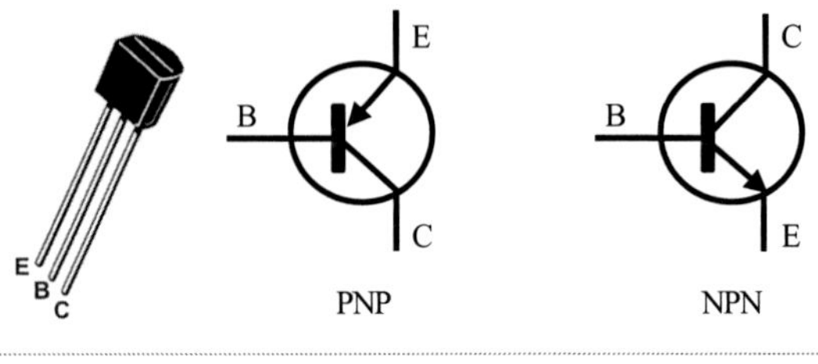

➜ [그림 5.11]의 회로에서는 PNP 형을 사용하여 PORTE의 PE2~PE7 핀에 0 V를 흐르게 한 FND를 활성화(enable, On)시킨다. FND를 사용하지 않고자 할 때는 해당 핀에 High(1)를 출력하면 된다.

➜ FND의 세그먼트(a ~ h)는 캐소드 공통 형으로 [표 5.9]를 참조한다.

(1) X1~X8 FND에 숫자 0 표시 (Common Cathode type)

```
#include <avr/io.h>
#include <util/delay.h>

int main(void)
{
      DDRA = 0xFF;                    // Port A. all Output. Segment
      DDRE = 0xFF;                    // Port E. all Output. FND Enable

      while (1)
      {
         PORTA = 0x3F;                // 0b00111111
         PORTE = 0x00;                // X1~X8 FND Enable
         _delay_ms(10);               // 10 ms 지연. 생략 가능
      }

      return 1;
}
```

➜ Project 파일 코딩 전에 다음의 표를 참고한다.

· FND Segment Data : 캐소드 형은 High(1)가 입력된 레지스터 비트에 불이 켜진다.

PORTA – FND Segment Data (Active High)							
PA7	PA6	PA5	PA4	PA3	PA2	PA1	PA0
h	g	f	e	d	c	b	a

· FND COM : Low(0)가 입력된 레지스터 비트의 FND가 활성화된다.

PORTE – FND COM (Active Low)							
PE7	PE6	PE5	PE4	PE3	PE2	PE1	PE0
X8	X7	X6	X5	X4	X3	X2	X1

[Project File 코딩]

```
; ************************************************************
; PROJECT : fnd01
; AUTHOR : KIET_Jeong
; ************************************************************

; Micro + software running
; ------------------------------------------------------------
.MICRO "ATmega128"
.TOOLCHAIN "GCC"
.GCCPATH   "C:₩WinAVR"
.GCCMAKE   AUTO
.TARGET    "fnd01.hex"
.SOURCE    "fnd01.c"

.TRACE                         ; Activate micro trace

; Following lines are optional; if not included
; exactly these values are taken by default
; ------------------------------------------------------------
.POWER VDD = 5 VSS = 0         ; Power nodes
.CLOCK 1meg                    ; Micro clock
.STORE 250m                    ; Trace (micro+signals) storage time

; Micro nodes: RESET, AREF, PA0-PA7, PB0-PB7, PC0-PC7, PD0-PD7, PE0-PE7,
  PF0-PF7, PG0-PG4, TIM1OVF
; Define here the hardware around the micro
; ------------------------------------------------------------
; Probe(Scope) 설정 (PA0~PA7, PE0~PE7 포트에 전압 Probe 연결)
.PLOT V(PA0) V(PA1) V(PA2) V(PA3) V(PA4) V(PA5) V(PA6) V(PA7)
.PLOT V(PE0) V(PE1) V(PE2) V(PE3) V(PE4) V(PE5) V(PE6) V(PE7)

; FND 설정. Xn _led7cc seg_a seg_b seg_c seg_d seg_e seg_f seg_g seg_h GND
X1 _led7cc PA0 PA1 PA2 PA3 PA4 PA5 PA6 PA7 PE0
X2 _led7cc PA0 PA1 PA2 PA3 PA4 PA5 PA6 PA7 PE1
X3 _led7cc PA0 PA1 PA2 PA3 PA4 PA5 PA6 PA7 PE2
X4 _led7cc PA0 PA1 PA2 PA3 PA4 PA5 PA6 PA7 PE3
X5 _led7cc PA0 PA1 PA2 PA3 PA4 PA5 PA6 PA7 PE4
X6 _led7cc PA0 PA1 PA2 PA3 PA4 PA5 PA6 PA7 PE5
X7 _led7cc PA0 PA1 PA2 PA3 PA4 PA5 PA6 PA7 PE6
X8 _led7cc PA0 PA1 PA2 PA3 PA4 PA5 PA6 PA7 PE7
```

[Simulation 결과]

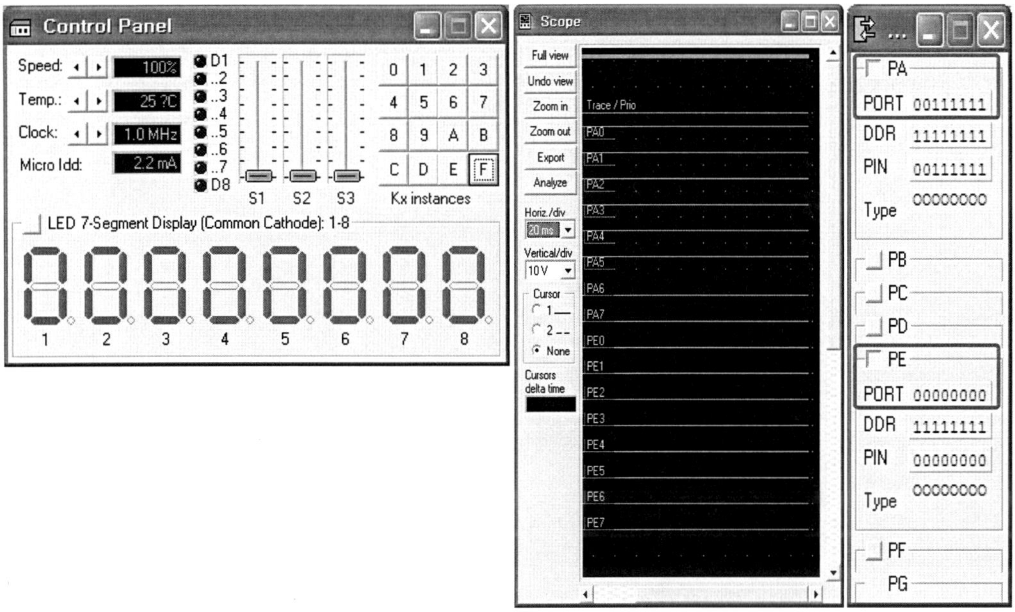

(2) X1~X8 FND에 숫자 0 표시(Common Anode type)

```
#include <avr/io.h>
#include <util/delay.h>

int main(void)
{
     DDRA = 0xFF;                    // Port A. all Output. Segment
     DDRE = 0xFF;                    // Port E. all Output. FND Enable

     while (1)
     {
        PORTA = ~0x3F;               // ~0b00111111 → 11000000
        PORTE = 0xFF;                // X1~X8 FND Enable
        _delay_ms(10);               // 10 ms 지연. 생략 가능
     }

     return 1;
}
```

➔ **PORTA = ~0x3F;**

애노드 형은 각 세그먼트에 Low(0)가 들어가면 LED가 켜지며 ~0x3F 대신 0xC0 (0b11000000)으로 변경해도 결과는 동일하다.

[Project File 코딩]

```
; ***********************************************************
; PROJECT : fnd02
; AUTHOR : KIET_Jeong
; ***********************************************************

; Micro + software running
; -----------------------------------------------------------
.MICRO "ATmega128"
.TOOLCHAIN "GCC"
.GCCPATH   "C:₩WinAVR"
.GCCMAKE   AUTO
.TARGET    "fnd02.hex"
.SOURCE    "fnd02.c"

.TRACE                      ; Activate micro trace

; Following lines are optional; if not included
; exactly these values are taken by default
; -----------------------------------------------------------
.POWER VDD=5 VSS=0          ; Power nodes
.CLOCK 1meg                 ; Micro clock
.STORE 250m                 ; Trace (micro+signals) storage time

; Micro nodes: RESET, AREF, PA0-PA7, PB0-PB7, PC0-PC7, PD0-PD7, PE0-PE7,
  PF0-PF7, PG0-PG4, TIM1OVF
; Define here the hardware around the micro
; -----------------------------------------------------------
; Probe(Scope) 설정 (PA0~PA7, PE0~PE7 포트에 전압 Probe 연결)
.PLOT V(PA0) V(PA1) V(PA2) V(PA3) V(PA4) V(PA5) V(PA6) V(PA7)
.PLOT V(PE0) V(PE1) V(PE2) V(PE3) V(PE4) V(PE5) V(PE6) V(PE7)

; FND 설정. Xn _led7ca seg_a seg_b seg_c seg_d seg_e seg_f seg_g seg_h ADD
X1 _led7ca PA0 PA1 PA2 PA3 PA4 PA5 PA6 PA7 PE0
X2 _led7ca PA0 PA1 PA2 PA3 PA4 PA5 PA6 PA7 PE1
X3 _led7ca PA0 PA1 PA2 PA3 PA4 PA5 PA6 PA7 PE2
X4 _led7ca PA0 PA1 PA2 PA3 PA4 PA5 PA6 PA7 PE3
X5 _led7ca PA0 PA1 PA2 PA3 PA4 PA5 PA6 PA7 PE4
X6 _led7ca PA0 PA1 PA2 PA3 PA4 PA5 PA6 PA7 PE5
X7 _led7ca PA0 PA1 PA2 PA3 PA4 PA5 PA6 PA7 PE6
X8 _led7ca PA0 PA1 PA2 PA3 PA4 PA5 PA6 PA7 PE7
```

➜ 시뮬레이션 결과는 앞의 예제의 캐소드 공통 형과 동일하기 때문에 생략한다.

(3) 모든 FND에 차례대로 숫자 1~8까지 표시 (Common Cathode type)

```
#include <avr/io.h>
#include <util/delay.h>

int main(void)
{
    DDRA = 0xFF;                    // Port A. all Output. Segment
    DDRE = 0xFF;                    // Port E. all Output. FND Enable
    PORTE = 0x00;                   // 전체 FND Enable 선언

    while (1)
    {
      // LED 7-Segment X1에 '1' Display
      PORTA = 0x06;                 // 숫자 '1'
      _delay_ms(100);

      // LED 7-Segment X2에 '2' Display
      PORTA = 0x5B;                 // 숫자 '2'
      _delay_ms(100);

      // LED 7-Segment X3에 '3' Display
      PORTA = 0x4F;                 // 숫자 '3'
      _dclay_mc(100);

      // LED 7-Segment X4에 '4' Display
      PORTA = 0x66;                 // 숫자 '4'
      _delay_ms(100);

      // LED 7-Segment X5에 '5' Display
      PORTA = 0x6D;                 // 숫자 '5'
      _delay_ms(100);

      // LED 7-Segment X6에 '6' Display
      PORTA = 0x7D;                 // 숫자 '6'
      _delay_ms(100);

      // LED 7-Segment X7에 '7' Display
      PORTA = 0x07;                 // 숫자 '7'
      _delay_ms(100);
```

```
        // LED 7-Segment X8에 '8' Display
        PORTA = 0x7F;                   // 숫자 '8'
        _delay_ms(100);
    }

    return 1;
}
```

➜ 지연 코드의 시간을 변경하면서 시뮬레이션 결과를 확인해본다. 지연 시간을 줄이거나 없애면 모든 숫자가 빠르게 표현되면서 숫자 8로 보이기 때문에 지연 시간을 적당히 줘야 한다.

➜ 앞의 예제를 배열 문법을 사용하여 코딩하면 다음과 같다.

```
#include <avr/io.h>
#include <util/delay.h>

int main(void)
{
    unsigned char seg[8] = { 0x06, 0x5B, 0x4F, 0x66, 0x6D, 0x7D, 0x07, 0x7F };
    unsigned char i;

    DDRA = 0xFF;                    // Port A. all Output. Segment
    DDRE = 0xFF;                    // Port E. all Output. FND Enable
    PORTE = 0x00;                   // 전체 FND Enable 선언

    while (1)
    {
        for (i = 0; i < 8; i++)
        {
            PORTA = seg[ i ];
            _delay_ms(100);
        }
    }

    return 1;
}
```

[Project File 코딩]

```
; ****************************************************************
; PROJECT : fnd03
; AUTHOR : KIET_Jeong
```

```
; ***********************************************************

; Micro + software running
; -----------------------------------------------------------
.MICRO "ATmega128"
.TOOLCHAIN "GCC"
.GCCPATH   "C:₩WinAVR"
.GCCMAKE   AUTO
.TARGET    "fnd03.hex"
.SOURCE    "fnd03.c"

.TRACE                              ; Activate micro trace

; Following lines are optional; if not included
; exactly these values are taken by default
; -----------------------------------------------------------
.POWER VDD = 5 VSS = 0              ; Power nodes
.CLOCK 1meg                         ; Micro clock
.STORE 1000m                        ; Trace (micro+signals) storage time

; Micro nodes: RESET, AREF, PA0-PA7, PB0-PB7, PC0-PC7, PD0-PD7, PE0-PE7,
               PF0-PF7, PG0-PG4, TIM1OVF
; Define here the hardware around the micro
; -----------------------------------------------------------
; Probe(Scope) 설정 (PA0~PA7, PE0~PE7 포트에 전압 Probe 연결)
.PLOT V(PA0) V(PA1) V(PA2) V(PA3) V(PA4) V(PA5) V(PA6) V(PA7)
.PLOT V(PE0) V(PE1) V(PE2) V(PE3) V(PE4) V(PE5) V(PE6) V(PE7)

; FND 설정. Xn _led7cc seg_a seg_b seg_c seg_d seg_e seg_f seg_g seg_h GND
X1 _led7cc PA0 PA1 PA2 PA3 PA4 PA5 PA6 PA7 PE0
X2 _led7cc PA0 PA1 PA2 PA3 PA4 PA5 PA6 PA7 PE1
X3 _led7cc PA0 PA1 PA2 PA3 PA4 PA5 PA6 PA7 PE2
X4 _led7cc PA0 PA1 PA2 PA3 PA4 PA5 PA6 PA7 PE3
X5 _led7cc PA0 PA1 PA2 PA3 PA4 PA5 PA6 PA7 PE4
X6 _led7cc PA0 PA1 PA2 PA3 PA4 PA5 PA6 PA7 PE5
X7 _led7cc PA0 PA1 PA2 PA3 PA4 PA5 PA6 PA7 PE6
X8 _led7cc PA0 PA1 PA2 PA3 PA4 PA5 PA6 PA7 PE7
```

[Simulation 결과]

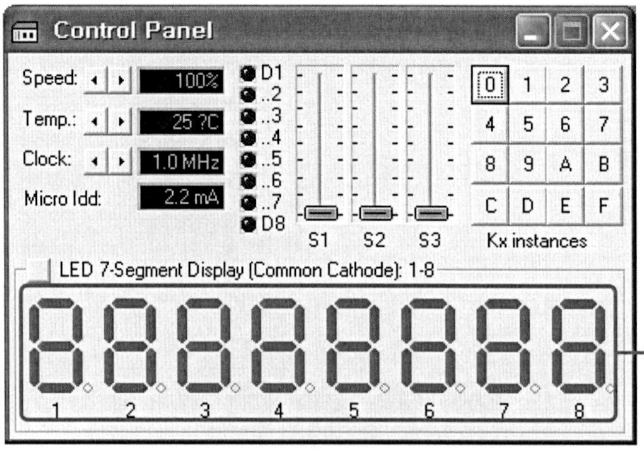

1~8까지 표시되는데 숫자 8에서 멈추게 했다. 이때 값은 0x7F(0b01111111)이며, 이 값은 Scope 창에서도 확인이 가능하다.

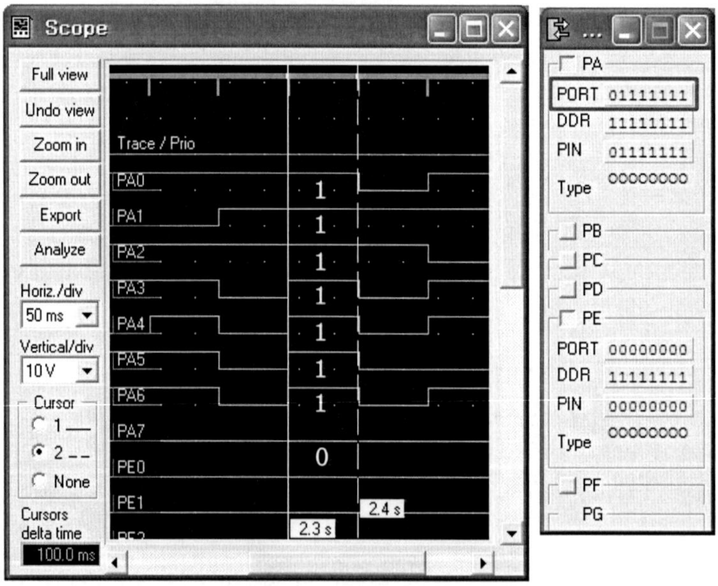

(4) X1~X8 FND에 숫자 1~8 한 번에 표시(Common Cathode type. 동적 표시)

```
#include <avr/io.h>
#include <util/delay.h>

int main(void)
{
    DDRA = 0xFF;                    // Port A. all Output. Segment
    DDRE = 0xFF;                    // Port E. all Output. FND Enable

    while (1)
    {
        // 7-Segment X1에 '1' Display
```

```
        PORTA = 0x06;                   // 숫자 '1'
        PORTE = 0xFE;                   // X1 LOW (1111 1110 → PE0 LOW)
        _delay_ms(1);

        // 7-Segment X2에 '2' Display
        PORTA = 0x5B;                   // 숫자 '2'
        PORTE = 0xFD;                   // X2 LOW (1111 1101 → PE1 LOW)
        _delay_ms(1);

        // 7-Segment X3에 '3' Display
        PORTA = 0x4F;                   // 숫자 '3'
        PORTE = 0xFB;                   // X3 LOW (1111 1011 → PE2 LOW)
        _delay_ms(1);

        // 7-Segment X4에 '4' Display
        PORTA = 0x66;                   // 숫자 '4'
        PORTE = 0xF7;                   // X4 LOW (1111 0111 → PE3 LOW)
        _delay_ms(1);

        // 7-Segment X5에 '5' Display
        PORTA = 0x6D;                   // 숫자 '5'
        PORTE = 0xEF;                   // X5 LOW (1110 1111 → PE4 LOW)
        _delay_ms(1);

        // 7-Segment X6에 '6' Display
        PORTA = 0x7D;                   // 숫자 '6'
        PORTE = 0xDF;                   // X6 LOW (1101 1111 → PE5 LOW)
        _delay_ms(1);

        // 7-Segment X7에 '7' Display
        PORTA = 0x07;                   // 숫자 '7'
        PORTE = 0xBF;                   // X7 LOW (1011 1111 → PE6 LOW)
        _delay_ms(1);

        // 7-Segment X8에 '8' Display
        PORTA = 0x7F;                   // 숫자 '8'
        PORTE = 0x7F;                   // X8 LOW (0111 1111 → PE7 LOW)
        _delay_ms(1);
    }

    return 1;
}
```

→ 지연 코드의 시간을 변경하면서 시뮬레이션 결과를 확인해본다. 8개의 FND에 1~8 숫자가 한 번에 보이는 것처럼 하려면 지연 시간을 줄여서 빠르게 동작시켜야 한다. 하지만 VMLAB에서 동적 표시 방식으로 코딩한 뒤 시뮬레이션을 하면 FND에 표시되는 숫자들이 멈춰진 것처럼 보이지 않는다. 하지만 위의 코드로 Build한 뒤에 생성되는 HEX 파일을 타겟 보드에 다운로드 하면 각 FND에 숫자가 한 번에 구현되는 것처럼 보인다. 시뮬레이션 상으로 동적 표시 방식의 구현을 제대로 확인할 수 없지만 구현 방법은 이해하도록 한다.

[Project File 코딩]

```
; ***********************************************************
; PROJECT : fnd04
; AUTHOR : KIET_Jeong
; ***********************************************************

; Micro + software running
; -----------------------------------------------------------
.MICRO "ATmega128"
.TOOLCHAIN "GCC"
.GCCPATH   "C:₩WinAVR"
.GCCMAKE   AUTO
.TARGET    "fnd04.hex"
.SOURCE    "fnd04.c"

.TRACE                          ; Activate micro trace

; Following lines are optional; if not included
; exactly these values are taken by default
; -----------------------------------------------------------
.POWER VDD = 5 VSS = 0          ; Power nodes
.CLOCK 1meg                     ; Micro clock
.STORE 1000m                    ; Trace (micro+signals) storage time

; Micro nodes: RESET, AREF, PA0-PA7, PB0-PB7, PC0-PC7, PD0-PD7, PE0-PE7,
  PF0-PF7, PG0-PG4, TIM1OVF
; Define here the hardware around the micro
; -----------------------------------------------------------
; Probe(Scope) 설정 (PA0~PA7, PE0~PE7 포트에 전압 Probe 연결)
.PLOT V(PA0) V(PA1) V(PA2) V(PA3) V(PA4) V(PA5) V(PA6) V(PA7)
.PLOT V(PE0) V(PE1) V(PE2) V(PE3) V(PE4) V(PE5) V(PE6) V(PE7)

; FND 설정. Xn _led7cc seg_a seg_b seg_c seg_d seg_e seg_f seg_g seg_h GND
X1 _led7cc PA0 PA1 PA2 PA3 PA4 PA5 PA6 PA7 PE0
```

```
X2 _led7cc PA0 PA1 PA2 PA3 PA4 PA5 PA6 PA7 PE1
X3 _led7cc PA0 PA1 PA2 PA3 PA4 PA5 PA6 PA7 PE2
X4 _led7cc PA0 PA1 PA2 PA3 PA4 PA5 PA6 PA7 PE3
X5 _led7cc PA0 PA1 PA2 PA3 PA4 PA5 PA6 PA7 PE4
X6 _led7cc PA0 PA1 PA2 PA3 PA4 PA5 PA6 PA7 PE5
X7 _led7cc PA0 PA1 PA2 PA3 PA4 PA5 PA6 PA7 PE6
X8 _led7cc PA0 PA1 PA2 PA3 PA4 PA5 PA6 PA7 PE7
```

[Simulation 결과]

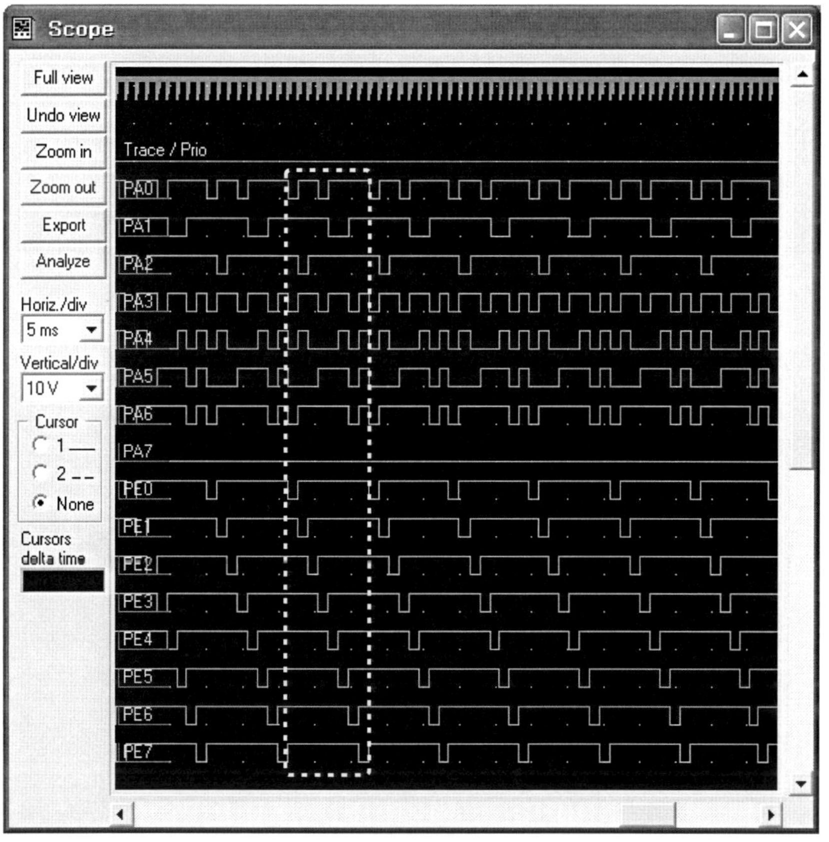

(5) FND에 숫자 1~8 표시하면서 LED blink

```
#include <avr/io.h>
#include <util/delay.h>
#include <compat/deprecated.h>

void FND_initialize(void)
{
    DDRA  = 0xFF;
```

```
    PORTA = 0x00;                   // Segment Off
    DDRE  = 0xFF;
    PORTE = 0xFF;                   // FND PE0~PE8 Disable(Cathode)
}

unsigned char Fnd_data[16] = {
    0x3F, 0x06, 0x5B, 0x4F, 0x66, 0x6D, 0x7D, 0x07,
    0x7F, 0x6F, 0x77, 0x7C, 0x39, 0x5E, 0x79, 0x71
};

void FND_display (unsigned char turn_on, unsigned char x_fnd,
            unsigned char x_num, unsigned char dot_on)
{
    if (turn_on == 1)
    {
      // Segment Data
      if (dot_on) PORTA = Fnd_data[ x_num + 1 ] | 0x80;
      else        PORTA = Fnd_data[ x_num + 1 ];

      // FND Enable
      PORTE |= 0xFF;                // 1111 1111 : 모든 COM Off
      // cbi(port, bit)  (port) &= ~(1 << (bit))
      cbi (PORTE, x_fnd);           // 해당 FND On
    }
    else
    {
      // Segment Data
      PORTA = 0xFF;                 // Segment Off

      // FND Enable
      // sbi(port, bit)  (port) |= (1 << (bit))
      sbi (PORTE, x_fnd);           // 해당 FND Off
    }
}

int main(void)
{
    unsigned char fnd;

    FND_initialize();
    DDRC = 0xFF;
```

```
        while (1)
        {
            for (fnd = 0; fnd < 8; fnd++)
            {
                FND_display (1, fnd, fnd, 0);
                _delay_ms(20);

                PORTC = 0xFF;
                _delay_ms(20);
                PORTC = 0x00;
                _delay_ms(20);
            }
        }

        return 1;
}
```

➜ **sbi(), cbi()** 문법

"deprecated" 헤더 파일에 정의되어 있으며 <compat/deprecated.h>를 포함해야 한다. _BV 매크로 함수로 대체될 수 있기 때문에 앞으로 없어질 가능성이 있는 매크로 함수이다.

```
#define sbi(port, bit) (port) |= (1 << (bit))
#define cbi(port, bit) (port) &= ~(1 << (bit))
```

sbi() 매크로 함수는 레지스터의 특정 비트를 Set(1)한다.

cbi() 매크로 함수는 레지스터의 특정 비트를 Clear(0)한다.

➜ **sbi(), cbi()** 매크로 함수 사용 예

```
sbi (PORTB, 3);          // PORTB의 bit 3을 Set
sbi (PORTB, PB3);        // 위와 동일
```

위 선언을 _BV 매크로 함수로 변경하면 다음과 같다.

```
PORTB |= _BV(3);         // PORTB의 bit 3을 Set
PORTB &= ~_BV(3);        // PORTB의 bit 3을 Clear
```

→ 헤더 파일을 포함하지 않고 다음과 같이 정의해서 동일하게 사용할 수 있다.

```
#define cbi(sfr, bit)  (_SFR_BYTE(sfr) &= ~_BV(bit))
#define sbi(sfr, bit)  (_SFR_BYTE(sfr) |= _BV(bit))
```

[Project File 코딩]

```
; ************************************************************
; PROJECT : fnd05
; AUTHOR : KIET_Jeong
; ************************************************************

; Micro + software running
; ------------------------------------------------------------
.MICRO "ATmega128"
.TOOLCHAIN "GCC"
.GCCPATH   "C:₩WinAVR"
.GCCMAKE   AUTO
.TARGET    "fnd05.hex"
.SOURCE    "fnd05.c"

.TRACE                    ; Activate micro trace

; Following lines are optional; if not included
; exactly these values are taken by default
; ------------------------------------------------------------
.POWER VDD = 5 VSS = 0    ; Power nodes
.CLOCK 1meg               ; Micro clock
.STORE 1000m              ; Trace (micro+signals) storage time

; Micro nodes: RESET, AREF, PA0-PA7, PB0-PB7, PC0-PC7, PD0-PD7, PE0-PE7,
  PF0-PF7, PG0-PG4, TIM1OVF
; Define here the hardware around the micro
; ------------------------------------------------------------
D1 VDD n1                 ; D1 LED를 VDD와 n1 노드 사이에 연결
R1 n1 PC0 330             ; R1을 n1과 PC0포트 사이에 연결, R1은 330 Ω
D2 VDD n2
R2 n2 PC1 330
D3 VDD n3
R3 n3 PC2 330
D4 VDD n4
R4 n4 PC3 330
```

```
D5 VDD n5
R5 n5 PC4 330
D6 VDD n6
R6 n6 PC5 330
D7 VDD n7
R7 n7 PC6 330
D8 VDD n8
R8 n8 PC7 330

; Probe(Scope) 설정 (PA0~PA7, PC0~PC7, PE0~PE7 포트에 전압 Probe 연결)
.PLOT V(PA0) V(PA1) V(PA2) V(PA3) V(PA4) V(PA5) V(PA6) V(PA7)
.PLOT V(PE0) V(PE1) V(PE2) V(PE3) V(PE4) V(PE5) V(PE6) V(PE7)
.PLOT V(PC0) V(PC1) V(PC2) V(PC3) V(PC4) V(PC5) V(PC6) V(PC7)

; FND 설정. Xn _led7cc seg_a seg_b seg_c seg_d seg_e seg_f seg_g seg_h GND
X1 _led7cc PA0 PA1 PA2 PA3 PA4 PA5 PA6 PA7 PE0
X2 _led7cc PA0 PA1 PA2 PA3 PA4 PA5 PA6 PA7 PE1
X3 _led7cc PA0 PA1 PA2 PA3 PA4 PA5 PA6 PA7 PE2
X4 _led7cc PA0 PA1 PA2 PA3 PA4 PA5 PA6 PA7 PE3
X5 _led7cc PA0 PA1 PA2 PA3 PA4 PA5 PA6 PA7 PE4
X6 _led7cc PA0 PA1 PA2 PA3 PA4 PA5 PA6 PA7 PE5
X7 _led7cc PA0 PA1 PA2 PA3 PA4 PA5 PA6 PA7 PE6
X8 _led7cc PA0 PA1 PA2 PA3 PA4 PA5 PA6 PA7 PE7
```

[Simulation 결과]

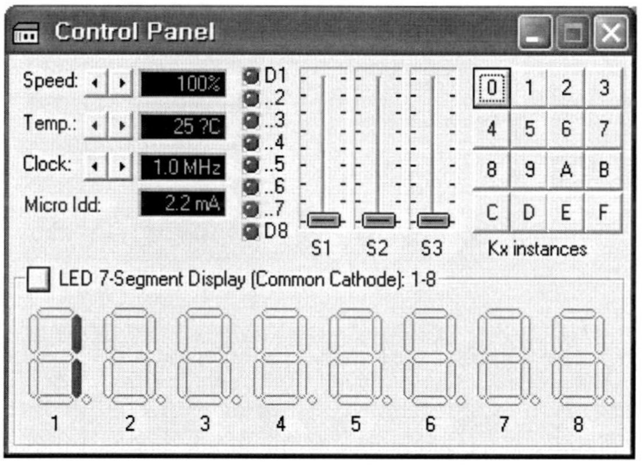

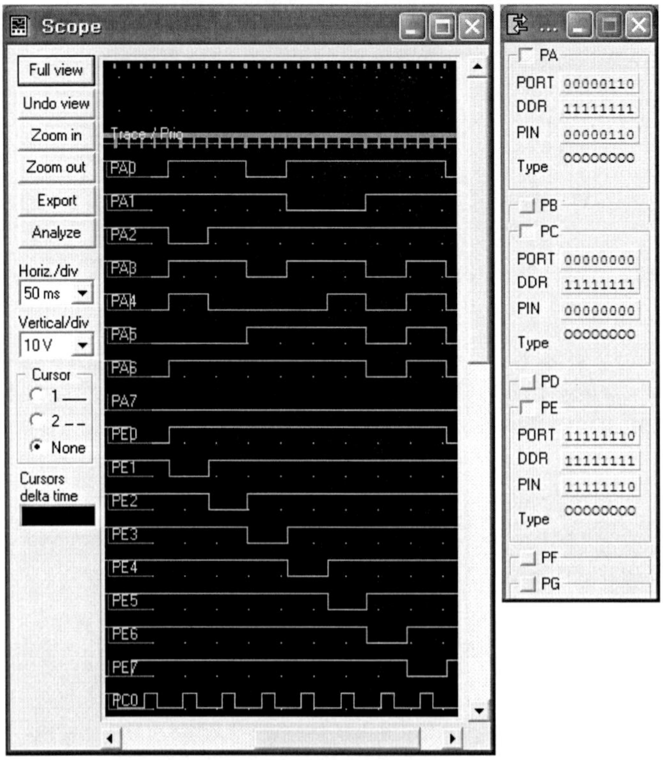

5.2.7 WinAVR 컴파일러를 이용한 FND 실습

- FND Segment Data : PORTA 연결

PORTA – FND Segment Data (Active High)							
PA7	PA6	PA5	PA4	PA3	PA2	PA1	PA0
h	g	f	e	d	c	b	a

- FND COM : PORTE 연결

PORTE – FND COM (Active Low)							
PE7	PE6	PE5	PE4	PE3	PE2	PE1	PE0
COM_5	COM_4	COM_3	COM_2	COM_1	COM_0	사용안함	사용안함

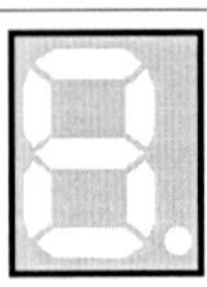	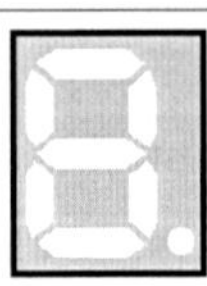	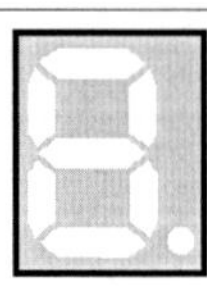	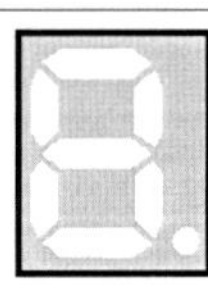	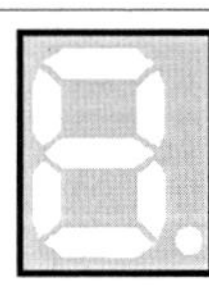	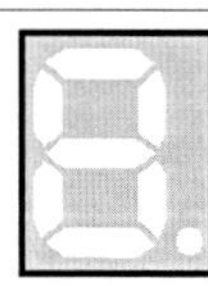
COM_0	COM_1	COM_2	COM_3	COM_4	COM_5
0b11111011 0xFB	0b11110111 0xF7	0b11101111 0xEF	0b11011111 0xDF	0b10111111 0xBF	0b01111111 0x7F

(1) LED와 FND 함께 표시(CPU 클록 1 MHz)

```
#include <avr/io.h>
#include <util/delay.h>

int main(void)
{
      int i;
      unsigned char Fnd_data[16] = {
         0x3F, 0x06, 0x5B, 0x4F, 0x66, 0x6D, 0x7D, 0x07,
         0x7F, 0x6F, 0x77, 0x7C, 0x39, 0x5E, 0x79, 0x71
      };
      unsigned char Led_state[16] = {
         0xFF, 0x7F, 0xBF, 0x3F, 0xDF, 0x5F, 0x9F, 0x1F,
         0xEF, 0x6F, 0xAF, 0x2F, 0xCF, 0x4F, 0x8F, 0x0F
      };

      DDRA = 0xFF;
      DDRC = 0xFF;
      DDRE = 0xFF;
      PORTE = 0x3F;                    // FND COM_4, COM_5 활성

      while (1)
      {
         for (i = 0; i < 16; i++)
         {
             PORTA = Fnd_data[ i ];
             PORTC = Led_state[ i ];
             _delay_ms(200);
         }
      }

      return 1;
}
```

(2) 두 개의 임의의 FND에 00부터 99까지 카운터(CPU 클록 1 MHz)

```
#include <avr/io.h>
#include <util/delay.h>

int main(void)
{
```

```
    int i, j, k;
    unsigned char Fnd_data[10] = {
      0x3F, 0x06, 0x5B, 0x4F, 0x66, 0x6D, 0x7D, 0x07, 0x7F, 0x6F
    };

    DDRA = 0xFF;
    DDRE = 0xFF;

    while (1)
    {
      for (j = 0; j < 10; j++)
      {
        for (i = 0; i < 10; i++)
        {
          for (k = 0; k < 80; k++)        // 임의 지연
          {
            PORTE = 0x7F;               // FND COM_5 활성, 1의 자리
            PORTA = Fnd_data[ i ];
            _delay_ms(5);

            PORTE = 0xBF;               // FND COM_4 활성, 10의 자리
            PORTA = Fnd_data[ j ];
            _delay_ms(5);
          }
        }
      }
    }

    return 1;
}
```

(3) 두 개의 임의의 FND에 99부터 00까지 카운터(CPU 클록 1 MHz)

```
#include <avr/io.h>
#include <util/delay.h>

unsigned char Fnd_com[6] = {0x7F, 0xBF, 0xDF, 0xEF, 0xF7, 0xFB};
unsigned char Fnd_data[16] = {
     0x3F, 0x06, 0x5B, 0x4F, 0x66, 0x6D, 0x7D, 0x07,
     0x7F, 0x6F, 0x77, 0x7C, 0x39, 0x5E, 0x79, 0x71
};
```

```c
int main (void)
{
      unsigned int delay;
      unsigned char i;
      unsigned char d1, d10;

      DDRA = 0xFF;
      DDRE = 0xFF;
      PORTE = 0x03;

      for ( ; ; )
      {
         for (i = 99; i > 0; i--)
         {
            for (delay = 0; delay < 50; delay++)        // 임의 지연
            {
               d1 = i % 10;
               d10 = ( i - d1 ) / 10;

               PORTE = Fnd_com[ 0 ];
               PORTA = Fnd_data[ d1 ];                  // 1의 자리
               _delay_ms(20);

               PORTE = Fnd_com[ 1 ];
               PORTA = Fnd_data[ d10 ];                 // 10의 자리
               _delay_ms(20);
            }
         }

         for (delay = 0; delay < 50; delay++)           // 카운터 종료 후
         {
            PORTE = 0x03;
            PORTA = Fnd_data[ 0 ];
            _delay_ms(20);
         }
      }

      return 1;
}
```

(4) FND에 한쪽 방향으로 이동하는 문자 구현-1 (예 : 핸드폰 번호)

```
#include <avr/io.h>
#include <util/delay.h>

int main (void)
{
      int i, j, k;
      unsigned char Fnd_data[23] = {
         0x00, 0x00, 0x00, 0x00, 0x00, 0x3F, 0x06, 0x3F,
         0x40, 0x6F, 0x3F, 0x27, 0x27, 0x40, 0x06, 0x4F,
         0x7F, 0x66, 0x00, 0x00, 0x00, 0x00, 0x00
      };
      unsigned char Fnd_com[6] = {0xFB, 0xF7, 0xEF, 0xDF, 0xBF, 0x7F};

      DDRA = 0xFF;
      DDRE = 0xFF;

      while (1)
      {
         for (i = 0; i < 18; i++)
         {
            for (k = 0; k < 40; k++)                    // 임의 지연
            {
               for (j = 0; j < 6; j++)
               {
                  PORTE = Fnd_com[ j ];
                  PORTA = Fnd_data[ j + i ];
                  _delay_ms(5);
               }
            }
         }
      }

      return 1;
}
```

➜ Fnd_data[23] 배열 값은 핸드폰 번호와 하이픈('-')을 포함한 값이다. 배열 데이터 중에서 0x00 값은 FND가 활성화(enable)되어 있더라도 캐소드 형에서 0x00 값은 FND의 모든 세그먼트가 꺼진 것이라 마치 FND를 비활성화한 것처럼 보인다.
프로그램 코드를 해석해보면 핸드폰 번호가 한 자리씩 추가되면서 표시되고 있으며 이것이 반복되면서 마치 핸드폰 번호가 흐르는 것처럼 보이는 것이다.

(5) FND에 한쪽 방향으로 이동하는 문자 구현-2 (다른 방식)

```
#include <avr/io.h>
#include <util/delay.h>

#define PHONE_NUMBER  14

unsigned char Fnd_com[6] = {0xFB, 0xF7, 0xEF, 0xDF, 0xBF, 0x7F};
unsigned char F_data[12] = {
   //   0     1     2     3     4     5     6     7     8
      0x3F, 0x06, 0x5B, 0x4F, 0x66, 0x6D, 0x7D, 0x07, 0x7F,
   //   9     -    Off
      0x6F, 0x40, 0x00
};

int main (void)
{
     DDRA = 0xFF;
     DDRE = 0xFF;
     PORTE = 0x03;

     unsigned int delay;
     unsigned char i;
     unsigned char Phone[PHONE_NUMBER] = {
       F_data[0], F_data[1], F_data[0], F_data[10], F_data[9], F_data[0],
       F_data[7], F_data[7], F_data[10], F_data[1], F_data[3], F_data[8],
       F_data[4], F_data[11]
     };

     for ( ; ; )
     {
        for (i = 0; i < PHONE_NUMBER; i++)
        {
           for (delay = 0; delay < 20; delay++)
           {
              PORTE = Fnd_com[ 0 ];
              PORTA = Phone[ (i + 0) % PHONE_NUMBER ];
              _delay_ms(10);

              PORTE = Fnd_com[ 1 ];
              PORTA = Phone[ (i + 1) % PHONE_NUMBER ];
              _delay_ms(10);
```

```
            PORTE = Fnd_com[ 2 ];
            PORTA = Phone[ (i + 2) % PHONE_NUMBER ];
            _delay_ms(10);

            PORTE = Fnd_com[ 3 ];
            PORTA = Phone[ (i + 3) % PHONE_NUMBER ];
            _delay_ms(10);

            PORTE = Fnd_com[ 4 ];
            PORTA = Phone[ (i + 4) % PHONE_NUMBER ];
            _delay_ms(10);

            PORTE = Fnd_com[ 5 ];
            PORTA = Phone[ (i + 5) % PHONE_NUMBER ];
            _delay_ms(10);
        }
    }
  }

  return 1;
}
```

실습 문제

1. LED가 순차적으로 하나씩 켜지도록 하고 이를 시뮬레이션 한다.

   | 11111110 | → | 11111100 | → | 11111000 | → | 11110000 | … | 00000000 | … ∞

2. LED가 순차적으로 하나씩 켜지게 한 뒤에 다시 반대로 하나씩 꺼지도록 한다.

   | 11111110 | → | 11111100 | → | 11111000 | → | 11110000 | … | 00000000 |

   → | 10000000 | → | 11000000 | → | 11100000 | … ∞

3. 최상위 비트와 최하위 비트의 LED부터 켜지면서 차례대로 안쪽으로 하나씩 LED가 이동되면서 켜지도록 한 뒤에 다시 그 반대 동작을 하도록 한다.

   | 01111110 | → | 10111101 | → | 11011011 | → | 11100111 | → | 11011011 |

   → | 10111101 | → | 01111110 | → | 10111101 | … ∞

4. K0 버튼을 누르면 D1~D8 LED가 깜박이게 하고 K1 버튼을 누르면 D1에서 D8 LED 쪽으로 LED가 하나씩 이동(shift) 되도록 하고 각 버튼의 파형을 캡처하여 보고서를 제출한다.

5. VMLAB에서 4×4 키 매트릭스가 구현되도록 한다.

6. VMLAB에 애노드 공통 방식으로 7-세그먼트 컴포넌트를 추가하고 X7과 X8에 00~99까지 카운터를 반복하도록 한다. 시뮬레이션 결과에서 출력되는 파형을 캡처하여 보고서를 제출한다.

7. FND를 사용하여 시간이 표시되도록 한다. (디지털 시계 모형)

6 CHAPTER LCD(Liquid Crystal Display) 모듈

6.1 LCD 개요와 모듈 내·외부 구조

마이크로컨트롤러를 사용하는 많은 기기들은 시스템의 처리 상태를 표시하기 위해서 LCD 표시 장치를 많이 사용한다. LCD 모듈은 FND나 LED 도트 매트릭스 등 처럼 원하는 여러 가지 상태를 문자로 표시하거나 보다 더 다양한 문자 형태나 그래프 등을 표시해 줄 수 있는 장치이며 디스플레이 드라이버와 디스플레이를 합한 형태를 취하고 있다.

LCD 표시 장치는 크게 문자형과 그래픽 형 두 가지로 분류된다. 문자형은 모듈 내부 ROM에 문자를 저장하고 있어 원하는 문자를 명령어에 의해 표시할 수 있으며, 그래픽 형은 문자형에서 제공되는 방식 외에 한글 및 그래픽 등 사용자가 원하는 형태를 생성하여 표현할 수 있다.

이 장에서는 문자형 LCD의 가장 기본적인 모듈이라 할 수 있는 16×2 문자형 LCD 모듈을 기준으로 설명할 것이며 문자형 LCD 표시 장치의 드라이버로 가장 많이 참조되는 Hitachi사의 HD44780의 특성을 참조할 것이다.

다음 [그림 6.1]은 문자형 LCD 모듈의 내부 블록도를 나타낸다.

LCD 컨트롤러는 데이터를 입·출력하기 위한 입·출력 버퍼와 명령 레지스터(IR), 데이터 레지스터(DR), Busy Flag, CG ROM(Character Generator ROM), CGRAM(Character Generator RAM), DDRAM(Display Data RAM), 커서 & Blink 컨트롤러 그리고 시프트 레지스터 등으로 구성되어 있다. 각 내부 블록에 대한 기능은 다음과 같다.

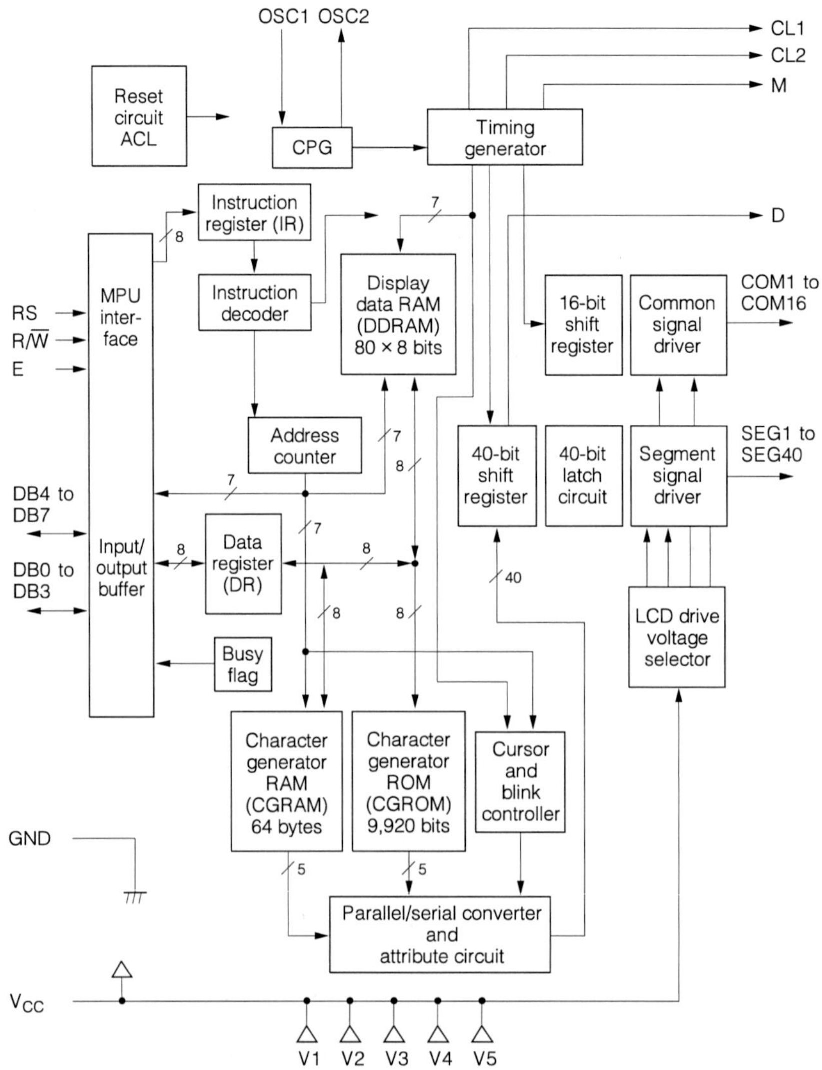

[그림 6.1] 문자형 LCD 모듈의 내부 블록도

(1) 레지스터(IR, DR)

HD44780은 8비트 명령 레지스터(IR)와 데이터 레지스터(DR)를 가지고 있으며, RS 신호로 선택한다.

- **IR(Instruction Register) : 명령 레지스터**

  LCD Clear, 화면 시프트 등의 동작 명령을 내리거나 DDRAM(Display Data RAM)과 CGRAM (Character Generator RAM)에 대한 주소를 설정하는데 사용한다.

- **DR(Data Register) : 데이터 레지스터**

  DDRAM이나 CGRAM에 쓰게 될 데이터를 임시로 저장하고 DDRAM이나 CGRAM으로부터 데이터를 읽어 오기 위한 데이터가 임시로 저장된다. 마이크로컨트롤러에서 DR에 데이터를 쓰면 IR에 지정된 주소로 자동적으로 DDRAM 또는 CGRAM으로 데이터가 전달된다. IR과 DR은 레지스터 선택 신호(RS)로 선택할 수 있다.

- **RS, R/W, E 제어 신호에 따라 다음과 같은 동작을 한다.**

[표 6.1] 핀 설정에 따른 LCD 동작

RS	R/W	E	동작
0	0	H, H→L	IR을 선택하여 명령 쓰기(화면 지움 등)
0	1	H	Busy Flag와 주소 카운터 읽기
1	0	H, H→L	DR을 선택하여 DDRAM 또는 CGRAM에 데이터 쓰기
1	1	H	DR을 선택하여 DDRAM 또는 CGRAM에서 데이터 읽기

(2) BF(Busy Flag)

Busy Flag(BF)는 LCD가 다음 명령을 받을 수 있는지 상태를 나타내며 BF가 1이면 내부 동작 모드로 다음 명령을 받을 수 없다.

(3) AC(Address Counter)

주소 카운터는 DDRAM과 CGRAM 주소 카운터가 있다. 각각 데이터 읽기/쓰기를 할 DDRAM과 CGRAM의 주소를 나타내며 IR 레지스터에 주소를 쓰면 해당 주소 카운터에 값이 Set된다. 각 RAM에 데이터를 쓰면 주소 카운터는 모드에 따라 자동적으로 1 증가 또는 1 감소한다.

(4) DDRAM(Display Data RAM)

DDRAM은 8비트 문자 코드로 나타낼 디스플레이 데이터를 저장하며 80×8 비트 또는 80개 문자의 용량을 가진다. 디스플레이 되지 않는 DDRAM의 영역은 일반적인 데이터 RAM으로 사용될 수 있다. 다음은 DDRAM 주소와 LCD에 표시되는 위치의 관계를 보여준다.

- **한 줄 디스플레이일 경우 (N 옵션 = 0일 때)**

High order (←bits→) / Low order (←bits→)

주소 카운터	AC6	AC6	AC6	AC6	AC6	AC6	AC6

Example : DDRAM address 4E

1	0	0	1	1	1	0

표시 위치	1	2	3	4	5		79	80
DDRAM 주소	00	01	02	03	04	··············	4E	4F

- **두 줄 디스플레이일 경우 (N 옵션=1일 때)**

표시 위치	1	2	3	4	5		39	40
DDRAM 주소	**00**	01	02	03	04	···········	26	**27**
	40	41	42	43	44	···········	66	**67**

- **두 줄 16문자를 표시하는 디스플레이일 경우**

표시 위치	1	2	3	4	5	6	7	8	9	10	11	12	13	14	15	16
DDRAM 주소	**00**	01	02	03	04	05	06	07	08	09	0A	0B	0C	0D	0E	**0F**
	40	41	42	43	44	45	46	47	48	49	4A	4B	4C	4D	4E	**4F**
	HD44780U 표시								확장 드라이버 표시							

왼쪽 시프트	**01**	02	03	04	05	06	07	08	09	0A	0B	0C	0D	0E	0F	**10**
	41	42	43	44	45	46	47	48	49	4A	4B	4C	4D	4E	4F	**50**
오른쪽 시프트	**27**	00	01	02	03	04	05	06	07	08	09	0A	0B	0C	0D	**0E**
	67	40	41	42	43	44	45	46	47	48	49	4A	4B	4C	4D	**4E**

(5) CGROM(Character Generator ROM)

CGROM은 8비트 문자 코드에 따라 5×8 도트 문자 또는 5×10 도트의 문자를 생성한다. 문자 코드 0b00100001('!')부터 0b01111111('←')까지는 ASCII 코드와 일치하며 주로 문자형 LCD에 표현하는 하는 부분이다. 다음 표에서 (1)~(8)로 표시된 부분은 CGRAM 부분이며 사용자가 새로운 글꼴을 만들어 저장할 수 있다.

[그림 6.2] 문자 코드와 글꼴

(6) CGRAM(Character Generator RAM)

사용자가 CGRAM에 8개의 문자의 패턴을 임의로 생성하여 사용할 수 있다. [그림 6.3]은 5×8 도트 문자 패턴을 생성할 때 문자 코드, CGRAM 주소 그리고 생성하는 글꼴의 관계를 보여주고 있다.

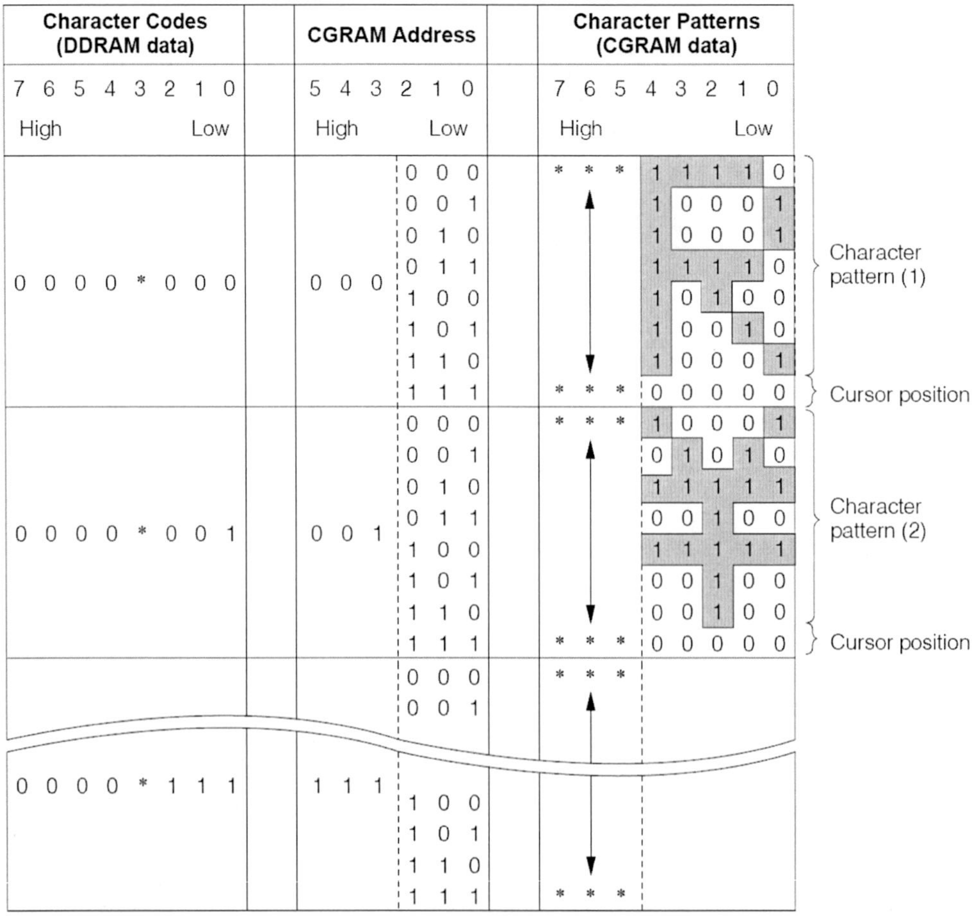

[그림 6.3] 문자 코드와 CGRAM 주소 그리고 글꼴과의 관계

6.1.1 LCD 모듈 핀 구조

- 1번 핀 : GND
- 2번 핀 : LCD 모듈의 동작 전원 VDD(VCC) 단자이며 일반적으로 5 V를 공급한다.
- 3번 핀 : LCD에 표시된 문자의 밝기 조절용 핀으로 가변 저항을 이용하여 문자의 밝기를 조절한다.
- 4번 핀 : RS 신호는 데이터 레지스터와 명령 레지스터를 선택하는 신호이다(PG0 연결).
- 5번 핀 : R/W는 LCD 모듈로부터 데이터를 읽기/쓰기를 선택하는 신호이다(PG1 연결).
- 6번 핀 : E는 LCD의 Enable 또는 Disable을 선택하는 신호이다(PG2 연결).
- 7번~14번 : DB0~DB7 데이터 핀으로 문자형 LCD 모듈과 마이크로컨트롤러와의 데이터 입·출력을 위한 데이터 버스로 사용한다.
- 15핀, 16핀 : 문자형 LCD의 백라이트를 이용하기 위한 전원이다.

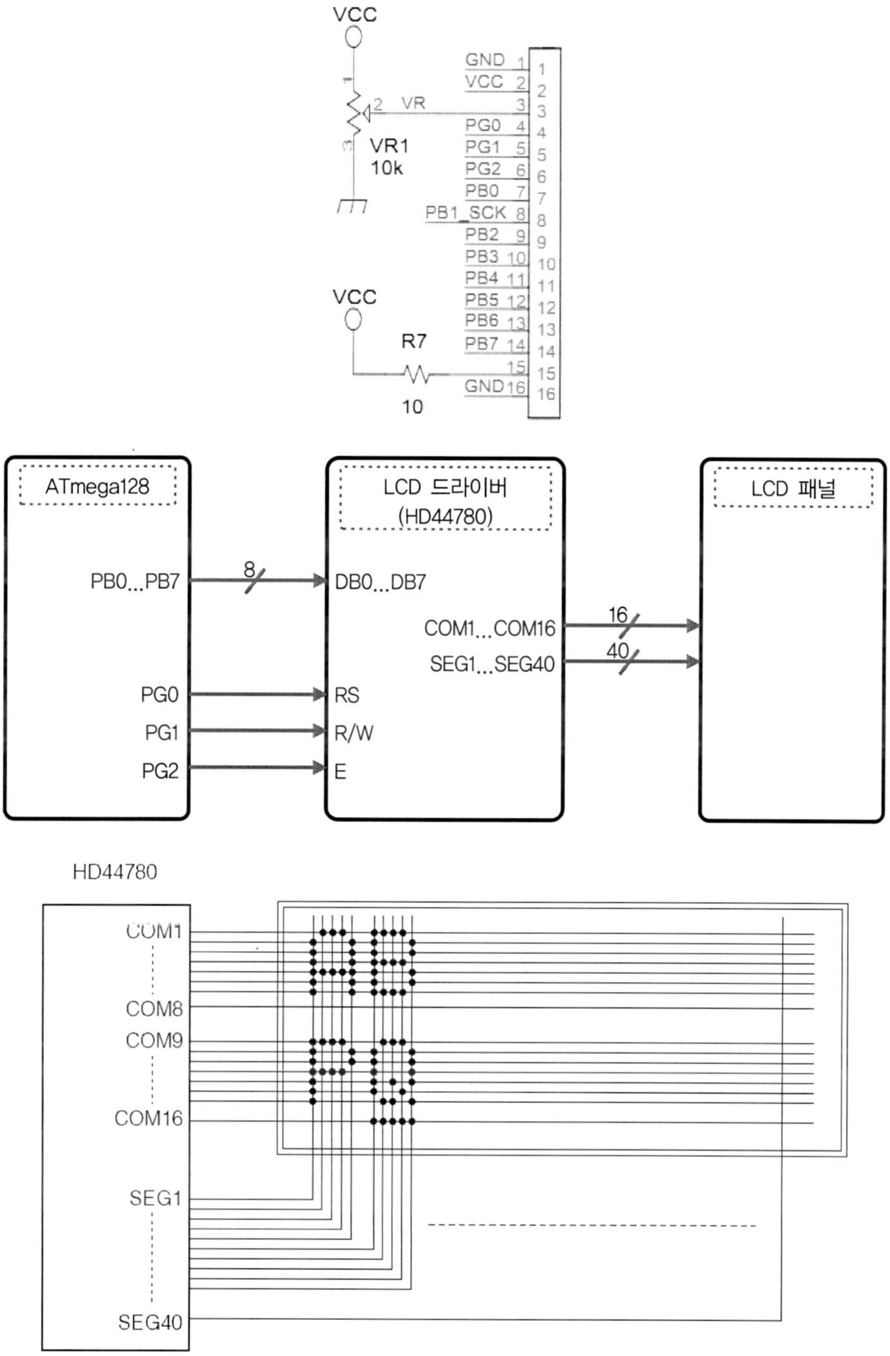

[그림 6.4] LCD 예제 적용 회로와 연결 구조

6.1.2 문자형 LCD 인터페이스와 타이밍

문자형 LCD 인터페이스는 데이터 버스의 라인 수에 따라 4비트 인터페이스와 8비트 인터페이스

두 가지로 구분이 된다. 4비트 인터페이스는 데이터 버스 라인 중 상위 4라인만 사용하는데 상위 니블을 먼저 전달하고 이어 하위 니블을 전달하여 8비트 데이터 값을 전달하고, 8비트 인터페이스는 데이터 버스 라인을 모두 사용하여 8비트 데이터 값을 한 번에 전달한다.

[그림 6.5]와 [그림 6.6]은 문자 LCD의 쓰기·읽기 타이밍 특성을 보여준다.

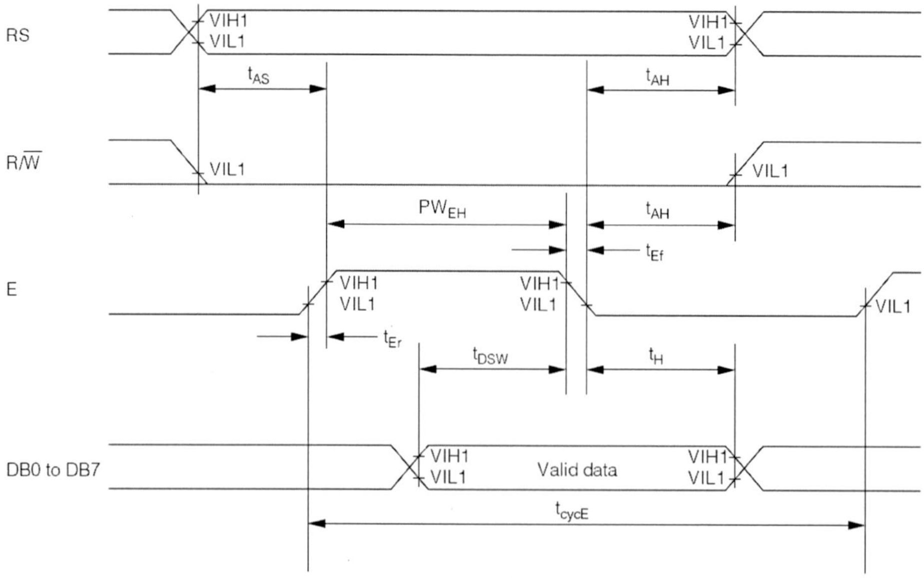

[그림 6.5] 쓰기 동작 타이밍

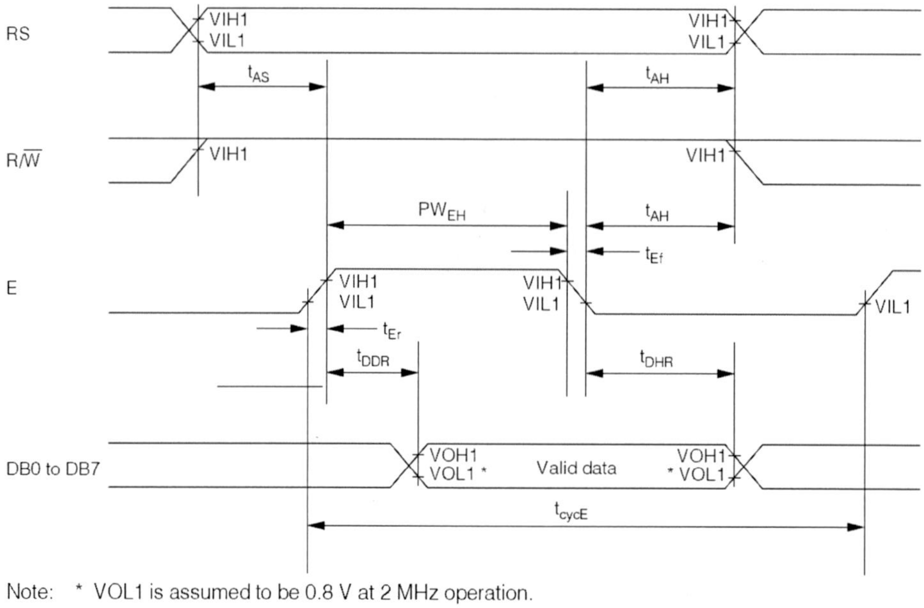

[그림 6.6] 읽기 동작 타이밍

마이크로컨트롤러의 입·출력 포트에서 나가는 신호와 문자형 LCD의 RS, R/W, E, 데이터 버스(DB0～DB7)의 신호 타이밍을 맞춰줘야 한다. 특히 E 신호가 High에서 Low로 떨어지면서 명령어와 데이터를 쓰거나 읽기 때문에 적절한 타이밍에 E 신호가 Low로 떨어지도록 해야 한다.

1) 명령어와 데이터 쓰기

· 명령어 쓸 때 - RS : Low, R/W : Low

· 데이터 쓸 때 - RS : High, R/W : Low

2) 명령어와 데이터 읽기

· 명령어 읽을 때 - RS : Low, R/W : High

· 데이터 읽을 때 - RS : High, R/W : High

➜ 명령어와 데이터의 읽기·쓰기의 신호를 정리하면 다음과 같다.

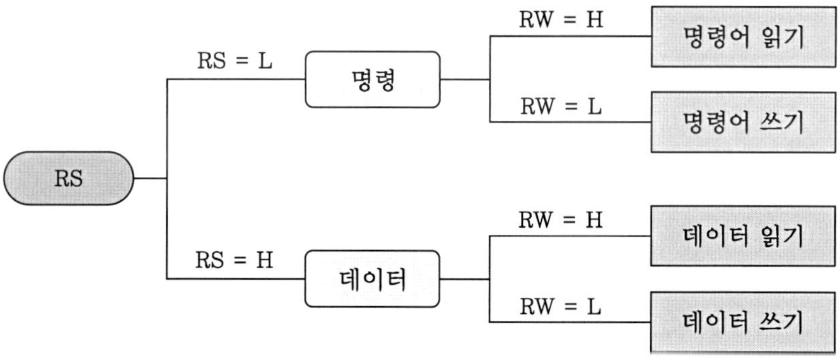

3) 4비트 인터페이스 초기화

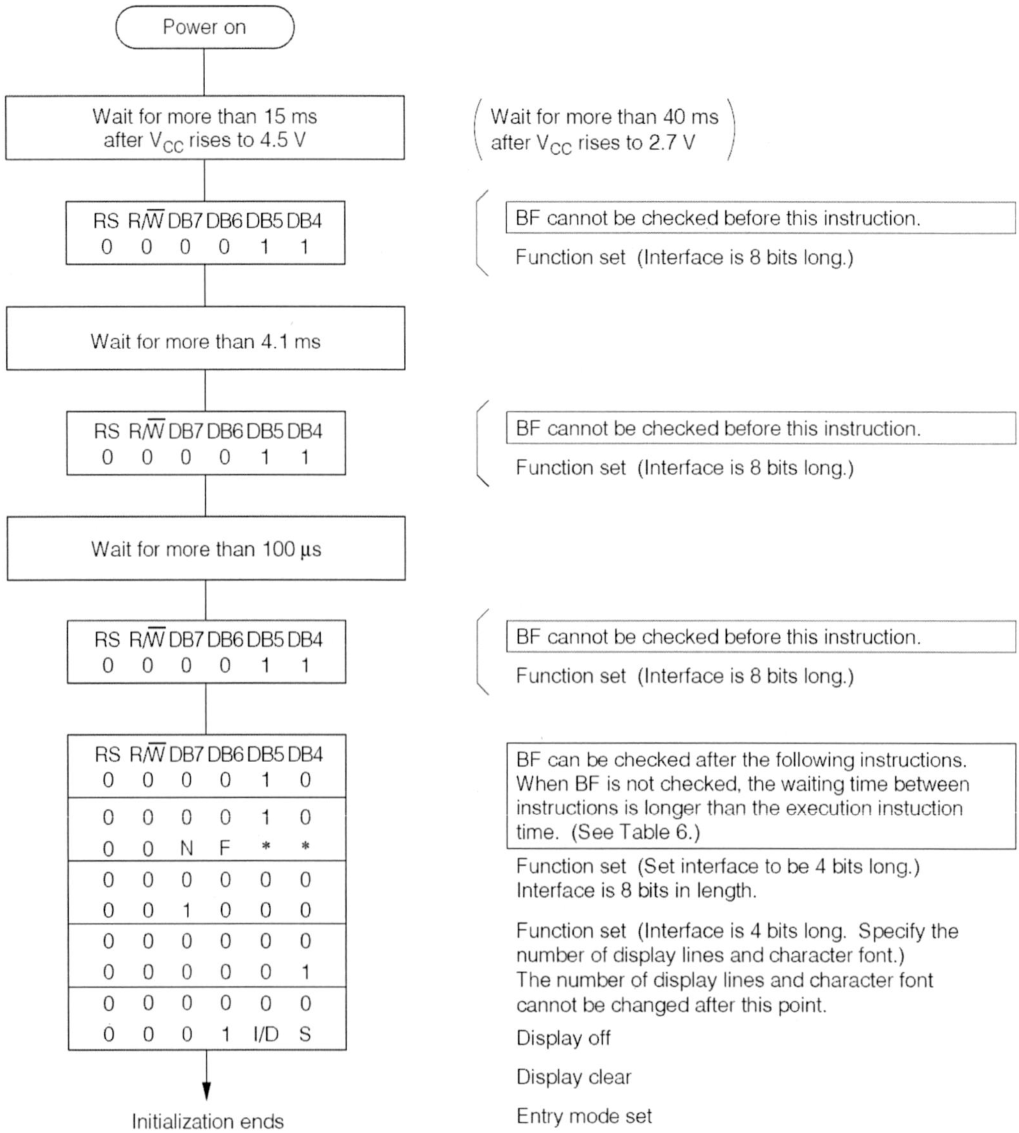

[그림 6.7] 4비트 인터페이스 LCD 초기화 과정

4) 8비트 인터페이스 초기화

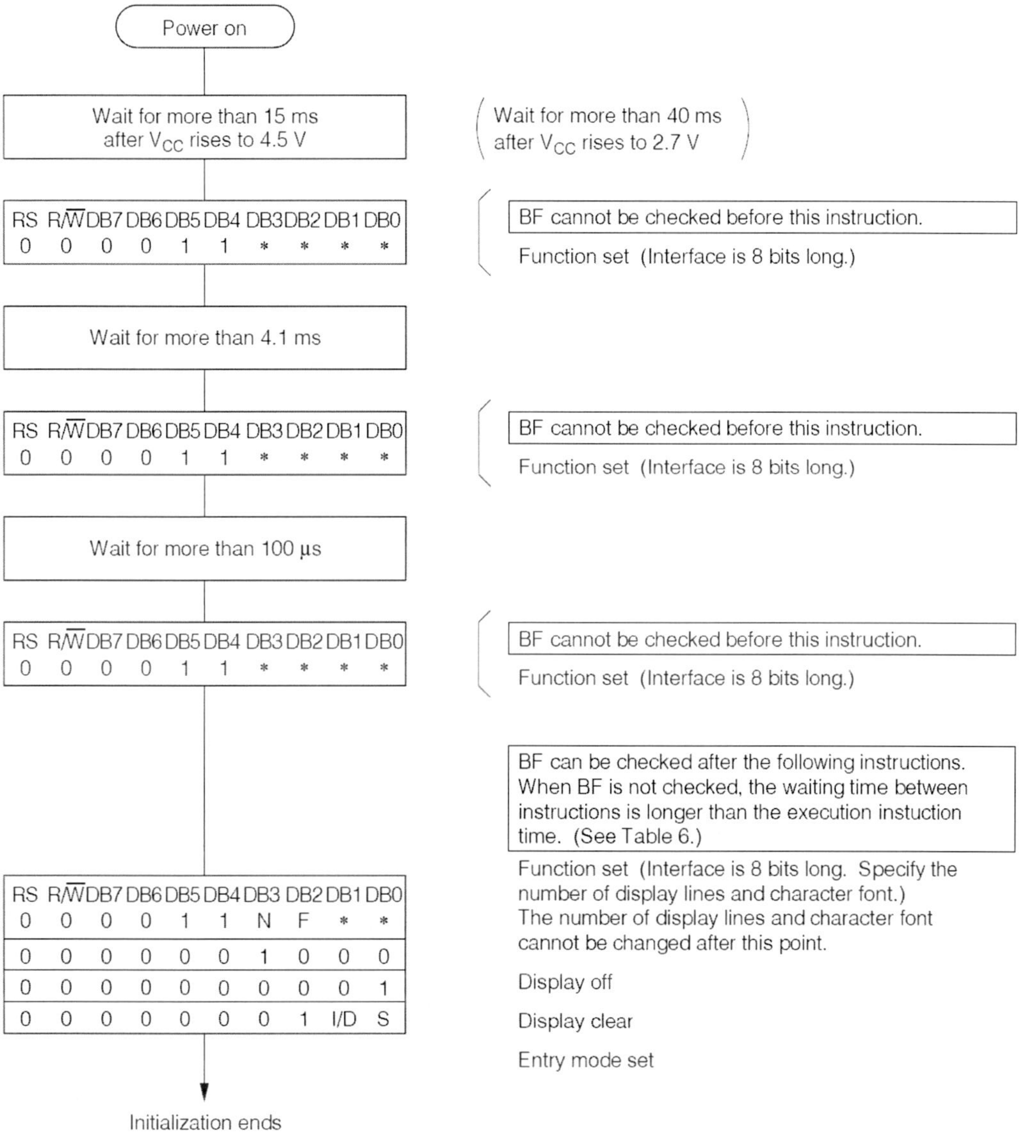

[그림 6.8] 8비트 인터페이스 LCD 초기화 과정

6.1.3 LCD 명령

[표 6.2] LCD 명령

명령	코드										실행 시간
	RS	R/W	DB7	DB6	DB5	DB4	DB3	DB2	DB1	DB0	
화면 지우기	0	0	0	0	0	0	0	0	0	1	1.52 ms
커서 홈	0	0	0	0	0	0	0	0	1	*	1.52 ms
엔트리 모드 세트	0	0	0	0	0	0	0	1	I/D	S	37 μs
표시 On/Off 제어	0	0	0	0	0	0	1	D	C	B	37 μs
표시/커서 이동	0	0	0	0	0	1	S/C	R/L	*	*	37 μs
기능 세트	0	0	0	0	1	DL	N	F	*	*	37 μs
CGRAM 주소 설정	0	0	0	1	CGRAM 주소(ACG)						37 μs
DDRAM 주소 설정	0	0	1	DDRAM 주소(ADD)							37 μs
비지 체크, 어드레스	0	1	BF	CGRAM/DDRAM 주소(AC)							0 μs
데이터 쓰기	1	0	출력 데이터								37 μs
데이터 읽기	1	1	입력 데이터								37 μs

I/D = 1 : 주소 자동 증가　　I/D = 0 : 주소 자동 감소　　DDRAM : 표시 데이터 RAM
S = 1 : 화면 전체 이동　　S = 0 : 화면 이동 없음　　CGRAM : 폰트 생성 RAM
S/C = 1 : 표시 이동　　S/C = 0 : 커서 이동　　ACG : CGRAM 주소
R/L = 1 : 오른쪽으로 이동　　R/L = 0 : 왼쪽으로 이동　　ADD : DDRAM 주소
DL = 1 : 8비트 인터페이스　　DL = 0 : 4비트 인터페이스　　AC : 주소 카운터
N = 1 : 2라인 디스플레이　　N = 0 : 1라인 디스플레이
F = 1 : 5x10 도트　　F = 0 : 5x8 도트
BF = 1 : 명령 수행 불가능　　BF = 0 : 명령 수행 가능

6.2 문자형 LCD 모듈 실습

실습 6.1 LCD 모듈에 다음의 문자열이 디스플레이 되도록 한다(8비트 인터페이스).

LCD Display
Example

```
#include <avr/io.h>
#include <util/delay.h>

void LCD_command (unsigned char command)
{
    PORTG = 0x04;                    // E = 1, R/W = 0, RS = 0
```

```
    PORTB = command;                // 명령 값 전달
    _delay_us(1);
    PORTG = 0x00;                   // E = 0, R/W = 0, RS = 0
    _delay_us(1);                   // 명령 쓰기
}

void LCD_data (unsigned char data)
{
    PORTG = 0x05;                   // E = 1, R/W = 0, RS = 1
    PORTB = data;                   // 데이터 값 전달
    _delay_us(1);
    PORTG = 0x01;                   // E = 0, R/W = 0, RS = 1
    _delay_us(1);                   // 데이터 쓰기
}

void LCD_string (unsigned char command, unsigned char *string)
{
    LCD_command (command);          // 문자열 출력 위치 명령 전달
    while (*string != '\0')         // 문자열 마지막 NULL에서 while문 탈출
    {
       LCD_data (*string);          // 문자열의 첫 번째 문자부터 차례대로
       string++;                    // 한 문자씩 전달
    }
}

void LCD_initialize (void)          // LCD 모듈 초기화
{
    DDRB = 0xFF;                    // Port B Direction : Output
    DDRG = 0xFF;                    // Port G Direction : Output

    _delay_ms(20);                  // 약 20 ms 지연
    LCD_command (0x38);             // 기능 세트(8 bit, 2 line, 5x8 dot)
    LCD_command (0x08);             // display Off, cursor Off, Blink Off
    LCD_command (0x01);             // clear display
    _delay_ms(1);                   // 약 1 ms 지연
    LCD_command (0x06);             // 엔트리 모드 세트
    LCD_command (0x0E);             // display On, cursor On, Blink Off
}

int main (void)
{
    LCD_initialize();
```

```
    unsigned char str1[] = "   LCD Display   ";
    unsigned char str2[] = "     Example     ";

    while (1)
    {
        LCD_string (0x80, str1);    // 첫 번째 줄 문자열 출력
        LCD_string (0xC0, str2);    // 두 번째 줄 문자열 출력
        _delay_ms(100);
    }

    return 1;
}
```

➜ 명령과 데이터를 쓸 때 LCD Disable 타이밍이 정확하지 않으면 동작하지 않는다.

➜ LCD_command(0x38) 코드 해석 : 함수를 호출하면서 전달되는 0x38 값은 문자 LCD의 명령 코드이며 무슨 의미인지 [표 6.2]를 확인하면 DL 옵션과 N 옵션은 1, F 옵션은 0으로 이것은 차례대로 8비트 인터페이스, 2라인 디스플레이, 5 × 8 도트로 기능 세트하고자 할 때의 명령이다. 문자 LCD의 옵션을 변경할 때는 명령 코드를 반드시 참고하도록 한다.

명령	코드										실행 시간
	RS	R/W	DB7	DB6	DB5	DB4	DB3	DB2	DB1	DB0	
기능 세트	0	0	0	0	1	DL	N	F	*	*	37 μs
			0	0	1	1	1	0	*	*	
			0x38								

➜ 지원 LCD 패널 : 8 × 1, 8 × 2, 16 × 1, 16 × 2, 16 × 4, 20 × 1, 20 × 2, 20 × 4, 24 × 2, 40 × 2

➜ Control Panel의 LCD 모듈을 사용하기 위한 문법은 다음과 같다.

```
X[<instName>] LCD(<chars> <lines> <osc_freq>) <RS> <RW> <E> <D7>...<D0>
```

[예제]

```
X1 LCD(24 2 250K) PD2 PB0 PD3 PA7 PA6 PA5 PA4 PA3 PA2 PA1 PA0
```

➜ 4비트 인터페이스 사용시 참조

```
;                    RS   R/W  E     4 비트 인터페이스   연결되지 않은 노드
;                    ---  ---  ---   ----------------  ---------------
Xdisp LCD(24 2 250K) PD2  PB0  PD3   PD7 PD6 PD5 PD4    nc3 nc2 nc1 nc0
```

[Project File 코딩]

```
; ****************************************************************
; PROJECT : lcd_01
; AUTHOR : KIET_Jeong
; ****************************************************************

; Micro + software running
; ----------------------------------------------------------------
.MICRO "ATmega128"
.TOOLCHAIN "GCC"
.GCCPATH   "C:₩WinAVR"
.GCCMAKE   AUTO
.TARGET    "lcd_01.hex"
.SOURCE    "lcd_01.c"

.TRACE                        ; Activate micro trace

; Following lines are optional; if not included
; exactly these values are taken by Default
; ----------------------------------------------------------------
.POWER VDD = 5 VSS = 0        ; Power nodes
.CLOCK 1meg                   ; Micro clock
.STORE 1000m                  ; Trace (micro+signals) storage time

; Micro nodes: RESET, AREF, PA0-PA7, PB0-PB7, PC0-PC7, PD0-PD7, PE0-PE7,
  PF0-PF7, PG0-PG4, TIM1OVF
; Define here the hardware around the micro
; ----------------------------------------------------------------
; Control Panel LCD 표시 정의
; ----------------------------------------------------------------
;                    RS   R/W  E        8 bit  interface
;                    ---  ---  ---  --------------------------------
Xdisp LCD(16 2 250K) PG0  PG1  PG2  PB7 PB6 PB5 PB4 PB3 PB2 PB1 PB0

.PLOT V(PB7) V(PB6) V(PB5) V(PB4) V(PB3) V(PB2) V(PB1) V(PB0)
.PLOT V(PG2) V(PG1) V(PG0)
```

[Simulation 결과]

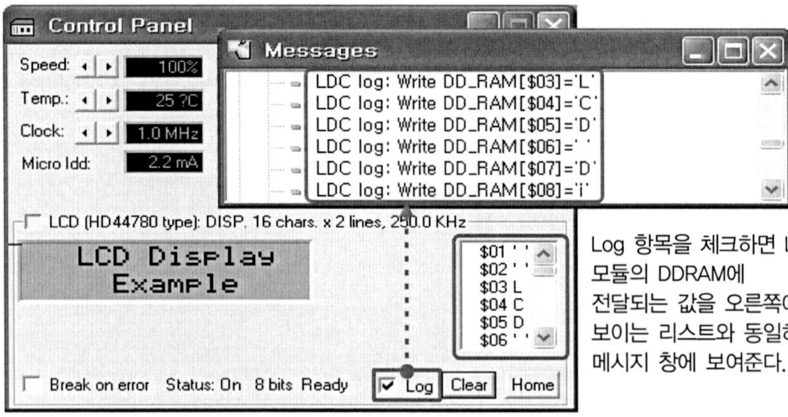

Log 항목을 체크하면 LCD 모듈의 DDRAM에 전달되는 값을 오른쪽에 보이는 리스트와 동일하게 메시지 창에 보여준다.

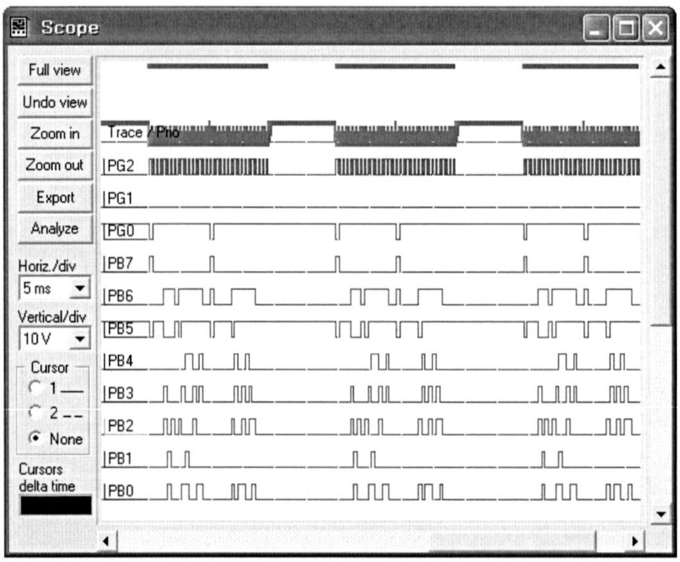

실습 6.2 LCD 모듈에 다음의 문자열이 차례대로 표시된 다음 두 번째 표시된 문자열이 좌우로 이동 되도록 한다. (8비트 인터페이스)

LCD Display Example	1234567890ABCDEF Shift Test

```
#include <avr/io.h>
#include <util/delay.h>

void LCD_command (unsigned char command)
{
     PORTG = 0x04;                    // E = 1, R/W = 0, RS = 0
```

```
    PORTB = command;                // 명령 값 전달
    _delay_us(1);
    PORTG = 0x00;                   // E = 0, R/W = 0, RS = 0
    _delay_us(1);                   // 명령어 쓰기
}

void LCD_data (unsigned char data)
{
    PORTG = 0x05;                   // E = 1, R/W = 0, RS = 1
    PORTB = data;                   // 데이터 값 전달
    _delay_us(1);
    PORTG = 0x01;                   // E = 0, R/W = 0, RS = 1
    _delay_us(1);                   // 데이터 쓰기
}

void LCD_string (unsigned char command, unsigned char *string)
{
    LCD_command (command);          // 문자열 출력 위치 명령 전달
    while (*string != '₩0')         // 문자열 마지막 NULL에서 while문 탈출
    {
      LCD_data (*string);           // 문자열의 첫 번째 문자부터 차례대로
      string++;                     // 한 문자씩 전달
    }
}

void LCD_initialize (void)          // LCD 모듈 초기화
{
    DDRB = 0xFF;                    // Port B Direction : Output
    DDRG = 0xFF;                    // Port G Direction : Output

    _delay_ms(20);                  // 약 20 ms 지연
    LCD_command (0x38);             // 기능 세트(8 bit, 2 line, 5x8 dot)
    LCD_command (0x08);             // display Off, cursor Off, Blink Off
    LCD_command (0x01);             // clear display
    _delay_ms(1);                   // 약 1 ms 지연
    LCD_command (0x06);             // 엔트리 모드 세트
    LCD_command (0x0E);             // display On, cursor On, Blink Off
}

int main (void)
{
    LCD_initialize();
```

```
    unsigned char i;
    unsigned char str1[] = "  LCD Display  ";
    unsigned char str2[] = "    Example    ";
    unsigned char str3[] = "1234567890ABCDEF";
    unsigned char str4[] = "   Shift Test  ";

    while (1)
    {
        LCD_string (0x80, str1);    // 첫 번째 줄 str1 문자열 출력
        LCD_string (0xC0, str2);    // 두 번째 줄 str2 문자열 출력
        _delay_ms(100);

        LCD_string (0x80, str3);    // 첫 번째 줄 str3 문자열 출력
        LCD_string (0xC0, str4);    // 두 번째 줄 str4 문자열 출력
        _delay_ms(100);

        for (i = 0; i < 16; i++)    // Shift Left
        {
            LCD_command (0x18);
            _delay_ms(50);
        }

        for (i = 0; i < 16; i++)    // Shift Right
        {
            LCD_command (0x1C);
            _delay_ms(50);
        }
        _delay_ms(50);
    }

    return 1;
}
```

[Project File 코딩]

```
; ***********************************************************
; PROJECT : lcd_02
; AUTHOR : KIET_Jeong
; ***********************************************************

; Micro + software running
```

```
; ---------------------------------------------------------------
.MICRO "ATmega128"
.TOOLCHAIN "GCC"
.GCCPATH   "C:₩WinAVR"
.GCCMAKE   AUTO
.TARGET    "lcd_02.hex"
.SOURCE    "lcd_02.c"

.TRACE                   ; Activate micro trace

; Following lines are optional; if not included
; exactly these values are taken by Default
; ---------------------------------------------------------------
.POWER VDD = 5 VSS = 0   ; Power nodes
.CLOCK 1meg              ; Micro clock
.STORE 1000m             ; Trace (micro+signals) storage time

; Micro nodes: RESET, AREF, PA0-PA7, PB0-PB7, PC0-PC7, PD0-PD7, PE0-PE7,
  PF0-PF7, PG0-PG4, TIM1OVF
; Define here the hardware around the micro
; ---------------------------------------------------------------
; Control Panel LCD 표시 정의
; ---------------------------------------------------------------
;                     RS  R/W  E        8 bit  interface
;                     --- ---  ---  --------------------------------
Xdisp LCD (16 2 250K) PG0  PG1  PG2  PB7 PB6 PB5 PB4 PB3 PB2 PB1 PB0

.PLOT V(PB7) V(PB6) V(PB5) V(PB4) V(PB3) V(PB2) V(PB1) V(PB0)
.PLOT V(PG2) V(PG1) V(PG0)
```

[Simulation 결과]

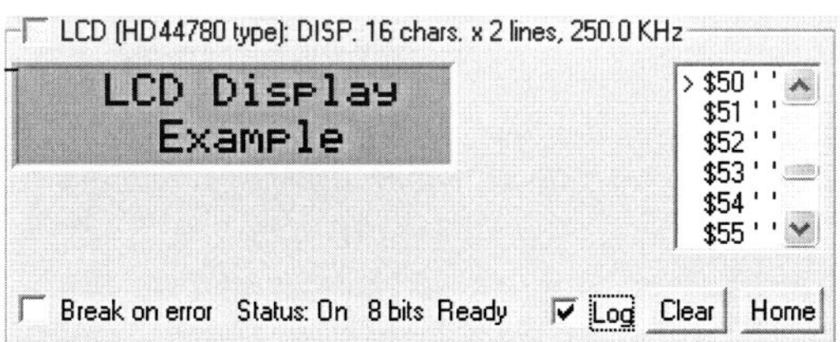

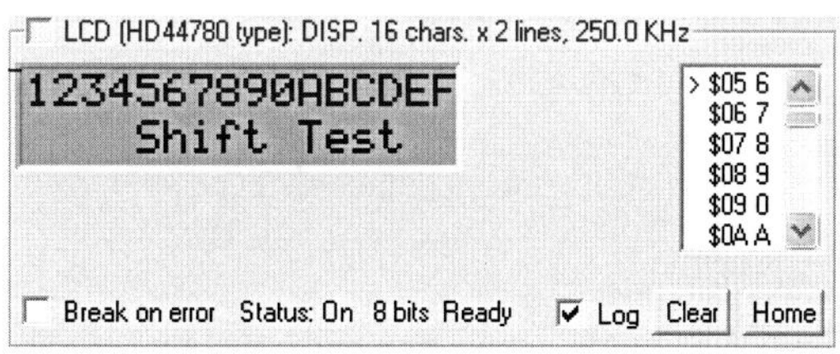

6.2.1 WinAVR 컴파일러를 이용한 문자 LCD 모듈 실습

(1) LCD 모듈에 이름과 소속 표시

```
#define F_CPU 8000000

#include <avr/io.h>
#include <util/delay.h>

#define  LINE1        0x80
#define  LINE2        0xC0
#define  CMD_WRITE    0xFC                // 0b*****100, E=1, RW=0, RS=0
#define  CMD_READ     0xFE                // 0b*****110, E=1, RW=1, RS=0
#define  DATA_WRITE   0xFD                // 0b*****101, E=1, RW=0, RS=1
#define  DATA_READ    0xFF                // 0b*****111, E=1, RW=1, RS=1
#define  LCD_EN       0x04                // 0b*****100, E=1, RW=0, RS=0

void LCD_cmd_write (unsigned char cmd)    // 명령어 쓰기 함수
{
     PORTG = CMD_WRITE;                   // 포트 G : 명령어 쓰기 신호
     PORTB = cmd;                         // 포트 B : 명령 전송
     PORTG = PORTG ^ LCD_EN;              // LCD 비활성화, E 신호 1 → 0
     _delay_ms(2);                        // 타이밍 맞춤
}

void LCD_data_write (unsigned char data)  // 데이터 쓰기 함수
{
     PORTG = DATA_WRITE;                  // 포트 G : 데이터 쓰기 신호
     PORTB = data;                        // 포트 B : 데이터 전송
     PORTG = PORTG ^ LCD_EN;              // LCD 비활성화, E 신호 1 → 0
     _delay_ms(2);                        // 타이밍 맞춤
}

void LCD_wr_string (char d_line, char *string)
{
     LCD_cmd_write (d_line);              // 문자열 표시 라인 설정
     while ( *string != '₩0' )            // NULL이 될 때까지...
     {
        LCD_data_write (*string);         // 데이터 쓰기 함수로 한 문자씩
        string++;
     }
}
```

```
void init_LCD (void)                          // LCD 초기화 함수
{
     _delay_ms(15);
     LCD_cmd_write (0x38);
     _delay_ms(5);
     LCD_cmd_write (0x38);
     _delay_us(100);
     LCD_cmd_write (0x38);

     LCD_cmd_write (0x08);
     LCD_cmd_write (0x01);
     LCD_cmd_write (0x06);
     LCD_cmd_write (0x0C);
}

void init_system (void)                       // 포트 초기화 함수
{
     DDRB = 0xFF;
     PORTB = 0xFF;
     DDRG = 0xFF;
     PORTG = 0xFF;
}

int main (void)
{
     init_system();                           // 포트 초기화 함수 호출
     init_LCD();                              // LCD 초기화 함수 호출

     LCD_wr_string (LINE1, "   HELLO AVR!!   ");
     LCD_wr_string (LINE2, "KIET JeongBoKwon");

     for ( ; ; );

     return 1;
}
```

➜ LCD 초기화 함수 부분은 8비트 인터페이스 LCD 초기화 과정을 그대로 따르고 있다.

➜ 문자열을 처리할 때는 포인터 문법을 쓰며 일반적으로 예제 방식의 코드 유형을 많이 쓴다. 문자열을 처리하는 또 다른 코드 유형은 다음과 같다. 문자열을 처리하는 부분과 main 함수 부분의 코드만 바꿔서 실행해본다.

```
...
void LCD_wr_string (char d_line, char *string, char len)
{
      unsigned char i;
      LCD_cmd_write (d_line);

      for (i = 0; i < len; i++)
      {
         LCD_data_write ( *(string + i) );
         // if ( !( *(string + i) ) )  break;
      }
}
...
...  LCD_wr_string (LINE1, "   HELLO AVR!!  ", 17);
...  LCD_wr_string (LINE2, "KIET JeongBoKwon", 17);
...
```

➜ 4비트 인터페이스 프로그램 코드

8비트 인터페이스의 경우 데이터 버스 라인 수를 8라인을 모두 사용하지만 4비트 인터페이스의 경우 데이터 버스 라인 중에 상위 4비트만 사용한다. 4비트 인터페이스를 사용하게 되면 할당되는 핀 수를 줄일 수 있으나 8비트 데이터를 전달하기 위해서 프로그램 코드를 구현할 때 상위 4비트와 하위 4비트 순으로 두 번에 걸쳐서 전달해야 한다.

LCD 모듈의 초기화를 할 때 [그림 6.7]을 참고하여 적절한 지연시간과 기능 세트 부분에서 4비트 인터페이스 설정으로 코드를 변경한다.

```
void LCD_cmd_write (unsigned char cmd)
{
      LCD_PORT = ( ( cmd >> 4 ) & 0x0F ) | LCD_EN;
      LCD_PORT = ( ( cmd >> 4 ) & 0x0F );                       // E = 0

      LCD_PORT = ( cmd & 0x0F ) | LCD_EN;
      LCD_PORT = ( cmd & 0x0F );                                // E = 0

      _delay_ms(2);
}

void LCD_data_write (unsigned char data)
{
      LCD_PORT = ( ( ( data >> 4 ) & 0x0F ) | LCD_EN | LCD_RS );
      LCD_PORT = ( ( ( data >> 4 ) & 0x0F ) | LCD_RS );        // E = 0
```

```
    LCD_PORT = ( ( data & 0x0F ) | LCD_EN | LCD_RS );
    LCD_PORT = ( ( data & 0x0F ) | LCD_RS );              // E = 0

    _delay_ms(2);
}
```

(2) 스위치 조작에 따라 LCD에 상태 표시

```
#define F_CPU 8000000

#include <avr/io.h>
#include <util/delay.h>

#define  LINE1        0x80
#define  LINE2        0xC0
#define  CMD_WRITE    0xFC               // 0b*****100, E=1, RW=0, RS=0
#define  CMD_READ     0xFE               // 0b*****110, E=1, RW=1, RS=0
#define  DATA_WRITE   0xFD               // 0b*****101, E=1, RW=0, RS=1
#define  DATA_READ    0xFF               // 0b*****111, E=1, RW=1, RS=1
#define  LCD_EN       0x04               // 0b*****100, E=1, RW=0, RS=0

void LCD_cmd_write (unsigned char cmd)   // 명령어 쓰기 함수
{
    PORTG = CMD_WRITE;                   // 포트 G : 명령어 쓰기 신호
    PORTB = cmd;                         // 포트 B : 명령 전송
    PORTG = PORTG ^ LCD_EN;              // LCD 비활성화, E 신호 1 → 0
    _delay_ms(2);                        // 타이밍 맞춤
}

void LCD_data_write (unsigned char data) // 데이터 쓰기 함수
{
    PORTG = DATA_WRITE;                  // 포트 G : 데이터 쓰기 신호
    PORTB = data;                        // 포트 B : 데이터 전송
    PORTG = PORTG ^ LCD_EN;              // LCD 비활성화, E 신호 1 → 0
    _delay_ms(2);                        // 타이밍 맞춤
}

void LCD_wr_string (char d_line, char *string)
{
    LCD_cmd_write (d_line);              // 문자열 표시 라인 설정
    while ( *string != '₩0' )            // NULL이 될 때까지...
```

```
        {
            LCD_data_write (*string);          // 데이터 쓰기 함수로 한 문자씩
            string++;
        }
}

void init_LCD (void)                           // LCD 초기화 함수
{
        _delay_ms(15);
        LCD_cmd_write (0x38);
        _delay_ms(5);
        LCD_cmd_write (0x38);
        _delay_us(100);
        LCD_cmd_write (0x38);

        LCD_cmd_write (0x08);
        LCD_cmd_write (0x01);
        LCD_cmd_write (0x06);
        LCD_cmd_write (0x0C);
}

void init_system (void)                        // 포트 초기화 함수
{
        DDRB = 0xFF;
        DDRC = 0xFF;
        DDRD = 0xF0;
        DDRG = 0xFF;
        PORTB = 0xFF;
        PORTC = 0xFF;
        PORTD = 0xF0;
        PORTG = 0xFF;
}

int main (void)
{
        init_system();
        init_LCD();

        unsigned char sw1, sw2, sw3, sw4;

        for ( ; ; )
        {
```

```
sw1 = PIND & 0xFE;
sw2 = PIND & 0xFD;
sw3 = PIND & 0xFB;
sw4 = PIND & 0xF7;

if (sw1 == PIND)
{
   LCD_wr_string (LINE1, "   Switch 1      ");
   LCD_wr_string (LINE2, " 200ms Blinking ");
   PORTC = 0xFE;
   _delay_ms(200);
   PORTC = 0xFF;
   _delay_ms(200);
}

else if (sw2 == PIND)
{
   LCD_wr_string (LINE1, "   Switch 2      ");
   LCD_wr_string (LINE2, " 500ms Blinking ");
   PORTC = 0xFD;
   _delay_ms(500);
   PORTC = 0xFF;
   _delay_ms(500);
}

else if (sw3 == PIND)
{
   LCD_wr_string (LINE1, "   Switch 3     ");
   LCD_wr_string (LINE2, "  1s Blinking   ");
   PORTC = 0xFB;
   _delay_ms(1000);
   PORTC = 0xFF;
   _delay_ms(1000);
}

else if (sw4 == PIND)
{
   LCD_wr_string (LINE1, "   Switch 4     ");
   LCD_wr_string (LINE2, "  2s Blinking   ");
   PORTC = 0xF7;
   _delay_ms(2000);
   PORTC = 0xFF;
```

```
            _delay_ms(2000);
        }

        else
        {
            LCD_wr_string (LINE1, "                ");
            LCD_wr_string (LINE2, "                ");
            PORTC = 0xFF;
        }
    }

    return 1;
}
```

(3) 문자 LCD 프로그램 모듈화

문자 LCD 모듈의 경우 대부분의 마이크로컨트롤러에서 처리되는 데이터를 LCD에 표시해주는 장점이 있다. 하지만 처리 결과를 문자 LCD에 표시할 때마다 매번 (2)의 예제처럼 같은 코드를 넣게 되면 프로그램 코드의 디버깅 및 가독성이 떨어지는 등의 비효율적인 문제가 있기 때문에 문자 LCD 프로그램을 헤더파일과 세부 동작을 구현한 함수 프로그램 파일로 기능별로 구분해서 코드의 재사용을 편하게 한다.

① 'lcd.h' 파일

```
#ifndef __LCD_H__
#define __LCD_H__

#define LINE_0     0
#define LINE_1     1

// LCD 함수
extern void LCD_command (unsigned char command);
extern void LCD_data (unsigned char data);
extern void LCD_string (char *string);
extern void LCD_gotoXY (unsigned char x, unsigned char y);
extern void LCD_XYstring (unsigned char x, unsigned char y, char *string);
extern void LCD_cursor_ON (void);
extern void LCD_cursor_OFF (void);
extern void LCD_shift_LEFT (void);
extern void LCD_shift_RIGHT (void);
extern void LCD_initialize (void);
```

```
// Decimal Number (ex : 255)
extern void LCD_2dec (unsigned char number, unsigned char zero_display);
extern void LCD_3dec (unsigned int number, unsigned char zero_display);
extern void LCD_4dec (unsigned int number, unsigned char zero_display);
extern void LCD_5dec (unsigned int number, unsigned char zero_display);

// Hexadecimal Number (ex : FF)
extern void LCD_2hex (unsigned char number);
extern void LCD_4hex (unsigned int number);

// Binary Number (ex : 11111111)
extern void LCD_4bin (unsigned char number);
extern void LCD_8bin (unsigned char number);

// Float Number (ex : 4.9)
extern void LCD_1dot1 (float number);
extern void LCD_2dot1 (float number);
extern void LCD_3dot1 (float number);

#endif //__LCD_H__
```

➜ 헤더 파일 중복을 피하기 위해서 선행처리기 #ifndef, #endif를 사용하였다.

② 'lcd.c' 프로그램 파일

```
#include <avr/io.h>
#include <util.delay.h>
#include "lcd.h"

// ============================================================
// Function    : LCD_command
// Description : write a command to LCD
// ============================================================

void LCD_command (unsigned char command)
{
    PORTB = command;            // output command
    PORTG = 0x04;               // E = 1, R/W = 0, RS = 0
    _delay_us(1);
    PORTG = 0x00;               // E = 0, R/W = 0, RS = 0
    _delay_us(5);
}
```

```
// ==============================================================
// Function    : LCD_data
// Description : display a character on LCD
// ==============================================================

void LCD_data (unsigned char data)
{
    PORTB = data;                  // output data
    PORTG = 0x05;                  // E = 1, R/W = 0, RS = 1
    _delay_us(1);
    PORTG = 0x01;                  // E = 0, R/W = 0, RS = 1
    _delay_us(5);
}

// ==============================================================
// Function    : LCD_string
// Description : display a string on LCD
// ==============================================================

void LCD_string (char *string)
{
    while (*string != '₩0')        // NULL일 때까지 출력
    {
       LCD_data (*string);
       string++;
    }
}

// ==============================================================
// Function    : LCD_gotoXY
// Description : go to X, Y position on LCD
//               ( 16 chars x 2 lines )
// Effect      : x = 0 ... 15
//               y = LINE_0 or LINE_1
// ==============================================================

void LCD_gotoXY (unsigned char x, unsigned char y)
{
    unsigned char DDRAMAddr;

    switch ( y )
    {
```

```
        case 0: DDRAMAddr = 0x00 + x; break;
        case 1: DDRAMAddr = 0x40 + x; break;
    }

    // Set DDRAM address
    LCD_command ( 0x80 | DDRAMAddr );
}

// ============================================================
// Function    : LCD_XYstring
// Description : display a string on X, Y position of LCD
//               ( 16 chars x 2 lines )
//               x : 0 ... 15
//               y : LINE_0 or LINE_1
// ============================================================

void LCD_XYstring (unsigned char x, unsigned char y, char *string)
{
    LCD_gotoXY (x, y);
    LCD_string (string);
}

// ============================================================
// Function    : LCD_cursor_ON
// Description : Cursor and Blink ON
// ============================================================

void LCD_cursor_ON (void)
{
    LCD_command (0x0F);          // Display On, Cursor On, Blink On
}

// ============================================================
// Function    : LCD_cursor_OFF
// Description : Cursor and Blink OFF
// ============================================================

void LCD_cursor_Off (void)
{
    LCD_command (0x0C);          // Display On, Cursor Off, Blink Off
}
```

```
// ================================================================
// Function    : LCD_shift_LEFT
// Description : shift LEFT
// ================================================================

void LCD_shift_LEFT (void)
{
    LCD_command (0x18);
}

// ================================================================
// Function    : LCD_shift_RIGHT
// Description : shift RIGHT
// ================================================================

void LCD_shift_RIGHT (void)
{
    LCD_command (0x1C);
}

// ================================================================
// Function    : LCD_initialize
// Description : initialize text LCD module
// ================================================================

void LCD_initialize (void)
{
    // LCD 관련 PORT 초기화
    DDRB = 0xFF;                   // Output Direction
    DDRG = 0xFF;                   // Output Direction
    PORTG = 0x00;                  // E = 0, R/W = 0, RS = 0

    _delay_ms(20);                 // Wait about 20ms after powerup
    LCD_command (0x38);            // function set(8 bit, 2 line, 5x8 dot)
    LCD_command (0x08);            // display Off, cursor Off, Blink Off
    LCD_command (0x01);            // clear display
    _delay_ms(2);                  // Wait for clearing
    LCD_command (0x06);            // increment RAM, not shift display
    LCD_command (0x0E);            // display On, cursor On, Blink Off
}

// ================================================================
```

```
// Function    : LCD_2dec
// Description : display 2-digit decimal number
// ==============================================================

void LCD_2dec (unsigned char number, unsigned char zero_display)
{
    unsigned char i;

    i = number / 10;                                   // 10^1
    if ( !zero_display  &&  i == 0 )
       LCD_data (' ');
    else
       LCD_data ( i + '0' );

    i = number % 10;                                   // 10^0
    LCD_data ( i + '0' );
}

// ==============================================================
// Function    : LCD_3dec
// Description : display 3-digit decimal number
// ==============================================================

void LCD_3dec (unsigned int number, unsigned char zero_display)
{
    unsigned int i;
    unsigned char flag;

    flag = 0;
    i = number / 100;                                  // 10^2
    if ( !zero_display  &&  i == 0 )
       LCD_data (' ');
    else
    {
       LCD_data ( i + '0' );
       flag = 1;
    }

    number = number % 100;                             // 10^1
    i = number / 10;
    if ( !zero_display &&  (i == 0)  &&  ( flag == 0 ) )
       LCD_data(' ');
```

```
    else
    {
       LCD_data ( i + '0' );
       flag = 1;
    }

    i = number % 10;                                    // 10^0
    LCD_data ( i + '0' );
}

// ==================================================================
// Function    : LCD_4dec
// Description : display 4-digit decimal number
// ==================================================================

void LCD_4dec (unsigned int number, unsigned char zero_display)
{
    unsigned int i;
    unsigned char flag;

    flag = 0;
    i = number / 1000;                                  // 10^3
    if ( !zero_display &&  i == 0 )
       LCD_data(' ');
    else
    {
       LCD_data ( i + '0' );
       flag = 1;
    }

    number = number % 1000;                             // 10^2
    i = number / 100;
    if ( !zero_display &&  (i == 0) && ( flag == 0 ) )
       LCD_data(' ');
    else
    {
       LCD_data ( i + '0' );
       flag = 1;
    }

    number = number % 100;                              // 10^1
    i = number / 10;
```

```
    if ( !zero_display && (i == 0) && ( flag == 0 ) )
        LCD_data (' ');
    else
    {
        LCD_data ( i + '0' );
        flag = 1;
    }

    i = number % 10;                                    // 10^0
    LCD_data ( i + '0' );
}

// ==============================================================
// Function    : LCD_5dec
// Description : display 5-digit decimal number
// ==============================================================

void LCD_5dec (unsigned int number, unsigned char zero_display)
{
    unsigned int i;
    unsigned char flag;

    flag = 0;
    i = number / 10000;                                 // 10^4
    if ( !zero_display &&  i == 0 )
        LCD_data (' ');
    else
    {
        LCD_data ( i + '0' );
        flag = 1;
    }

    number = number % 10000;                            // 10^3
    i = number / 1000;
    if ( !zero_display && (i == 0) && ( flag == 0 ) )
        LCD_data(' ');
    else
    {
        LCD_data ( i + '0' );
        flag = 1;
    }
```

```
    number = number % 1000;                         // 10^2
    i = number / 100;
    if ( !zero_display && (i == 0) && ( flag == 0 ) )
       LCD_data (' ');
    else
    {
       LCD_data ( i + '0' );
       flag = 1;
    }

    number = number % 100;                          // 10^1
    i = number / 10;
    if (!zero_display && (i == 0) && ( flag == 0 ) )
       LCD_data (' ');
    else
    {
       LCD_data ( i + '0' );
       flag = 1;
    }

    i = number % 10;                                // 10^0
    LCD_data ( i + '0' );
}

// ==============================================================
// Function    : LCD_2hex
// Description : display 2-digit hex number
// ==============================================================

void LCD_2hex (unsigned char number)
{
    unsigned char i;

    i = (number >> 4) & 0x0F;                       // 16^1
    if ( i <= 9 ) LCD_data ( i + '0' );
    else          LCD_data ( i - 10 + 'A' );

    i = number & 0x0F;                              // 16^0
    if ( i <= 9 )  LCD_data ( i + '0' );
    else           LCD_data ( i - 10 + 'A' );
}
```

```
// ==========================================================
// Function    : LCD_4hex
// Description : display 4-digit hex number
// ==========================================================

void LCD_4hex (unsigned int number)
{
    unsigned int i;

    i = (number >> 12) & 0x000F;                  // 16^3
    if (i <= 9)   LCD_data ( i + '0' );
    else          LCD_data ( i - 10 + 'A' );

    i = ( number >> 8 ) & 0x000F;                 // 16^2
    if ( i <= 9 ) LCD_data ( i + '0' );
    else          LCD_data ( i - 10 + 'A' );

    i = (number >> 4) & 0x000F;                   // 16^1
    if ( i <= 9 ) LCD_data ( i + '0' );
    else          LCD_data ( i - 10 + 'A' );

    i = number & 0x000F;                          // 16^0
    if ( i <= 9 ) LCD_data ( i + '0' );
    else          LCD_data ( i - 10 + 'A' );
}

// ==========================================================
// Function    : LCD_4bin
// Description : display 4-bit binary number
// ==========================================================

void LCD_4bin (unsigned char number)
{
    LCD_data ( ( ( number >> 3 ) & 0x01 ) + '0' ); // 2^3
    LCD_data ( ( ( number >> 2 ) & 0x01 ) + '0' ); // 2^2
    LCD_data ( ( ( number >> 1 ) & 0x01 ) + '0' ); // 2^1
    LCD_data ( ( number & 0x01 ) + '0 ' );         // 2^0
}

// ==========================================================
// Function    : LCD_8bin
// Description : display 8-bit binary number
```

```
// ============================================================

void LCD_8bin (unsigned char number)
{
  LCD_data ( ( ( number >> 7 ) & 0x01 ) + '0' );    // 2^7
  LCD_data ( ( ( number >> 6 ) & 0x01 ) + '0' );    // 2^6
  LCD_data ( ( ( number >> 5 ) & 0x01 ) + '0' );    // 2^5
  LCD_data ( ( ( number >> 4 ) & 0x01 ) + '0' );    // 2^4
  LCD_data ( ( ( number >> 3 ) & 0x01 ) + '0' );    // 2^3
  LCD_data ( ( ( number >> 2 ) & 0x01 ) + '0' );    // 2^2
  LCD_data ( ( ( number >> 1 ) & 0x01 ) + '0' );    // 2^1
  LCD_data ( ( number & 0x01 ) + '0' );             // 2^0
}

// ============================================================
// Function    : LCD_1dot1
// Description : floating-point number x.x
// ============================================================

void LCD_1dot1 (float number)
{
    unsigned char i, j;

    j = ( int ) ( number * 10.0 + 0.5 );
    i = j / 10;                                     // 10^0
    LCD_data ( i + '0' );

    LCD_data ( '.' );

    i = j % 10;                                     // 10^-1
    LCD_data ( i + '0' );
}

// ============================================================
// Function    : LCD_2dot1
// Description : floating-point number xx.x
// ============================================================

void LCD_2dot1 (float number)
{
    unsigned int i, j;
```

```
    j = ( int )( number * 10.0 + 0.5 );
    i = j / 100;                                    // 10^1
    if ( i == 0 )  LCD_data (' ');
    else           LCD_data ( i + '0' );

    j = j % 100;                                    // 10^0
    i = j / 10;
    LCD_data ( i + '0' );

    LCD_data ( '.' );

    i = j % 10;                                     // 10^-1
    LCD_data ( i + '0' );
}

// ================================================================
// Function    : LCD_3dot1
// Description : floating-point number xxx.x
// ================================================================

void LCD_3dot1 (float number)
{
    unsigned int i, j;

    j = ( int )( number * 10.0 + 0.5 );
    i = j / 1000;                                   // 10^2
    if ( i == 0 ) LCD_data ( ' ' );
    else          LCD_data ( i + '0' );

    j = j % 1000;                                   // 10^1
    i = j / 100;
    LCD_data ( i + '0' );

    j = j % 100;                                    // 10^0
    i = j / 10;
    LCD_data ( i + '0' );

    LCD_data ( '.' );

    i = j % 10;                                     // 10^-1
    LCD_data ( i + '0' );
}
```

➜ LCD 모듈 프로그램에서 사용하는 부분만 헤더 파일로 각 응용 프로그램에 포함시켜 사용한다.

07 인터럽트(Interrupt)

CHAPTER

7.1 인터럽트 동작

인터럽트는 마이크로컨트롤러의 내·외부로부터 오는 신호로 기존에 실행하고 있던 작업을 멈추고 요청된 작업(인터럽트 서비스 루틴)을 모두 실행한 뒤에 다시 중지되었던 기존의 작업으로 돌아가는 것을 말한다.

인터럽트에는 폴링(polling) 방식과 인터럽트 방식이 있으며 폴링 방식은 마이크로컨트롤러에서 인터럽트 요청을 계속해서 점검하는 방식이고 인터럽트 방식은 어떤 요청이 발생하였을 때만 마이크로컨트롤러가 대응하는 것을 말한다. [그림 7.1]은 ATmega128의 인터럽트 처리 과정을 보여주고 있다. 작업 중 인터럽트가 발생되면 인터럽트 벡터(vector) 테이블의 메모리 시작 주소로 분기가 되고 벡터 테이블에서 해당 인터럽트 서비스 루틴의 메모리 시작 주소로 점프하도록 되어 있다. 인터럽트 서비스 루틴이 모두 수행된 이후에 인터럽트가 발생되기 전에 실행되던 부분으로 복귀되어 멈춰 있던 작업을 계속 수행한다.

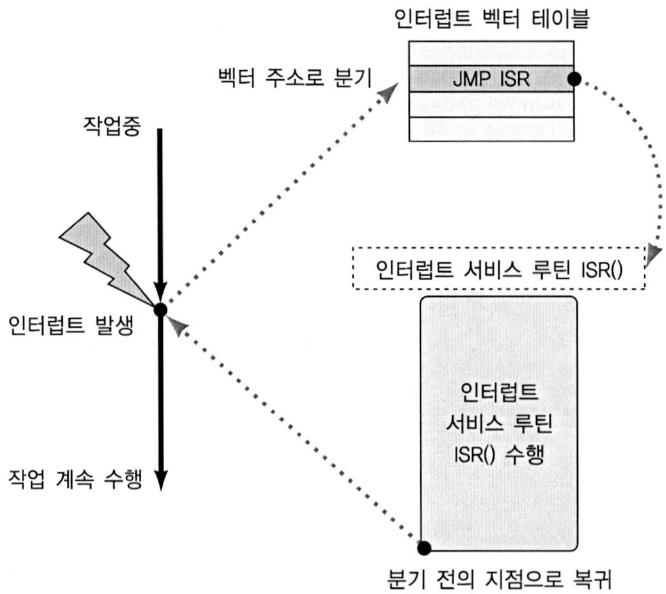

실생활	인터럽트
시험공부를 열심히 하고 있다.	메인 프로그램 실행 중
엄마가 심부름을 시킨다.	인터럽트 발생
책갈피를 꽂아둔다.	복귀 주소 저장
심부름을 다녀온다.	인터럽트 처리
책갈피가 꽂힌 부분을 편다.	복귀 주소 로드
다시 시험공부를 열심히 한다.	메인 프로그램 계속 실행

[그림 7.1] 인터럽트 서비스 루틴(ISR) 과정

7.1.1 ATmega128의 인터럽트

ATmega128에는 리셋을 포함하여 모두 35개의 인터럽트를 가지고 있다.

[표 7.1] 리셋과 인터럽트 벡터(다음 페이지 계속)

Vector No.	Program Address	Source	Interrupt Definition
1	$0000	RESET	External Pin, Power-on Reset, Brown-out Reset, Watchdog Reset, and JTAG AVR Reset
2	$0002	INT0	External Interrupt Request 0
3	$0004	INT1	External Interrupt Request 1
4	$0006	INT2	External Interrupt Request 2
5	$0008	INT3	External Interrupt Request 3
6	$000A	INT4	External Interrupt Request 4

[표 7.1] 리셋과 인터럽트 벡터(계속)

Vector No.	Program Address	Source	Interrupt Definition
7	$000C	INT5	External Interrupt Request 5
8	$000E	INT6	External Interrupt Request 6
9	$0010	INT7	External Interrupt Request 7
10	$0012	TIMER2 COMP	Timer/Counter2 Compare Match
11	$0014	TIMER2 OVF	Timer/Counter2 Overflow
12	$0016	TIMER1 CAPT	Timer/Counter1 Capture Event
13	$0018	TIMER1 COMPA	Timer/Counter1 Compare Match A
14	$001A	TIMER1 COMPB	Timer/Counter1 Compare Match B
15	$001C	TIMER1 OVF	Timer/Counter1 Overflow
16	$001E	TIMER0 COMP	Timer/Counter0 Compare Match
17	$0020	TIMER0 OVF	Timer/Counter0 Overflow
18	$0022	SPI, STC	SPI Serial Transfer Complete
19	$0024	USART0, RX	USART0, Rx Complete
20	$0026	USART0, UDRE	USART0 Data Register Empty
21	$0028	USART0, TX	USART0, Tx Complete
22	$002A	ADC	ADC Conversion Complete
23	$002C	EE READY	EEPROM Ready
24	$002E	ANALOG COMP	Analog Comparator
25	$0030	TIMER1 COMPC	Timer/Counter1 Compare Match C
26	$0032	TIMER3 CAPT	Timer/Counter3 Capture Event
27	$0034	TIMER3 COMPA	Timer/Counter3 Compare Match A
28	$0036	TIMER3 COMPB	Timer/Counter3 Compare Match B
29	$0038	TIMER3 COMPC	Timer/Counter3 Compare Match C
30	$003A	TIMER3 OVF	Timer/Counter3 Overflow
31	$003C	USART1, RX	USART1, Rx Complete
32	$003E	USART1, UDRE	USART1 Data Register Empty
33	$0040	USART1, TX	USART1, Tx Complete
34	$0042	TWI	Two-wire Serial Interface
35	$0044	SPM READY	Store Program Memory Ready

35개 각 인터럽트에 고유한 번호가 부여되어 있고 프로그램 주소(program address)가 설정되어 있다. 여기서 각 인터럽트에 부여된 번호를 인터럽트 벡터라고 하며 인터럽트 벡터 번호가 낮을수록 우선순위가 높다. 하지만 ATmega128에서의 인터럽트 우선순위 개념은 중첩(nested) 인터럽트를 의미하는 것은 아니며 동시에 인터럽트 요청이 있을 때 우선순위 개념으로 봐야 한다.

인터럽트 서비스 루틴

인터럽트 서비스 루틴은 C 언어의 함수처럼 이해를 하면 안 된다. 인터럽트 서비스 루틴으로 접근하는 문법은 다음과 같으며 이후 언급되는 모든 인터럽트 사용에는 다음의 선언 방식과 벡터 매크로를 사용해야 한다.

```
#include <avr/interrupt.h>          // 인터럽트 헤더 파일

ISR (벡터, 속성)
{
// 인터럽트 서비스 루틴 코드 삽입
}
```

일부 통합 개발 환경에서는 SIGNAL(vector) 형식은 더 이상 지원하지 않기 때문에 빌드가 되지 않을 경우 선언 방식을 ISR( )로 변경하도록 한다. 최근의 GCC 컴파일러 사용자 매뉴얼에는 SIGNAL( ) 대신 속성을 넣을 수 있는 ISR( )을 사용하도록 권고하고 있다.

WinAVR 사용자 매뉴얼에 있는 인터럽트와 관련된 선언은 다음과 같다.

- #define ISR(vector, attributes)
- #define SIGNAL(vector)
- #define EMPTY_INTERRUPT(vector)
- #define ISR_ALIAS(vector, target_vector)
- #define reti()
- #define BADISR_vect

ISR 속성에는 ISR_BLOCK(속성을 지정하지 않으면 기본으로 선택), ISR_NOBLOCK(인터럽트 발생시 SREG 인터럽트 허용), ISR_NAKED(레지스터 저장, 복원, reti() 생략), ISR_ALIASOF (target_vector)(인터럽트 처리가 동일할 때 서비스 루틴 선언 생략)이 있다.

인터럽트 벡터 매크로

ATmega128의 인터럽트 벡터 매크로에 대한 정보는 WinAVR 폴더의 "iom128.h" 파일이나 AVR 사용자 매뉴얼에서 확인이 가능하다.

[표 7.2] 인터럽트 벡터 매크로

벡터 번호	매크로	벡터 번호	매크로
2	INT0_vect	19	USART0_RX_vect
3	INT1_vect	20	USART0_UDRE_vect
4	INT2_vect	21	USART0_TX_vect
5	INT3_vect	22	ADC_vect
6	INT4_vect	23	EE_READY_vect
7	INT5_vect	24	ANALOG_COMP_vect
8	INT6_vect	25	TIMER1_COMPC_vect
9	INT7_vect	26	TIMER3_CAPT_vect
10	TIMER2_COMP_vect	27	TIMER3_COMPA_vect
11	TIMER2_OVF_vect	28	TIMER3_COMPB_vect
12	TIMER1_CAPT_vect	29	TIMER3_COMPC_vect
13	TIMER1_COMPA_vect	30	TIMER3_OVF_vect
14	TIMER1_COMPB_vect	31	USART1_RX_vect
15	TIMER1_OVF_vect	32	USART1_UDRE_vect
16	TIMER0_COMP_vect	33	USART1_TX_vect
17	TIMER0_OVF_vect	34	TWI_vect
18	SPI_STC_vect	35	SPM_READY_vect

7.1.2 외부 인터럽트

ATmega128은 8개의 외부 인터럽트 INT0~INT7을 제공한다.

- 외부 인터럽트는 INT0~INT7 핀의 트리거 동작으로 인터럽트가 발생된다.
- 로우 레벨, 상승 에지, 하강 에지 트리거 신호를 선택할 수 있다.
- 외부 인터럽트는 해당 핀의 입·출력 방향에 관계없이 인터럽트가 발생된다.
- INT 7~4 : 하강 에지와 상승 에지를 인터럽트의 소스로 사용하는 방법이 있다.
- INT 3~0 : 비동기적 검출이 가능하다.

ATmega128에서의 외부 인터럽트 핀은 PD0(INT0), PD1(INT1), PD2(INT2), PD3(INT3), PE4(INT4), PE5(INT5), PE6(INT6), PE7(INT7)로 구성되어 있다.

7.2 외부 인터럽트 관련 레지스터

사용되는 레지스터는 EICRA, EICRB, EIMSK, EIFR이 있다.

- EICRA(External Interrupt Control Register A)

외부 인터럽트 INT0~INT3과 관련이 있는 레지스터이며 레지스터 이름 뒤에 'A' 처럼 알파벳이 붙으면 B, C 등으로 레지스터가 더 있다는 의미이며 외부 인터럽트 INT4~INT7은 EICRB 레지스터에서 설정을 하도록 되어 있다.

최상위 비트부터 ISC31, ISC30, ISC21, ISC20, ISC11, ISC10, ISC01, ISC00 순서로 배열되어 있는데 레지스터를 볼 때 데이터시트에서 제공되는 테이블과 숫자를 보면서 어떻게 읽어야 하는지, 어떤 비트들이 서로 연관성이 있는지 먼저 파악을 하도록 한다.

ISC(Interrupt Sense Control) 첫 번째 숫자가 외부 인터럽트 번호이고 두 개씩 설정을 해서 외부 인터럽트 INT0 ~ INT3의 감지 방법을 결정할 수 있다.

비트	7	6	5	4	3	2	1	0	
	ISC31	ISC30	ISC21	ISC20	ISC11	ISC10	ISC01	ISC00	EICRA
읽기/쓰기	R/W	R/W	R/W	R/W	R/W	R/W	R/W	R/W	
초기값	0	0	0	0	0	0	0	0	

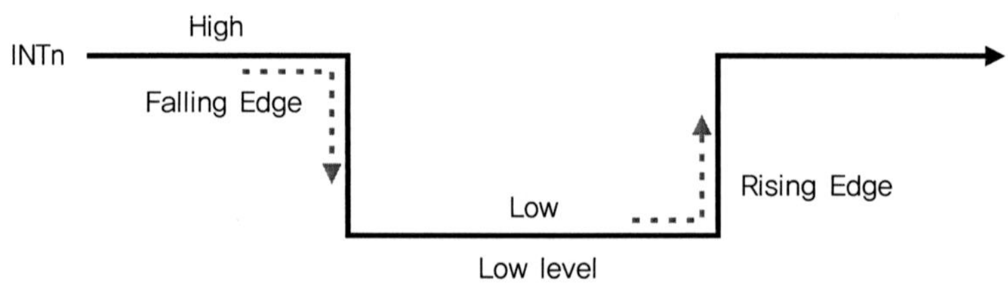

[그림 7.2] 신호 형태

[표 7.3] 인터럽트 감지 제어(n = 0, 1, 2, 3)

ISCn1	ISCn0	설명
0	0	INTn 핀의 레우 레벨(low level) 신호가 인터럽트 요구
0	1	예약
1	0	INTn 핀의 하강 모서리(falling edge)가 인터럽트 요구를 비동기적으로 발생
1	1	INTn 핀의 상승 모서리(rising edge)가 인터럽트 요구를 비동기적으로 발생

- **EICRB(External Interrupt Control Register B)**

외부 인터럽트 INT4~INT7과 관련이 있는 레지스터이다. EICRA 레지스터처럼 인터럽트 트리거를 설정하지만 하강 에지와 상승 에지를 인터럽트 소스로 사용하는 세 가지 감지 방법을 가지고 있으며 이 감지 방법들은 입·출력 클록을 사용하여 신호 변경을 감지하기 때문에 입·출력 클록이 동작을 멈추는 슬립 모드 상태에서는 인터럽트 소스로 사용할 수 없다.

비트	7	6	5	4	3	2	1	0	
	ISC71	ISC70	ISC61	ISC60	ISC51	ISC50	ISC41	ISC40	EICRB
읽기/쓰기	R/W	R/W	R/W	R/W	R/W	R/W	R/W	R/W	
초기값	0	0	0	0	0	0	0	0	

[표 7.4] 인터럽트 감지 제어(n = 4, 5, 6, 7)

ISCn1	ISCn0	설명
0	0	INTn 핀의 레우 레벨(low level) 신호가 인터럽트 요구
0	1	INTn 핀의 모든 논리적인 변화(하강/상승)에 인터럽트 요구
1	0	INTn의 두 샘플들 사이에서 하강 모서리가 인터럽트 요구
1	1	INTn의 두 샘플들 사이에서 상승 모서리가 인터럽트 요구

- **EIMSK(External Interrupt Mask Register)**

INT0~INT7 외부 인터럽트를 개별적으로 허용하는데 사용된다. 사용할 외부 인터럽트 비트를 1로 설정하면 외부 인터럽트가 허용되고 0으로 설정하면 인터럽트가 허용되지 않는다. 단, SREG (Status Register)이 I비트가 1로 Set된 상태이어야 한다.

비트	7	6	5	4	3	2	1	0	
	INT7	INT6	INT5	INT4	INT3	INT2	INT1	IINT0	EIMSK
읽기/쓰기	R/W	R/W	R/W	R/W	R/W	R/W	R/W	R/W	
초기값	0	0	0	0	0	0	0	0	

- **SREG(Status Register)**

ATmega128의 상태 및 연산 명령 실행에 대한 결과를 포함하는 레지스터로 모든 ALU 연산 수행 후 자동으로 갱신된다. 외부 인터럽트뿐만 아니라 ATmega128의 35개 인터럽트를 허용할 때에는 SREG 레지스터의 모든 비트를 볼 필요가 없으며 SREG 레지스터의 최상위 비트인 I(Global Interrupt Enable) 비트만 1이나 0으로 쓰면 된다. SEI와 CLI 명령으로 Set(1을 씀/인터럽트 허용)과 Clear(0을 씀/인터럽트 금지)할 수 있다.

SREG 레지스터의 I 비트를 1로 Set하면 ATmega128의 35개 인터럽트 모두 활성화된다. 이후 인터럽트를 사용하는 모든 제어에 SREG 레지스터의 I 비트를 Set해야 한다.

비트	7	6	5	4	3	2	1	0	
	I	T	H	S	V	N	Z	C	SREG
읽기/쓰기	R/W	R/W	R/W	R/W	R/W	R/W	R/W	R/W	
초기값	0	0	0	0	0	0	0	0	

- EIFR(External Interrupt Flag Register)

  외부 인터럽트가 요청되면 해당 플래그 비트가 Set(1)된다. 해당 플래그 비트는 인터럽트 서비스 루틴이 수행하면 자동으로 Clear(0)된다. 레벨 트리거 방식의 인터럽트인 경우는 모든 비트 값이 0으로 리셋되어 있다.

비트	7	6	5	4	3	2	1	0	
	INTF7	INTF6	INTF5	INTF4	INTF3	INTF2	INTF1	INTF0	EIFR
읽기/쓰기	R/W	R/W	R/W	R/W	R/W	R/W	R/W	R/W	
초기값	0	0	0	0	0	0	0	0	

7.3 외부 인터럽트 실습

인터럽트를 사용할 때 "interrupt.h" 헤더 파일을 선언해야 하며 앞서 언급한 것처럼 외부 인터럽트가 요청되었을 때 벡터 매크로의 인터럽트 서비스 루틴으로 점프하기 때문에 사용하는 외부 인터럽트 벡터 매크로를 모두 작성해야 한다. 다음은 외부 인터럽트 INT0, INT1을 사용하였을 때의 코드 작성 예를 보여준다.

```
#include <avr/io.h>
#include <avr/interrupt.h>

ISR (INT0_vect)
{
      외부 인터럽트 0 서비스 루틴
}

ISR (INT1_vect)
{
      외부 인터럽트 1 서비스 루틴
}

int main (void)
{
      입출력 핀 초기화
```

```
    인터럽트 설정

    sei();                  // 전체 인터럽트 허용

    while (1)
    {

    }

    return 1;
}
```

실습 7.1 외부 인터럽트 INT0 스위치를 누르면 LED 8개 모두 On/Off 를 반복하도록 한다.

```
#include <avr/io.h>
#include <avr/interrupt.h>
#include <util/delay.h>

ISR (INT0_vect)             // 외부 인터럽트 0 서비스 루틴
{                           // 외부 인터럽트 0 설정이 완벽하게 된 상태에서
    PORTC = 0x00;           // INT0 스위치(PD0)의 상태가 로우레벨이 되었을 때,
    _delay_ms(50);          // 외부 인터럽트 0 서비스 루틴이 수행된다.
    PORTC = 0xFF;
    _delay_ms(50);
}

int main (void)
{
    DDRC = 0xFF;
    PORTC = 0xFF;
    DDRD = 0x00;
    PORTD = 0xFF;

    EICRA = 0x00;           // 00000000 → Low level 감지
    EIMSK = 0x01;           // 00000001 → INT0 인터럽트 허용

    sei();                  // 전체 인터럽트 허용

    while(1);
}
```

[Project File 코딩]

```
; ***********************************************************
; PROJECT : int_01
; AUTHOR : KIET_Jeong
; ***********************************************************

; Micro + software running
; -----------------------------------------------------------
.MICRO "ATmega128"
.TOOLCHAIN "GCC"
.GCCPATH   "C:₩WinAVR"
.GCCMAKE   AUTO
.TARGET    "int_01.hex"
.SOURCE    "int_01.c"

.TRACE                    ; Activate micro trace

; Following lines are optional; if not included
; exactly these values are taken by default
; -----------------------------------------------------------
.POWER VDD = 5 VSS = 0    ; Power nodes
.CLOCK 1meg               ; Micro clock
.STORE 1000m              ; Trace (micro+signals) storage time

; Micro nodes: RESET, AREF, PA0-PA7, PB0-PB7, PC0-PC7, PD0-PD7, PE0-PE7,
  PF0-PF7, PG0-PG4, TIM1OVF
; Define here the hardware around the micro
; -----------------------------------------------------------
; Control Panel LED 설정
D1 VDD n1                 ; D1 LED를 VDD와 n1 노드 사이에 연결
R1 n1 PC0 330             ; R1 저항을 n1과 PC0 포트 사이에 연결. R1 저항은 330 Ω
D2 VDD n2
R2 n2 PC1 330
D3 VDD n3
R3 n3 PC2 330
D4 VDD n4
R4 n4 PC3 330
D5 VDD n5
R5 n5 PC4 330
D6 VDD n6
R6 n6 PC5 330
D7 VDD n7
```

```
R7 n7 PC6 330
D8 VDD n8
R8 n8 PC7 330

; 입력 스위치 설정
K0 PD0 VSS LATCHED          ; K0 스위치(래치)를 PD0와 VSS 사이에 연결

; Probe(Scope) 설정 (PC0~PC7, PD0 포트에 전압 Probe 연결 )
.PLOT V(PC0) V(PC1) V(PC2) V(PC3) V(PC4) V(PC5) V(PC6) V(PC7)
.PLOT V(PD0)
```

[Simulation 결과]

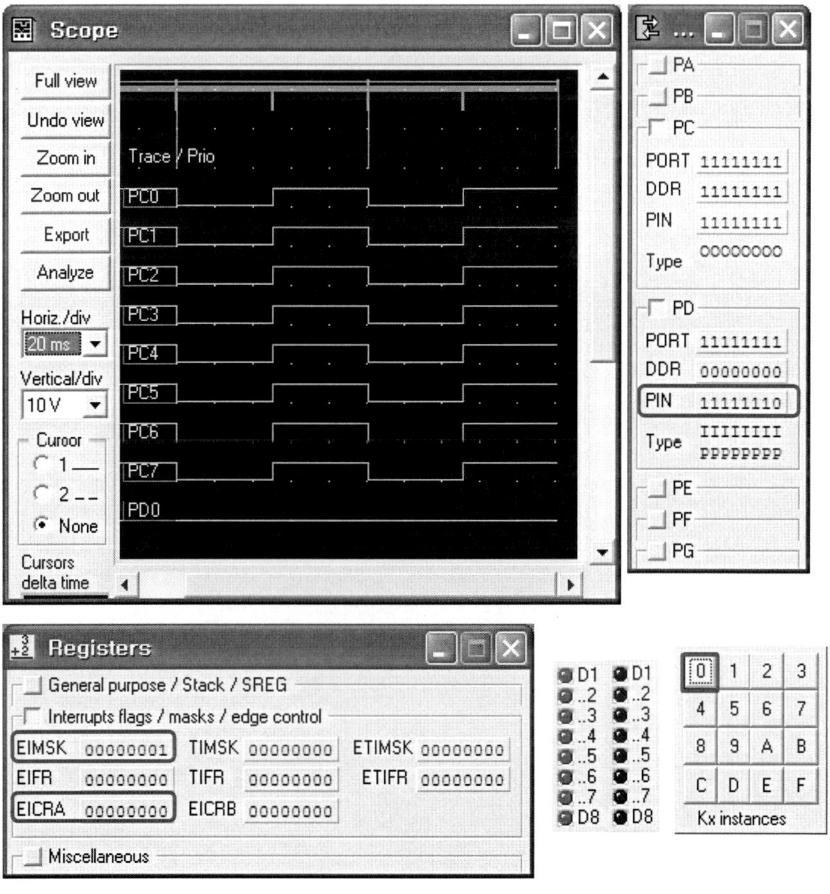

➜ 시뮬레이션 결과를 확인하기 위해 View 메뉴에서 Registers, Control Panel, I/O Ports, Scope 창을 열어놓고 확인한다. 인터럽트 설정을 한 레지스터 부분을 확인하고 래치 타입의 스위치를 누르면 인터럽트 서비스 루틴의 LED 동작이 실행되는 것을 확인한다.

➔ PD0 스위치(K0)를 누르면 GND(VSS) 입력을 받는데 이는 실습 7.1의 인터럽트 트리거 조건인 로우 레벨 상태이다.

➔ 실습 7.1의 경우 인터럽트 서비스 루틴에 인터럽트가 요청되었을 때의 루틴을 모두 포함하였는데 가능하다면 인터럽트 서비스 루틴에는 짧은 시간에 수행이 완료되는 루틴을 작성하는 것이 좋다. 그리고 외부 인터럽트에서 스위치를 사용할 때는 채터링 문제도 해결해야 한다.

실습 7.2 외부 인터럽트 INT1 스위치를 누르면(low level) LED 8개 모두 On/Off 되도록 하고 INT2 스위치를 누르면(falling edge) FND에 숫자 '2'가 표시되도록 한다.

```
#include <avr/io.h>
#include <avr/interrupt.h>
#include <util/delay.h>

volatile char flag1, flag2;

ISR (INT1_vect)                    // 외부 인터럽트 1 서비스 루틴
{
     flag1 = 1;
}

ISR (INT2_vect)                    // 외부 인터럽트 2 서비스 루틴
{
     flag2 = 1;
}

int main (void)
{
     DDRC = 0xFF;
     PORTC = 0xFF;
     DDRD = 0x00;
     PORTD = 0xFF;
     DDRA = 0xFF;
     DDRE = 0xFF;

     EICRA = (0<<ISC21) | (0<<ISC20) | (0<<ISC11) | (0<<ISC10);
     EIMSK = (1<<INT2) | (1<<INT1);

     sei();

     for ( ; ; )
```

```
        {
            if (flag1)
            {
                PORTC = 0x00;
                _delay_ms(5);
                PORTC = 0xFF;
                _delay_ms(5);
                flag1 = 0;
            }

            else if (flag2)
            {
                PORTA = 0x5B;           // 숫자 '2'
                PORTE = 0x00;           // 0000 0000. FND all enable
                _delay_ms(1);
                flag2 = 0;
            }

            else
            {
                PORTC = 0xFF;           // LED Off
                PORTE = 0xFF;           // FND all disable
                _delay_ms(1);
            }
        }

        return 1;
    }
```

➜ volatile 키워드: 인터럽트와 같이 외부 요인에 의해 변수 값이 변할 수 있다는 것을 컴파일러에게 알려 volatile로 선언된 해당 변수가 최적화 옵션에 의해서 없어지지 않도록 한다.

➜ 하강 모서리나 상승 모서리에서 인터럽트가 감지되도록 EICRA 레지스터를 수정하여 시뮬레이션 해보자.

[Project File 코딩]

```
; *************************************************************
; PROJECT : int_02
; AUTHOR : KIET_Jeong
; *************************************************************

; Micro + software running
```

```
; ---------------------------------------------------------------
.MICRO "ATmega128"
.TOOLCHAIN "GCC"
.GCCPATH   "C:₩WinAVR"
.GCCMAKE   AUTO
.TARGET    "int_02.hex"
.SOURCE    "int_02.c"

.TRACE                    ; Activate micro trace

; Following lines are optional; if not included
; exactly these values are taken by default
; ---------------------------------------------------------------
.POWER VDD = 5 VSS = 0    ; Power nodes
.CLOCK 1meg               ; Micro clock
.STORE 1000m              ; Trace (micro+signals) storage time

; Micro nodes: RESET, AREF, PA0-PA7, PB0-PB7, PC0-PC7, PD0-PD7, PE0-PE7,
  PF0-PF7, PG0-PG4, TIM1OVF
; Define here the hardware around the micro
; ---------------------------------------------------------------
; Control Panel LED 설정
D1 VDD n1                 ; D1 LED를 VDD와 n1 노드 사이에 연결
R1 n1 PC0 330             ; R1 저항을 n1과 PC0 포트 사이에 연결. R1 저항은 330 Ω
D2 VDD n2
R2 n2 PC1 330
D3 VDD n3
R3 n3 PC2 330
D4 VDD n4
R4 n4 PC3 330
D5 VDD n5
R5 n5 PC4 330
D6 VDD n6
R6 n6 PC5 330
D7 VDD n7
R7 n7 PC6 330
D8 VDD n8
R8 n8 PC7 330

; FND 설정. Xn _led7cc seg_a seg_b seg_c seg_d seg_e seg_f seg_g seg_h GND
X1 _led7cc PA0 PA1 PA2 PA3 PA4 PA5 PA6 PA7 PE0
X2 _led7cc PA0 PA1 PA2 PA3 PA4 PA5 PA6 PA7 PE1
X3 _led7cc PA0 PA1 PA2 PA3 PA4 PA5 PA6 PA7 PE2
X4 _led7cc PA0 PA1 PA2 PA3 PA4 PA5 PA6 PA7 PE3
```

```
X5 _led7cc PA0 PA1 PA2 PA3 PA4 PA5 PA6 PA7 PE4
X6 _led7cc PA0 PA1 PA2 PA3 PA4 PA5 PA6 PA7 PE5
X7 _led7cc PA0 PA1 PA2 PA3 PA4 PA5 PA6 PA7 PE6
X8 _led7cc PA0 PA1 PA2 PA3 PA4 PA5 PA6 PA7 PE7

; 입력용 스위치 설정
K1 PD1 VSS LATCHED        ;K1 스위치(래치)를 PD1와 VSS 사이에 연결
K2 PD2 VSS LATCHED        ;K2 스위치(래치)를 PD2와 VSS 사이에 연결

; Probe(Scope) 설정 (관련 포트에 전압 Probe 연결)
.PLOT V(PC0) V(PC1) V(PC2) V(PC3) V(PC4) V(PC5) V(PC6) V(PC7)
.PLOT V(PD1) V(PD2)
.PLOT V(PA0) V(PA1) V(PA2) V(PA3) V(PA4) V(PA5) V(PA6) V(PA7)
.PLOT V(PE0) V(PE1) V(PE2) V(PE3) V(PE4) V(PE5) V(PE6) V(PE7)
```

[Simulation 결과]

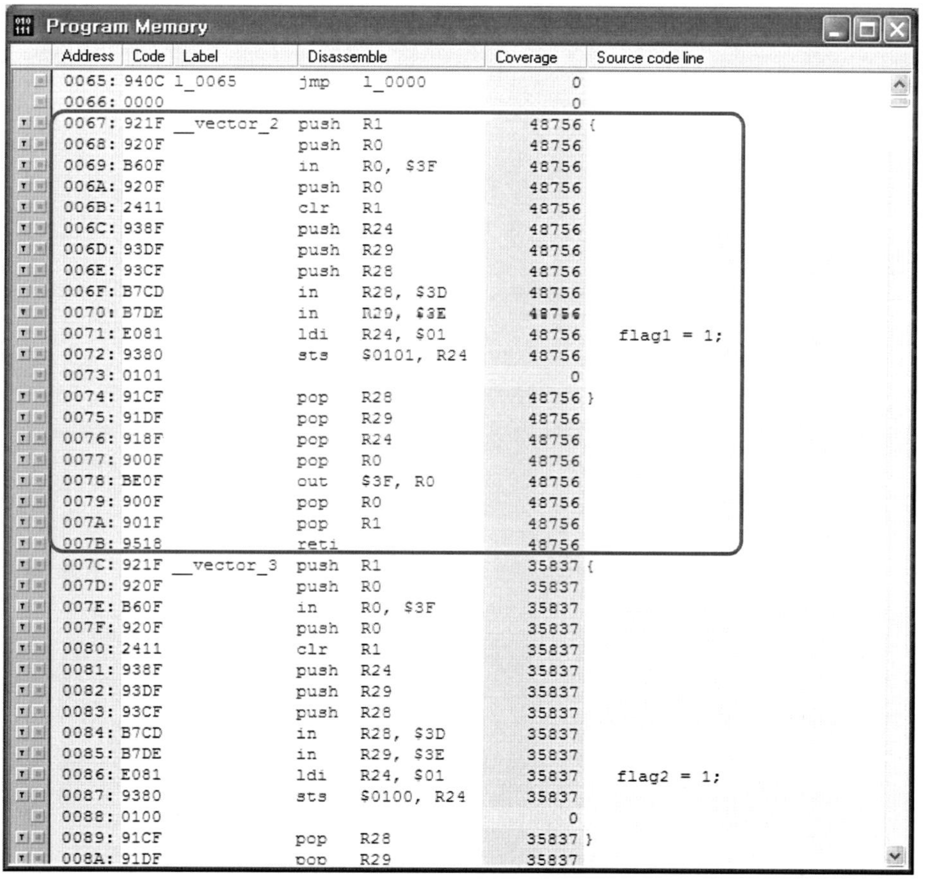

➜ Program Memory 창을 열어서 시뮬레이션한다.

➜ 외부 인터럽트 세부동작 순서

① 글로벌 인터럽트 활성화(SREG 레지스터 최상위 비트 1), EIMSK 해당 인터럽트 비트 활성화 상태
② 외부 인터럽트의 감지 신호에 의해 인터럽트 요청
③ INTFn 플래그 비트 1로 Set
④ 실행 중이던 프로그램의 프로그램 카운터(PC) 값을 스택에 저장
⑤ 인터럽트 벡터로 점프
⑥ 인터럽트 서비스 루틴 수행과 INTFn 플래그 비트 0으로 Clear
⑦ 인터럽트 서비스 루틴이 끝나면 RETI 명령 실행
⑧ 스택으로부터 저장된 프로그램 카운터 값 로드
⑨ 실행 중이던 프로그램 위치로 복귀

실습 7.3 LED가 왼쪽에서 오른쪽으로 쉬프트되는 상황에서 인터럽트(INT0) 키를 누르면 모든 LED가 On/Off를 반복하도록 한다.

```
#include <avr/io.h>
#include <avr/interrupt.h>
#include <util/delay.h>

volatile char flag;

ISR (INT0_vect)                              // 외부 인터럽트 0 서비스 루틴
{
     flag = 1;
}

int main(void)
{
     unsigned char i;
     unsigned char led_status[8] = {
        0x01, 0x02, 0x04, 0x08, 0x10, 0x20, 0x40, 0x80
     };

     DDRC = 0xFF;
     PORTC = 0xFF;
     DDRD = 0x00;
     PORTD = 0xFF;

     EICRA = (1<<ISC01) | (0<<ISC00);        // INT0. Falling Edge
     EIMSK = (1<<INT0);
```

```
    sei();                                      // 전체 인터럽트 허용

    for ( ; ; )
    {
      if (flag)
      {
        for (i = 0; i < 8; i++)
        {
          PORTC = 0x00;
          _delay_ms(10);
          PORTC = 0xFF;
          _delay_ms(10);
        }
        flag = 0;
      }

      else
      {
        for (i = 0; i < 8; i++)
        {
          PORTC = ~led_status[ i ];
          _delay_ms(10);
        }
      }
    }

    return 1;
}
```

➜ 인터럽트 서비스 루틴에서는 전역 변수 값만 전달하도록 하는 예제이다. 이 프로그램을 로우 레벨 신호에서 외부 인터럽트가 동작하도록 하면 인터럽트 서비스 루틴으로 점프하는데 지연이 발생되면서 Scope 파형으로 보면 외부 인터럽트 동작에 문제가 있는 것처럼 보인다. EICRA 레지스터의 인터럽트 감지 방법을 바꿔가면서 시뮬레이션 해본다.

```
#include <avr/io.h>
#include <avr/interrupt.h>
#include <util/delay.h>

ISR (INT0_vect)                               // 외부 인터럽트 0 서비스 루틴
{
```

```
    PORTC = 0x00;
    _delay_ms(10);
    PORTC = 0xFF;
    _delay_ms(10);
}

int main(void)
{
    unsigned char i;
    unsigned char led_status[8] = {
       0x01, 0x02, 0x04, 0x08, 0x10, 0x20, 0x40, 0x80
    };

    DDRC = 0xFF;
    PORTC = 0xFF;
    DDRD = 0x00;
    PORTD = 0xFF;

    EICRA = (0<<ISC01) | (0<<ISC00);
    EIMSK = (1<<INT0);

    sei();

    for ( ; ; )
    {
       for (i = 0; i < 8; i++)
       {
          PORTC = ~led_status[ i ];
          _delay_ms(10);
       }
    }

    return 1;
}
```

[Project File 코딩]

```
; ***********************************************************
; PROJECT : int_03
; AUTHOR : KIET_Jeong
; ***********************************************************

; Micro + software running
```

```
; -----------------------------------------------------------
.MICRO "ATmega128"
.TOOLCHAIN "GCC"
.GCCPATH   "C:₩WinAVR"
.GCCMAKE   AUTO
.TARGET    "int_03.hex"
.SOURCE    "int_03.c"

.TRACE                        ; Activate micro trace

; Following lines are optional; if not included
; exactly these values are taken by default
; -----------------------------------------------------------
.POWER VDD=5 VSS=0            ; Power nodes
.CLOCK 1meg                   ; Micro clock
.STORE 1000m                  ; Trace (micro+signals) storage time

; Micro nodes: RESET, AREF, PA0-PA7, PB0-PB7, PC0-PC7, PD0-PD7, PE0-PE7,
  PF0-PF7, PG0-PG4, TIM1OVF
; Define here the hardware around the micro
; -----------------------------------------------------------
; Control Panel LED 설정
D1 VDD n1                     ; D1 LED를 VDD와 n1 노드 사이에 연결
R1 n1 PC0 330                 ; R1 저항을 n1과 PC0 포트 사이에 연결. R1 저항은 330 Ω
D2 VDD n2
R2 n2 PC1 330
D3 VDD n3
R3 n3 PC2 330
D4 VDD n4
R4 n4 PC3 330
D5 VDD n5
R5 n5 PC4 330
D6 VDD n6
R6 n6 PC5 330
D7 VDD n7
R7 n7 PC6 330
D8 VDD n8
R8 n8 PC7 330

; 입력용 스위치 설정
K0 PD0 VSS LATCHED            ; K0 스위치(래치)를 PD0와 VSS 사이에 연결
```

```
; Probe(Scope) 설정 (관련 포트에 전압 Probe 연결)
.PLOT V(PC0) V(PC1) V(PC2) V(PC3) V(PC4) V(PC5) V(PC6) V(PC7)
.PLOT V(PD0)
```

[Simulation 결과]

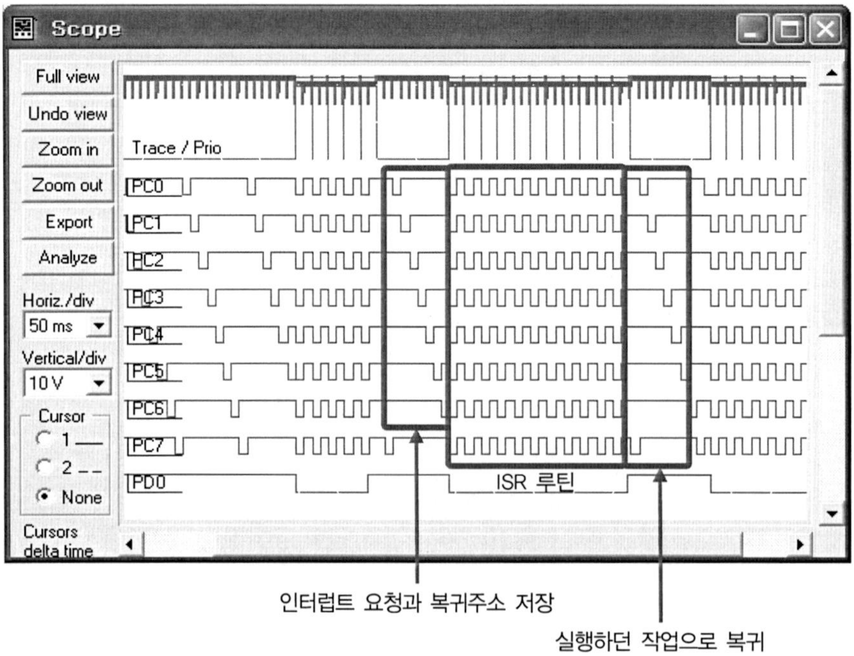

➜ Scope 파형을 설명하기 위해서 Scope 창에 표현되는 색상들을 변경하였다. Options → Display control → Colors 탭 메뉴에서 Scope 정보와 관련된 색상을 사용자가 보기 좋게 바꿀 수 있다.

➜ PD0(K0) 스위치가 래치 타입이기 때문에 눌렀을 때 외부 인터럽트 서비스 루틴으로 점프하게 되고 스위치를 다시 한 번 누르면 인터럽트를 빠져 나온다. 위의 Scope 창은 그 작업을 보여주고 있다.

7.4 WinAVR 컴파일러를 이용한 인터럽트 실습

7.4.1 2개씩 짝을 이룬 FND에 외부 인터럽트 스위치 조작을 할 때마다 1씩 증가

```
#include <avr/io.h>
#include <util/delay.h>
#include <avr/interrupt.h>

//----------------------------------------------------
// Switch1  On    ; 앞쪽 FND 두 자리 카운터
// Switch2  On    ; 뒤쪽 FND 두 자리 카운터
//----------------------------------------------------

volatile char int_flg;
volatile unsigned int FND1_cnt, FND2_cnt;

void Fnd_display (void)
{
    unsigned char Fnd_num[16] = {
      0x3F, 0x06, 0x5B, 0x4F, 0x66, 0x6D, 0x7D, 0x07,
      0x7F, 0x6F, 0x77, 0x7C, 0x39, 0x5E, 0x79, 0x71
    };
    unsigned char Fnd_Scan[4] = { 0x80, 0x40, 0x08, 0x04 };
    static unsigned char i = 0;

    for (i = 0; i < 5; i++)
    {
      if (i == 2)
      {
        PORTE = ~Fnd_Scan[ i ];
        PORTA = Fnd_num[ FND1_cnt % 10 ];
      }

      else if (i == 3)
      {
        PORTE = ~Fnd_Scan[ i ];
        PORTA = Fnd_num[ FND1_cnt / 10 ];
      }

      else if (i == 0)
      {
        PORTE = ~Fnd_Scan[ i ];
```

```
            PORTA = Fnd_num[ FND2_cnt % 10 ];
        }

        else if (i == 1)
        {
            PORTE = ~Fnd_Scan[ i ];
            PORTA = Fnd_num[ FND2_cnt / 10 ];
        }

        _delay_ms(10);
    }
}

ISR (INT0_vect) { int_flg = 1; }      // INT0 인터럽트 서비스 루틴
ISR (INT1_vect) { int_flg = 2; }      // INT1 인터럽트 서비스 루틴

void Exit0_set (void)                 // INT0, INT1 인터럽트 설정 함수
{
    EICRA = (1<<ISC01) | (0<<ISC00) | (1<<ISC11) | (0<<ISC10);
    EIMSK = (1<<INT0) | (1<<INT1) | (1<<INT2) | (1<<INT3);
}

void init_Port (void)                 // 포트 초기화 함수
{
    DDRD = 0x00;
    PORTD = 0xFF;

    DDRA = 0xFF;
    DDRE = 0xFF;
    PORTE = 0x03;
}

int main (void)
{
    init_Port ();                     // 포트 초기화 함수 호출
    Exit0_set ();                     // 외부 인터럽트 설정 함수 호출

    sei();                            // 전체 인터럽트 허용

    while (1)
    {
        if (int_flg == 1)
```

```
        {
            FND1_cnt++;
            int_flg = 0;
        }

        else if (int_flg == 2)
        {
            FND2_cnt++;
            int_flg = 0;
        }

        else   int_flg = 0;

        if (FND1_cnt > 100) { FND1_cnt = 0; }
        if (FND2_cnt > 100) { FND2_cnt = 0; }

        Fnd_display ();
    }

    return 1;
}
```

7.4.2 외부 인터럽트가 발생되면 1씩 증가되던 LED 상태 정지

```
#include <avr/io.h>
#include <avr/interrupt.h>
#include <util/delay.h>

volatile unsigned char Led_status;

ISR (INT0_vect)                                    // 외부 인터럽트 0 ISR
{
    PORTC = Led_status;
    _delay_ms(50);
}

int main (void)
{
    cli();

    unsigned char led_cnt = 0;
```

```
    DDRC = 0xFF;
    PORTC = 0xFF;
    DDRD = 0x00;
    PORTD = 0xFF;

    EICRA = (0 << ISC01) | (0 << ISC00);    // 로우 레벨 트리거
    EIMSK = (1 << INT0);                    // INT0 허용

    sei();                                  // 전체 인터럽트 허용

    while (1)
    {
       PORTC = ~led_cnt;
       _delay_ms(50);
       led_cnt++;

       if (led_cnt == 0xFF) led_cnt = 0;
       else                 Led_status = led_cnt;
    }

    return 1;
}
```

실습 문제

1. 외부 인터럽트 INT0와 INT1을 스위치 하나에 연결해놓고 동시에 인터럽트가 실행되었을 때 어떤 인터럽트가 우선 실행되는지 체크한다.

2. 8개의 LED에 비트 값을 받아서 0에서 255까지 카운터 동작하도록 해놓고 외부 인터럽트 INT0가 요청되면 LED 카운터 동작이 멈추도록 한다. (스톱 워치)

3. 외부 인터럽트 INT0에 연결된 스위치를 누를 때마다 FND에 카운터 값이 1씩 증가되면서 표시되도록 한다.

4. 외부 인터럽트가 발생될 때마다 문자 LCD에 숫자가 1씩 증가되면서 표시되도록 한다.

5. 외부 인터럽트에 채터링 문제가 발생되지 않도록 하고, 채터링이 프로그램에 어떤 문제를 만드는지 알아본다.

CHAPTER 8

타이머/카운터 (Timer/Counter)

8.1 ATmega128의 타이머/카운터

마이크로컨트롤러에서는 일정한 주기로 입력되는 펄스를 세는 카운터를 이용하여 개발자가 시간을 측정할 수 있다. ATmega128에는 8비트 타이머/카운터 2개와 16비트 타이머/카운터 2개가 있으며 Timer/Counter0 (8비트), Timer/Counter1 (16비트), Timer/Counter2 (8비트), Timer/Counter3 (16비트)과 같이 구성되어 있다.

[표 8.1] 타이머/카운터 0, 1, 2, 3 비교(다음 페이지 계속)

구분	타이머/카운터 0	타이머/카운터 1	타이머/카운터 2	타이머/카운터 3
기본 구조	8비트	16비트	8비트	16비트
타이머 입력	$clk_{I/O}$	$clk_{I/O}$	$clk_{I/O}$	$clk_{I/O}$
카운터 입력	오실레이터 또는 TOSC1	T1	T2	T3
타이머 분주기	1, 8, 32, 64, 128, 256, 1024	1, 8, 64, 256, 1024	1, 8, 64, 256, 1024	1, 8, 64, 256, 1024
레지스터	TCCR0 TCNT0 OCR0 ASSR SFIOR TIMSK TIFR	TCCR1A TCCR1B TCCR1C TCNT1H, TCNT1L OCR1AH, OCR1AL OCR1BH, OCR1BL OCR1CH, OCR1CL ICR1H, ICR1L SFIOR TIMSK, ETIMSK TIFR, ETIFR	TCCR2 TCNT2 OCR2 SFIOR TIMSK TIFR	TCCR3A TCCR3B TCCR3C TCNT3H, TCNT3L OCR3AH, OCR3AL OCR3BH, OCR3BL OCR3CH, OCR3CL ICR3H, ICR3L SFIOR TIMSK, ETIMSK TIFR, ETIFR

구분	타이머/카운터 0	타이머/카운터 1	타이머/카운터 2	타이머/카운터 3
동작 모드	Normal, CTC, Fast PWM, Phase Correct PWM	Normal, CTC, Fast PWM, Phase Correct PWM, Phase and Frequency Correct PWM	Normal, CTC, Fast PWM, Phase Correct PWM	Normal, CTC, Fast PWM, Phase Correct PWM, Phase and Frequency Correct PWM
입력 신호	TOSC1, TOSC2	T1, ICP1	T2	T3, ICP3
출력 신호	OC0	OC1A OC1B OC1C	OC2	OC3A OC3B OC3C
인터럽트	Overflow, Output Compare Match	Overflow, Output Compare Match A/B/C, Input Capture	Overflow, Output Compare Match	Overflow, Output Compare Match A/B/C, Input Capture

8.2 타이머/카운터 관련 레지스터

8.2.1 8비트 타이머/카운터 0, 2 레지스터

타이머/카운터 0과 2는 8비트 구조로서 일부 기능을 제외하고 거의 동일하다. 차이점이 있다면 타이머/카운터 0은 TOSC1/TOSC2 핀에 연결된 타이머/카운터 오실레이터를 클록 소스로 선택할 수 있다. TOSC1/TOSC2 핀은 32.768 kHz의 크리스털을 연결하는 것이 좋으며 RTC(Real Time Clock) 기능을 갖도록 할 수 있다. 타이머/카운터 2에서는 TCCR2 레지스터의 Clock Select 비트에서 외부 클록과 내부 클록을 선택한다.

[동작 원리]

- 내/외부 클록 중 하나를 선택하여 기준 클록을 설정한다.
- 노멀 모드를 선택한 경우 타이머/카운터 0, 2는 0x00 ~ 0xFF까지 카운터하여 0xFF로 Overflow 되면 0x00으로 다시 돌아가면서 OVF 인터럽트가 걸린다.
- CTC 모드를 선택한 경우 타이머/카운터 0, 2는 TCNT는 0x00 ~ 0xFF까지 카운터를 하다가 OCR에 써진 값과 비교하여 같으면 TCNT는 다시 0x00으로 돌아가면서 COMP 인터럽트가 걸린다.
- 타이머/카운터 0, 2를 원하는 대로 제어하기 위해서는 상태 레지스터(SREG)와 타이머/카운터 0, 2 관련 레지스터(TIMSK, TIFR, TCCRn, TCNTn, OCRn, ASSR, SFIOR)의 설정이 정확해야 한다.

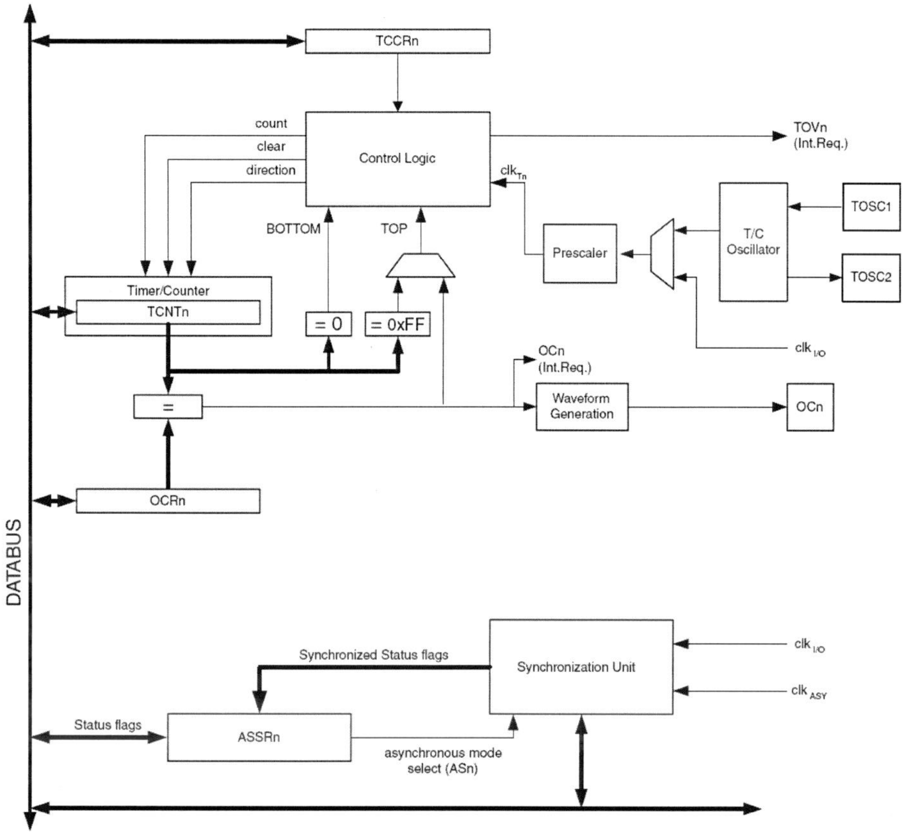

(a) 8비트 타이머/카운터 0 블록 다이어그램

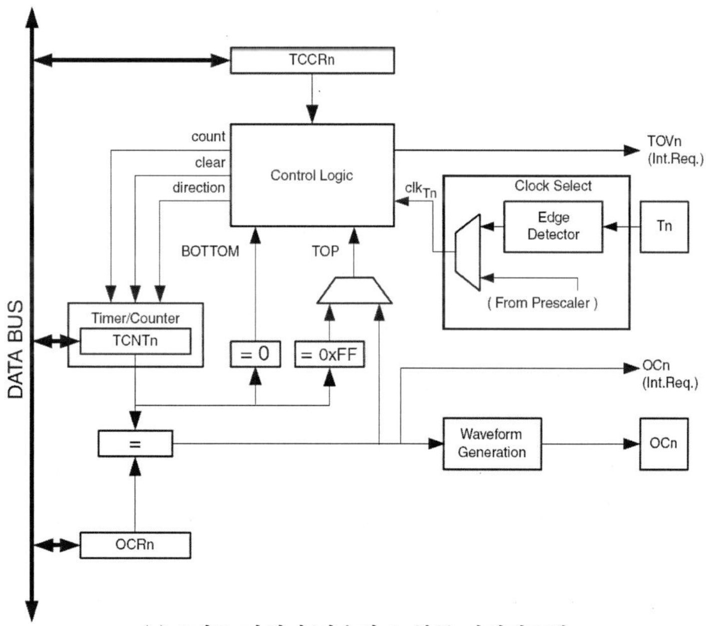

(b) 8비트 타이머/카운터 2 블록 다이어그램

[그림 8.1] 8비트 타이머/카운터

(1) 8비트 타이머/카운터 0, 2 레지스터

8비트 타이머/카운터 0, 2와 관련된 레지스터는 거의 동일하여 타이머/카운터 0 레지스터를 기준으로 설명한다. 레지스터 이름 뒤쪽과 레지스터의 각 비트 이름에 붙는 숫자 0과 2를 구분하면서 8비트 타이머/카운터 0, 2를 구분하면 된다.

1) TCCR0(Timer/Counter Control Register)

비트	7	6	5	4	3	2	1	0	
	FOC0	WGM00	COM01	COM00	WGM01	CS02	CS01	CS00	TCCR0
읽기/쓰기	W	R/W	R/W	R/W	R/W	R/W	R/W	R/W	
초기값	0	0	0	0	0	0	0	0	

① Bit 7 – FOC0(Force Output Compare)

이 비트에 1을 쓰면 파형 생성 유닛(waveform generation unit)에 즉각적인 비교일치(compare match)를 전달한다.

② Bit 6, 3 – WGM00, WGM01(Waveform Generation Mode) : **파형 생성 모드**

[표 8.2] 파형 생성 모드 비트 설명

Mode	WGM01 (CTC0)	WGM00 (PWM0)	타이머/카운터 동작 모드	TOP	Update of OCR0 at	TOV0 Flag Set on
0	0	0	Normal	0xFF	즉시	MAX
1	0	1	PWM, Phase Correct	0xFF	TOP	BOTTOM
2	1	0	CTC	OCR0	즉시	MAX
3	1	1	Fast PWM	0xFF	BOTTOM	MAX

➜ 기본 용어 정리

BOTTOM	카운터 값이 0이 되면 카운터가 BOTTOM에 도달했다 한다.
MAX	8비트 타이머/카운터에 대해 카운터 값이 0xFF(255)가 되면 MAX에 도달했다 한다.
TOP	카운터 값이 최대값이 되었을 때 카운터가 TOP에 도달했다 하며 최대값은 0xFF이거나 비교 레지스터 OCRn(n=0, 2)으로 설정할 수 있다.

③ Bit 5:4 – COM01, COM00(Compare Match Output Mode) : **비교매치 출력 모드**

· Compare Output Mode, 비 PWM 모드일 때 OCn 출력 핀 동작 상태

COM01	COM00	설명
0	0	범용 I/O 동작, OC0 핀은 연결되지 않음.
0	1	비교 일치가 될 때 OC0 핀의 상태를 반전시킨다.
1	0	비교 일치가 될 때 OC0 핀에 0을 출력한다.
1	1	비교 일치가 될 때 OC0 핀에 1을 출력한다.

· Fast PWM 모드일 때 OCn 출력 핀 동작 상태

COM01	COM00	설명
0	0	범용 I/O 동작, OC0 핀은 연결되지 않음.
0	1	예약됨.
1	0	비교 일치가 될 때 OC0 핀에 0을 출력하고 BOTTOM에서 OC0 핀에 1을 출력한다. (non-inverting mode)
1	1	비교 일치가 될 때 OC0 핀에 1을 출력하고 BOTTOM에서 OC0 핀에 0을 출력한다. (inverting mode)

· Phase Correct PWM 모드일 때 OCn 출력 핀 동작 상태

COM01	COM00	설명
0	0	범용 I/O 동작, OC0 핀은 연결되지 않음.
0	1	예약됨.
1	0	업 카운팅일 때 비교 일치가 되면 OC0 핀에 0을 출력한다. 다운 카운팅일 때 비교 일치가 되면 OC0 핀에 1을 출력한다.
1	1	업 카운팅일 때 비교 일치가 되면 OC0 핀에 1을 출력한다. 다운 카운팅일 때 비교 일치가 되면 OC0 핀에 0을 출력한다.

④ Bit 2:0 – S02 ~ CS00(Clock Select) : 클록 선택

CS02	CS01	CS00	설명
0	0	0	클록 소스 없음 (타이머/카운터 정지)
0	0	1	clk$_{TOS}$/ (프리스케일링 없음)
0	1	0	clk$_{TOS}$/8 (From prescaler)
0	1	1	clk$_{TOS}$/32 (From prescaler)
1	0	0	clk$_{TOS}$/64 (From prescaler)
1	0	1	clk$_{TOS}$/128 (From prescaler)
1	1	0	clk$_{TOS}$/256 (From prescaler)
1	1	1	clk$_{TOS}$/1024 (From prescaler)

프리스케일러(Prescaler)

분주기라고도 하며 타이머에 공급되는 입력 클록의 속도를 조절하기 위해 사용한다. 이것은 시스템 클록이 프리스케일러에서 분주된 클록을 타이머 클록으로 사용하는 것이며 개발자가 하드웨어적으로 선택을 할 수 있다. 예를 들어 시스템 클록이 8 MHz일 때 2분주하면 4 MHz가 된다.

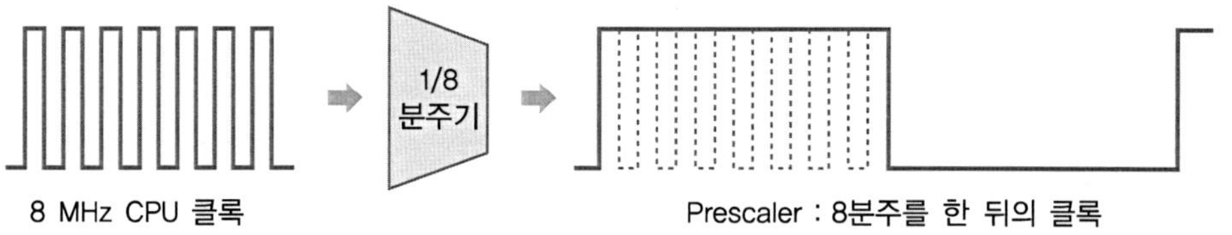

[그림 8.2] 프리스케일러(prescaler)의 개념

2) TCNT0(Timer/Counter Register 0)

타이머/카운터 0의 8비트 카운터 값을 읽기/쓰기를 직접 할 수 있는 레지스터

비트	7	6	5	4	3	2	1	0	
	TCNT0[7:0]								TCNT0
읽기/쓰기	R/W	R/W	R/W	R/W	R/W	R/W	R/W	R/W	
초기값	0	0	0	0	0	0	0	0	

3) OCR0(Timer/Counter Output Compare Register 0)

타이머/카운터 0의 TCNT0 레지스터와 지속적으로 비교하여 OC0 핀에 파형을 출력하기 위한 레지스터

비트	7	6	5	4	3	2	1	0	
	OCR0[7:0]								OCR0
읽기/쓰기	R/W	R/W	R/W	R/W	R/W	R/W	R/W	R/W	
초기값	0	0	0	0	0	0	0	0	

4) TIMSK(Timer/Counter Interrupt Mask Register)

타이머/카운터 0에서 발생되는 인터럽트를 개별적으로 허용하는 기능을 수행하는 레지스터

비트	7	6	5	4	3	2	1	0	
	OCIE2	TOIE2	TICIE1	OCIE1A	OCIE1B	TOIE1	OCIE0	TOIE0	TIMSK
읽기/쓰기	R/W	R/W	R/W	R/W	R/W	R/W	R/W	R/W	
초기값	0	0	0	0	0	0	0	0	

① Bit 1 – OCIE0(Timer/Counter0 Output Compare Match Interrupt Enable)

OCIE0 비트를 1로 Set시켜 주면 Output Compare Match Interrupt가 활성화된다. 단, COMP 인터럽트를 사용하려면 SREG 레지스터의 I 비트가 1로 Set되어 있어야 한다.

타이머/카운터 2의 경우 7비트 OCIE2를 1로 Set시켜 주면 된다.

② Bit 0 – TOIE0(Timer/Counter0 Overflow Interrupt Enable)

TOIE0 비트를 1로 Set시켜 주면 Overflow Interrupt가 활성화된다. OVF 인터럽트를 사용하려면 SREG 레지스터의 I 비트가 1로 Set되어 있어야 한다.

타이머/카운터 2의 경우 6비트 TOIE2를 1로 Set시켜 주면 된다.

5) TIFR(Timer/Counter Interrupt Flag Register)

비트	7	6	5	4	3	2	1	0	
	OCF2	TOV2	ICF1	OCF1A	OCF1B	TOV1	OCF0	TOV0	TIFR
읽기/쓰기	R/W	R/W	R/W	R/W	R/W	R/W	R/W	R/W	
초기값	0	0	0	0	0	0	0	0	

① Bit 1 – OCF0(Output Compare Flag)

TCNT0 값과 OCR0 값을 비교하여 이것이 같으면 OCF0 비트가 1로 Set된다. 이 비트는 인터럽트 서비스 루틴의 시작과 함께 0으로 Clear된다.

② Bit 0 – TOV0(Timer/Counter0 Overflow Flag)

타이머/카운터0에서 Overflow가 발생되면 TOV0 비트가 1로 Set된다. 이 비트는 인터럽트 서비스 루틴의 시작과 함께 0으로 Clear된다.

6) ASSR(Asynchronous Status Register)

타이머/카운터 0에만 해당되며 외부 클록을 이용해 비동기적으로 동작시 설정

비트	7	6	5	4	3	2	1	0	
	–	–	–	–	AS0	TCN0UB	OCR0UB	TCR0UB	ASSR
읽기/쓰기	R	R	R	R	R/W	R	R	R	
초기값	0	0	0	0	0	0	0	0	

① Bit 3 – AS0(Asynchronous Timer/Counter0)

AS0 = 0 : 내부 클록($clk_{I/O}$) 동기 모드

AS0 = 1 : 외부 클록(TOSC1) 비동기 모드

② Bit 2 : TCN0UB(Timer/Count0 Update Busy)

타이머/카운터 0의 외부에서 TOSC1 단자로 입력되는 클록에 의하여 비동기로 동작하고 있을 때 TCNT0 레지스터에 새로운 값을 쓰면 이 비트가 1로 Set된다. 이 값이 임시 레지스터로부터 TCNT0 레지스터에 옮겨져서 TCNT0의 쓰기가 완료되면 이 비트는 다시 자동적으로 0이 된다.

③ Bit 1 : OCR0UB(Output Compare Register0 Updata Busy)

타이머/카운터 0이 외부에서 TOSC1 단자로 입력되는 클록에 의하여 비동기로 동작하고 있을 때 OCR0 레지스터에 새로운 값을 쓰면 이 비트가 1로 Set된다. 그러다가 이 값이 임시 레지스터로부터 OCR0 레지스터에 옮겨져서 OCR0의 쓰기가 완료되면 이 비트는 다시 자동적으로 0이 된다.

④ Bit 0 : TCR0UB(Timer/Counter Control Register0 Update Busy)

타이머/카운터 0의 외부에서 TOSC1단자로 입력되는 클록에 의하여 비동기로 동작하고 있을 때 TCCR0 레지스터에 새로운 값을 쓰면 이 비트가 1로 Set된다. 그리고 임시 레지스터로부터 TCCR0 레지스터에 옮겨져서 TCCR0 쓰기가 완료되면 이 비트는 다시 자동적으로 0이 된다.

7) SFIOR(Special Function I/O Register)

비트	7	6	5	4	3	2	1	0	
	TSM	–	–	–	ACME	PUD	PSR0	PSR321	SFIOR
읽기/쓰기	R/W	R	R	R	R/W	R/W	R/W	R/W	
초기값	0	0	0	0	0	0	0	0	

① Bit 7 – TSM(Timer/Counter Synchronization Mode)

모든 타이머/카운터들을 동기화시키는 기능을 수행한다.

② Bit 1 – PSR0(Prescaler Reset Timer/Counter0)

이 비트가 1로 Set되면 타이머/카운터 0의 프리스케일러가 리셋된다.

(2) 8비트 타이머/카운터의 동작 모드

1) Normal Mode (n = 0, 2)

- 일반적인 타이머 Overflow 인터럽트가 필요할 때 사용
- TCNTn Up 카운터
- 0x00 ~ 0xFF 계수 동작 반복
- 카운트 도중 Clear 없음
- TCNTn이 0xFF에서 0x00으로 돌아갈 때 overflow가 발생하고 이때 overflow 플래그 TOVn 비트가 1로 Set된다.

2) CTC Mode(Clear Timer on Compare Match Mode) (n = 0, 2)

- 주파수 분주 기능으로 주로 사용
- TCNTn Up 카운터하면서 OCRn 레지스터 값과 지속적 비교
- 0x00 ~ OCRn 계수 동작 반복
- OCRn 값과 TCNTn 값이 일치되면 TCNTn 값은 0으로 Clear되고, OCFn 비트는 1로 Set된다.
- 출력 핀 OCn 핀의 동작은 COMn 1:0 설정으로 제어한다.

모드	COMn1	COMn0	설명
PWM 모드가 아닌 경우 (Normal / CTC)	0	0	범용 입·출력 포트 (OCn 출력 차단)
	0	1	비교 일치 → OCn 핀 Toggle 출력
	1	0	비교 일치 → OCn 핀 0 출력
	1	1	비교 일치 → OCn 핀 1 출력

- CTC 모드의 출력 주파수 계산 공식은 다음과 같다. (N : 프리스케일러)

$$f_{OCn} = \frac{f_{clk\_I/O}}{2 \cdot N \cdot (1 + OCRn)}$$

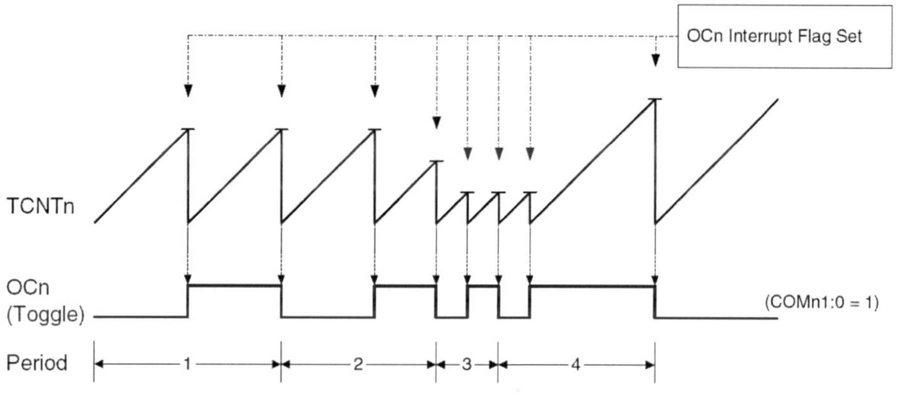

[그림 8.3] CTC 모드 동작

3) 고속 PWM 모드 (n = 0, 2)

- 높은 주파수 PWM 파형 발생이 필요할 때 사용
- PWM 생성을 위한 톱니파가 발생된다.
- 펄스가 High(1)가 되는 시간을 T_H라 하고 반송 주파수를 T_{PWM}이라 했을 때 전체 주기 중에 High(1)가 되는 시간의 비를 말하는 듀티비(duty ratio) 공식은 다음과 같다.

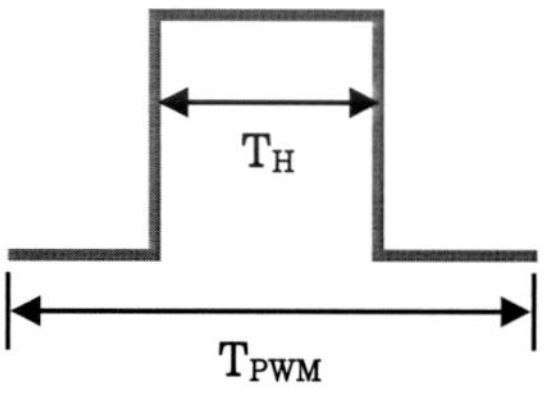

$$\text{듀티비}(\%) = \frac{T_H}{T_{PWM}} \times 100$$

- TCNTn는 0x00 ~ 0xFF 계수 동작을 반복하며 OCRn 비교 일치로 OCn 핀 출력에 영향을 준다. 예를 들어 TCNTn 값과 OCRn 값이 Compare Match(COMn 1 : 0 = 2)되면 OCn 핀에 Low가 출력되며 TCNTn 카운터 값이 0xFF에서 0x00로 될 때(COMn 1 : 0 = 2) OCn 핀에 High가 출력된다.

모드	COMn1	COMn0	설명
FAST PWM	0	0	범용 입·출력 포트 (OCn 출력 차단)
	0	1	예약됨
	1	0	비교 일치 → OCn 핀 0 출력 overflow → OCn 핀 1 출력
	1	1	비교 일치 → OCn 핀 1 출력 overflow → OCn 핀 0 출력

• 고속 PWM 모드의 출력 주파수 계산 공식은 다음과 같다. (N : 프리스케일러)

$$f_{OCnPWM} = \frac{f_{clk\_I/O}}{N \cdot 256}$$

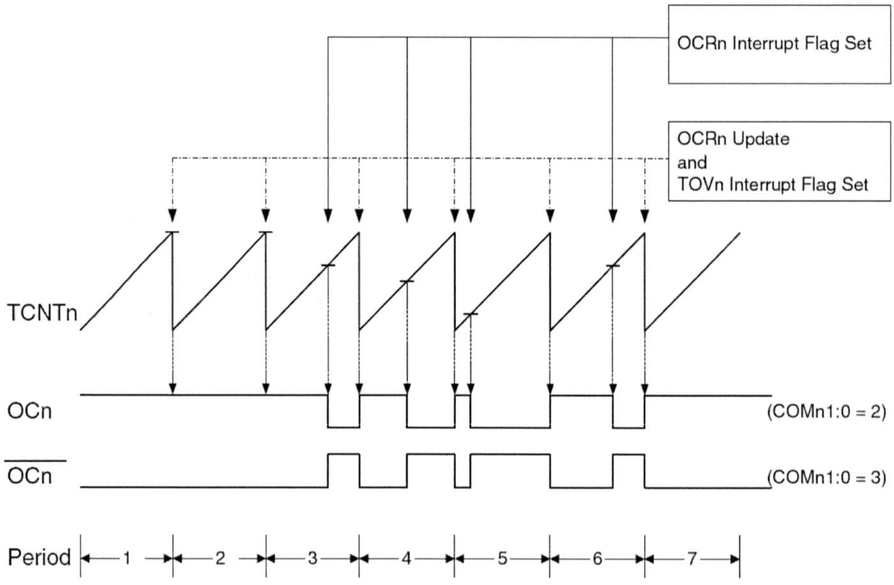

[그림 8.4] 고속 PWM 모드 동작

4) 위상교정 PWM 모드 (n = 0, 2)

• 높은 분해능의 PWM 출력 파형을 발생시키는데 사용

• TCNTn 레지스터는 상향 카운터 0x00 → 0xFF에서 하향 카운터 0xFF → 0x00되며 삼각파를 형성

• 동작 예를 들면 TCNTn 상향 카운터 값과 OCRn 값이 Compare Match(COMn 1 : 0 = 2)되면 OCn 핀에 Low가 출력되며, 하향 카운터 값과 OCRn 값이 Compare Match되면 OCn 핀에 High가 출력된다.

모드	COMn1	COMn0	설명
Phase Correct PWM	0	0	범용 입·출력 포트 (OCn 출력 차단)
	0	1	예약됨
	1	0	상향 카운터 비교 일치 → OCn 핀 0 출력 하향 카운터 비교 일치 → OCn 핀 1 출력
	1	1	상향 카운터 비교 일치 → OCn 핀 1 출력 하향 카운터 비교 일치 → OCn 핀 0 출력

· 위상교정 PWM 모드의 출력 주파수 계산 공식은 다음과 같다. (N : 프리스케일러)

$$f_{OCnPCPWM} = \frac{f_{clk\_I/O}}{N \cdot 510}$$

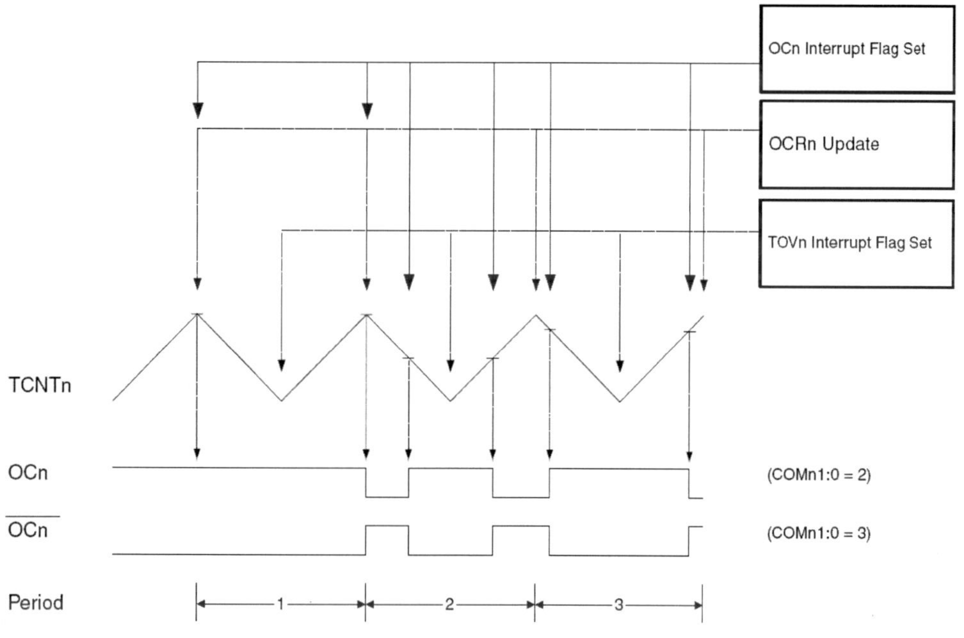

[그림 8.5] 위상교정 PWM 모드 동작

8.2.2 16비트 타이머/카운터 1, 3 레지스터 제어

타이머/카운터 1과 3은 16비트(0x0000 ~ 0xFFFF) 구조로 3개의 출력 비교 레지스터를 가지고 있어 각각 최대 3개의 PWM 모드를 생성할 수 있다.

타이머/카운터 1과 타이머/카운터 3은 8비트 타이머/카운터 2와 프리스케일러를 공유한다. 16비트 타이머/카운터에는 8비트 타이머/카운터에는 없는 입력 캡처 유닛을 사용하여 입력 캡처 사건 시점을 기록할 수 있다.

(1) 타이머/카운터 1 관련 레지스터

16비트 타이머/카운터 1, 3과 관련된 레지스터는 거의 동일하여 타이머/카운터 1 레지스터를 기준으로 설명한다. 레지스터 이름 뒤쪽과 레지스터의 각 비트 이름에 붙는 숫자 1과 3을 구분하면서 16비트 타이머/카운터 1, 3을 구분하면 된다.

16비트 타이머/카운터를 제어하기 위해서는 상태 레지스터(SREG)와 TCCRnA, TCCRnB, TCCRnC, TCNTnH, TCNTnL, OCRnAH, OCRnAL, OCRnBH, OCRnBL, OCRnCH, OCRnCL, ICRnH, ICRnL, SFIOR, TIMSK, ETIMSK, TIFR, ETIFR 레지스터의 설정 방법을 알아야 한다. (n = 1, 3)

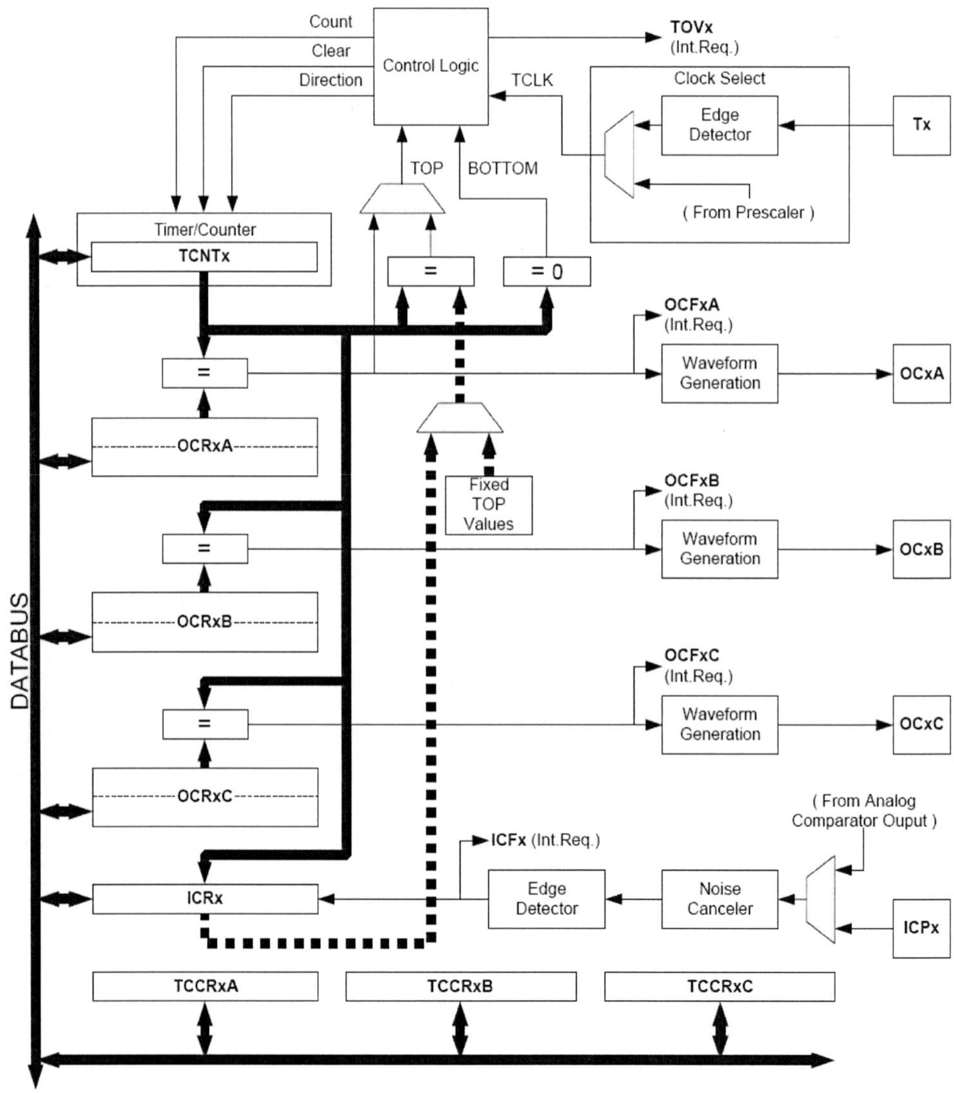

[그림 8.6] 16비트 타이머/카운터 블록 다이어그램

1) TCCR1A(Timer/Counter1 Control Register A)

비트	7	6	5	4	3	2	1	0	
	COM1A1	COM1A0	COM1B1	COM1B0	COM1C1	COM1C0	WGM11	WGM10	TCCR1A
읽기/쓰기	R/W	R/W	R/W	R/W	R/W	R/W	R/W	R/W	
초기값	0	0	0	0	0	0	0	0	

① Bit 7:6 – COM1A1, COM1A0 : Compare Output Mode for Channel A

② Bit 5:4 – COM1B1, COM1B0 : Compare Output Mode for Channel B

③ Bit 3:2 – COM1C1, COM1C0 : Compare Output Mode for Channel C

상기 비트들은 OC1A, OC1B, OC1C 출력 핀의 동작을 제어한다.

· Compare Output Mode, 비 PWM 모드일 때 OCnX 출력 핀 동작 상태 (n = 1, 3 : X = A, B, C)

COMnA1/COMnB1/COMnC1	COMnA0/COMnB0/COMnC0	설명
0	0	범용 I/O 동작, OCnX 핀은 연결되지 않음.
0	1	비교 일치가 될 때 OCnX 핀의 상태를 반전시킨다.
1	0	비교 일치가 될 때 OCnX 핀에 0을 출력한다.
1	1	비교 일치가 될 때 OCnX 핀에 1을 출력한다.

· Fast PWM 모드일 때 OCnX 출력 핀 동작 상태 (n = 1, 3 : X = A, B, C)

COMnA1/COMnB1/COMnC1	COMnA0/COMnB0/COMnC0	설명
0	0	범용 I/O 동작, OCnX 핀은 연결되지 않음.
0	1	WGMn3:0=15: 비교 일치될 때 OCnA를 반전하고 OCnB/OCnC 핀은 연결되지 않고 범용 I/O로 동작한다. 다른 WGMn 셋팅에는 OCnA/OCnB/OCnC는 연결되지 않고 범용 I/O로 동작한다.
1	0	비교 일치가 될 때 OCnX 핀에 0을 출력하고 BOTTOM 에서 OCnX 핀에 1을 출력한다. (non-inverting mode)
1	1	비교 일치가 될 때 OCnX 핀에 1을 출력하고 BOTTOM 에서 OCnX 핀에 0을 출력한다. (non-inverting mode)

· Phase Correct PWM 모드와 Phase and Frequency Correct PWM 모드일 때 OCnX 출력 핀 동작 상태 (n = 1, 3 : X = A, B, C)

COMnA1/COMnB1/ COMnC1	COMnA0/COMnB0/ COMnC0	설명
0	0	범용 I/O 동작, OCnX 핀은 연결되지 않음.
0	1	WGMn3:0=9 또는 14: 비교 일치될 때 OCnA를 반전하고 OCnB/OCnC 핀은 연결되지 않고 범용 I/O로 동작한다. 다른 WGMn 셋팅에는 OCnA/OCnB/OCnC는 연결되지 않고 범용 I/O로 동작한다.
1	0	업 카운팅일 때 비교 일치가 되면 OCnX 핀에 0을 출력한다. 다운 카운팅일 때 비교 일치가 되면 OCnX 핀에 1을 출력한다.
1	1	업 카운팅일 때 비교 일치가 되면 OCnX 핀에 1을 출력한다. 다운 카운팅일 때 비교 일치가 되면 OCnX 핀에 0을 출력한다.

④ **Bit 1:0 – WGM11, WGM10 : 파형 생성 모드(waveform generation mode)**

이 비트는 TCCR1B 레지스터의 WGM13, WGM12 비트와 함께 설정해야 하며 카운터의 계수 순서, 파형 생성 모드를 선택한다.

[표 8.3] 파형 생성 모드 비트 설명

Mode	WGMn3	WGMn2 (CTCn)	WGMn1 (PWMn1)	WGMn0 (PWMn0)	Timer/Counter Mode of Operation	TOP	Update of OCRnX at	TOVn Flag Set on
0	0	0	0	0	Normal	0xFFFF	Immediate	MAX
1	0	0	0	1	PWM, Phase Correct, 8-bit	0x00FF	TOP	BOTTOM
2	0	0	1	0	PWM, Phase Correct, 9-bit	0x01FF	TOP	BOTTOM
3	0	0	1	1	PWM, Phase Correct, 10-bit	0x03FF	TOP	BOTTOM
4	0	1	0	0	CTC	OCRnA	Immediate	MAX
5	0	1	0	1	Fast PWM, 8-bit	0x00FF	BOTTOM	TOP
6	0	1	1	0	Fast PWM, 9-bit	0x01FF	BOTTOM	TOP
7	0	1	1	1	Fast PWM, 10-bit	0x03FF	BOTTOM	TOP
8	1	0	0	0	PWM, Phase and Frequency Correct	ICRn	BOTTOM	BOTTOM
9	1	0	0	1	PWM, Phase and Frequency Correct	OCRnA	BOTTOM	BOTTOM
10	1	0	1	0	PWM, Phase Correct	ICRn	TOP	BOTTOM
11	1	0	1	1	PWM, Phase Correct	OCRnA	TOP	BOTTOM
12	1	1	0	0	CTC	ICRn	Immediate	MAX
13	1	1	0	1	(Reserved)	–	–	–
14	1	1	1	0	Fast PWM	ICRn	BOTTOM	TOP
15	1	1	1	1	Fast PWM	OCRnA	BOTTOM	TOP

2) TCCR1B(Timer/Counter1 Control Register B)

비트	7	6	5	4	3	2	1	0	
	ICNC1	ICES1	–	WGM13	WGM12	CS12	CS11	CS10	TCCR1B
읽기/쓰기	R/W	R/W	R	R/W	R/W	R/W	R/W	R/W	
초기값	0	0	0	0	0	0	0	0	

① Bit 7 – ICNC1(Input Capture Noise Canceler)

이 비트를 1로 Set하면 입력 캡처 노이즈 제거 회로가 활성화 된다. 노이즈 제거 회로가 작동되면 입력 캡처 신호를 필터링하게 되는데, 이를 이용하면 시스템 클록의 4주기만큼 지연되어 작동된다.

② Bit 6 – ICES1(Input Capture Edge Select)

입력 캡처 단자 IC1으로 입력되는 신호의 에지의 검출 방법을 결정하며 ICES1 비트에 1을 쓰면 상승 에지를, ICES1 비트에 0을 쓰면 하강 에지를 트리거로 사용한다.

③ Bit 2:0 – CS12, CS11, CS10 : 클록 선택

CSn2	CSn1	CSn0	설명
0	0	0	클록 소스 없음 (타이머/카운터 정지)
0	0	1	$clk_{I/O}$/1 (프리스케일링 없음)
0	1	0	$clk_{I/O}$/8 (From prescaler)
0	1	1	$clk_{I/O}$/64 (From prescaler)
1	0	0	$clk_{I/O}$/256 (From prescaler)
1	0	1	$clk_{I/O}$/1024 (From prescaler)
1	1	0	Tn 핀의 외부 클록 사용. 하강 모서리에서 클록
1	1	1	Tn 핀의 외부 클록 사용. 상승 모서리에서 클록

3) TCCR1C (Timer/Counter1 Control Register C)

비트	7	6	5	4	3	2	1	0	
	FOC1A	FOC1B	FOC1C	–	–	–	–	–	TCCR1C
읽기/쓰기	W	W	W	R	R	R	R	R	
초기값	0	0	0	0	0	0	0	0	

① Bit 7:5 – FOC1A, FOC1B, FOC1C (Force Output Compare A, B, C)

강제로 OC1A, OC1B, OC1C 핀에 출력 비교 매치 신호를 출력한다.

4) TCNT1H, TCNT1L (Timer/Counter 1)

비트	7	6	5	4	3	2	1	0	
	TCNT1[15:8]								TCNT1H
	TCNT1[7:0]								TCNT1L
읽기/쓰기	R/W	R/W	R/W	R/W	R/W	R/W	R/W	R/W	
초기값	0	0	0	0	0	0	0	0	

16비트 타이머/카운터 1의 16비트 카운터 값을 저장하고 있는 레지스터

5) OCR1XH, OCR1XL (Output Compare Register 1) (X = A, B, C)

비트	7	6	5	4	3	2	1	0	
	OCR1A[15:8]								OCR1AH
	OCR1A[7:0]								OCR1AL
읽기/쓰기	R/W	R/W	R/W	R/W	R/W	R/W	R/W	R/W	
초기값	0	0	0	0	0	0	0	0	

비트	7	6	5	4	3	2	1	0	
	OCR1B[15:8]								OCR1BH
	OCR1B[7:0]								OCR1BL
읽기/쓰기	R/W	R/W	R/W	R/W	R/W	R/W	R/W	R/W	
초기값	0	0	0	0	0	0	0	0	

비트	7	6	5	4	3	2	1	0	
	OCR1C[15:8]								OCR1CH
	OCR1C[7:0]								OCR1CL
읽기/쓰기	R/W	R/W	R/W	R/W	R/W	R/W	R/W	R/W	
초기값	0	0	0	0	0	0	0	0	

타이머/카운터 1의 카운터 값인 TCNT1과 비교하여 OC1A, OC1B, OC1C 핀으로 출력 신호를 발생하거나 출력 비교일치 인터럽트를 발생하기 위한 16비트 값을 저장하고 있는 레지스터.

6) ICR1H, ICR1L(Input Compare Register 1)

비트	7	6	5	4	3	2	1	0	
	ICR1[15:8]								ICR1H
	ICR1[7:0]								ICR1L
읽기/쓰기	R/W	R/W	R/W	R/W	R/W	R/W	R/W	R/W	
초기값	0	0	0	0	0	0	0	0	

ICP1 핀 또는 타이머/카운터 1에 대해서는 아날로그 비교 출력 핀에 이벤트가 발생하는 시점에 TCNT1 값을 캡처하여 저장하는 16비트 레지스터이다.

7) TIMSK(Timer/Counter Interrupt Mask Register)

비트	7	6	5	4	3	2	1	0	
	OCIE2	TOIE2	TICIE1	OCIE1A	OCIE1B	TOIE1	OCIE0	TOIE0	TIMSK
읽기/쓰기	R/W	R/W	R/W	R/W	R/W	R/W	R/W	R/W	
초기값	0	0	0	0	0	0	0	0	

① Bit 5 – TICIE1(Timer/Counter1 Input Capture Interrupt Enable)

TICIE1 비트를 1로 Set하면 Input Capture Interrupt가 활성화된다. Capture 인터럽트를 사용하려면 SREG 레지스터의 I 비트가 1인 상태여야 한다.

② Bit 4:3 – OCIE1X(Timer/Counter1 Output Compare Match A, B Interrupt Enable)

OCIE1X 비트를 1로 Set하면 Output Compare Match Interrupt가 활성화된다. (X=A, B) OCIE1C 비트는 ETIMSK 레지스터의 0 비트에 있다.

③ Bit 2 – TOIE1(Timer/Counter1 Overflow Interrupt Enable)

TOIE1 비트를 1로 Set하면 Overflow Interrupt가 활성화된다.

8) ETIMSK(Extended Timer/Counter Interrupt Mask Register)

TIMSK 레지스터에서 빠진 인터럽트를 활성화하는 레지스터이다.

비트	7	6	5	4	3	2	1	0	
	–	–	TICIE3	OCIE3A	OCIE3B	TOIE3	OCIE3C	OCIE1C	ETIMSK
읽기/쓰기	R	R	R/W	R/W	R/W	R/W	R/W	R/W	
초기값	0	0	0	0	0	0	0	0	

① Bit 0 – OCIE1C(Timer/Counter1 Output Compare Match C Interrupt Enable)

OCIE1C 비트를 1로 Set하면 Output Compare Match C Interrupt가 활성화된다.

9) TIFR(Timer/Counter Interrupt Flag Register)

비트	7	6	5	4	3	2	1	0	
	OCF2	TOV2	ICF1	OCF1A	OCF1B	TOV1	OCF0	TOV0	TIFR
읽기/쓰기	R/W	R/W	R/W	R/W	R/W	R/W	R/W	R/W	
초기값	0	0	0	0	0	0	0	0	

① Bit 5 – ICF1(Timer/Counter1 Input Capture Flag)

타이머/카운터 1의 외부 ICP1 핀에 캡처 이벤트가 발생했을 때 이 플래그가 1로 Set된다. 이 비트는 인터럽트 서비스 루틴의 시작과 함께 0으로 Clear된다.

② Bit 4:3 – OCF1X(Timer/Counter1 Output Compare Match A, B Flag) (X = A, B)

TCNT1 값과 OCR1A 또는 OCR1B 값을 비교하여 같으면 이 플래그가 1로 Set된다. 이 비트는 인터럽트 서비스 루틴의 시작과 함께 0으로 Clear된다. OCF1C 비트는 ETIFR 레지스터 0 비트에 있다.

③ Bit 2 – TOV1(Timer/Counter1 Overflow Flag)

타이머/카운터1에서 Overflow가 발생되면 이 플래그가 1로 Set된다. 이 비트는 인터럽트 서비스 루틴의 시작과 함께 0으로 Clear된다.

10) ETIFR(Extended Timer/Counter Interrupt Flag Register)

비트	7	6	5	4	3	2	1	0	
	–	–	ICF3	OCF3A	OCF3B	TOV3	OCF3C	OCF1C	ETIFR
읽기/쓰기	R/W	R/W	R/W	R/W	R/W	R/W	R/W	R/W	
초기값	0	0	0	0	0	0	0	0	

① Bit 0 – OCF1C(Timer/Counter1 Output Compare Match C Flag)

TCNT1 값과 OCR1C 값을 비교하여 같으면 이 플래그가 1로 Set된다. 이 비트는 인터럽트 서비스 루틴의 시작과 함께 0으로 Clear된다.

11) SFIOR(Special Function I/O Register)

비트	7	6	5	4	3	2	1	0	
	TSM	–	–	–	ACME	PUD	PSR0	PSR321	SFIOR
읽기/쓰기	R/W	R	R	R	R/W	R/W	R/W	R/W	
초기값	0	0	0	0	0	0	0	0	

① Bit 7 – TSM(Timer/Counter Synchronization Mode)

모든 타이머/카운터들을 동기화시키는 기능을 수행한다.

② Bit 0 – PSR321(Prescaler Reset Timer/Counter0)

타이머/카운터1, 3의 프리스케일러를 리셋시키며 동작 후에 하드웨어에 의해 즉시 0으로 Clear 된다. 타이머/카운터 1, 2, 3은 같은 프리스케일러를 사용하므로 이 비트 설정은 타이머/카운터 1, 2, 3 모두에 영향을 준다.

(2) 16비트 타이머/카운터 1 동작 모드

16비트 타이머/카운터 1과 3은 내부적으로 동일하며 16비트 타이머/카운터 1을 기준으로 설명한다. 내용과 표를 설명할 때 나오는 n은 16비트 타이머/카운터 1과 3을 의미하며 X는 A, B, C 레지스터를 구분할 때 사용한다.

1) Normal Mode

- 일반적인 타이머 Overflow 인터럽트가 필요할 때 사용
- TCNTn Up 카운터
- 0x0000 ~ 0xFFFF 계수 동작 반복
- 카운트 도중 Clear 없음
- TCNTn이 0xFFFF에서 0x0000으로 돌아갈 때 오버플로가 발생하고 이때 오버플로 플래그 TOVn 비트가 1로 Set된다.

2) CTC Mode

- TCCR1A, TCCR1B 레지스터의 WGM13, WGM12, WGM11, WGM10 비트를 설정하게 되며 WGM12 비트에만 1을 Set하면 OCR1A 레지스터에 설정된 값(TOP)까지 TCNT1 레지스터가 카운터를 하다가 비교 일치되면 TCNT1 레지스터가 0x0000으로 돌아가면서 인터럽트가 발생되는 CTC 모드이며 이는 8비트 CTC 모드와 유사하다. WGM13과 WGM12 비트에 각각 1로 Set하면 ICR1 레지스터로 설정하는 모드이다.
- 0x0000 ~ OCR1X(ICR1) 계수 동작 반복 (X = A, B, C)
- OC1A, OC1B, OC1B 핀의 출력은 COM1X1, COM1X0 (X = A, B, C) 레지스터로 설정한다.

모드	COMnX1	COMnX0	설명
PWM 모드가 아닌 경우	0	0	범용 입·출력 포트 (OCnX 출력 차단)
	0	1	비교 일치 → OCnX 핀 Toggle 출력
	1	0	비교 일치 → OCnX 핀 0 출력
	1	1	비교 일치 → OCnX 핀 1 출력

· CTC 모드의 출력 주파수 계산 공식은 다음과 같다. (N : 프리스케일러, X : A, B, C)

$$f_{OCnX} = \frac{f_{clk\_I/O}}{2 \cdot N \cdot (1 + OCRnX)}$$

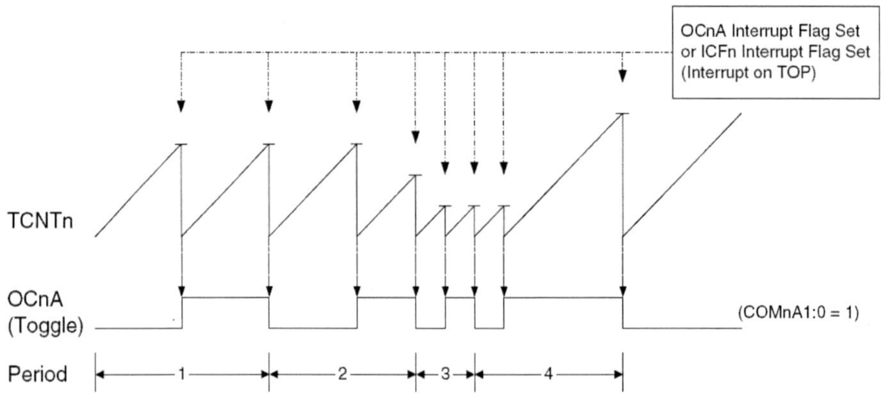

[그림 8.7] CTC 모드 타이밍

3) 고속 PWM 모드

· OCR1A, OCR1B, OCR1C 레지스터를 사용하여 최대 3개의 PWM 신호를 발생시킬 수 있다.
· WGM13, WGM12, WGM11, WGM10 비트 설정에 따라 5가지의 동작 모드를 설정할 수 있다.
· TCNT1은 0x0000에서 0xFFFF까지 계수 동작을 반복하며 OCR1X(X = A, B, C)와 비교 일치 되면서 OC1A, OC1B, OC1C 핀에 신호가 출력된다. 타이머 카운터 값이 PWM 생성을 위한 톱니파를 형성한다.

모드	COMnX1	COMnX0	설명
FAST PWM	0	0	범용 입·출력포트 (OCnX 출력 차단)
	0	1	WGM13 : 0 = 15 : 비교 일치될 때 OCnA 토글되고 OCnB, OCnC 핀은 차단된다. 다른 WGMn Set은 OCnX 차단된다.
	1	0	비교 일치 → OCnX 핀 0 출력 overflow → OCnX 핀 1 출력
	1	1	비교 일치 → OCnX 핀 1 출력 overflow → OCnX 핀 0 출력

· 고속 PWM 모드의 출력 주파수 계산 공식은 다음과 같다. (N : 프리스케일러)

$$f_{OCnXPWM} = \frac{f_{clk\_I/O}}{N \cdot (1 + TOP)}$$

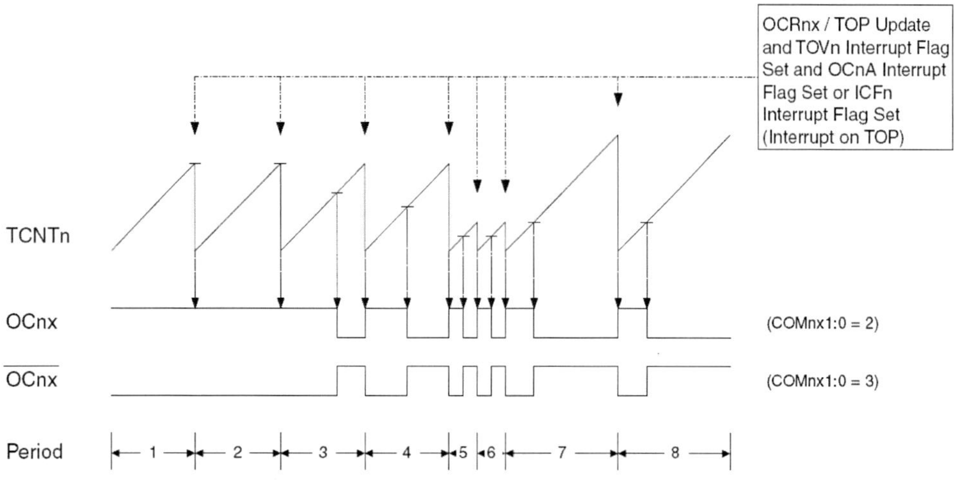

[그림 8.8] 고속 PWM 모드 타이밍

4) 위상교정 PWM 모드

- 높은 분해능의 PWM출력 파형을 발생하는데 사용(dual-slope operation)
- TCNTn 레지스터는 0x0000에서 0xFFFF까지 상향 카운터를 하였다가 다시 0xFFFF에서 0x0000으로 하향 카운터를 반복하며 삼각파를 형성한다.
- WGM13, WGM12, WGM11, WGM10 비트 설정에 따라 5가지의 동작 모드를 설정할 수 있다.

모드	COMnX1	COMnX0	설명
Phase Correct PWM	0	0	범용 입·출력포트 (OCnX 출력 차단)
	0	1	WGM13 : 0 = 9 or 14 : 비교 일치될 때 OCnA는 토글되고 OCnB, OCnC 핀은 차단된다. 다른 WGMn Set은 OCnX 차단된다.
	1	0	상향 카운터 비교 일치 → OCnX 핀 0 출력 하향 카운터 비교 일치 → OCnX 핀 1 출력
	1	1	상향 카운터 비교 일치 → OCnX 핀 1 출력 하향 카운터 비교 일치 → OCnX 핀 0 출력

- 위상교정 PWM 모드의 출력 주파수 계산 공식은 다음과 같다(N : 프리스케일러).

$$f_{OCnXPCPWM} = \frac{f_{clk\_I/O}}{2 \cdot N \cdot TOP}$$

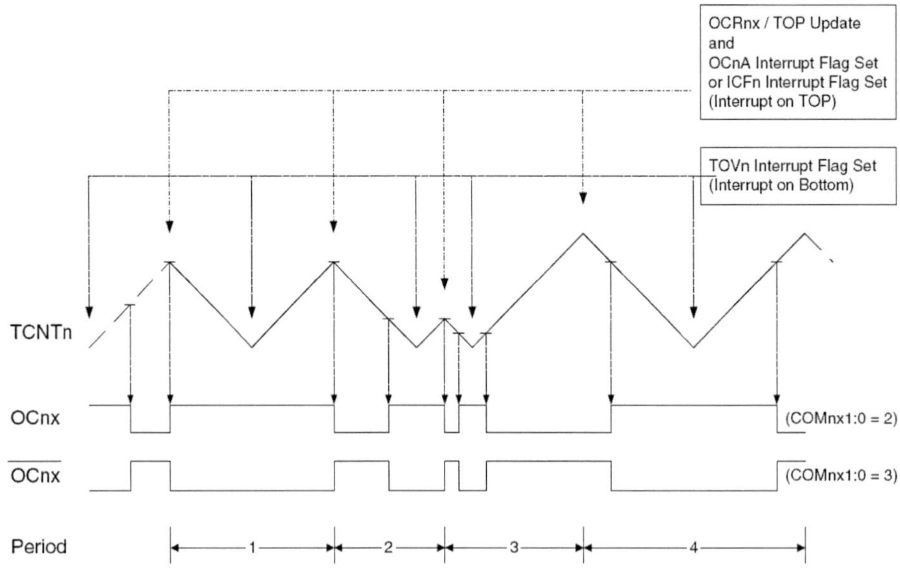

[그림 8.9] 위상 교정 PWM 모드 타이밍

5) Phase and Frequency Correct PWM (위상 및 주파수 교정 PWM)

- 이 모드는 OCRnX와 TCNTn 레지스터의 TOP 값이 업데이트 되는 시점을 제외하고 위상교정 PWM 모드와 동일하다.
- 위상 및 주파수 교정 PWM 모드의 출력 주파수 계산 공식은 다음과 같다(N : 프리스케일러).

$$f_{OCnXPFCPWM} = \frac{f_{clk\_I/O}}{2 \cdot N \cdot TOP}$$

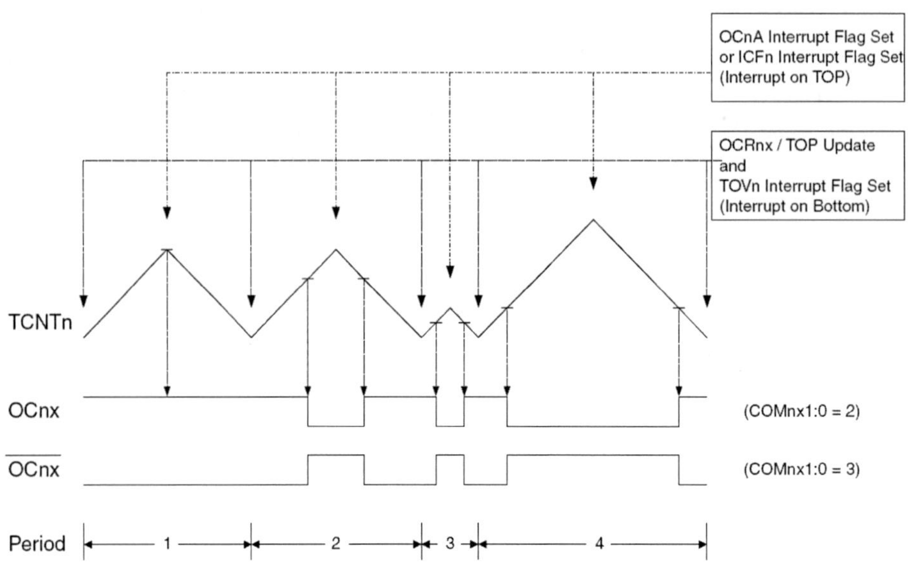

[그림 8.10] 위상 및 주파수 교정 PWM 모드 타이밍

8.3 타이머/카운터 실습

실습 8.1 8비트 타이머/카운터 0을 이용하여 250 μs 간격으로 LED Blink (CTC 모드)

```
#include <avr/io.h>
#include <avr/interrupt.h>

ISR (TIMER0_COMP_vect)   // 250 μs마다 COMP ISR 수행
{
      if (PORTC == 0xFF)
         PORTC = 0x00;
      if (PORTC == 0x00)
         PORTC = 0xFF;
}

int main(void)
{
      DDRC = 0xFF;
      PORTC = 0xFF;

      cli();               // Global Interrupt disable

      TCCR0 = 0x09;        // 0b00001001 : OC0 차단, CTC 모드, 분주 없음
      OCR0 = 250;          // 비교 값 Set. 250/1000000
      TCNT0 = 0x00;        // 카운터 초기화
      TIMSK = 0x02;        // 8비트 출력 비교일치 인터럽트 허용

      sei();               // Global Interrupt enable

      while(1);
}
```

[Project File 코딩]

```
; ************************************************************
; PROJECT : timer_01
; AUTHOR : KIET_Jeong
; ************************************************************

; Micro + software running
; ------------------------------------------------------------
```

```
.MICRO "ATmega128"
.TOOLCHAIN "GCC"
.GCCPATH   "C:₩WinAVR"
.GCCMAKE   AUTO
.TARGET    "timer_01.hex"
.SOURCE    "timer_01.c"

.TRACE                     ; Activate micro trace

; Following lines are optional; if not included
; exactly these values are taken by default
; -------------------------------------------------------------
.POWER VDD = 5 VSS = 0     ; Power nodes
.CLOCK 1meg                ; Micro clock
.STORE 1000m               ; Trace (micro+signals) storage time

; Micro nodes: RESET, AREF, PA0-PA7, PB0-PB7, PC0-PC7, PD0-PD7, PE0-PE7,
  PF0-PF7, PG0-PG4, TIM1OVF
; Define here the hardware around the micro
; -------------------------------------------------------------
; Control Panel LED 설정
D1 VDD n1                  ; D1 LED를 VDD와 n1 노드 사이에 연결
R1 n1 PC0 330              ; R1 저항을 n1과 PC0 포트 사이에 연결. R1 저항은 330 Ω
D2 VDD n2
R2 n2 PC1 330
D3 VDD n3
R3 n3 PC2 330
D4 VDD n4
R4 n4 PC3 330
D5 VDD n5
R5 n5 PC4 330
D6 VDD n6
R6 n6 PC5 330
D7 VDD n7
R7 n7 PC6 330
D8 VDD n8
R8 n8 PC7 330

; Probe(Scope) 설정 (관련 포트에 전압 Probe 연결)
.PLOT V(PC0) V(PC1) V(PC2) V(PC3) V(PC4) V(PC5) V(PC6) V(PC7)
```

[Simulation 결과]

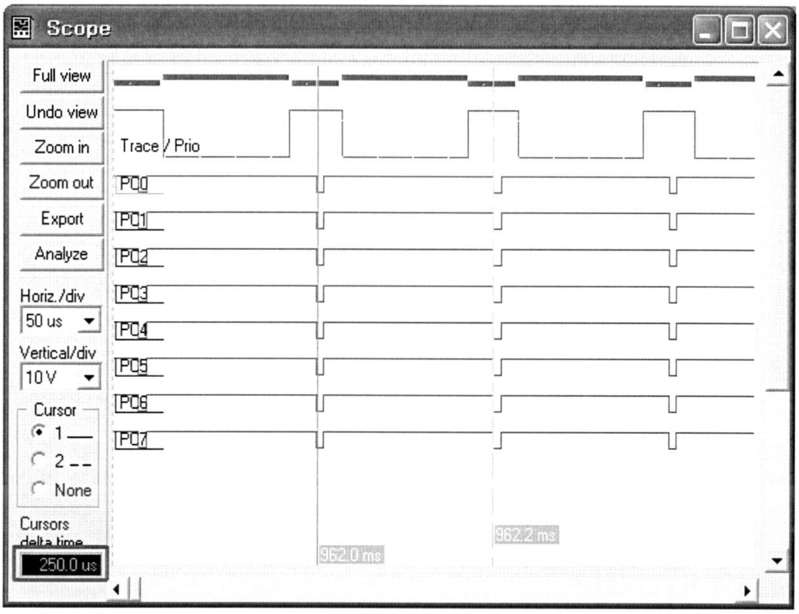

실습 8.2 8비트 타이머/카운터 0을 이용하여 255 μs 간격으로 LED Blink (노멀 모드)

```
#include <avr/io.h>
#include <avr/interrupt.h>

ISR (TIMER0_OVF_vect)          // 255 μs마다 OVF ISR 수행
{
    if (PORTC == 0xFF)
       PORTC = 0x00;
    if (PORTC == 0x00)
       PORTC = 0xFF;
}

int main(void)
{
    DDRC = 0xFF;
    PORTC = 0xFF;

    cli();                     // Global Interrupt disable

    TCCR0 = 0x01;              // 0b00001001 : OC0 차단, normal 모드, 분주 없음
    TCNT0 = 0x00;              // 카운터 초기화. 0x00 → 0xFF 반복
```

```
    TIMSK = 0x01;              // 8비트 오버플로 인터럽트 허용

    sei();                     // Global Interrupt enable

    while(1);
}
```

[Project File 코딩]

```
; ************************************************************
; PROJECT : timer_02
; AUTHOR : KIET_Jeong
; ************************************************************

; Micro + software running
; ------------------------------------------------------------
.MICRO "ATmega128"
.TOOLCHAIN "GCC"
.GCCPATH   "C:₩WinAVR"
.GCCMAKE   AUTO
.TARGET    "timer_02.hex"
.SOURCE    "timer_02.c"

.TRACE                     ; Activate micro trace

; Following lines are optional; if not included
; exactly these values are taken by default
; ------------------------------------------------------------
.POWER VDD = 5 VSS = 0     ; Power nodes
.CLOCK 1meg                ; Micro clock
.STORE 1000m               ; Trace (micro+signals) storage time

; Micro nodes: RESET, AREF, PA0-PA7, PB0-PB7, PC0-PC7, PD0-PD7, PE0-PE7,
  PF0-PF7, PG0-PG4, TIM1OVF
; Define here the hardware around the micro
; ------------------------------------------------------------
; Control Panel LED 설정
D1 VDD n1               ; D1 LED를 VDD와 n1 노드 사이에 연결
R1 n1 PC0 330           ; R1 저항을 n1과 PC0 포트 사이에 연결. R1 저항은 330 Ω
D2 VDD n2
R2 n2 PC1 330
D3 VDD n3
```

```
R3 n3 PC2 330
D4 VDD n4
R4 n4 PC3 330
D5 VDD n5
R5 n5 PC4 330
D6 VDD n6
R6 n6 PC5 330
D7 VDD n7
R7 n7 PC6 330
D8 VDD n8
R8 n8 PC7 330

; Probe (Scope) 설정 (관련 포트에 전압 Probe 연결)
.PLOT V(PC0) V(PC1) V(PC2) V(PC3) V(PC4) V(PC5) V(PC6) V(PC7)
```

[Simulation 결과]

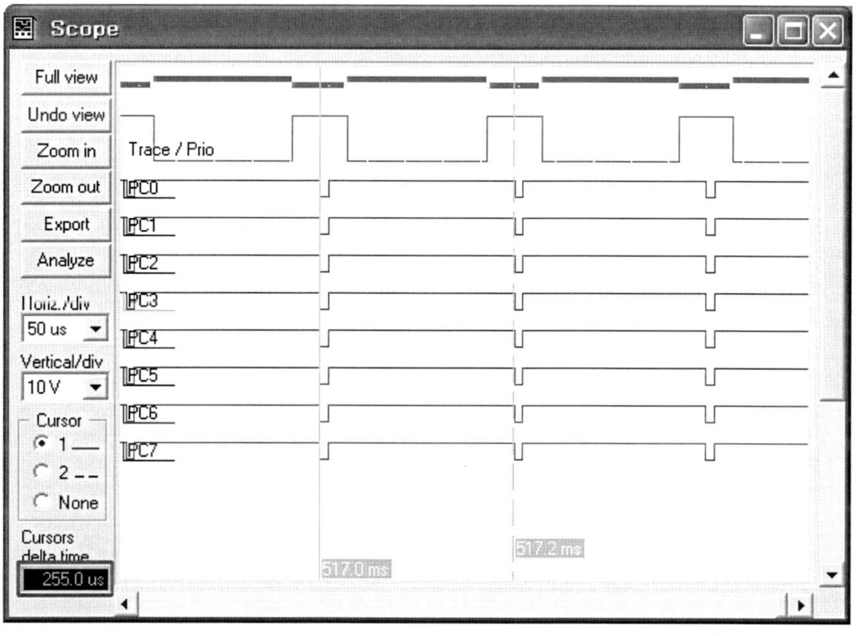

실습 8.3 16비트 타이머/카운터 1을 이용하여 65.5 ms 간격으로 LED Blink (노멀 모드)

```
#include <avr/io.h>
#include <avr/interrupt.h>

ISR (TIMER1_OVF_vect)
```

```
{
    if (PORTC == 0xFF)
       PORTC = 0x00;
    if (PORTC == 0x00)
       PORTC = 0xFF;
}

int main (void)
{
    PORTC = 0xFF;
    DDRC  = 0xFF;

    cli();                  // Global Interrupt disable

    TCNT1  = 0;             // 카운터 초기화. 0x0000 → 0xFFFF 반복
    TCCR1A = 0b00000000;    // Normal mode, OCnX 출력 없음
    TCCR1B = 0b00000001;    // 분주 없음
    TCCR1C = 0b00000000;    // 비교 출력 Disable
    TIMSK  = 0b00000100;    // 16비트 Overflow 인터럽트 허용

    sei();                  // Global Interrupt enable

    for(;;);                // while(1)과 동일
}
```

[Project File 코딩]

```
; ************************************************************
; PROJECT : timer_03
; AUTHOR : KIET_Jeong
; ************************************************************

; Micro + software running
; ------------------------------------------------------------
.MICRO "ATmega128"
.TOOLCHAIN "GCC"
.GCCPATH   "C:₩WinAVR"
.GCCMAKE   AUTO
.TARGET    "timer_03.hex"
.SOURCE    "timer_03.c"

.TRACE                  ; Activate micro trace
```

```
; Following lines are optional; if not included
; exactly these values are taken by default
; ------------------------------------------------------------
.POWER VDD = 5 VSS = 0     ; Power nodes
.CLOCK 1meg                ; Micro clock
.STORE 1000m               ; Trace (micro+signals) storage time

; Micro nodes: RESET, AREF, PA0-PA7, PB0-PB7, PC0-PC7, PD0-PD7, PE0-PE7,
  PF0-PF7, PG0-PG4, TIM1OVF
; Define here the hardware around the micro
; ------------------------------------------------------------
; Control Panel LED 설정
D1 VDD n1                  ; D1 LED를 VDD와 n1 노드 사이에 연결
R1 n1 PC0 330              ; R1 저항을 n1과 PC0 포트 사이에 연결. R1 저항은 330 Ω
D2 VDD n2
R2 n2 PC1 330
D3 VDD n3
R3 n3 PC2 330
D4 VDD n4
R4 n4 PC3 330
D5 VDD n5
R5 n5 PC4 330
D6 VDD n6
R6 n6 PC5 330
D7 VDD n7
R7 n7 PC6 330
D8 VDD n8
R8 n8 PC7 330

; Probe (Scope) 설정 (관련 포트에 전압 Probe 연결)
.PLOT V(PC0) V(PC1) V(PC2) V(PC3) V(PC4) V(PC5) V(PC6) V(PC7)
```

[Simulation 결과]

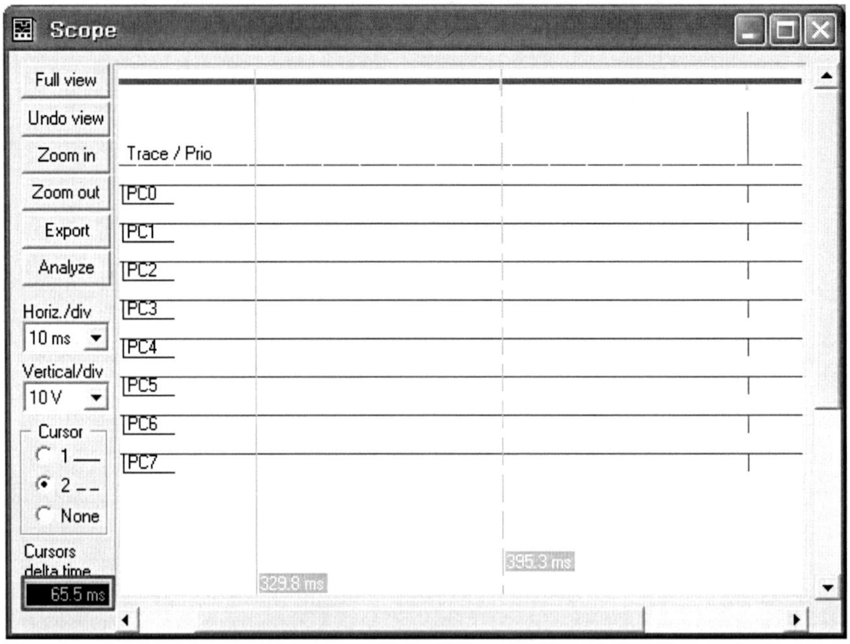

8.4 WinAVR 컴파일러를 이용한 타이머/카운터 실습

실습 8.4 8비트 타이머/카운터 오버플로 인터럽트를 사용하여 1초 간격으로 LED Blink

```
#include <avr/io.h>
#include <avr/interrupt.h>
#include <util/delay.h>

#define  CPU_CLOCK       8000000
#define  TICKS_PER_SEC   1000

volatile unsigned int tic_time;

ISR (TIMER0_OVF_vect)              // 1 ms → 인터럽트 서비스 루틴
{
     tic_time++;
     TCNT0 = 256 - (CPU_CLOCK / TICKS_PER_SEC / 32);
}

void Delay_ms (unsigned int msec)  // 1초 지연 함수
{
```

```
        tic_time = 0;                       // tic_time 카운터 0으로 초기화
        while (msec > tic_time);            // 1 ms가 1000 ms되면 탈출. 1 초
    }

    int main (void)
    {
        unsigned char led_status = 0xFF;

        DDRC = 0xFF;
        PORTC = 0xFF;

        TCCR0 = (0 << WGM01) | (0 << WGM00) | (0 << CS02) | (1 << CS01) | (1 << CS00);
        TCNT0 = 256 - (CPU_CLOCK / TICKS_PER_SEC / 32);
        TIMSK = (0 << OCIE0) | ( 1 << TOIE0);

        sei();

        while (1)
        {
            led_status = ~led_status;
            PORTC = led_status;
            Delay_ms (1000);                // 함수 호출되면서 1초 지연
        }

        return 1;
    }
```

➜ [실습 8.4]를 통해 비교적 정확한 1초를 구현할 수 있는데 시간이 맞지 않는 것 같으면 시간 계산에 사용한 시스템 클록이 맞게 설정되어 있는지 확인한다.

➜ 8비트 타이머/카운터의 오버플로 인터럽트 방식을 사용할 때는 TCNTn 레지스터가 카운터할 수 있는 256 범위내로 분주기를 선택한다. 시스템 클록이 8 MHz일 때 32분주를 선택하면 250 클록이 카운터되었을 때 1 ms가 되는데 다음 공식을 참고한다.

$$1\,ms = \left\{\left(\frac{1}{8\,MHz}\right)\times 32\right\}\times n$$

$$\frac{1}{1000} = \left\{\left(\frac{1}{8000000}\right)\times 32\right\}\times n$$

$$n = \frac{8000}{32}$$

$$n = 250$$

➜ 오버플로 인터럽트의 TCNTn 레지스터는 0에서 255까지 카운트를 한 뒤 다시 0이 될 때 인터럽트가 발생되기 때문에 TCNTn 값이 다시 0으로 초기화되지 않도록 TCNTn 레지스터를 반드시 초기화해야 한다.

실습 8.5 8비트 타이머/카운터 CTC 모드를 사용하여 1초 간격으로 LED Blink

```
#define F_CPU 8000000

#include <avr/io.h>
#include <util/delay.h>
#include <avr/interrupt.h>

volatile unsigned int tic_time;

ISR (TIMER0_COMP_vect)
{
      tic_time++;
}

void Delay_ms (unsigned int msec)
{
      tic_time = 0;
      while (msec > tic_time)
}

int main (void)
{
      DDRC = 0xFF;
      PORTC = 0xFF;

      unsigned char led_status = 0xFF;

      TCCR0 = (1<<WGM01) | (0<<WGM00) | (0<<CS02) | (1<<CS01) | (1<<CS00);
      TIMSK = (1<<OCIE0) | (0<<TOIE0);
      TCNT0 = 0;
      OCR0 = 249;

      sei();

      for ( ; ; )
      {
```

```
        led_status = ~led_status;
        PORTC = led_status;
        Delay_ms(1000);                 // 함수 호출되면서 1초 지연
    }

    return 1;
}
```

➔ TCCR0 레지스터의 WGM01 = 1, WGM00 = 0 설정하여 CTC 모드를 선택하였고 32분주를 선택하기 위해 CS02 = 0, CS01 = 1, CS00 = 1로 설정했다.

➔ CTC 모드의 경우 OCRn 레지스터를 추가로 사용하여 계산된 값을 OCRn 레지스터에 쓰면 TCNTn 레지스터는 OCRn 레지스터의 값과 일치될 때 0으로 초기화 되면서 인터럽트를 발생시킨다. 주의할 점은 TCNTn 레지스터는 0부터 카운터를 하기 때문에 계산된 값에 1을 빼준다.

실습 8.6 LED 전체를 300 ms 마다 깜박이게 하면서 FND 두 자리에 초시계 표시

```
#include <avr/io.h>
#include <util/delay.h>
#include <avr/interrupt.h>

#define sbi(port, bit) (port) |= (1 << (bit))
#define cbi(port, bit) (port) &= ~(1 << (bit))

unsigned char timer_5ms = 0;
unsigned char second = 0;
unsigned char fnd_com = 0;
unsigned char fnd_val[6];

unsigned char fnd_data[25] = {
    // '0'   '1'   '2'   '3'   '4'   '5'   '6'   '7'
      0x3F, 0x06, 0x5B, 0x4F, 0x66, 0x6D, 0x7D, 0x07,

    // '8'   '9'   'A'   'B'   'C'   'D'   'E'   'F'
      0x7F, 0x6F, 0x77, 0x7C, 0x39, 0x5E, 0x79, 0x71,

    // OFF   '-'   'U'   'P'   'L'   'd'   'n'   'r'
      0x00, 0x40, 0x3E, 0x73, 0x38, 0x5E, 0x54, 0x50,

    // 'c'
```

```
    0x58
};

// =========================================================
// Function    : FND_digit
// Description : FND 출력 루틴
// Effect      : turn_on = 1(ON), 0(OFF)
//               com     = 0...5  (COM_0...COM_5)
//               digits  = 0...15 ('0'...'F')
//               dot_on  = 1(ON), 0(OFF)
// =========================================================

void FND_digit (unsigned char turn_on, unsigned char com,
                unsigned char digits,  unsigned char dot_on)
{
    if (turn_on == 1)
    {
       // FND Data
       if (dot_on)  PORTA = fnd_data[ digits ] | 0x80;
       else         PORTA = fnd_data[ digits ];

       // FND COM
       PORTE |= 0xFC;                // 1111 11xx : 모든 COM Off
       cbi (PORTE, com + 2);         // 해당 COM On
    }

    else
    {
       // FND Data
       PORTA = 0xFF;                 // 무의미한 값

       // FND COM
       sbi (PORTE, com + 2);         // 해당 COM Off
    }
}

void FND_initialize (void)
{
    // FND Data : A...G, DP
    DDRA  = 0xFF;                    // Output Direction
    PORTA = 0x00;
```

```
    // FND COM : COM_0...COM_5 (PE2...PE7)
    DDRE  |= 0xFC;                    // Output Direction (1111 11xx)
    PORTE |= 0xFC;                    // All High (모든 COM Off)
}

void FND_Display (void)
{
    fnd_com = fnd_com % 6;            // 0...5

    FND_digit (1, fnd_com, fnd_val[ fnd_com ], 0);

    fnd_com++;
}

ISR (TIMER1_COMPA_vect)
{
    timer_5ms++;                      // 5 ms에 1씩 증가
    if (timer_5ms == 200)             // 1초 일 때
    {
      timer_5ms = 0;

      second++;
      if (second == 60)    second = 0;

      // make fnd_val[]
      fnd_val[4] = second / 10;
      fnd_val[5] = second % 10;
    }

    FND_Display();
}

void Timer_initialize (void)
{
    TCCR1A = 0x00;                // CTC 모드, OC1X 연결하지 않음
    TCCR1B = 0x0A;                // 8/CLK(1 MHz) = 1/125000 sec
    TCCR1C = 0x00;                // FOC 채널 비활성

    TCNT1 = 0x0000;               // Timer/Counter 1
    OCR1A = 624;                  // Output Compare Reg. of TC1 Channel A
                                  // (624+1)/125000 sec = 1/200 sec = 5ms
    TIMSK = 0x10;                 // OC1A 인터럽트 허용
```

```
    TIFR = 0x10;                    // OC1A 인터럽트 클리어
}

int main (void)
{
    DDRC  = 0xFF;
    FND_initialize();
    Timer_initialize();

    sei();

    while (1)
    {
        PORTC = 0xFF;
        _delay_ms(300);
        PORTC = 0x00;
        _delay_ms(300);
    }

    return 1;
}
```

실습 8.7 LED 전체를 300 ms 마다 깜박이게 하면서 FND에 "SALE 20P" 문자를 한 방향으로 이동 표시

```
#include <avr/io.h>
#include <util/delay.h>
#include <avr/interrupt.h>

#define sbi(port, bit) (port) |= (1 << (bit))
#define cbi(port, bit) (port) &= ~(1 << (bit))

unsigned char timer_5ms = 0;
unsigned char fnd_com = 0;
unsigned char fnd_val[6];
unsigned char fnd_ptr = 0;
unsigned char fnd_cnt = 0;

unsigned char FND_TABLE[19] = {      // "SALE_20P(%)______SALE_"
    0x05, 0x0A, 20, 0x0E, 16, 2, 0, 19,
    16, 16, 16, 16, 16, 16, 0x05, 0x0A, 20, 0x0E, 16
```

```
};

unsigned char fnd_data[25] = {
   // '0'   '1'   '2'   '3'   '4'   '5'   '6'   '7'
      0x3F, 0x06, 0x5B, 0x4F, 0x66, 0x6D, 0x7D, 0x07,

   // '8'   '9'   'A'   'B'   'C'   'D'   'E'   'F'
      0x7F, 0x6F, 0x77, 0x7C, 0x39, 0x5E, 0x79, 0x71,

   // OFF   '-'   'U'   'P'   'L'   'd'   'n'   'r'
      0x00, 0x40, 0x3E, 0x73, 0x38, 0x5E, 0x54, 0x50,

   // '%'
      0x58
};

// ==========================================================
// Function    : FND_digit
// Description : FND 출력 루틴
// Effect      : turn_on = 1(ON), 0(OFF)
//               com    = 0...5  (COM_0...COM_5)
//               digits = 0...15 ('0'...'F')
//               dot_on = 1(ON), 0(OFF)
// ==========================================================

void FND_digit (unsigned char turn_on, unsigned char com,
                unsigned char digits,  unsigned char dot_on)
{
     if (turn_on == 1)
     {
        // FND Data
        if (dot_on)  PORTA = fnd_data[ digits ] | 0x80;
        else         PORTA = fnd_data[ digits ];

        // FND COM
        PORTE |= 0xFC;              // 1111 11xx : 모든 COM Off
        cbi (PORTE, com + 2);       // 해당 COM On
     }

     else
     {
        // FND Data
```

```
            PORTA = 0xFF;                      // 무의미한 값

            // FND COM
            sbi (PORTE, com + 2);              // 해당 COM Off
        }
}

void FND_initialize (void)
{
        // FND Data : A...G, DP
        DDRA  = 0xFF;                          // Output Direction
        PORTA = 0x00;

        // FND COM : COM_0...COM_5 (PE2...PE7)
        DDRE  |= 0xFC;                         // Output Direction (1111 11xx)
        PORTE |= 0xFC;                         // All High (모든 COM Off)
}

void FND_Display (void)
{
        fnd_com = fnd_com % 6;                 // 0...5

        FND_digit (1, fnd_com, fnd_val[ fnd_com ], 0);

        fnd_com++;
}

ISR (TIMER1_COMPA_vect)
{
        timer_5ms++;                           // 5 ms에 1씩 증가
        if (timer_5ms == 60)                   // 300 ms일 때
        {
            timer_5ms = 0;

            // generate fnd_val[] : FND Left Shift
            fnd_ptr++;
            fnd_ptr = fnd_ptr % 14;            // 0...13
            for (fnd_cnt = 0; fnd_cnt < 6; fnd_cnt++)
            {
                fnd_val[ fnd_cnt ] = FND_TABLE[ fnd_ptr + fnd_cnt ];
            }
        }
```

```
    FND_Display();
}

void Timer_initialize (void)
{
    TCCR1A = 0x00;                    // CTC 모드, OC1X 연결하지 않음
    TCCR1B = 0x0A;                    // 8/CLK(1 MHz) = 1/125000 sec
    TCCR1C = 0x00;                    // FOC 채널 비활성

    TCNT1 = 0x0000;                   // Timer/Counter 1
    OCR1A = 624;                      // Output Compare Reg. of TC1 Channel A
                                      // (624+1)/125000 sec = 1/200 sec = 5 ms
    TIMSK = 0x10;                     // OC1A 인터럽트 허용
    TIFR = 0x10;                      // OC1A 인터럽트 클리어
}

int main (void)
{
    DDRC = 0xFF;
    FND_initialize();
    Timer_initialize();

    fnd_ptr = 0;                      // 초기 Copy : "SALE 20p"

    for (fnd_cnt = 0; fnd_cnt < 6; fnd_cnt++)
    {
      fnd_val[ fnd_cnt ] = FND_TABLE[ fnd_ptr + fnd_cnt ];
    }

    sei();

    while (1)
    {
      PORTC = 0xFF;
      _delay_ms(300);
      PORTC = 0x00;
      _delay_ms(300);
    }

    return 1;
}
```

실습 8.8 8비트 타이머/카운터 2의 PB7 핀(OC2)에 연결되어 있는 buzzer로 "도, 레, 미, 파, 솔, 라, 시, 도" 출력

```
#include <avr/io.h>
#include <util/delay.h>

#define CPU_CLOCK   1000000
#define PRESCALER   8
#define DELAY       50

// 6 옥타브 음계 주파수
#define  Do    1047
#define  Re    1175
#define  Mi    1319
#define  Pa    1397
#define  Sol   1568
#define  Ra    1760
#define  Si    1976
#define  Do7   2093

int main (void)
{
    DDRB |= _BV(7);
    PORTB |= _BV(7);
    DDRC = 0xFF;
    PORTC = 0xFF;

    TCCR2 = (1<<WGM21) | (0<<WGM20) | (0<<COM21) | (1<<COM20) | (2<<CS20);
    TCNT2 = 0x00;

    while (1)
    {
        OCR2 = (CPU_CLOCK / Do / PRESCALER);        // 도
        PORTC = 0xFE;
        _delay_ms(DELAY);

        OCR2 = (CPU_CLOCK / Re / PRESCALER);        // 레
        PORTC = 0xFD;
        _delay_ms(DELAY);

        OCR2 = (CPU_CLOCK / Mi / PRESCALER);        // 미
        PORTC = 0xFB;
```

```
        _delay_ms(DELAY);

        OCR2 = (CPU_CLOCK / Pa / PRESCALER);        // 파
        PORTC = 0xF7;
        _delay_ms(DELAY);

        OCR2 = (CPU_CLOCK / Sol / PRESCALER);       // 솔
        PORTC = 0xEF;
        _delay_ms(DELAY);

        OCR2 = (CPU_CLOCK / Ra / PRESCALER);        // 라
        PORTC = 0xDF;
        _delay_ms(DELAY);

        OCR2 = (CPU_CLOCK / Si / PRESCALER);        // 시
        PORTC = 0xBF;
        _delay_ms(DELAY);

        OCR2 = (CPU_CLOCK / Do7 / PRESCALER);       // 도
        PORTC = 0x7F;
        _delay_ms(DELAY);
    }

    return 1;
}
```

실습 문제

1. 타이머/카운터를 이용하여 FND에 스톱워치 프로그램을 만든다.

2. 타이머/카운터를 이용하여 16×2 문자 LCD에 디지털시계가 표시되도록 한다.

3. 스위치의 채터링 문제를 해결하기 위하여 스위치 상태의 변화가 발생될 때 타이머/카운터에서 계산된 100 ms가 프로그램 코드에 적용되도록 한다. _delay_ms(100) 함수와 어떤 점이 다른지 알아보자.

4. PWM을 발생시켜 LED의 밝기가 밝아졌다 다시 어두워지는 것이 반복되도록 한다(LED Dimming).

5. 타이머/카운터의 PWM과 키 매트릭스 또는 스위치를 이용하여 '도레미파솔라시도'가 연주되도록 한다.

CHAPTER 9 아날로그 비교기 (Analog Comparator)

9.1 아날로그 비교기의 개념과 구조

아날로그 비교기는 AIN0(positive pin)와 AIN1(negative pin)로 입력되는 입력 레벨을 비교한다. AIN0의 핀으로 AIN1의 핀보다 더 높은 신호가 들어 올 때 ACSR(Analog Comparator Control and Status Register)의 ACO 비트가 Set(1)된다. 아날로그 비교기 출력은 타이머/카운터 1의 입력 캡처 기능(input capture function)의 트리거 신호로 사용될 수 있으며 아날로그 비교기 인터럽트를 발생시키는 신호로 사용될 수 있다. 그리고 비교기 출력의 상승, 하강, 상승/하강 에지에서 인터럽트를 발생시키도록 설정할 수 있다.

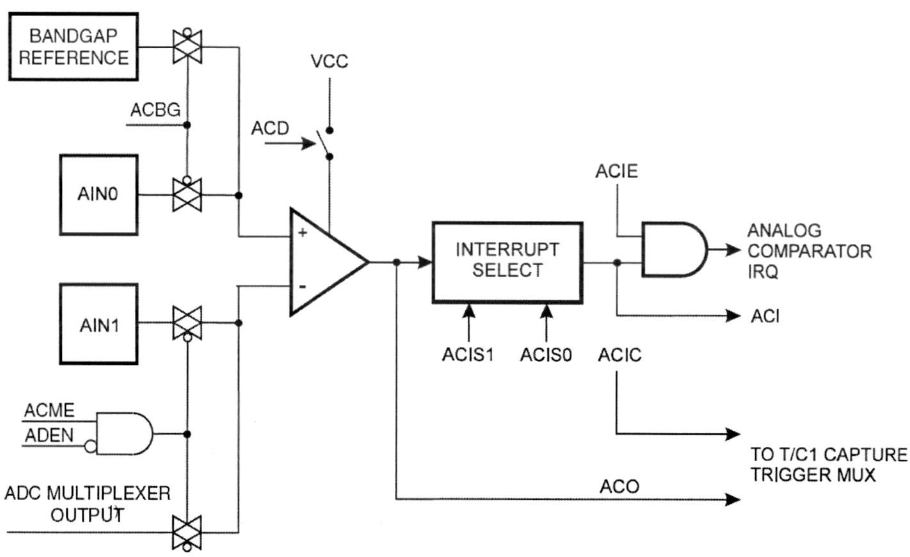

[그림 9.1] 아날로그 비교기 구조

9.2 아날로그 비교기 관련 레지스터

(1) SFIOR(Special Function I/O Register)

비트	7	6	5	4	3	2	1	0	
	TSM	–	–	–	ACME	PUD	PSR0	PSR321	SFIOR
읽기/쓰기	R/W	R	R	R	R/W	R/W	R/W	R/W	
초기값	0	0	0	0	0	0	0	0	

- Bit 3 – ACME(Analog Comparator Multiplexer Enable)

아날로그 비교기의 음(-) 극성 입력에 AIN1로 입력된 전압이 사용될지 A/D 컨버터의 입력신호가 사용될 지를 결정한다. 이 비트를 0으로 하면 음(-) 극성 입력에는 AIN1로 입력된 전압이 사용되며, 이 비트를 1로 하고 ADCSRA 레지스터에서 ADEN=0으로 설정하여 A/D 컨버터의 동작을 정지시키면 ADC7~ADC0 핀의 입력신호가 아날로그 비교기의 음(-) 극성 입력으로 사용된다. 이때 ADC7~ADC0 핀 중의 하나를 선택하는 것은 ADMUX 레지스터의 MUX2:0 비트로 설정한다.

[표 9.1]은 아날로그 비교기의 멀티플렉서 입력 설정을 보여준다.

[표 9.1] 아날로그 비교기 멀티플렉서 입력

ACME	ADEN	MUX2..0	아날로그 비교기 Negative 입력
0	×	×××	AIN1
1	1	×××	AIN1
1	0	000	ADC0
1	0	001	ADC1
1	0	010	ADC2
1	0	011	ADC3
1	0	100	ADC4
1	0	101	ADC5
1	0	110	ADC6
1	0	111	ADC7

(2) ACSR(Analog Comparator Control and Status Register)

비트	7	6	5	4	3	2	1	0	
	ACD	ACBG	ACO	ACI	ACIE	ACIC	ACIS1	ACIS0	ACSR
읽기/쓰기	R/W	R/W	R	R/W	R/W	R/W	R/W	R/W	
초기값	0	0	N/A	0	0	0	0	0	

- **Bit 7 – ACD : 아날로그 비교기 불능(Analog Comparator Disable)**

  이 비트에 1을 쓰면 아날로그 비교기의 전원 스위치가 끊어져 있게 된다.(switched off) 이 비트는 아날로그 비교기를 끄기 위해 언제든 Set될 수 있으며 활성화 상태와 Idle 모드로 파워 소비를 줄일 수 있다. 이 비트를 변경할 때 아날로그 비교기 인터럽트가 발생될 수 있으므로 이를 방지하기 위해 ACSR 레지스터의 ACIE 비트를 Clear하여 인터럽트를 불능화해야 한다.

- **Bit 6 – ACBG : 아날로그 비교기 Bandgap 선택(Analog Comparator Bandgap Select)**

  아날로그 비교기의 양(+)극성 입력에 인가되는 기준 전압을 선택한다. 이 비트에 1을 쓰면 양(+)극성 입력에는 내부 기준전압 1.23 V가 선택되고, 0을 쓰면 AIN0 핀으로 입력된 전압이 선택된다. 아무 입력이 없으면 VMLAB에서는 2.5 V가 된다.

- **Bit 5 – ACO : 아날로그 비교기 출력(Analog Comparator Output)**

  아날로그 비교기의 출력 값으로서 클록과 동기되어 발생된다. 클록과 동기되기 위하여 1~2 클록 사이클의 시간 지연이 발생하며 이 값은 ACO 신호로 전달되어 인터럽트를 발생하거나 타이머/카운터 1의 입력 캡처 트리거 신호로 사용된다.

- **Bit 4 – ACI : 아날로그 비교기 인터럽트 플래그(Analog Comparator Interrupt Flag)**

  아날로그 비교기의 인터럽트 발생 플래그이다. 이 플래그는 아날로그 비교기의 출력과 ACIS1, ACIS0 비트의 설정에 따라 결정된다. ACIE 비트가 1로 설정되고 상태 레지스터 SREG의 I 비트가 1일 경우에는 이 인터럽트가 처리되며 인터럽트 서비스 루틴이 수행될 때 이 비트는 자동으로 Clear된다. 또는 ACI 비트에 1을 쓰면 지워진다.

- **Bit 3 – ACIE : 아날로그 비교기 인터럽트 허용(Analog Comparator Interrupt Enable)**

  SREG의 I 비트가 1일 경우 아날로그 비교기 인터럽트가 활성화된다.

- **Bit 2 – ACIC : 아날로그 비교기 입력 캡처 허용(Analog Comparator Input Capture Enable)**

  이 비트를 1로 설정하면 아날로그 비교기의 출력이 타이머/카운터 1의 입력 캡처 트리거 신호로 사용되도록 설정된다. 타이머/카운터 1의 입력 캡처 인터럽트를 발생시키려면 TIMSK 레지스터의 TICIE1 비트를 Set해줘야 한다.

- **Bits 1:0 – ACIS1, ACIS0 : 아날로그 비교기 인터럽트 모드 선택(Analog Comparator Interrupt Mode Select)**

  이 비트의 설정에 따라 인터럽트를 발생하는 모드가 결정된다. ACIS1:0비트의 설정을 변경하는 경우에는 아날로그 비교기의 인터럽트가 발생할 수 있으니 이를 방지하기 위해 ACSR 레지스터의 ACIE 비트를 Clear하여 인터럽트를 사용하지 않도록 해야 한다.

ACIS1	ACIS0	인터럽트 모드
0	0	출력이 변경될 때 비교기 인터럽트
0	1	예약됨
1	0	출력의 하강 모서리에서 비교기 인터럽트
1	1	출력의 상승 모서리에서 비교기 인터럽트

9.3 아날로그 비교기 프로그램 실습

실습 9.1 포트 PE3(AIN1)를 가변 전압원(interactive slider)에 연결한 뒤 포트 PE2(AIN0) 내부 기준 전압(1.22 V)과 비교하여 포트 PE3(AIN1)이 PE2(AIN0) 보다 크면 PORTC의 LED를 모두 켜고 낮으면 LED가 모두 꺼지도록 한다.

```
#include <avr/io.h>
#include <avr/interrupt.h>

ISR (ANALOG_COMP_vect)
{
      PORTC = 0x00;                      // LED On

      if (ACSR & (1 << ACO))             // ACO 비트가 1로 Set되면
         PORTC = 0xFF;                   // LED Off
}

int main (void)
{
      DDRE = (0 << PE3) | (0 << PE2); // PORTE PE3:2 Input
      DDRC = 0xFF;                       // PORTC Output
      PORTC = 0xFF;                      // LED Off로 초기화

      SFIOR = (0 << ACME);               // AIN1 입력 (-) Input으로 사용
      ACSR = (1 << ACBG) | (1 << ACIE) | (0 << ACIS1) | (0 << ACIS0);

      sei();                             // Global Interrupt enable

      for(;;);
}
```

[Project File 코딩]

```
; *********************************************************
; PROJECT : analog_com_01
; AUTHOR : KIET_Jeong
; *********************************************************

; Micro + software running
; ---------------------------------------------------------
.MICRO "ATmega128"
.TOOLCHAIN "GCC"
.GCCPATH   "C:₩WinAVR"
.GCCMAKE   AUTO
.TARGET    "analog_com_01.hex"
.SOURCE    "analog_com_01.c"

.TRACE                         ; Activate micro trace

; Following lines are optional; if not included
; exactly these values are taken by default
; ---------------------------------------------------------
;.POWER VDD=5 VSS=0            ; Power nodes 주석 처리
.CLOCK 1meg                    ; Micro clock
.STORE 1000m                   ; Trace (micro+signals) storage time

; Micro nodes: RESET, AREF, PA0-PA7, PB0-PB7, PC0-PC7, PD0-PD7, PE0-PE7,
  PF0-PF7, PG0-PG4, TIM1OVF
; Define here the hardware around the micro
; ---------------------------------------------------------
; 외부 가변 저항 설정
Vac PE3 VSS SLIDER_1(0 5)      ; SLIDER_1 VR을 PE3에 연결 0~5 V 가변

; Control Panel LED 설정
D1 VDD n1                      ; D1 LED를 VDD와 n1 노드 사이에 연결
R1 n1 PC0 330                  ; R1 저항을 n1과 PC0 포트 사이에 연결. R1 저항은 330 Ω
D2 VDD n2
R2 n2 PC1 330
D3 VDD n3
R3 n3 PC2 330
D4 VDD n4
R4 n4 PC3 330
D5 VDD n5
R5 n5 PC4 330
```

```
D6 VDD n6
R6 n6 PC5 330
D7 VDD n7
R7 n7 PC6 330
D8 VDD n8
R8 n8 PC7 330

; Probe(Scope) 설정 (관련 포트에 전압 Probe 연결)
.PLOT V(PC0) V(PC1) V(PC2) V(PC3) V(PC4) V(PC5) V(PC6) V(PC7)
.PLOT V(PE2) V(PE3)
```

➜ Project 파일에서 파워 노드 부분을 주석 처리한다.

➜ Project 파일에서 Interactive slider 문법은 다음과 같다.

```
V[<instName>] <nodeName> <powerNode> SLIDER_<sliderNunber>(<vLow> <vHigh>)
```

- V[<instName>] : 가변 전압원의 이름
- <noderName> : 음 입력 핀 AIN1
- <powerNode> : VSS
- <SLIDER_<sliderNumber> : sliderNumber는 Control Panel에서 1, 2, 3 중 선택한다.
- <vLow><vHigh> : 가변 전압원의 전압 범위

[Simulation 결과]

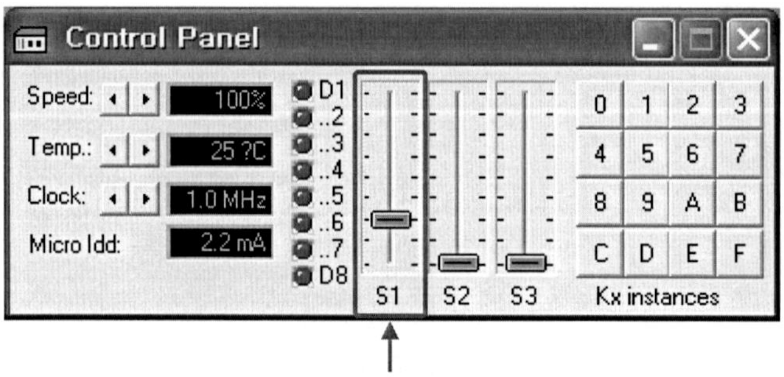

Control Panel 창의 S1 슬라이더를 AIN1(PE3 포트)로 사용하였고 슬라이더를 상·하로 움직이면 Peripherals 창을 통해 AIN1의 전압 값이 바뀌는 것을 확인할 수 있다. AIN0 기준 전압이 1.22 V로 AIN1 전압이 1.22 V 이상 올라가는 순간 인터럽트가 발생하게 되고 ANALOG_COMP_vect 인터럽트 서비스 루틴이 실행된다.

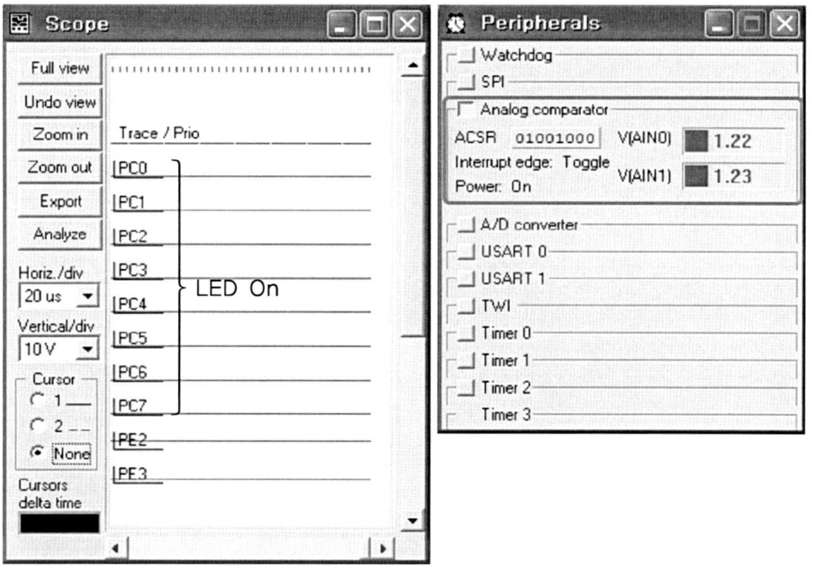

실습 9.2 P포트 PE3(AIN1)을 입력(0 ~ 5 V)으로 하고 포트 PE2(AIN0)에 1/2 분압 회로(10 kΩ 저항 2개 연결)를 구성하여 기준 전압이 2.5 V가 되도록 한 다음 이들을 비교하여 포트 PE3(AIN1)이 PE2(AIN0) 보다 크면 PORTC의 LED를 모두 켜고 낮으면 LED가 모두 꺼지도록 한다.

```
#include <avr/io.h>
#include <avr/interrupt.h>

ISR (ANALOG_COMP_vect)
{
    PORTC = 0x00;                      // LED On

    if (ACSR & (1 << ACO))             // ACO 비트가 1로 Set되면
       PORTC = 0xFF;                   // LED Off
}

int main (void)
{
    DDRE = (0 << PE3) | (0 << PE2);  // PORTE PE3:2 Input
    DDRC = 0xFF;                       // PORTC Output
    PORTC = 0xFF;                      // LED Off로 초기화

    SFIOR = (0 << ACME);               // AIN1 입력 (-) Input으로 사용
    ACSR = (1 << ACIE) | (0 << ACIS1) | (0 << ACIS0);
```

```
    sei();                          // Global Interrupt enable

    for(;;);
}
```

[Project File 코딩]

```
; ***********************************************************
; PROJECT : analog_com_02
; AUTHOR : KIET_Jeong
; ***********************************************************

; Micro + software running
; -----------------------------------------------------------
.MICRO "ATmega128"
.TOOLCHAIN "GCC"
.GCCPATH   "C:\WinAVR"
.GCCMAKE   AUTO
.TARGET    "analog_com_02.hex"
.SOURCE    "analog_com_02.c"

.TRACE                    ; Activate micro trace

; Following lines are optional; if not included
; exactly these values are taken by default
; -----------------------------------------------------------
;.POWER VDD=5 VSS=0       ; Power nodes 주석 처리
.CLOCK 1meg               ; Micro clock
.STORE 1000m              ; Trace (micro+signals) storage time

; Micro nodes: RESET, AREF, PA0-PA7, PB0-PB7, PC0-PC7, PD0-PD7, PE0-PE7,
  PF0-PF7, PG0-PG4, TIM1OVF
; Define here the hardware around the micro
; -----------------------------------------------------------
; 외부 가변 저항 설정
Vac PE3 VSS SLIDER_1(0 5); SLIDER_1 VR을 PE3에 연결 0 ~ 5 V 가변

; Control Panel LED 설정
D1 VDD n1                 ; D1 LED를 VDD와 n1 노드 사이에 연결
R1 n1 PC0 330             ; R1 저항을 n1과 PC0 포트 사이에 연결. R1 저항은 330 Ω
D2 VDD n2
R2 n2 PC1 330
```

```
D3 VDD n3
R3 n3 PC2 330
D4 VDD n4
R4 n4 PC3 330
D5 VDD n5
R5 n5 PC4 330
D6 VDD n6
R6 n6 PC5 330
D7 VDD n7
R7 n7 PC6 330
D8 VDD n8
R8 n8 PC7 330

; PE2(AIN0) 1/2 분압 저항 연결
R10 VDD PE2 10k        ; R10 저항을 VDD와 PE2 포트 사이에 연결, R10 저항은 10 kΩ
R11 PE2 VSS 10k        ; R11 저항을 PE2 포트와 VSS 사이에 연결, R11 저항은 10 kΩ

; Probe (Scope) 설정 (관련 포트에 전압 Probe 연결)
.PLOT V(PC0) V(PC1) V(PC2) V(PC3) V(PC4) V(PC5) V(PC6) V(PC7)
.PLOT V(PE2) V(PE3)
```

[Simulation 결과]

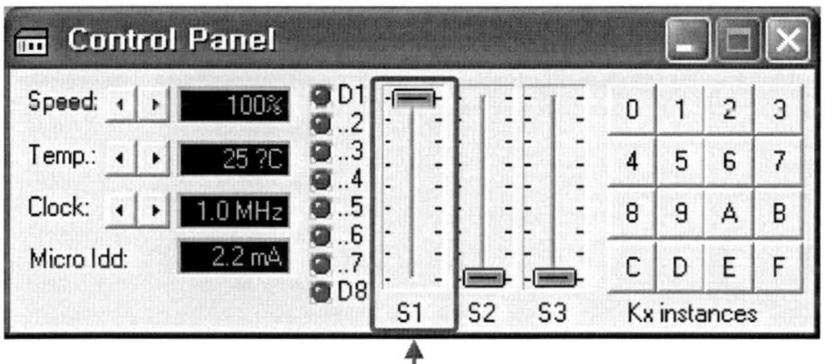

Control Panel 창의 S1 슬라이더를 AIN1(PE3 포트)로 사용하였고 슬라이더를 상·하로 움직이면 Peripherals 창을 통해 AIN1의 전압 값이 바뀌는 것을 확인할 수 있다.
S1 슬라이더를 상·하로 빠르게 움직이면 Scope 창의 PE3 핀의 출력 파형이 아날로그 파형처럼 출력되는 것을 볼 수 있다.
AIN0 기준 전압이 2.5 V로 AIN1 전압이 2.5 V 이상 올라가는 순간 인터럽트가 발생하게 되고 ANALOG_COMP_vect 인터럽트 서비스 루틴이 실행된다.

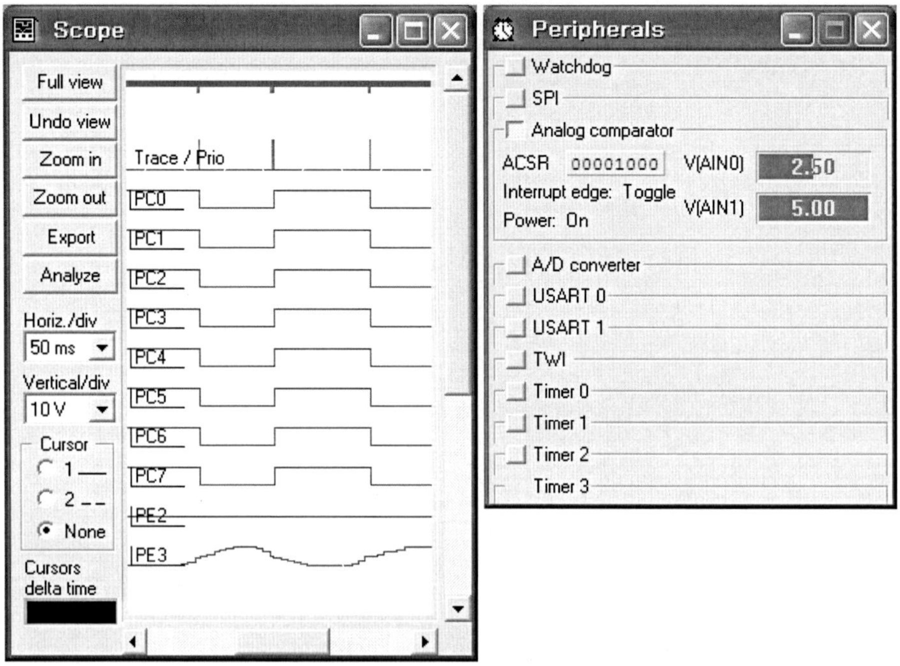
Scope
Full view
Undo view
Zoom in
Zoom out
Export
Analyze
Horiz./div
50 ms
Vertical/div
10 V
Cursor
1
2
None
Cursors delta time
Trace / Prio
PC0
PC1
PC2
PC3
PC4
PC5
PC6
PC7
PE2
PE3
Peripherals
Watchdog
SPI
Analog comparator
ACSR 00001000
V(AIN0) 2.50
Interrupt edge: Toggle
V(AIN1) 5.00
Power: On
A/D converter
USART 0
USART 1
TWI
Timer 0
Timer 1
Timer 2
Timer 3

10 CHAPTER 아날로그 디지털 변환기 (Analog-to-Digital converter, ADC)

10.1 아날로그 디지털 변환기의 개요와 내부 구조

아날로그 디지털 변환기는 아날로그 전압 신호를 마이크로컨트롤러가 인지할 수 있는 디지털 값으로 변환하는 장치를 말하며 영문 약자인 ADC로 표기한다.

ATmega128은 10비트 분해능(1024 분해능)을 가진 8개의 ADC 채널을 가지고 있다. 아날로그 전압을 10비트의 디지털 값으로 표시한다는 것을 10비트 분해능을 가진다고 하며 10비트를 사용하여 나타낼 수 있는 수가 2^{10}(1024)이므로 아날로그 기준 전압을 1023(2^{10}-1) 등분하여 1024개의 디지털 값으로 표시한다. 연속적인 물리량을 이렇게 등분하여 디지털 값으로 나타내는 것을 양자화(quantization)라고 하며 분해능과 주파수가 높을수록 더욱 더 정밀한 데이터를 표현할 수 있다.

ADC는 8채널 아날로그 멀티플렉서에 연결되어 있어 8개의 싱글엔드 전압 입력을 받을 수 있고 1개의 지정된 핀을 기준으로 차동 입력 조합을 사용할 수 있다. 차동 입력 조합에 대해서는 입력된 아날로그 신호를 ATmega128 내부에서 10배, 200배로 증폭 변환할 수 있다.

싱글엔드 입력 모드에서는 단극성 신호(+)만 측정할 수 있으나 차동 입력 모드에서는 양극성 신호를 측정할 수 있다. 그리고 아날로그 입력 전압의 범위는 싱글엔드일 경우에는 0 ~ VREF이고 차동 입력 모드의 경우에는 입력 전압의 범위가 -VREF ~ VREF이다. 이때 기준전압 VREF는 전원 전압 VCC를 초과하지 않도록 한다. ADC 변환에 사용할 기준 전압은 외부의 AREF 단자로 입력된 전압, 내부 기준 전압 2.56 V, AVCC 핀의 전압이 있고 이 중에서 하나를 선택할 수 있다. AVCC와 AREF의 경우 ADC 변환시 잡음에 보다 안정적인 동작을 하도록 독립되어 있으나 잡음에 민감하며 옵셋 오차(offset error), 게인 오차(gain error), 비선형 오차(INL. Integral Non-linearity), 차동 비선형 오차(DNL. Differential Non-linearity) 등의 ADC 변환 오차가 발생될 수 있다.

다음은 ATmega128의 ADC 사양이다.

- 10비트 분해능
- 0.5 LSB 적분 비선형성(integral non-linearity)
- ±2 LSB 정확성(absolute accuracy)
- 13~260 μs 변환 시간(50 kHz~200 kHz)
- 15 kSPS 최대 분해능
- 8 채널의 싱글엔드 입력
- 7 채널의 차동 입력
- 10x and 200x 이득의 2 채널 차동 입력
- ADC 변환 데이터 왼쪽 정렬 선택
- ADC 입력 전압 범위 : 0~VCC
- 2.56 V ADC 기준 전압 선택 가능
- 프리러닝(free running) 또는 단일 변환(single conversion) 모드
- ADC 변환 완료 인터럽트
- Sleep Mode Noise Canceler

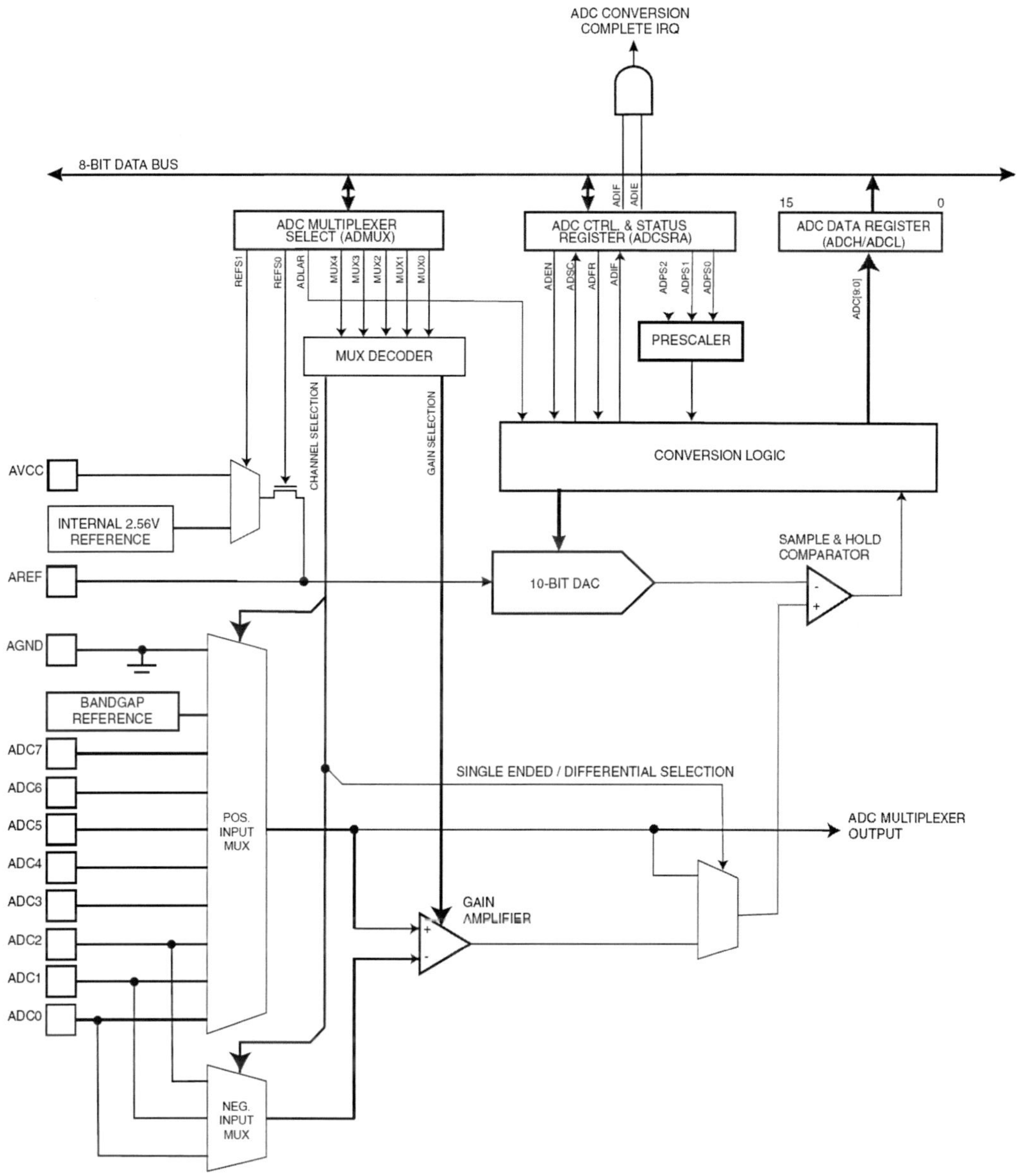

[그림 10.1] ADC 내부 구조

10.2 아날로그 디지털 변환기 관련 레지스터

10.2.1 ADMUX(ADC Multiplexer Selection Register)

비트	7	6	5	4	3	2	1	0	
	REFS1	REFS0	ADLAR	MUX4	MUX3	MUX2	MUX1	MUX0	ADMUX
읽기/쓰기	R/W	R/W	R/W	R/W	R/W	R/W	R/W	R/W	
초기값	0	0	0	0	0	0	0	0	

- **Bit 7:6 – REFS1:0 : 기준 설정 비트(Reference Selection Bits)**

이 비트들은 ADC 변환에 사용하는 기준 전압을 선택한다. ADC 변환 중에 이 비트들을 변경하면 변환이 완료될 때까지 영향을 주지 않으며 AREF 핀에 외부 기준 전압을 가하면 내부 기준 전압 옵션을 사용할 수 없다.

REFS1	REFS0	기준 전압 선택
0	0	AREF로 입력된 전압 사용, 내부 Vref 끔
0	1	AVCC로 입력된 전압 사용, AREF 핀과 접지를 외부 커패시터로 연결
1	0	예약됨
1	1	내부 기준 전압 2.56 V 사용, AREF 핀과 접지를 외부 커패시터로 연결

- **Bit 5 – ADLAR : ADC 결과 왼쪽 정렬(ADC Left Adjust Result)**

ADLAR 비트는 ADC 결과를 저장하는 방법을 선택한다. ADLAR 비트에 1을 쓰면 ADC 변환 결과는 왼쪽 정렬로 ADC 데이터 레지스터에 저장되고, 0을 쓰면 오른쪽 정렬로 ADC 데이터 레지스터에 저장된다. 이 비트 설정은 ADC 변환 중이더라도 즉시 영향을 미친다.

비트	15	14	13	12	11	10	9	8	
	–	–	–	–	–	–	ADC9	ADC8	ADCH
	ADC7	ADC6	ADC5	ADC4	ADC3	ADC2	ADC1	ADC0	ADCL
	7	6	5	4	3	2	1	0	
읽기/쓰기	R	R	R	R	R	R	R	R	
	R	R	R	R	R	R	R	R	
초기값	0	0	0	0	0	0	0	0	
	0	0	0	0	0	0	0	0	

[ADLAR = 0]

비트	15	14	13	12	11	10	9	8	
	ADC9	ADC8	ADC7	ADC6	ADC5	ADC4	ADC3	ADC2	ADCH
	ADC1	ADC0	–	–	–	–	–	–	ADCL
	7	6	5	4	3	2	1	0	
읽기/쓰기	R	R	R	R	R	R	R	R	
	R	R	R	R	R	R	R	R	
초기값	0	0	0	0	0	0	0	0	
	0	0	0	0	0	0	0	0	

[ADLAR = 1]

- **Bit 4:0 – MUX4:0 : 아날로그 채널과 이득 선택 비트(Analog Channel and Gain Selection Bits)**

MUX4:0 비트들은 ADC 채널과 이득을 선택한다. 싱글엔드 입력 방식은 8개의 전압을 받아들일 수 있으며 차동 입력 방식은 다음 4가지의 입력 방법으로 크게 나눌 수 있다.

① ADC1 ~ ADC0 단자 사이의 차동 입력(이득 10 또는 200)

② ADC3 ~ ADC2 단자 사이의 차동 입력(이득 10 또는 200)

③ ADC1 단자를 기준으로 한 8가지 차동 입력

④ ADC2 단자를 기준으로 한 6가지 차동 입력

[표 10.1] 입력 채널 및 이득 선택

MUX4..0	싱글엔드 입력	차동 입력(+)	차동입력(-)	이득
00000	ADC0	N/A		
00001	ADC1			
00010	ADC2			
00011	ADC3			
00100	ADC4			
00101	ADC5			
00110	ADC6			
00111	ADC7			
01000	N/A	ADC0	ADC0	10x
01001		ADC1	ADC0	10x
01010		ADC0	ADC0	200x
01011		ADC1	ADC0	200x
01100		ADC2	ADC2	10x
01101		ADC3	ADC2	10x
01110		ADC2	ADC2	200x
01111		ADC3	ADC2	200x
10000		ADC0	ADC1	1x
10001		ADC1	ADC1	1x
10010		ADC2	ADC1	1x
10011		ADC3	ADC1	1x
10100		ADC4	ADC1	1x
10101		ADC5	ADC1	1x
10110		ADC6	ADC1	1x
10111		ADC7	ADC1	1x
11000		ADC0	ADC2	1x
11001		ADC1	ADC2	1x
11010		ADC2	ADC2	1x
11011		ADC3	ADC2	1x
11100		ADC4	ADC2	1x
11101		ADC5	ADC2	1x
11110	1.23 V (V_{BG})	N/A		
11111	0 V (GND)			

10.2.2 ADCSRA(ADC Control and Status Register)

비트	7	6	5	4	3	2	1	0	
	ADEN	ADSC	ADFR	ADIF	ADIE	ADPS2	ADPS1	ADPS0	ADCSRA
읽기/쓰기	R/W	R/W	R/W	R/W	R/W	R/W	R/W	R/W	
초기값	0	0	0	0	0	0	0	0	

- **Bit 7 – ADEN : ADC 허용(ADC Enable)**

이 비트를 1로 설정하면 ADC가 가능하게 되고 0을 설정하면 ADC 기능이 꺼진다.

- **Bit 6 – ADSC : ADC 변환 시작(ADC Start Conversion)**

싱글 변환 모드(single conversion mode)에서 이 비트를 1로 설정하면 ADC 변환이 시작된다. 프리 러닝 모드(free running mode)에서는 이 비트를 1로 설정하면 첫 변환을 시작하며 이후부터는 자동으로 변환이 반복된다. 이 비트는 ADC 변환 중에는 1로 Set되어 있고 변환이 종료됨과 동시에 0으로 Set된다.

- **Bit 5 – ADFR : ADC Free Running Select**

이 비트에 1을 쓰면 ADC는 프리 러닝 모드로 동작한다. 프리 러닝 모드에서는 ADC가 연속적으로 입력을 샘플하고 결과를 데이터 레지스터에 저장한다.

- **Bit 4 – ADIF : ADC 인터럽트 플래그(ADC Interrupt Flag)**

ADC 변환이 완료되어 데이터 레지스터에 저장되면 이 비트가 1로 Set되면서 ADC 인터럽트를 요청한다. ADIE 비트와 SREG 레지스터의 I 비트에 1로 Set되어 있으면 ADIF 비트가 Set될 때 인터럽트가 발생된다. ADIF 비트는 인터럽트 서비스 루틴이 수행될 때 자동으로 리셋되며 ADIF 비트에 1을 쓰면 ADIF 비트는 리셋된다.

- **Bit 3 – ADIE : ADC 인터럽트 허용(ADC Interrupt Enable)**

이 비트와 SREG 레지스터의 I 비트에 1로 Set되어 있으면 ADIF 비트가 Set될 때 인터럽트가 발생된다.

- **Bit 2:0 – ADPS2:0 : ADC 프리스케일러 선택(ADC Prescaler Selections)**

이 비트로 XTAL 주파수와 ADC에 공급되는 클록 간의 나눗셈 인자(Division Factor)가 선택된다. ADC 변환을 수행하는데 일정한 수의 클록 주기가 소요되므로 시스템 클록을 나누는 분주비를 어떻게 선택하느냐에 따라 변환 시간이 달라진다. ATmega128에서 최대 분해능으로 디지털 변환을 하려면 50 kHz ~ 200 kHz의 클록을 ADC에 공급해야 하며 사용하는 마이크로컨트롤러의 클록 속도에 따라 적절한 주파수를 설정해야 한다.

ADPS2	ADPS1	ADPS0	분주비
0	0	0	2
0	0	1	2
0	1	0	4
0	1	1	8
1	0	0	16
1	0	1	32
1	1	0	64
1	1	1	128

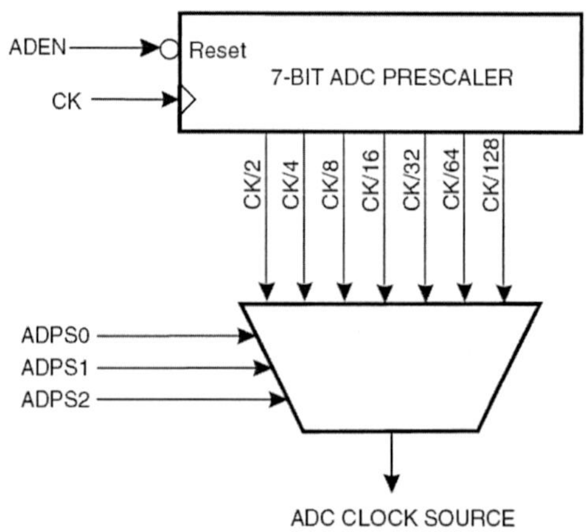

[그림 10.2] ADC 프리스케일러

10.2.3 ADC Data Register : ADCH, ADCL

ADC 변환 결과를 저장하는 레지스터이다. ADMUX 레지스터의 싱글엔드 입력의 경우에는 ADC 변환 결과가 10비트 양의 정수로 표시되어 0~1023의 범위의 값을 가지고 차동 입력을 사용할 경우에는 ADC 변환 결과가 2의 보수의 형태로 -512~511의 범위를 갖는다. ADCH와 ADCL에서 변환 결과를 읽을 때는 항상 하위 바이트인 ADCL 레지스터를 먼저 읽고 상위 바이트인 ADCH 레지스터를 읽어야 한다.

GCC 컴파일러에는 ADCH와 ADCL 두 레지스터의 합을 가진 ADCW 또는 ADC로 정의된 가상 레지스터가 있으며 필요할 경우 ADC 변환 값을 처리하는데 사용한다.

비트	15	14	13	12	11	10	9	8	
	–	–	–	–	–	–	ADC9	ADC8	ADCH
	ADC7	ADC6	ADC5	ADC4	ADC3	ADC2	ADC1	ADC0	ADCL
	7	6	5	4	3	2	1	0	
읽기/쓰기	R	R	R	R	R	R	R	R	
	R	R	R	R	R	R	R	R	
초기값	0	0	0	0	0	0	0	0	
	0	0	0	0	0	0	0	0	

[ADLAR = 0]

비트	15	14	13	12	11	10	9	8	
	ADC9	ADC8	ADC7	ADC6	ADC5	ADC4	ADC3	ADC2	ADCH
	ADC1	ADC0	–	–	–	–	–	–	ADCL
	7	6	5	4	3	2	1	0	
읽기/쓰기	R	R	R	R	R	R	R	R	
	R	R	R	R	R	R	R	R	
초기값	0	0	0	0	0	0	0	0	
	0	0	0	0	0	0	0	0	

[ADLAR = 1]

10.2.4 ADC 변환 과정

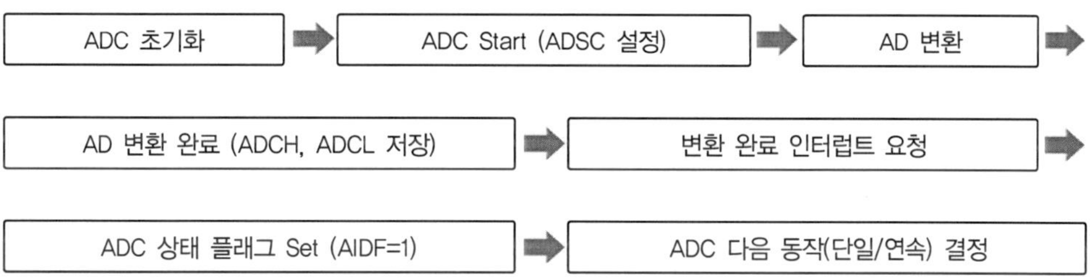

- ADC 초기화 과정에는 ADCSRA 레지스터의 ADEN 비트 1 Set, ADPS2:0 비트 프리스케일러 선택, ADIE 비트의 인터럽트 활성화, ADFR 비트의 동작 모드 설정과 ADMUX 레지스터의 REFS1:0 비트 기준 전압 설정, MUX4:0 비트 채널 및 이득 선택 설정을 하게 된다.
- ADC 변환이 완료되면 그 변환 결과는 ADC 데이터 레지스터 ADCH와 ADCL에 저장된다. 다음의 식은 싱글엔드 입력 모드일 때 입력 전압을 디지털 값으로 변환하는 공식이다. 여기서 V_{IN}은 채널에 입력된 전압이고 V_{REF}는 기준 전압이다. 예를 들어 기준 전압 $V_{REF} = 5\ V$ 일 때 입력 전압 $V_{IN} = 2\ V$ 이면 다음과 같이 변환되어 ADC에 저장된다.

$$ADC = \frac{V_{IN} \cdot 1024}{V_{REF}} = \frac{2 \times 1024}{5} = 409 = 0b0110011001$$

- 싱글엔드 입력 모드의 데이터 저장시 왼쪽 정렬을 하면 데이터 변수의 자료형을 잘못 선택하여 부호가 있는 값을 읽는 오류를 범할 수 있기 때문에 이런 실수를 줄이기 위해 가급적 오른쪽 정렬을 사용하는 것이 좋다.

➜ ADLAR = 0 (오른쪽 정렬)

비트	MSB															LSB	십진수
ADC	0	0	0	0	0	0	0	1	1	0	0	1	1	0	0	1	**= 409**

➜ ADLAR = 1 (왼쪽 정렬)

비트	MSB															LSB	십진수
ADC	0	1	1	0	0	1	1	0	0	1	0	0	0	0	0	0	**=409×2^6**

- 차동 입력 모드를 사용하는 경우, ADC는 양극성 입력을 받아들여 변환을 하게 되며 변환 식은 다음과 같다. 여기서 V_{POS}는 차동 아날로그 입력의 +쪽의 단자이고 V_{NEG}는 −쪽의 입력 전압이다. 또한 GAIN은 아날로그 전압의 증폭 이득으로 1, 10, 200 중에서 하나의 값을 갖는다. 예를 들어 $V_{REF} = 5\ V$, $GAIN = 1$로 설정하고 $V_{POS} - V_{NEG} = 2\ V, -2\ V$인 경우는 다음과 같이 변환된다.

$$ADC = \frac{(V_{POS} - V_{NEG}) \cdot GAIN \cdot 512}{V_{REF}} = \frac{2 \times 512}{5} = 204 = 0b0011001100$$

$$\frac{(V_{POS} - V_{NEG}) \cdot GAIN \cdot 512}{V_{REF}} = \frac{-2 \times 512}{5} = -204 = 0b1100110100$$

- 차동 입력 모드는 양극성 데이터가 저장될 수 있기 때문에 오른쪽 정렬시 부호가 있는 값의 경우 항상 양의 값을 가지는 오류를 범할 수 있기 때문에 이런 실수를 줄이기 위해 가급적 왼쪽 정렬을 사용하는 것이 좋다.

① $V_{POS} - V_{NEG} = 2\ V$

➜ ADLAR = 0 (오른쪽 정렬)

비트	MSB															LSB	십진수
ADC	0	0	0	0	0	0	0	0	1	1	0	0	1	1	0	0	**= 204**

→ ADLAR = 1 (왼쪽 정렬)

비트	MSB															LSB	십진수
ADC	0	0	1	1	0	0	1	1	0	0	0	0	0	0	0	0	$= 204 \times 2^6$

② $V_{POS} - V_{NEG} = -2\ V$

→ ADLAR = 0 (오른쪽 정렬)

비트	MSB															LSB	십진수
ADC	0	0	0	0	0	0	1	1	0	0	1	1	0	1	0	0	= 820

→ ADLAR = 1 (왼쪽 정렬)

비트	MSB															LSB	십진수
ADC	1	1	0	0	1	1	0	1	0	0	0	0	0	0	0	0	$= -204 \times 2^6$

10.3 ADC 실습

실습 10.1 ADC0(PF0)에 0~5 V를 입력하여 이를 8비트(0~255) 데이터로 변환해서 PORTC에 연결된 LED 상태를 변화시킨다. 이때 $V_{REF} = 5\ V$이다(단일 변환 모드).

```
#include <avr/io.h>

int main (void)
{
     unsigned int adc_value;

     DDRC = 0xFF;
     PORTC = 0xFF;

     ADMUX = 0x40;            // 0b01000000. 기준 전압 AVCC, 데이터 우측 정렬
                              // MUX4:0 → 00000. 싱글엔드 입력 ADC0
     ADCSRA = 0x83;           // 0b10000011. ADC Enable, 단일 변환 모드
                              // 인터럽트 disable, ADC 분주 : 8

     while (1)
     {
        ADCSRA |= (1 << ADSC);                    // ADC start
        while ( !(ADCSRA & (1 << ADIF) ) );  // ADC 변환 완료 체크
        ADCSRA |= (1 << ADIF);                    // ADIF 플래그 지움
```

```
        adc_value = ADCL;                         // 하위 바이트를 먼저 읽음
        adc_value = adc_value | (ADCH << 8); // 상위 바이트를 OR

        PORTC = ~adc_value;                       // 변환값 PORTC에 반전 입력
                                                  // PORTC = ~(ADCW >> 2);
    }

    return 1;
}
```

[Project File 코딩]

```
; *************************************************************
; PROJECT : adc_01
; AUTHOR : KIET_Jeong
; *************************************************************

; Micro + software running
; -------------------------------------------------------------
.MICRO "ATmega128"
.TOOLCHAIN "GCC"
.GCCPATH   "C:₩WinAVR"
.GCCMAKE   AUTO
.TARGET    "adc_01.hex"
.SOURCE    "adc_01.c"

.TRACE                      ; Activate micro trace

; Following lines are optional; if not included
; exactly these values are taken by default
; -------------------------------------------------------------
;.POWER VDD=5 VSS=0         ; Power nodes 주석 처리
.CLOCK 1meg                 ; Micro clock
.STORE 1000m                ; Trace (micro+signals) storage time

; Micro nodes: RESET, AREF, PA0-PA7, PB0-PB7, PC0-PC7, PD0-PD7, PE0-PE7,
  PF0-PF7, PG0-PG4, TIM1OVF
; Define here the hardware around the micro
; -------------------------------------------------------------
; 외부 가변 저항 설정
Vadc PF0 VSS SLIDER_1(0 5)   ; SLIDER_1 VR을 PF0에 연결 0 ~ 5 V 가변
```

```
; Control Panel LED 설정
D1 VDD n1                ; D1 LED를 VDD와 n1 노드 사이에 연결
R1 n1 PC0 330            ; R1 저항을 n1과 PC0 포트 사이에 연결. R1 저항은 330 Ω
D2 VDD n2
R2 n2 PC1 330
D3 VDD n3
R3 n3 PC2 330
D4 VDD n4
R4 n4 PC3 330
D5 VDD n5
R5 n5 PC4 330
D6 VDD n6
R6 n6 PC5 330
D7 VDD n7
R7 n7 PC6 330
D8 VDD n8
R8 n8 PC7 330

; Probe(Scope) 설정 (관련 포트에 전압 Probe 연결)
.PLOT V(PC0) V(PC1) V(PC2) V(PC3) V(PC4) V(PC5) V(PC6) V(PC7)
.PLOT V(PF0)
```

[Simulation 결과]

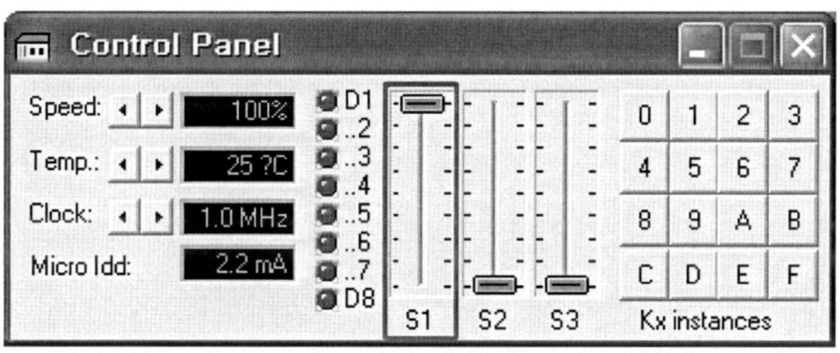

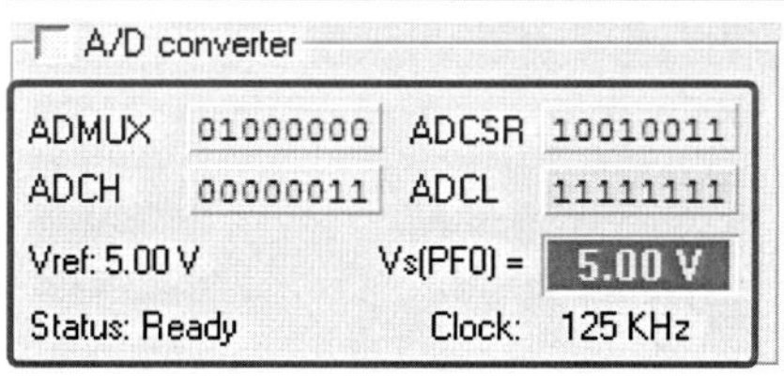

ADMUX = 01000000 : 기준 전압 AVCC, 데이터 우측 정렬, 싱글엔드 입력 ADC0
ADCSR = 10000011 : AD 가능, 단일 변환 모드, ADC 분주 8 선택(1 MHz / 8 = 125 kHz). 변환 완료 ADIF = 1 Set

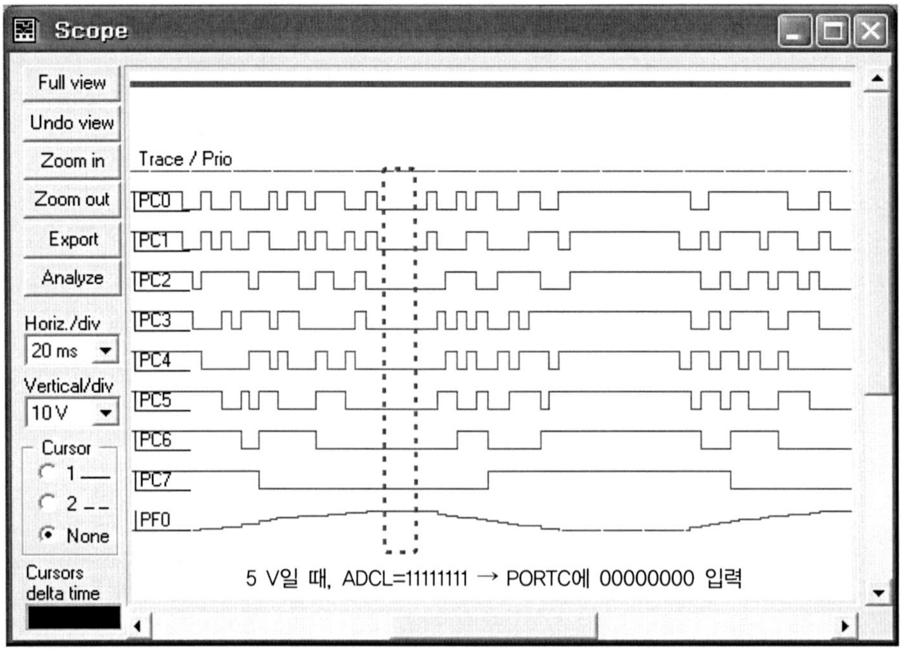

실습 10.2 ADC0(PF0)에 0 ~ 5 V를 입력으로 하여 이를 8비트 데이터로 변환해서 PORTC에 연결된 LED 상태를 변화시킨다. 이때 V_{REF}= 5 V이다. (프리 러닝 모드)

```
#include <avr/io.h>

int main (void)
{
    unsigned int adc_value;

    DDRC = 0xFF;
    PORTC = 0xFF;

    // 0b01000000. 기준 전압 AVCC, 데이터 우측 정렬
    // MUX4:0 → 00000. 싱글엔드 입력 ADC0
    // 0b10000011. ADC Enable, 프리 러닝 모드, ADC 분주 : 8
    ADMUX = (1 << REFS0);
    ADCSRA = (1 << ADEN) | (1 << ADFR) | (3 << ADPS0);

    while (1)
    {
        ADCSRA |= (1 << ADSC);                  // ADC start
        while ( !(ADCSRA & (1 << ADIF) ) );     // ADC 변환 완료 체크
        ADCSRA |= (1 << ADIF);                  // ADIF 플래그 지움
```

```
        adc_value = ADCL;                        // 하위 바이트를 먼저 읽음
        adc_value |= (ADCH << 8);                // 상위 바이트를 OR

        PORTC = ~adc_value;                      // 변환값 PORTC에 반전 입력
    }

    return 1;
}
```

[Project File 코딩]

```
; ************************************************************
; PROJECT : adc_02
; AUTHOR : KIET_Jeong
; ************************************************************

; Micro + software running
; ------------------------------------------------------------
.MICRO "ATmega128"
.TOOLCHAIN "GCC"
.GCCPATH   "C:₩WinAVR"
.GCCMAKE   AUTO
.TARGET    "adc_02.hex"
.SOURCE    "adc_02.c"

.TRACE                        ; Activate micro trace

; Following lines are optional; if not included
; exactly these values are taken by default
; ------------------------------------------------------------
;.POWER VDD=5 VSS=0           ; Power nodes 주석 처리
.CLOCK 1meg                   ; Micro clock
.STORE 1000m                  ; Trace (micro+signals) storage time

; Micro nodes: RESET, AREF, PA0-PA7, PB0-PB7, PC0-PC7, PD0-PD7, PE0-PE7,
  PF0-PF7, PG0-PG4, TIM1OVF
; Define here the hardware around the micro
; ------------------------------------------------------------
; 외부 가변 저항 설정
Vadc PF0 VSS SLIDER_1(0 5)    ; SLIDER_1 VR을 PF0에 연결 0~5 V 가변
```

```
; Control Panel LED 설정
D1 VDD n1                ; D1 LED를 VDD와 n1 노드 사이에 연결
R1 n1 PC0 330            ; R1 저항을 n1과 PC0 포트 사이에 연결. R1 저항은 330 Ω
D2 VDD n2
R2 n2 PC1 330
D3 VDD n3
R3 n3 PC2 330
D4 VDD n4
R4 n4 PC3 330
D5 VDD n5
R5 n5 PC4 330
D6 VDD n6
R6 n6 PC5 330
D7 VDD n7
R7 n7 PC6 330
D8 VDD n8
R8 n8 PC7 330

; Probe(Scope) 설정 (관련 포트에 전압 Probe 연결)
.PLOT V(PC0) V(PC1) V(PC2) V(PC3) V(PC4) V(PC5) V(PC6) V(PC7)
.PLOT V(PF0)
```

[Simulation 결과]

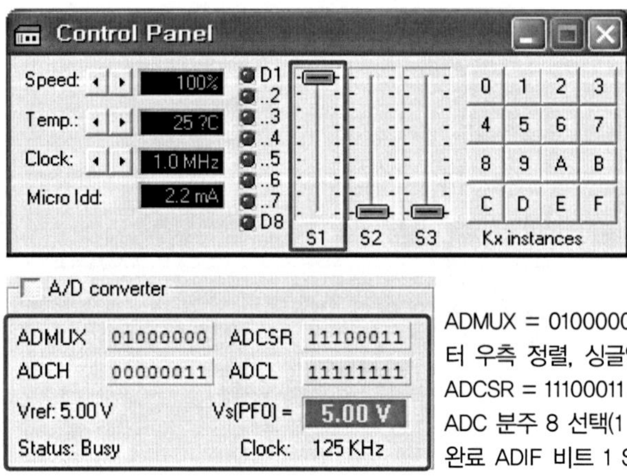

ADMUX = 01000000 : 기준 전압 AVCC, 데이터 우측 정렬, 싱글엔드 입력 ADC0
ADCSR = 11100011 : AD 가능, 프리 러닝 모드, ADC 분주 8 선택(1 MHz / 8 = 125 kHz). 변환 완료 ADIF 비트 1 Set 이후 Flag Clear

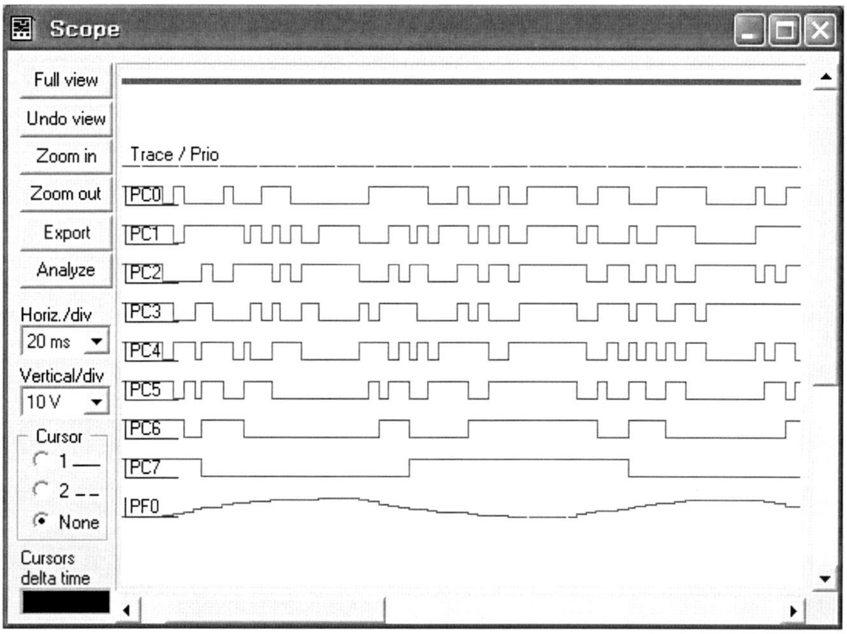

실습 10.3 ADC0(PF0)을 (-) 입력, ADC1(PF1)을 (+) 입력으로 하고 이득은 x10으로 설정한 뒤 이를 8비트 데이터로 변환하여 PORTC에 연결된 LED 상태를 변화시킨다. 이때 $V_{REF} = 5\ V$이다(프리 러닝 모드).

```
#include <avr/io.h>

int main (void)
{
    DDRC = 0xFF;
    PORTC = 0xFF;

    // 0b01001001. 기준 전압 AVCC, 데이터 우측 정렬
    // MUX4:0 → 01001. ADC1 +, ADC0 -, 10x
    // 0b10000011. ADC Enable
    // 인터럽트 disable, Free Running Mode, ADC 분주 : 8

    ADMUX = (1 << REFS0) | (9 << MUX0);
    ADCSRA = (1 << ADEN) | (1 << ADFR) | (3 << ADPS0);

    while (1)
    {
      ADCSRA |= (1 << ADSC);                    // ADC start
      while ( !(ADCSRA & (1 << ADIF) ) );  // ADC 변환 완료 체크
```

```
        ADCSRA |= (1 << ADIF);                  // ADIF 플래그 지움

        PORTC = ~(ADCW >> 2);                   // 변환값 PORTC에 반전 입력
    }

    return 1;
}
```

[Project File 코딩]

```
; ************************************************************
; PROJECT : adc_03
; AUTHOR : KIET_Jeong
; ************************************************************

; Micro + software running
; ------------------------------------------------------------
.MICRO "ATmega128"
.TOOLCHAIN "GCC"
.GCCPATH   "C:₩WinAVR"
.GCCMAKE   AUTO
.TARGET    "adc_03.hex"
.SOURCE    "adc_03.c"

.TRACE                        ; Activate micro trace

; Following lines are optional; if not included
; exactly these values are taken by default
; ------------------------------------------------------------
;.POWER VDD=5 VSS=0           ; Power nodes 주석 처리
.CLOCK 1meg                   ; Micro clock
.STORE 1000m                  ; Trace (micro+signals) storage time

; Micro nodes: RESET, AREF, PA0-PA7, PB0-PB7, PC0-PC7, PD0-PD7, PE0-PE7,
  PF0-PF7, PG0-PG4, TIM1OVF
; Define here the hardware around the micro
; ------------------------------------------------------------
; 외부 가변 저항 설정
Vadc0 PF0 VSS SLIDER_1(0 5)    ; SLIDER_1 VR을 PF0에 연결 0 ~ 5 V 가변
Vadc1 PF1 VSS SLIDER_2(0 5)    ; SLIDER_2 VR을 PF1에 연결 0 ~ 5 V 가변

; Control Panel LED 설정
```

```
D1 VDD n1                    ; D1 LED를 VDD와 n1 노드 사이에 연결
R1 n1 PC0 330                ; R1 저항을 n1과 PC0 포트 사이에 연결. R1 저항은 330 Ω
D2 VDD n2
R2 n2 PC1 330
D3 VDD n3
R3 n3 PC2 330
D4 VDD n4
R4 n4 PC3 330
D5 VDD n5
R5 n5 PC4 330
D6 VDD n6
R6 n6 PC5 330
D7 VDD n7
R7 n7 PC6 330
D8 VDD n8
R8 n8 PC7 330

; Probe (Scope) 설정 (관련 포트에 전압 Probe 연결)
.PLOT V(PC0) V(PC1) V(PC2) V(PC3) V(PC4) V(PC5) V(PC6) V(PC7)
.PLOT V(PF0) V(PF1)
```

[Simulation 결과]

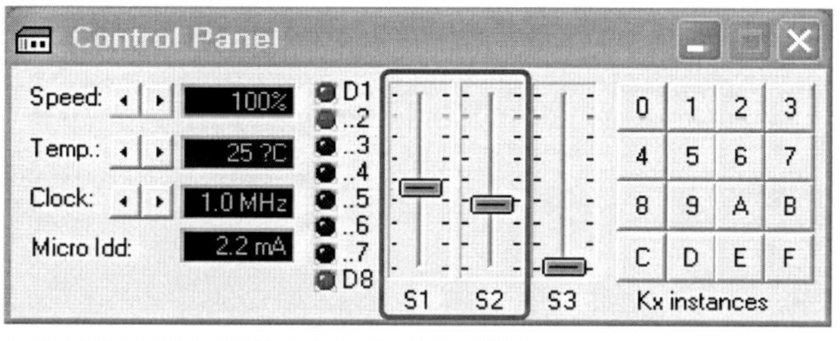

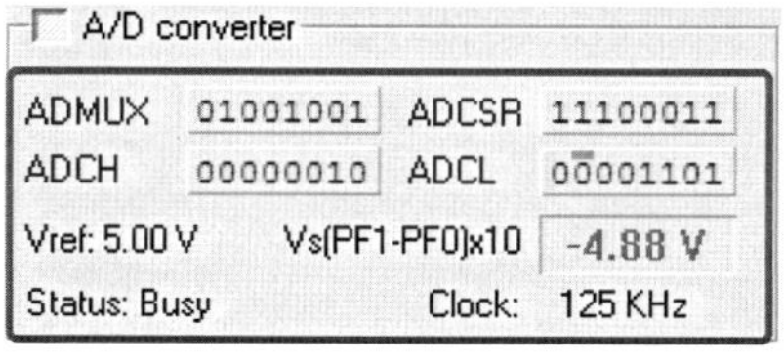

ADMUX = 01001001 : 기준 전압 AVCC, (+)ADC1, (−)ADC0, GAIN 10x
ADCSR = 11100011 : AD 가능, 프리 러닝 모드, ADC 분주 8 선택(1 MHz / 8 = 125 kHz). 변환 완료 ADIF 비트 1 Set 이후 Flag Clear

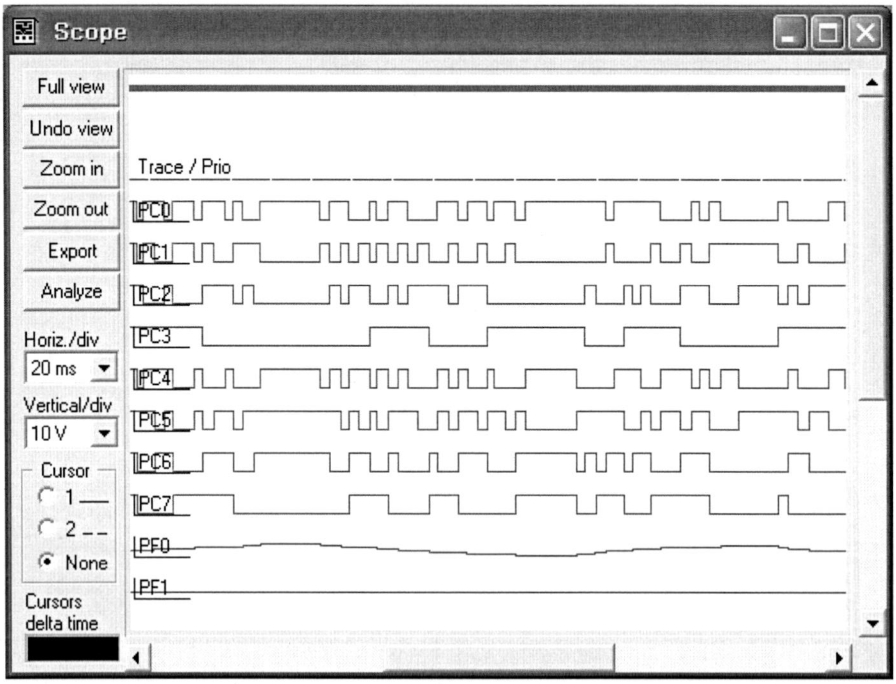

10.4 WinAVR 컴파일러를 이용한 ADC 실습

실습 10.4 PF0에 연결된 가변 저항을 변화시켜서 전압 변화에 따라 포트 C에 연결된 LED를 On/Off 한다.

```
#include <avr/io.h>
#include <util/delay.h>

int main (void)
{
     unsigned int adc_value;

     DDRC  = 0xFF;
     PORTC = 0xFF;

     ADCSRA = 0x83;                    // ADC 사용, 클록(1 MHz)/8분주 = 125 kHz
     ADMUX = 0x40;                     // 싱글엔드 입력 ADC0, AREF 입력 전압 사용
     _delay_us(150);

     while (1)
     {
```

```
        ADCSRA = 0xD3;                            // 변환 시작, ADIF 클리어
        while ( ( ADCSRA & 0x10 ) != 0x10 ); // 변환 완료까지 대기
        adc_value = ADCL;                         // 하위 바이트를 먼저 읽음
        adc_value |= (ADCH << 8);                 // 상위 바이트를 OR

        // 5.0 V → 0x3FF, 2.5 V → 0x1FF
        if ( adc_value >= 0x1FF )                 // 2.5 V 이상이면
           PORTC = 0x00;                          // LED Turn On
        else
           PORTC = 0xFF;                          // LED Off
     }

     return 1;
}
```

실습 10.5 ADC2에 광센서(CdS)가 연결되어 있다. CDS에서 들어오는 전압을 읽어 FND에 표시하고 밝기에 따라 LED가 On/Off 되도록 한다.

```
#include <avr/io.h>
#include <util/delay.h>
#include <avr/interrupt.h>

#define  ADC_0    0
#define  ADC_1    1
#define  ADC_2    2
#define  ADC_3    3
#define  ADC_4    4
#define  ADC_5    5
#define  ADC_6    6
#define  ADC_7    7

#define sbi(port, bit) (port) |= (1 << (bit))
#define cbi(port, bit) (port) &= ~(1 << (bit))

unsigned char fnd_com = 0;
unsigned int  fnd_val[6];
unsigned int ADC_value = 0;
unsigned char fnd_data[25] = {
     0x3F, 0x06, 0x5B, 0x4F, 0x66, 0x6D, 0x7D, 0x07,
     0x7F, 0x6F, 0x77, 0x7C, 0x39, 0x5E, 0x79, 0x71,
     0x00, 0x40, 0x3E, 0x73, 0x38, 0x5E, 0x54, 0x50, 0x58
};
```

```
// ================================================================
// Function    : ADC_read
// Description : ADCn에서 값을 읽는다.
//               ADCn : ADC_0 ... ADC_7
//               n_times : 몇 번 읽을 것인지 설정
// ================================================================

unsigned int ADC_read (unsigned char ADCn, unsigned char n_times)
{
      unsigned int i, sum;

      ADMUX = 0x40 + ADCn;             // ADC 선택
      sum = 0;

      for (i = 0; i < n_times; i++)    // n_times 만큼 ADC 읽음
      {
         ADCSRA = 0xD3;
         while ( (ADCSRA & 0x10) != 0x10 );
         sum += ADCL + (ADCH << 8);
      }

      sum = sum / n_times;             // n_times 만큼 읽고 평균 저장

      return sum;
}

void FND_digit (unsigned char turn_on, unsigned char com,
               unsigned char digits,  unsigned char dot_on)
{
      if (turn_on == 1)
      {
         if (dot_on)  PORTA = fnd_data[digits] | 0x80;
         else         PORTA = fnd_data[digits];

         PORTE |= 0xFC;                // 1111 11xx : 모든 COM Off
         cbi (PORTE, com + 2);         // 해당 FND Enable
      }

      else
      {
         PORTA = 0xFF;                 // 무의미한 값
```

```
        sbi (PORTE, com + 2);          // 해당 FND Disable
    }
}

void FND_Display (void)
{
    // 3FF-4.9 (10bit ADC Value & Voltage)
    fnd_com = fnd_com % 6;             // 0 ~ 5 범위의 값

    if (fnd_com == 4)
        FND_digit (1, fnd_com, fnd_val[ fnd_com ], 1);
    else
        FND_digit (1, fnd_com, fnd_val[ fnd_com ], 0);

    fnd_com++;
}

ISR (TIMER1_COMPA_vect)
{
    FND_Display();
}

void LED_initialize (void)
{
    DDRC  = 0xFF;                      // 포트 C 방향 : 출력
    PORTC = 0xFF;                      // LED Off (Active Low)
}

void FND_initialize (void)
{
    DDRA  = 0xFF;                      // 포트 A에 FND 세그먼트 연결
    PORTA = 0x00;                      // 캐소드 형. 세그먼트 Off

    // FND COM : COM_0...COM_5 (PE2...PE7)
    DDRE  |= 0xFC;                     // 포트 E에 FND 6개 연결 (1111 11xx)
    PORTE |= 0xFC;                     // 모든 FND Disable
}

void Timer_initialize (void)
{
    TCCR1A = 0x00;                     // CTC 모드, OC1X 연결 안함
    TCCR1B = 0x0A;                     // 클록 1 MHz. 8분주 = 1/125000 sec
```

```
    TCCR1C = 0x00;

    TCNT1 = 0x0000;                    // 타이머/카운터 1 TCNT
    OCR1A = 624;                       // (624 + 1) / 125000 sec = 5 ms

    TIMSK  = 0x10;                     // OCIE1A 인터럽트 사용
    TIFR   = 0x10;                     // OC1A 인터럽트 클리어
}

void ADC_initialize (void)
{
    ADCSRA = 0x83;                     // ADC 사용, CLK(1 MHz)/8 = 125 kHz
    ADMUX = 0x40;                      // 싱글엔드 입력 ADC0
    _delay_us(150);
}

int main (void)
{
    LED_initialize ();
    FND_initialize ();
    Timer_initialize ();
    ADC_initialize ();

    sei();

    while (1)
    {
      ADC_value = ADC_read(ADC_2, 1);

      // ADC 10 bits = 0x3FF = 1023
      // 3.5 V 경우의 ADC Value = 1024 * (3.5 V / 5.0 V) = 716.8
      if (ADC_value >= 716)
        PORTC = 0x00;                  // LED On
      else
        PORTC = 0xFF;                  // LED Off

      // ADC_2의 값을 읽어서 FND에 Display할 값 계산
      // 3FF-4.9 (10bit ADC Value & Voltage)
      fnd_val[ 0 ] = (ADC_value >> 8) & 0x0F;
      fnd_val[ 1 ] = (ADC_value >> 4) & 0x0F;
      fnd_val[ 2 ] = ADC_value & 0x0F;
      fnd_val[ 3 ] = 17;
```

```
        fnd_val[ 4 ] = (ADC_value * 50 / 1024) / 10;
        fnd_val[ 5 ] = (ADC_value * 50 / 1024) % 10;
    }

    return 1;
}
```

CdS 광전도 셀(CdS photoconductive cells) 또는 CdS 셀

황화 카드뮴을 주성분으로 하는 광전도 소자로 빛의 밝기에 따라 내부 저항이 변한다. 내부 저항이 입사광 에너지에 대응하여 변해 광 가변 저항기라고도 하며 입사광 에너지가 클수록 저항 값이 낮아진다. 일반적으로 빛 에너지가 없을 때는 거의 절연체에 가까워 전류를 흘려보내지 못하나 입사광을 받으면 입사 에너지에 대응하여 내부 저항이 작아지면서 전류를 흘려보내게 된다.

실습 문제

1. 온도 센서(LM35DZ)와 ADC를 이용하여 FND에 온도가 표시되도록 한다.

2. 가변 저항을 변화시켜 ADC에 들어오는 전압을 읽어 문자 LCD에 표시되도록 한다.

11 CHAPTER SPI(Serial Peripheral Interface)

11.1 SPI 직렬 통신 개요

SPI(Serial Peripheral Interface)는 마이크로컨트롤러와 주변 장치들 또는 여러 주변 장치들 간에 고속으로 데이터를 동기 전송하는데 사용되는 직렬 통신을 말한다.

SPI는 MOSI, MISO, SCK, /SS로 구성된 4 선을 구성하며 하나의 마스터에 여러 개의 슬레이브가 연결될 수 있는 형식을 취할 수 있다.

ATmega128의 SPI 통신 모듈은 8비트 시프트 레지스터로 구성되어 있다. SCK(Serial Clock)는 동기 통신을 위한 클록으로 마스터에서 생성된다. 마스터에서 /SS(Slave Select) 신호가 Low로 출력되면 슬레이브가 활성화 되면서 마스터/슬레이브 간의 통신이 가능해진다. /SS에 High 신호가 출력되면 슬레이브는 MISO, MOSI, SCK 핀을 하이임피던스(Hi-Z) 상태로 변경되면서 비활성화 된다. 마스터는 통신을 시작하기 전에 /SS 핀으로 Low 신호를 출력하고 시프트 레지스터에 전송할 데이터를 쓴다. SPI 모듈의 시프트 레지스터는 데이터를 이동시키면서 클록 사이클마다 1비트씩 MOSI(Master Out Slave In) 핀을 통해서 슬레이브와 동기 통신을 한다. 슬레이브에 전송된 비트는 슬레이브 SPI 모듈의 시프트 레지스터에 의해 1비트씩 저장하게 된다. 이때 슬레이브의 시프트 레지스터에 있던 내용은 MISO(Master In Slave Out) 핀을 통하여 마스터에 전송된다. 슬레이브가 마스터에 데이터를 전송할 필요가 없을 때 MISO 핀을 연결할 필요가 없다.

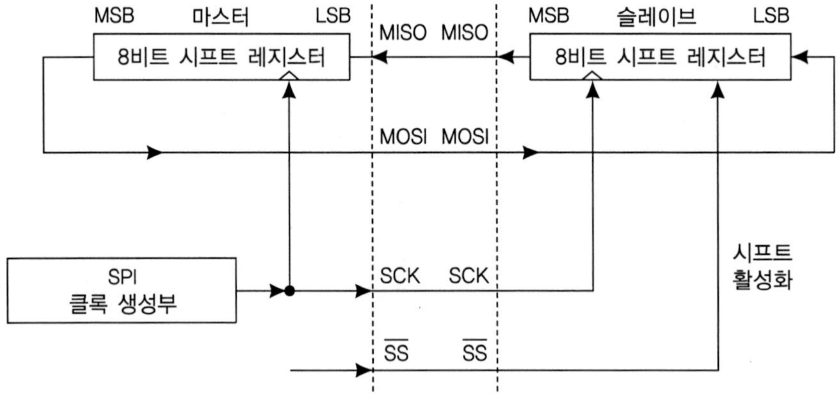

[그림 11.1] SPI 통신의 마스터/슬레이브 연결

SPI 통신에 사용되는 핀의 이름은 [그림 11.2]처럼 제조사와 장치에 따라서 다른 이름이 사용될 수 있기 때문에 해당 장치의 데이트시트를 확인해야 한다.

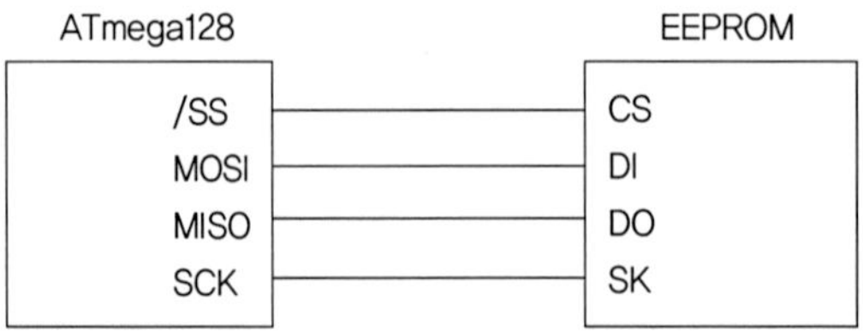

• SDO : Serial Data Output signal
• SDI : Serial Data Input line

[그림 11.2] MCU와 주변장치 간 연결

하나의 마스터와 여러 개의 슬레이브 간의 통신은 두 가지 방법이 있다.

첫 번째 방법은 마스터의 MISO, MOSI, SCK를 각 슬레이브의 MISO, MOSI, SCK와 연결하고 각 슬레이브를 선택하는 /SS 핀을 슬레이브의 수만큼 연결하여 통신을 하고 싶은 슬레이브에 해당하는 /SS 핀에만 Low 신호를 전송하여 활성화 하고 나머지 슬레이브들을 비활성화 한 뒤 통신하는 방법이다.

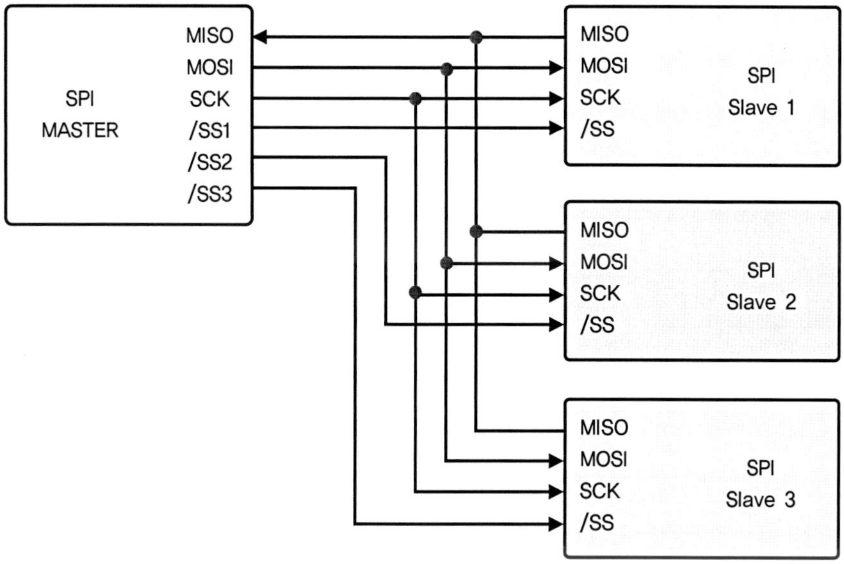

[그림 11.3] 마스터와 여러 슬레이브 간의 SPI 통신 구성

두 번째 방법은 Daisy-Chain 방식으로 슬레이브의 출력을 다음 슬레이브의 입력으로 연결하고 마지막 슬레이브 출력을 마스터의 입력과 연결하는 방법이다. 슬레이브를 선택하는 /SS는 모두 공유하고 있기 때문에 마스터가 통신을 시작하면 모든 슬레이브가 활성화되어 통신이 가능해진다. 이 방식으로 n 번째 슬레이브에 데이터를 전달하기 위해서는 n 번의 데이터 전송이 필요하다.

11.1.1 ATMega128의 SPI 특징

- 전이중 방식의 3-wire(MOSI, MISO, CLK) 동기 데이터 전송
- 마스터/슬레이브 모드 동작
- 최하위 비트(LSB) 또는 최상위 비트(MSB)로 전송 순서 변경 가능
- 7가지의 프로그램 가능한 비트 전송률
- 전송 종료 인터럽트 플래그
- 쓰기 충돌 방지 플래그
- Idle Mode에서 Wake-up
- 전송 속도를 2배로 높일 수 있는 마스터 SPI 모드

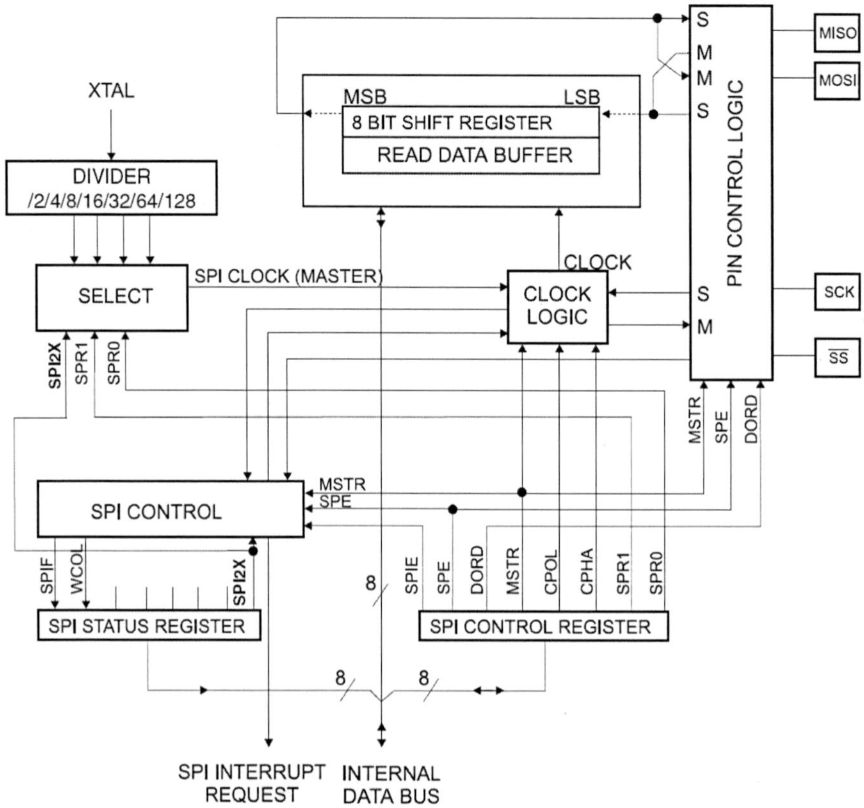

[그림 11.4] SPI 블록 다이어그램

11.2 SPI(Serial Peripheral Interface) 관련 레지스터

11.2.1 SPCR(SPI Control Register)

비트	7	6	5	4	3	2	1	0	
	SPIE	SPE	DORD	MSTR	CPOL	CPHA	SPR1	SPR0	SPCR
읽기/쓰기	R/W	R/W	R/W	R/W	R/W	R/W	R/W	R/W	
초기값	0	0	0	0	0	0	0	0	

- **Bit 7 – SPIE : SPI 인터럽트 허용(SPI Interrupt Enable)**

SREG 레지스터의 I 비트가 1로 Set되어 있고 SPSR 레지스터의 SPIF 비트가 Set될 때 SPI 인터럽트가 처리된다.

- **Bit 6 – SPE : SPI 허용(SPI Enable)**

SPI 직렬 통신을 사용하려면 이 비트를 Set하여 활성화시킨다.

- **Bit 5 – DORD : 데이터 순서(Data Order)**

전송 데이터의 순서를 설정하는 것으로 1을 쓰면 데이터의 최하위 비트(LSB)를 먼저 전송하고 0을 쓰면 데이터의 최상위 비트(MSB)를 먼저 전송한다.

- **Bit 4 – MSTR : 마스터/슬레이브 선택(Master/Slave Select)**

이 비트에 1을 쓰면 SPI는 마스터 모드로 0을 쓰면 슬레이브 모드로 동작한다. MSTR 비트가 1로 Set되어 있는 동안 /SS 핀이 입력으로 설정되고 /SS 핀에 Low 입력이 들어오면 MSTR은 지워지고 SPSR 레지스터의 SPIF 비트가 Set된다.

- **Bit 3 – CPOL : 클록 극성(Clock Polarity)**

이 비트에 1을 쓰면 Idle 상태일 때 SCK는 High가 된다. 0을 쓰면 Idle 상태일 때 SCK는 Low가 된다. CPOL 비트의 기능은 다음과 같다.

CPOL	Leading edge	Trailing edge
0	상승(Rising)	하강(Falling)
1	하강(Falling)	상승(Rising)

- **Bit 2 – CPHA : 클록 위상(Clock Phase)**

이 비트의 세팅은 데이터가 SCK의 앞 모서리나 뒷 모서리에서 샘플되는 것을 결정한다. CPHA 비트의 기능은 다음과 같다.

CPHA	Leading edge	Trailing edge
0	샘플(Sample)	셋업(Setup)
1	셋업(Setup)	샘플(Sample)

- **Bit 1:0 – SPR1, SPR0 : SPI 클록 속도 선택(SPI Clock Rate Select 1 and 0)**

두 비트는 마스터로 설정된 장치의 SCK 속도를 제어한다. SPR1과 SPR0은 슬레이브에 영향을 주지 않는다. SCK와 오실레이터 클록 주파수 f_{osc}의 관계는 다음과 같다.

SPI2X	SPR1	SPR0	SCK Frequency
0	0	0	f_{osc} / 4
0	0	1	f_{osc} / 16
0	1	0	f_{osc} / 64
0	1	1	f_{osc} / 128
1	0	0	f_{osc} / 2
1	0	1	f_{osc} / 8
1	1	0	f_{osc} / 32
1	1	1	f_{osc} / 64

11.2.2 SPSR(SPI Status Register)

비트	7	6	5	4	3	2	1	0	
	SPIF	WCOL	–	–	–	–	–	SPI2X	SPSR
읽기/쓰기	R	R	R	R	R	R	R	R/W	
초기값	0	0	0	0	0	0	0	0	

- **Bit 7 – SPIF : SPI 인터럽트 플래그(SPI Interrupt Flag)**

직렬 전송이 완료되었을 때 SPIF 비트가 1로 Set된다. SPCR 레지스터의 SPIE 비트가 Set되어 있고 글로벌 인터럽트가 활성화되어 있으면 이 플래그가 Set될 때 SPI 인터럽트가 발생된다. SPI가 마스터 모드로 동작할 때 핀 /SS가 입력일 때 입력으로 Low가 들어오면 SPIF 플래그가 또한 Set된다. 이 플래그 비트는 인터럽트 서비스 루틴이 실행되면 하드웨어에 의해 Clear된다. 다른 방법으로는 SPIF 플래그가 Set되었을 때 SPI 상태 레지스터인 SPSR 레지스터를 읽은 다음 SPI 데이터 레지스터인 SPDR 레지스터를 읽으면 SPIF가 Clear된다.

- **Bit 6 – WCOL : 충돌 플래그 쓰기(Write COLlision flag)**

데이터를 전송하고 있는 중에 SPDR 레지스터에 새로운 데이터를 쓰려고 하면 WCOL 비트가 1로 Set된다. WCOL 비트는 SPI 상태 레지스터인 SPSR 레지스터를 읽은 다음 SPI 데이터 레지스터인 SPDR 레지스터를 읽으면 Clear된다.

- **Bit 0 – SPI2X : SPI 두 배 속도 비트(Double SPI Speed Bit)**

SPI가 마스터 모드로 동작할 때 이 비트를 Set하면 SPI 속도가 두 배로 빨라진다. 이는 최소 SCK 주기가 2 CPU 클록 주기와 같다. SPI가 슬레이브 모드일 때 SPI의 속도는 $f_{osc}/4$ 또는 그 이하의 동작만 보장된다.

11.2.3 SPDR(SPI Data Register)

비트	7	6	5	4	3	2	1	0	
	MSB							LSB	SPDR
읽기/쓰기	R/W	R/W	R/W	R/W	R/W	R/W	R/W	R/W	
초기값	×	×	×	×	×	×	×	×	Undefined

SPI 데이터 레지스터는 SPI 시프트 레지스터와 레지스터 파일 사이의 데이터 전송에 사용된다. 이 레지스터를 읽으면 시프트 레지스터의 수신 버퍼의 데이터를 읽을 수 있다.

11.3 SPI 데이터 모드

SPCR 레지스터의 CPHA 비트와 CPOL 비트를 제어하여 4가지 조합의 클록 위상과 극성을 가지며 다음과 같다.

	Leading edge	Trailing edge	SPI 모드
CPOL = 0, CPHA = 0	Sample (Rising)	Setup (Falling)	0
CPOL = 0, CPHA = 1	Setup (Rising)	Sample (Falling)	1
CPOL = 1, CPHA = 0	Sample (Falling)	Setup (Rising)	2
CPOL = 1, CPHA = 1	Setup (Falling)	Sample (Rising)	3

클록 위상을 결정하는 CPHA 비트가 0일 경우에 /SS 핀이 Low로 떨어진 후 첫 번째 에지에서 데이터를 샘플링하고, CPHA 비트가 1일 경우에는 /SS 핀이 Low로 떨어진 후 두 번째 에지에서 데이터를 샘플한다.

클록 극성 비트인 CPOL과 클록 위상을 결정하는 CPHA 비트가 같을 때는 상승 에지에서 샘플되고 다를 때는 하강 에지에서 샘플되도록 동작한다. 마스터 및 슬레이브 SPI는 모두 같은 위상과 극성을 갖도록 설정되어야 한다.

- **SPI 전송 포맷 (CPHA = 0)**

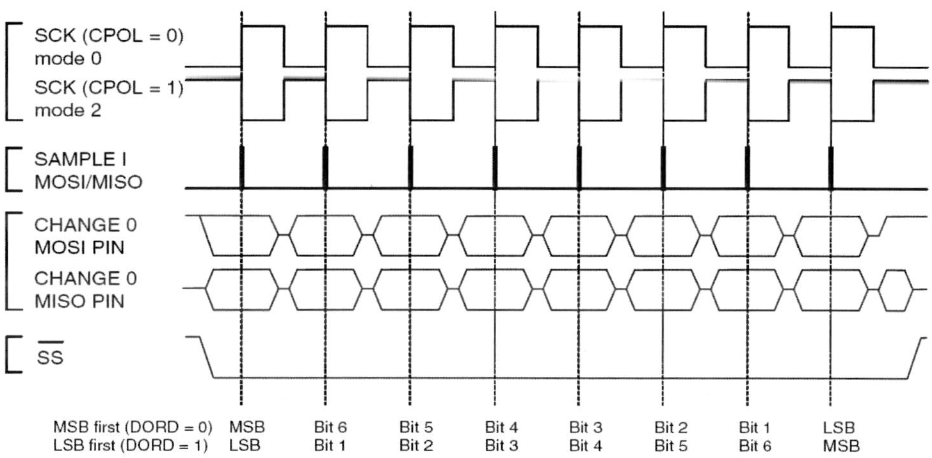

[그림 11.5] CPHA=0일 때 SPI 전송 포맷

- SPI 전송 포맷 (CPHA = 1)

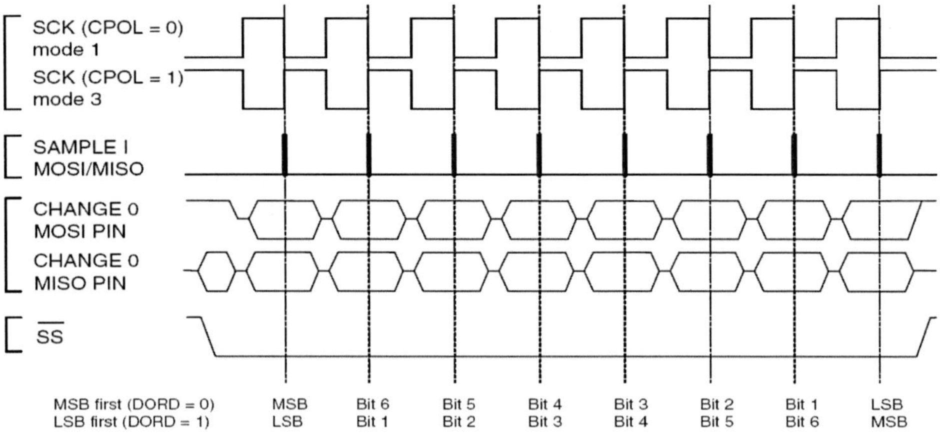

[그림 11.6] CPHA=1일 때 SPI 전송 포맷

11.4 SPI 프로그램 예제

예제 11.1 SPI 마스트 모드에서 문자 'a'를 전송한다. (f_{osc} / 16)

```
#include <avr/io.h>

#define  SS        PB0
#define  SCK       PB1
#define  MOSI      PB2
#define  MISO      PB3

void SPI_Master_Init (void)                         // SPI 마스터로 초기화
{
     PORTB |= (1<<SS);                              // SS High
     DDRB |= (1<<SS) | (1<<SCK) | (1<<MOSI);        // SCK, MOSI 출력
     SPCR |= (1<<SPE) | (1<<MSTR) | (1<<SPR0);      // SPI 사용, MASTER 모드
                                                    // fosc / 16
}

unsigned char SPI_Write (unsigned char data)
{
     PORTB &= ~(1<<SS);                             // SS Low. 슬레이브 활성
     SPDR = data;
     while ( !(SPSR & (1 << SPIF) ) );              // 전송이 끝날 때까지 대기
```

```
    PORTB |= (1<<SS);                          // SS High. 슬레이브 비활성

    return (SPDR);
}

int main (void)
{
    SPI_Master_Init ();

    while (1)
      SPI_Write ('a');

    return 1;
}
```

[Project File 코딩]

```
; ************************************************************
; PROJECT : spi_01
; AUTHOR : KIET_Jeong
; ************************************************************

; Micro + software running
; ------------------------------------------------------------
.MICRO "ATmega128"
.TOOLCHAIN "GCC"
.GCCPATH   "C:₩WinAVR"
.GCCMAKE   AUTO
.TARGET    "spi_01.hex"
.SOURCE    "spi_01.c"

.TRACE                          ; Activate micro trace

; Following lines are optional; if not included
; exactly these values are taken by default
; ------------------------------------------------------------
.POWER VDD=5 VSS=0              ; Power nodes
.CLOCK 1meg                     ; Micro clock
.STORE 250m                     ; Trace (micro+signals) storage time

; Micro nodes: RESET, AREF, PA0-PA7, PB0-PB7, PC0-PC7, PD0-PD7, PE0-PE7,
  PF0-PF7, PG0-PG4, TIM1OVF
```

```
; Define here the hardware around the micro
; ------------------------------------------------------------
; ATmega128 SPI 핀 : /SS(PB0), SCK(PB1), MOSI(PB2), MISO(PB3)
.plot V(PB0) V(PB1) V(PB2) V(PB3)
```

[Simulation 결과]

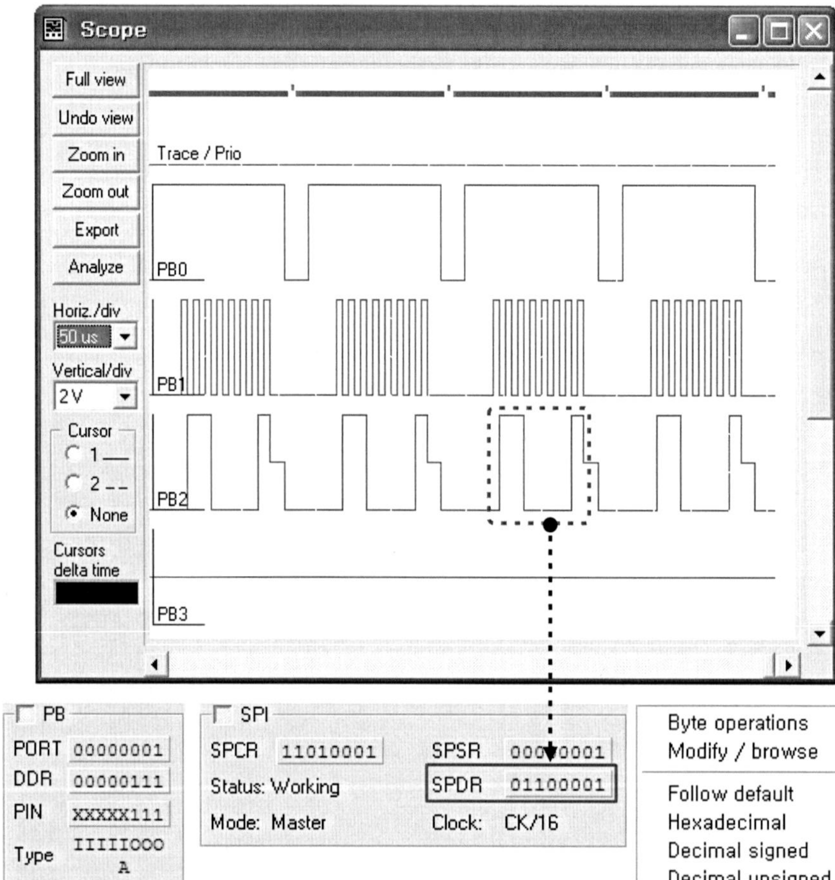

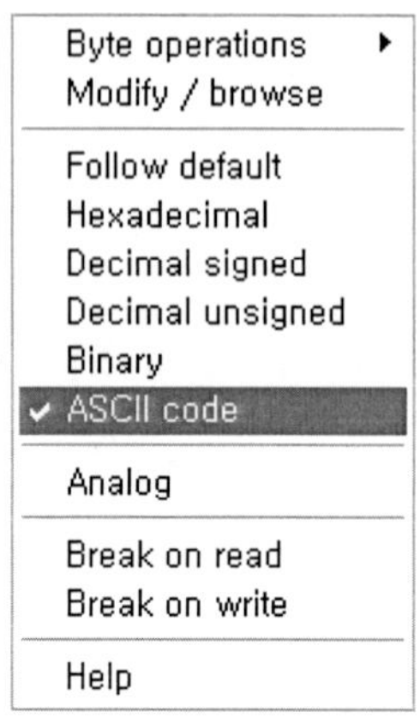

Peripherals 창의 SPDR 레지스터 상태 값에 마우스 커서를 위치하고 마우스 오른쪽 버튼을 클릭하면 상태 값 표시 옵션을 바꿀 수 있다. ASCII code로 변경해서 보면 소문자 'a'가 MOSI(PB2) 핀을 통해서 나가고 있는 것을 확인할 수 있다. ASCII 코드로 굳이 변경하지 않더라도 01100001은 10진수로 97이며 ASCII 코드로 'a' 이다.

이 예제는 마스터 MOSI 핀을 통해서 데이터가 전송되는 것을 보여주는 것이며, 장치간 직렬통신에 이를 응용하면 된다.

예제 11.2 SPI 마스트 모드에서 문자 'b'를 수신한다. (f_{osc} / 16)

```
#include <avr/io.h>

#define  SS       PB0
#define  SCK      PB1
#define  MOSI     PB2
#define  MISO     PB3

void SPI_Master_Init (void)
{
     DDRB |= (1<<SS) | (1<<SCK) | (1<<MOSI);
     DDRB &= ~(1<<MISO);
     SPCR |= (1<<SPE) | (1<<DORD) |  (1<<MSTR) | (1<<SPR0);
     PORTB |= (1<<SS);
}

unsigned char SPI_Read ()
{
     PORTB &= ~(1<<SS);
     SPDR = 'b';
     while ( !(SPSR & (1 << SPIF) ) );

     return (SPDR);
}

int main (void)
{
     unsigned char data;
     SPI_Master_Init ();

     while (1)
        data = SPI_Read ();

     return 1;
}
```

[Project File 코딩]

```
; ************************************************************
; PROJECT : spi_02
; AUTHOR : KIET_Jeong
```

```
; *********************************************************

; Micro + software running
; ---------------------------------------------------------
.MICRO "ATmega128"
.TOOLCHAIN "GCC"
.GCCPATH   "C:₩WinAVR"
.GCCMAKE   AUTO
.TARGET    "spi_02.hex"
.SOURCE    "spi_02.c"

.TRACE                          ; Activate micro trace

; Following lines are optional; if not included
; exactly these values are taken by default
; ---------------------------------------------------------
.POWER VDD = 5 VSS = 0          ; Power nodes
.CLOCK 1meg                     ; Micro clock
.STORE 250m                     ; Trace (micro+signals) storage time

; Micro nodes: RESET, AREF, PA0-PA7, PB0-PB7, PC0-PC7, PD0-PD7, PE0-PE7,
  PF0-PF7, PG0-PG4, TIM1OVF
; Define here the hardware around the micro
; ---------------------------------------------------------
; ATmega128 SPI 핀 : /SS(PB0), SCK(PB1), MOSI(PB2), MISO(PB3)
.plot V(PB0) V(PB1) V(PB2) V(PB3)
```

[Simulation 결과]

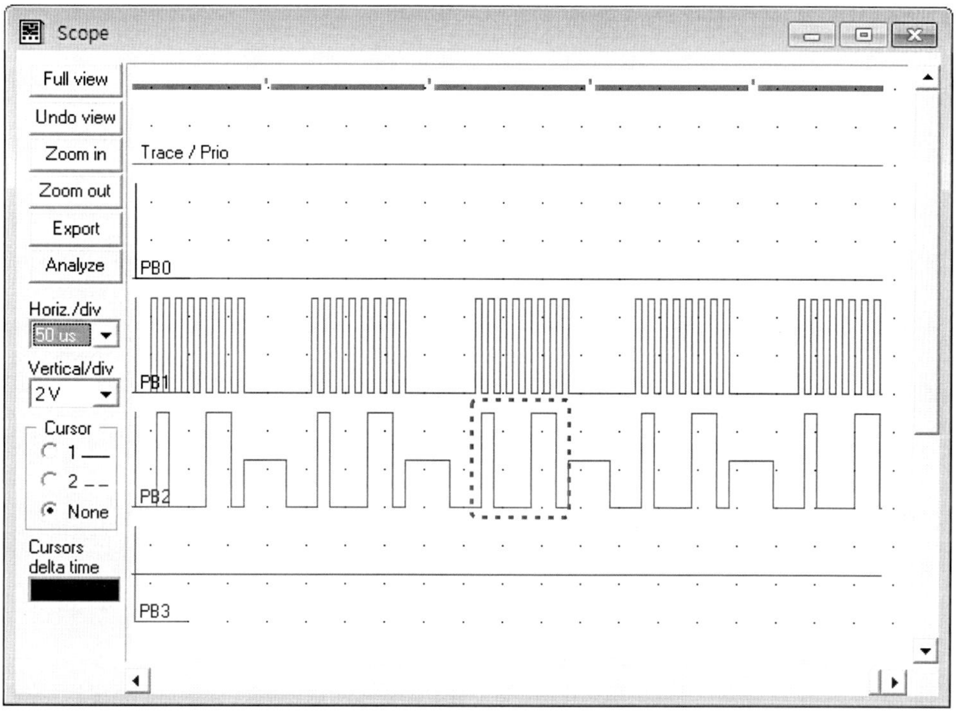

실습 문제

1. VMLAB의 멀티프로세스 기능을 사용하여 두 개의 프로세스 사이에 SPI 통신으로 신호가 전송되는 것을 시뮬레이션한다.

2. ADC에서 변환된 값을 SPI 통신으로 받아서 다시 UART 통신으로 연결된 PC에 ADC 값이 하이퍼터미널을 통해 표시되도록 한다.

12 범용 동기·비동기 직렬 송수신기(USART)

CHAPTER

12.1 USART 직렬 통신 개요

USART는 Universal Synchronous and Asynchronous serial Receiver and Transmitter로 범용 동기·비동기 직렬 송수신기를 뜻한다.

USART는 데이터를 전송하기 위해 CPU로부터 병렬 동기 신호 방식으로 전송된 바이트(byte) 형식의 데이터를 입력받아 직렬 비트 스트림으로 변환한다. 다시 수신을 하는 쪽에서 데이터를 처리하기 위해 직렬 비트 스트림을 바이트 형식의 데이터로 변환해준다. 즉, USART는 병렬 및 직렬 방식으로 데이터를 변환해주는 하드웨어라고 할 수 있다.

일반적으로 PC나 마이크로컨트롤러 내부의 USART와 기타 장치의 USART 사이에는 RS-232C, RS-422, RS-485와 같은 통신 인터페이스를 통해 직렬로 데이터를 주고받을 수 있도록 구성한다. USART는 데이터를 전달하는 장치로 송신부와 수신부로 나뉘어져 있고, 각각 한 개의 신호 선을 사용하며 접지(GND) 선을 포함해서 총 세 개의 선만 이용하여 통신을 할 수 있다. 송신부와 수신부가 각각의 신호 선을 사용하기 때문에 데이터의 송신과 수신을 동시에 할 수 있으며 이를 전이중(full duplex) 방식이라 말한다.

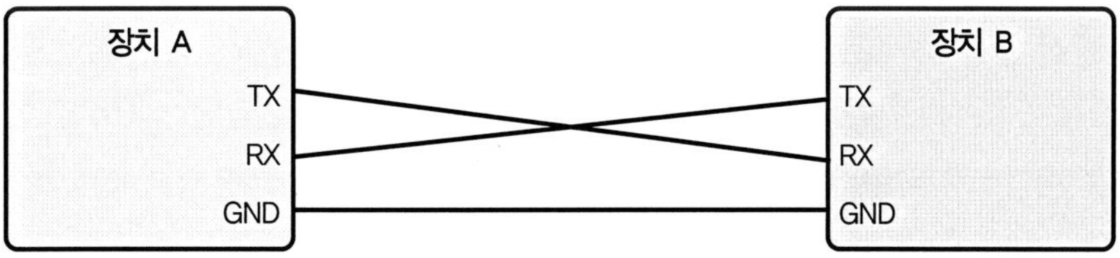

[그림 12.1] USART 연결

ATmega128에는 동기·비동기 통신 모두를 지원하는 USART(Universal Synchronous and Asynchronous serial Receiver and Transmitter)가 두 채널이 있으며, 일반적으로 비동기 통신 방식을 주로 쓰기 때문에 UART(Universal Asynchronous serial Receiver and Transmitter)라 줄여 부르기도 한다. 동기식은 별도의 동기 클록 신호에 데이터를 송·수신하는 방식을 말하며, 장거리 전송이나 대량의 데이터를 고속으로 전송하고자 할 경우 유리하다. 동기식의 예로는 TCP(Transfer Control Protocol) 프로토콜이나 SPI(Serial Peripheral Interface)가 있다. 비동기식의 경우는 동기 클록 신호를 사용하지 않고 데이터를 송·수신하기 때문에 Baud rate, Start bit, Stop bit 등의 별도의 규칙을 가지고 있다.

[그림 12.2]는 USART의 통신 프레임 형식을 보여준다.

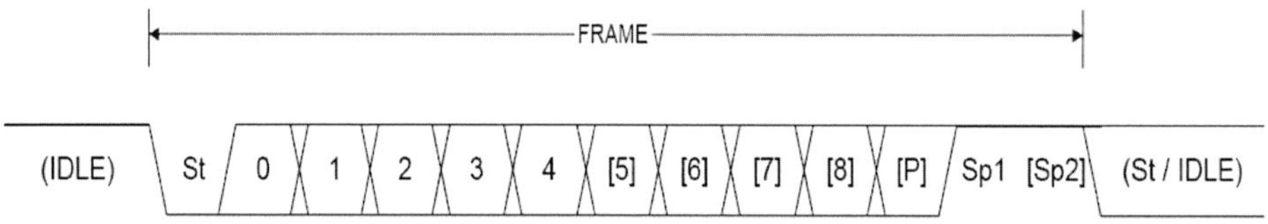

- St : Start 비트. 항상 Low
- (n) : 데이터 비트(0~8)
- P : 짝수 또는 홀수 패리티 비트
- Sp : Stop 비트. 항상 High
- IDLE : RxD 또는 TxD 통신 라인을 통해 데이터 전송이 없는 상태. 항상 High

[그림 12.2] USART 전송 프레임 형식

위 프레임 요소들은 각각 1비트를 나타내며 순차적으로 전송된다. 통신을 통해 전송되는 데이터의 크기는 일반적으로 8비트 ASCII 코드의 형태이나 문자의 종류가 제한되는 경우에 5~7비트로만 전송될 수도 있다. 그리고 다중 프로세서 통신 등에 9비트를 사용하는 경우도 있다. 통신의 시작은 항상 Low 신호로 시작하며 정지 비트는 항상 High 신호로 이루어진다.

12.1.1 RS-232C

미국 전자공업협회(EIA : Electrical Industry Association)에서 데이터를 직렬 시리얼 통신 방식으로 전송할 때 통신 회선에서 사용하는 전기적 신호 특성과 연결 장치 인터페이스 등의 물리적인 규격에 따라 RS-232, RS-422, RS-485 등으로 정하고 있고, 이 중에서 RS-232C는 가장 보편적인 시리얼 통신 인터페이스로 각종 입·출력 기기들 사이의 통신을 하는데 이용되고 있다. 일반적으로 통신할 수 있는 거리는 통신 속도와 케이블의 종류에 따라서 다르지만 통상 15 m 이내에서 주로 사용한다.

[그림 12.3]은 RS-232C 핀 구조와 기능을 나타내며 여기서 2번, 3번, 5번 핀만 사용한다.

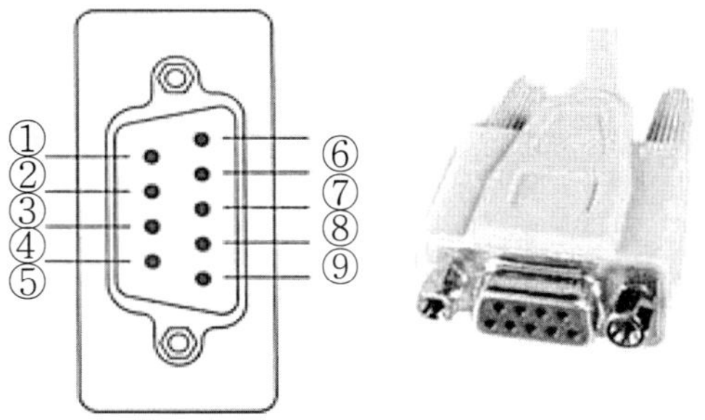

핀 No	명칭	기능
①	DCD	Data Carrier Detect
②	RXD	Receive Data
③	TXD	Transmit Data
④	DTR	Data Terminal Ready
⑤	SG	Signal GND
⑥	DSR	Data Set Ready
⑦	RTS	Request to Send
⑧	CTS	Clear to Send
⑨	RI	Ring Indicator

[그림 12.3] RS-232 핀 구조

CPU에서 처리되는 병렬 데이터가 USART를 거쳐서 직렬 데이터로 변환되어도 이것은 기본적으로 TTL 로직 레벨이므로 원거리를 전송하는데 적합하지 않다. 그래서 RS-232C 규격의 전압 레벨로 변환해주는 MAX232나 MAX485와 같은 TTL to RS232C Level Converter(Line Driver/Line Receiver)를 항상 포함시킨다. 마이크로컨트롤러를 기준으로 보면 내부적으로 TTL 로직 레벨의 데이터가 직렬 신호로 생성되면 MAX232 IC를 통해 ±12 V의 전압 레벨로 변경된 뒤 RS-232C 규격을 통해 데이터가 전송되는 것이다.

12.1.2 ATmega128의 USART

ATmega128은 USART0, USART1 두 개를 가지고 있으며 주요 사양은 다음과 같다.

- 전이중(full duplex) 통신
- 동기·비동기 동작
- 마스터 또는 슬레이브 동기 통신
- 고해상도 보레이트(baud rate) 생성기 내장
- 5, 6, 7, 8 또는 9 데이터 비트와 1 또는 2 Stop 비트를 사용하는 프레임 지원
- 홀수·짝수 패리티 비트 생성 및 하드웨어 패리티 검사
- 데이터 오버런 검출
- 프레임 오류 검출
- 다중 프로세서 통신 모드
- 2배속 비동기 통신 모드

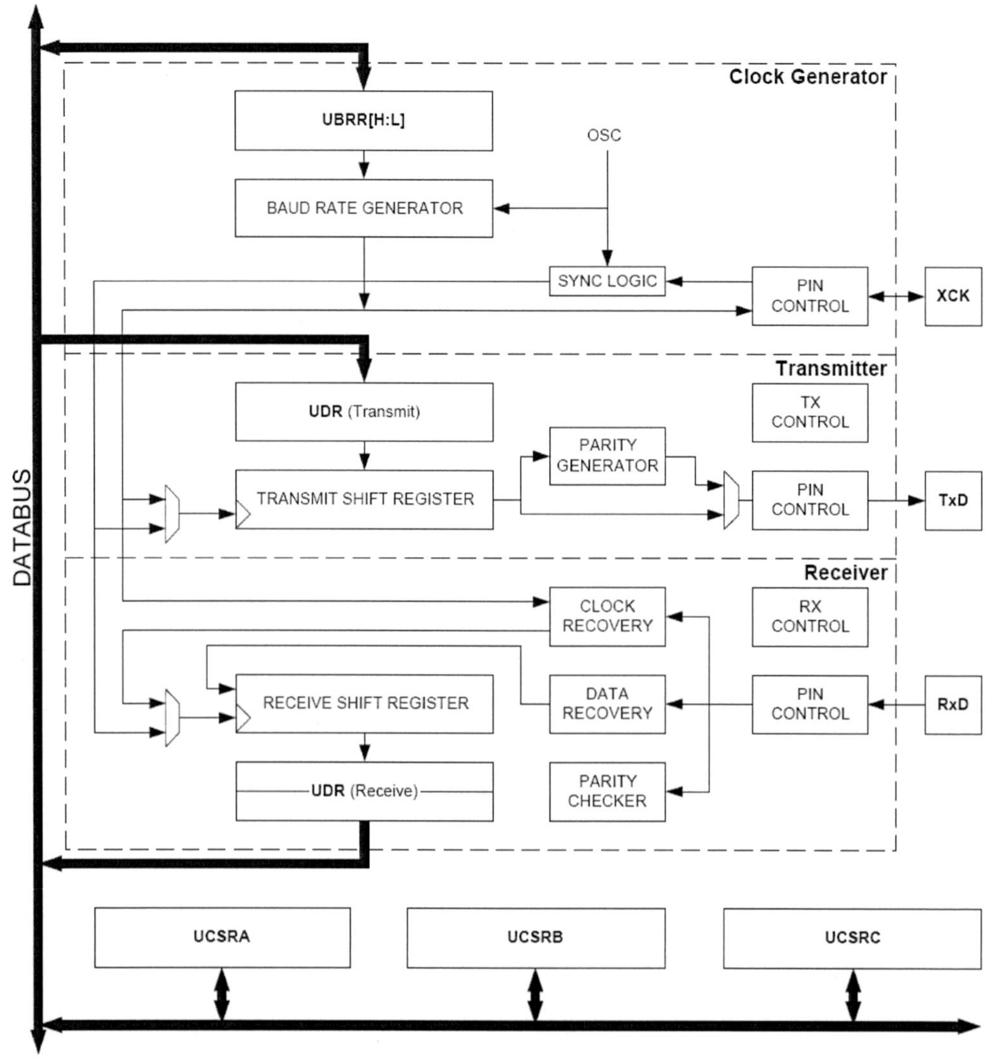

[그림 12.4] USART 블록 다이어그램

12.2 USART 관련 레지스터

12.2.1 UDRn(USARTn I/O Data Register) (n = 0, 1)

비트	7	6	5	4	3	2	1	0	
	RXBn[7:0]								UDRn(Read)
	TXBn[7:0]								UDRn(Write)
읽기/쓰기	R/W	R/W	R/W	R/W	R/W	R/W	R/W	R/W	
초기값	0	0	0	0	0	0	0	0	

입·출력 데이터 레지스터로 송신 데이터 버퍼 레지스터(transmit data buffer register) TXBn과 수신 데이터 버퍼 레지스터(receive data buffer register) RXBn 각각 8비트씩 총 16비트 구조로 되어 있다. 같은 I/O 주소를 공유하며 UDRn 레지스터라 한다. 송신을 할 때는 송신 데이터 버퍼 레지스터에 데이터를 쓰고 수신 데이터 버퍼 레지스터에는 수신된 데이터가 저장된다.

12.2.2 UCSRnA(USART Control and Status Register A) (n = 0, 1)

비트	7	6	5	4	3	2	1	0	
	RXCn	TXCn	UDREn	FEn	DORn	UPEn	U2Xn	MPCMn	UCSRnA
읽기/쓰기	R	R/W	R	R	R	R	R/W	R/W	
초기값	0	0	1	0	0	0	0	0	

- **Bit 7 – RXCn : USART 수신 완료(USART Receive Complete)**

  이 플래그 비트는 수신 데이터 버퍼에 읽지 않은 데이터가 있을 때 Set되고 수신 버퍼가 비어 있을 때는 Clear된다. 데이터 수신이 불능으로 Set되어 있을 때 수신 버퍼는 비워지며 결과적으로 RXCn 비트는 0으로 지워진다. RXCn 플래그는 수신 완료 인터럽트(receive complete interrupt)를 발생시킬 수 있다.

- **Bit 6 – TXCn : USART 송신 완료(USART Transmit Complete)**

  이 플래그 비트는 송신 데이터 버퍼의 데이터가 송신되고 버퍼가 비어있을 때 Set된다. TXCn 플래그 비트는 송신 완료 인터럽트(transmit complete interrupt)가 발생되면 자동적으로 Clear 되며 또는 이 비트에 1을 써서 Clear된다. TXCn 플래그는 송신 완료 인터럽트를 발생시킬 수 있다.

- **Bit 5 – UDREn : USART 데이터 레지스터 빔(USART Data Register Empty)**

  UDREn 플래그는 송신 버퍼에 새로운 데이터를 받을 준비가 되었을 때 Set된다. 이 비트가 1로 Set되었다면 송신 버퍼가 비어있다는 것이며 송신할 새로운 데이터를 송신 버퍼에 넣어주면 된다. 이 플래그는 데이터 레지스터 빔 인터럽트(data register empty interrupt)를 발생시킬 수 있다.

- **Bit 4 – FEn : 프레임 오류(Frame Error)**

  프레임 오류는 다음 수신 문자의 첫 번째 정지 비트가 0일 때 발생되는 것을 말하며 수신 버퍼에 저장된 다음 문자에 프레임 오류가 발생했을 때 이 비트는 1로 Set된다. 이 비트는 수신 버퍼를 읽을 때까지 유효하며 UCSRnA 레지스터에 데이터를 쓸 때는 항상 0으로 Clear된다.

- **Bit 3 – DORn : 데이터 오버런(Data OverRun)**

데이터 오버런은 수신 버퍼가 차고 수신 시프트 레지스터에 새 문자가 대기 중인 상태에서 다시 새로운 문자의 시작 비트가 감지될 때를 말하며 데이터 오버런이 감지되면 이 비트는 Set된다. 이 비트는 수신 버퍼를 읽을 때까지 유효하며 UCSRnA 레지스터에 데이터를 쓸 때는 항상 0으로 Clear된다.

- **Bit 2 – UPEn : 패리티 오류(Parity Error)**

UCSRnC 레지스터의 UPMn1 비트에 1을 써서 패리티 오류를 사용하도록 설정한 경우에 발생되며 수신 버퍼의 다음 문자에 패리티 오류가 발생하였을 때 1로 Set된다. 이 비트는 수신 버퍼를 읽을 때까지 유효하며 UCSRnA 레지스터에 데이터를 쓸 때는 항상 0으로 Clear된다.

- **Bit 1 – U2Xn : USART 전송 속도 배가(Double the USART Transmission Speed)**

이 비트는 비동기 동작에만 영향을 준다. 동기 동작 모드에서는 0을 써야 한다. 이 비트에 1을 쓰면 보레이트 분주기의 분주비를 16에서 8로 반 줄여서 비동기 통신의 송신 속도를 2배로 늘린다.

- **Bit 0 – MPCMn : 다중 프로세서 통신 모드(Multi-Processor Communication Mode)**

다중 프로세서 통신 모드를 가능하게 하며 이 비트에 1을 쓰면 USART 수신부가 수신한 프레임 중 주소 정보를 담고 있지 않은 것은 모두 무시된다. 송신부는 이 비트에 의해 영향을 받지 않는다.

12.2.3 UCSRnB(USART Control and Status Register B) (n = 0, 1)

비트	7	6	5	4	3	2	1	0	
	RXCIEn	TXCIEn	UDRIEn	RXENn	TXENn	UCSZn2	RXB8n	TXB8n	UCSRnB
읽기/쓰기	R/W	R/W	R/W	R/W	R/W	R/W	R	R/W	
초기값	0	0	0	0	0	0	0	0	

- **Bit 7 – RXCIEn : 수신 완료 인터럽트 허용(RX Complete Interrupt Enable)**

이 비트에 1을 쓰면 RXC 플래그가 Set되었을 때 인터럽트가 발생된다. USART 수신 완료 인터럽트는 RXCIEn 비트가 1이고 SREG 레지스터의 I 비트가 1로 Set되어 있고 UCSRnA 레지스터의 RXC 비트가 Set되어 있을 때 발생된다.

- **Bit 6 – TXCIE : 송신 완료 인터럽트 허용(TX Complete Interrupt Enable)**

이 비트에 1을 쓰면 TXCn 플래그가 Set되었을 때 인터럽트가 발생된다. USART 송신 완료 인터럽트는 TXCIEn 비트가 1이고 SREG 레지스터의 I 비트가 1로 Set되어 있고 UCSRnA 레지스터의 TXCn 비트가 Set되어 있을 때 발생된다.

- **Bit 5 – UDRIEn : USART 데이터 레지스터 빔 인터럽트 허용(USART Data Register Empty Interrupt Enable)**

  이 비트에 1을 쓰면 UDREn 플래그가 Set되었을 때 인터럽트가 발생된다. USART 데이터 레지스터 비어 있음 인터럽트는 UDRIEn 비트가 1이고 SREG 레지스터의 I 비트가 1로 Set되어 있고 UCSRnA 레지스터의 UDREn 비트가 Set되어 있을 때 발생된다.

- **Bit 4 – RXENn : 수신부 허용(Receiver Enable)**

  이 비트에 1을 쓰면 USARTn 수신부가 동작하도록 허용한다. 이는 RXDn 핀의 입·출력 포트 기능을 중지하고 직렬 데이터 수신 입력 포트 역할을 하도록 한다. 수신부의 기능 정지는 수신 버퍼를 비우고 FEn, DORn, UPEn 플래그를 지운다.

- **Bit 3 – TXENn : 송신부 허용(Transmitter Enable)**

  이 비트에 1을 쓰면 USARTn 송신부가 동작하도록 허용한다. 이는 TXDn 핀의 입·출력 포트 기능을 중지하고 직렬 데이터 송신 출력 포트 역할을 하도록 한다. 이 비트에 0을 써서 송신부의 기능을 정지하더라도 현재 송신 중이거나 데이터의 송신이 완료될 때까지 송신부 기능 정지는 연기된다. 송신부 기능 정지가 되었을 때 TXDn 핀은 입·출력 포트로 동작한다.

- **Bit 2 – UCSZn2 : 문자 크기(Character Size)**

  UCSZn2 비트는 UCSRnC 레지스터의 UCSZn1:0 두 비트와 함께 송신부와 수신부가 사용하는 프레임의 데이터 비트의 크기를 결정한다.

- **Bit 1 – RXB8n : 수신 문자 비트 8(Receive Data Bit 8)**

  RXB8n은 9-데이터 비트로 통신을 할 때 수신 문자의 9번째 데이터 비트를 나타낸다. 이 비트는 반드시 UDRn으로부터 하위 데이터 비트를 읽기 전에 먼저 읽어야 한다.

- **Bit 0 – TXB8n : 송신 문자 비트 8(Transmit Data Bit 8)**

  RXB8n은 9-데이터 비트로 통신을 할 때 송신 문자의 9번째 데이터 비트를 나타낸다. 이 비트는 반드시 UDRn에 하위 데이터 비트를 쓰기 전에 먼저 써야 한다.

12.2.4 UCSRnC(USART Control and Status Register C) (n = 0, 1)

비트	7	6	5	4	3	2	1	0	
	–	UMSELn	UPMn1	UPMn0	USBSn	UCSZn1	UCSZn0	UCPOLn	UCSRnC
읽기/쓰기	R/W	R/W	R/W	R/W	R/W	R/W	R/W	R/W	
초기값	0	0	0	0	0	1	1	0	

- **Bit 7 – 예약 비트(Reserved Bit)**

이 비트는 추후 사용하기 위해 예약되어 있다. 향후 장치들과 호환성을 위해 UCSRnC 레지스터에 데이터를 쓸 때 이 비트에 0을 쓰도록 한다.

- **Bit 6 – UMSELn : USART 모드 선택(USART Mode Select)**

동기 모드와 비동기 모드를 선택한다.

UMSELn	모드
0	비동기 동작 모드(Asynchronous Operation)
1	동기 동작 모드(Synchronous Operation)

- **Bit 5:4 – UPMn1:0 : 패리티 모드(Parity Mode)**

이 두 비트 설정으로 패리티 생성과 체크가 가능한 패리티 타입을 선택한다. 패리티 모드가 허용되어 있으면 패리티를 자동으로 생성하여 송신 데이터의 각 프레임에 패리티 비트를 붙여서 송신한다. 수신부는 수신된 데이터에 패리티 값을 생성하고 UPMn0 비트의 설정과 비교하여 일치하지 않으면 UCSRnA 레지스터의 UPEn 플래그를 Set한다.

UPMn1	UPMn0	패리티 모드(Parity Mode)
0	0	불능(disabled)
0	1	예약됨
1	0	가능(enabled), 짝수 패리티(even parity)
1	1	가능(enabled), 홀수 패리티(odd parity)

- **Bit 3 – USBSn : 정지 비트 선택(Stop Bit Select)**

이 비트는 송신부에서 삽입할 정지 비트의 수를 선택한다. 수신부는 이 설정을 무시한다.

USBSn	정지 비트(Stop Bit(s))
0	1-bit
1	2-bits

- **Bit 2:1 – UCSZn1:0 : 문자 크기(Character Size)**

이 두 비트와 UCSRnB 레지스터의 UCSZn2의 비트와 조합하여 송신부와 수신부에 사용하는 프레임 내의 데이터 비트 크기를 설정한다.

UCSZn2	UCSZn1	UCSZn0	문자 크기(Character Size)
0	0	0	5-bit
0	0	1	6-bit
0	1	0	7-bit
0	1	1	8-bit
1	0	0	예약됨
1	0	1	예약됨
1	1	0	예약됨
1	1	1	9-bit

- **Bit 0 – UCPOLn : 클록 극성(Clock Polarity)**

이 비트는 동기 모드에서만 사용된다. 비동기 모드를 사용할 때는 이 비트에 0을 쓴다. UCPOLn 비트는 데이터 출력 변화, 데이터 입력 샘플과 동기 클록(XCKn) 사이의 관계를 설정한다.

UCPOLn	송신 데이터 변화 (TxDn 핀의 출력)	수신 데이터 샘플 (RxDn 핀의 입력)
0	XCKn 핀의 상승 에지	XCKn 핀의 하강 에지
1	XCKn 핀의 하강 에지	XCKn 핀의 상승 에지

12.2.5 UBRRnL, UBRRnH(USART Baud Rate Registers) (n = 0, 1)

비트	15	14	13	12	11	10	9	8	
	–	–	–	–	UBRRn[11:8]				UBRRnH
	UBRRn[7:0]								UBRRnL
	7	6	5	4	3	2	1	0	
읽기/쓰기	R	R	R	R	R/W	R/W	R/W	R/W	
	R/W	R/W	R/W	R/W	R/W	R/W	R/W	R/W	
초기값	0	0	0	0	0	0	0	0	
	0	0	0	0	0	0	0	0	

- **Bit 15:12 – 예약 비트(Reserved Bits)**

이 비트들은 추후 사용하기 위해 예약되어 있다. 향후 장치들과 호환성을 위해 UBRRnH 레지스터에 데이터를 쓸 때 이 비트에 0을 쓰도록 한다.

- **Bit 11:0 – UBRRn11:0 : UBRRn 보레이트 레지스터(USARTn Baud Rate Register)**

USARTn의 보레이트(Baud Rate)를 설정하는 12비트 레지스터이다. USARTn의 보레이트에서 UBRRnH는 상위 4비트를 UBRRnL은 하위 8비트를 나타낸다. 송신 또는 수신 중 보레이트가 변경되면 데이터가 손상된다. 하위 바이트인 UBRRnL 레지스터에 데이터를 쓰게 되면 즉시 보레이트 프리스케일러 값이 갱신된다. 16비트 레지스터를 읽을 경우 항상 상위 바이트인 UBRRnH를 먼저 읽고 하위 바이트 UBRRnL 값을 읽는다.

12.3 USART의 데이터 전송률 설정

USART를 사용하기 위해서 여러 통신 옵션을 설정해야 하는 것 외에 데이터를 전송하는 속도도 정확하게 설정해야 한다. 대부분의 마이크로컨트롤러에 포함된 USART 통신을 사용하는 경우 데이터 전송 속도를 설정하는 공식을 데이트 시트를 통해 제시하고 있으며 다음과 같다(f_{osc} : 시스템 클록 주파수).

[표 12.1] 보레이트 레지스터 설정 공식

동작 모드	보레이트 계산식	UBRR 값 계산식
비동기 표준 모드 (U2X = 0)	$BAUD = \frac{f_{OSC}}{16(UBRR+1)}$	$UBRR = \frac{f_{OSC}}{16 \times BAUD} - 1$
비동기 2배 전송 속도 모드 (U2X=1)	$BAUD = \frac{f_{OSC}}{8(UBRR+1)}$	$UBRR = \frac{f_{OSC}}{8 \times BAUD} - 1$
동기 마스터 모드	$BAUD = \frac{f_{OSC}}{2(UBRR+1)}$	$UBRR = \frac{f_{OSC}}{2 \times BAUD} - 1$

Baud Rate는 데이터 프레임의 각 비트의 전송률로 정의되며 단위는 bps(bit per second)를 쓴다. 보레이트로부터 전송되는 각 비트 사이에는 일정한 시간 간격이 정해지기 때문에 비동기 모드와 동기 마스터 모드에서는 시간을 측정할 시계가 필요하다. 이는 CPU의 시스템 클록과 레지스터 UBRRn을 사용하여 생성한다.

마이크로컨트롤러를 기준으로 보면 USART 통신 속도를 설정할 때 UBRRnL, UBRRnH 레지스터에 위 공식에 의해 산출된 UBRR 값을 써주는 것으로 데이터 전송 속도를 결정하게 된다. UBRR 값은 직접 계산을 해도 되지만 데이트 시트에 제시를 하고 있다. 이 중 VMLAB에서 사용하는 기본 클록인 1 MHz일 때 비동기 표준 모드와 2배 전송 모드에서 보레이트와 대응되는 UBRRn 값 테이블은 [표 12.2]와 같다. 오차는 설정된 보레이트와 실제 동작하는 보레이트 사이의 오차를 계산하여 나타낸 것이다.

[표 12.2] $f_{osc} = 1\,MHz$일 때 보레이트 및 UBRR 레지스터 설정

보레이트 (bps)	f_{osc} = 1.0000 MHz			
	U2X = 0		U2X = 1	
	UBRR	오차	UBRR	오차
2,400	25	0.2%	51	0.2%
4,800	12	0.2%	25	0.2%
9,600	6	-7.0%	12	0.2%
14,400	3	8.5%	8	-3.5%
19,200	2	8.5%	6	-7.0%
28,800	1	8.5%	3	8.5%
38,400	1	-18.6%	2	8.5%
57,600	0	8.5%	1	8.5%
76,800	-	-	1	-18.6%
115,200	-	-	0	8.5%
230,400	-	-	-	
250,000	-	-	-	
최고 전송 속도	62,500 kbps		125,000 kbps	

12.4 UART 프로그램 실습

실습 12.1 PC의 키보드를 통해 입력되는 문자를 그대로 다시 PC로 보낸다. 시스템 클록은 VMLAB 기본 1 MHz에 보레이트 9600 bps, 비동기 모드, 패리티 없음, 1 정지 비트, 8 데이터 비트로 한다.

```
#include <avr/io.h>

unsigned char Uart0_Rx (void)                  // 한 문자 수신과 반환
{
     while (!(UCSR0A & (1 << RXC0)));          // 문자가 채워질 때까지 기다림
     return UDR0;                              // 수신 버퍼의 문자를 반환
}

void Uart0_Tx (unsigned char tx_data)          // 한 문자 전송
{
     while (!(UCSR0A & (1 << UDRE)));          // 송신 버퍼가 빌 때를 기다림
     UDR0 = tx_data;                           // 송신 버퍼에 보낼 문자 넣음
}

int main (void)
```

```
{
    // f_osc = 1 MHz일 때, 2400~57.6 k 보레이트 UBRR 값 배열로 초기화
    unsigned int baud[8] = { 25, 12, 6, 3, 2, 1, 1, 0 };
    unsigned char rx_data;

    UBRR0H = (unsigned char) (baud[2] >> 8); // 상위 비트 0000 채움
    UBRR0L = (unsigned char)  baud[2];       // 9600 bps UBRR 값

    UCSR0B = (1 << RXEN0) | (1 << TXEN0);    // RX 허용, TX 허용
    UCSR0C = (3 << UCSZ00);                  // 비동기, 1 STOP, 8비트

    while (1)
    {
       rx_data = Uart0_Rx ();                // 입력된 값 변수에 대입
       Uart0_Tx (rx_data);                   // 한 문자 전송 함수 호출
    }

    return 1;
}
```

[Project File 코딩]

```
; ************************************************************
; PROJECT : uart_01
; AUTHOR : KIET_Jeong
; ************************************************************

; Micro + software running
; ------------------------------------------------------------
.MICRO "ATmega128"
.TOOLCHAIN "GCC"
.GCCPATH   "C:₩WinAVR"
.GCCMAKE   AUTO
.TARGET    "uart_01.hex"
.SOURCE    "uart_01.c"

.TRACE                              ; Activate micro trace

; Following lines are optional; if not included
; exactly these values are taken by default
; ------------------------------------------------------------
.POWER VDD = 5 VSS = 0              ; Power nodes
```

```
.CLOCK 1meg                          ; Micro clock
.STORE 250m                          ; Trace (micro+signals) storage time

; Micro nodes: RESET, AREF, PA0-PA7, PB0-PB7, PC0-PC7, PD0-PD7, PE0-PE7,
  PF0-PF7, PG0-PG4, TIM1OVF
; Define here the hardware around the micro
; ------------------------------------------------------------
; UART Setting 9600 bps, 8bit, no parity, even, 1 stop bit, <nodeTx> <nodeRx>
; Xport0 TTY(9600 8 0 0 1) ATmega128 USART0 RXD0(PE0), TXD0(PE1)
; XCOM1 tx0 → PE0(RXD0), XCOM1 rx0 → PE1(TXD0)
XCOM1 _comxch(9600 8 0 0 1) tx0 rx0  ; PC COM Port
Xporte TTY(9600 8 0 0 1) PE0 PE1     ; Microprocessor USART0

.plot V(PE0) v(PE1)
```

➜ Project 파일에서 마이크로컨트롤러 클록을 변경해보도록 한다.

➜ VMLAB 시뮬레이션에서 comxch와 TTY/TTY2 컴포넌트는 가상 UART와 물리적 COM 포트(RS-232 시리얼 포트) 사이의 데이터 교환을 할 수 있게 한다(https://sites.google.com/site/thvortex/vmlab/comxch 참조).

➜ comxch는 시뮬레이션을 하고 있는 PC의 COM 포트 설정이고, TTY는 마이크로컨트롤러의 USART 설정으로 이해하면 된다.

➜ Project 파일에서 COM 포트 문법은 다음과 같으며 _comxch와 TTY 문법은 동일하다.

```
X<Port> _comxch(<Baud> [<Data> <Parity> <EvenParity> <Stop>]) <TX> <RX>
+ <CTS> <DSR> <RI> <DCD> <RTS> <DTR> <OUT1> <OUT2>
Xtty TTY2(<Baud> <Data> <Parity> <EvenParity> <Stop>) OUT TX
```

- <Port> : 사용할 시리얼 포트 이름
- <Baud> : 통신 속도
- <Data> : 데이터 비트 수, 7 또는 8 비트에서 선택하며 기본 값은 7이다.
- <Parity> : 0은 패리티 없음, 1은 패리티 사용이며 기본 값은 패리티 없음(0)이다.
- <EvenParity> : 1은 짝수 패리티이며 0은 홀수 패리티이다. 기본 값은 홀수 패리티이며 패리티 없음 옵션일 때 무시된다.
- <Stop> : 정지 비트이며 1 또는 2를 쓴다. 기본 값은 1이다.
- <TX> : 송신 핀. ATmega128 USART0 TXD0은 PE1 핀이다. TX - RX 연결
- <RX> : 수신 핀. ATmega128 USART0 RXD0은 PE0 핀이다. RX - TX 연결

· <CTS> <DSR> <RI> <DCD> <RTS> <DTR> <OUT1> <OUT2> : Full signals

· TTY2 : Control Panel 창의 통신 컴포넌트의 RX 창을 크게 보여준다.

➜ PC COM Port 확인

· 프로젝트 파일에서의 XCOM1 코드는 컴퓨터의 직렬 통신 포트인 COM(communication) 포트를 의미하며 시스템에 없는 COM 포트를 지정하면 빌드(build) 단계에서 오류가 나지는 않지만 시뮬레이션을 할 때 다음과 같은 오류가 발생한다.

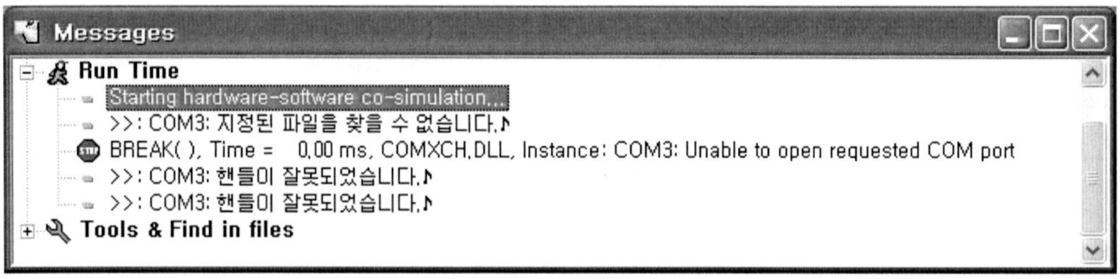

· COM 포트를 확인하기 위해서는 '시작 - 제어판 - 시스템 - 하드웨어 탭 - 장치관리자'로 접근하여 포트(COM 및 LPT) 리스트를 통해서 확인할 수 있다. 이는 Windows XP에서 확인하는 방법이며 PC 운영체제마다 시리얼 포트를 확인하는 방법이 다를 수 있다.

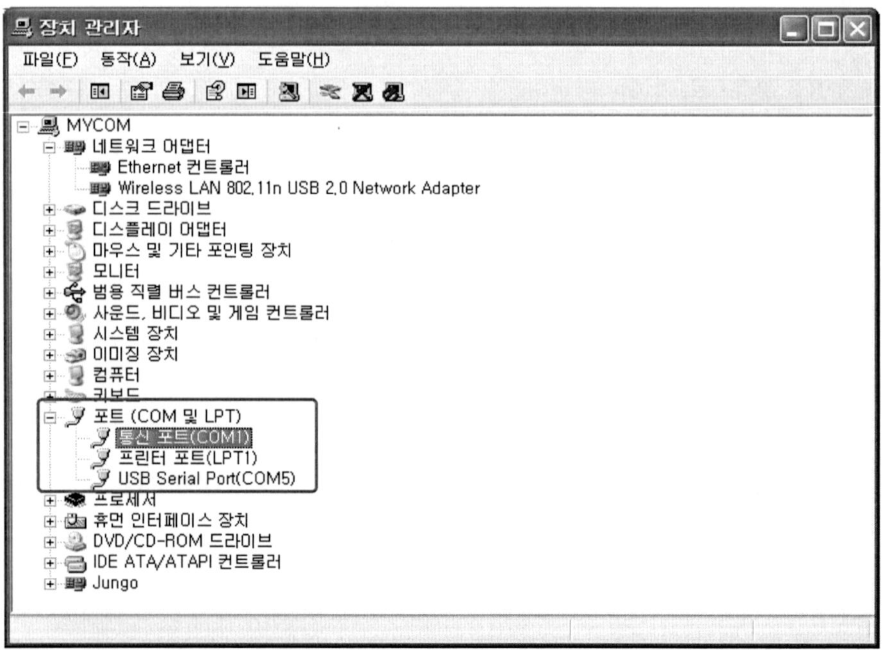

➜ project file에 선언 가능한 예제

```
; The two comxch components that form a virtual null-modem
Xcncb0 _comxch(9600 8 1 0 1) tx0 rx0
Xcncb1 _comxch(9600 8 1 0 1) tx1 rx1

; Monitor the input from each serial port and allow the tty
; components to inject data directly into either port
Xport0 TTY(9600 8 1 0 1) out0 tx0
Xport1 TTY(9600 8 1 0 1) out1 tx1

; Cross-wire and combine port0:TX and cncb1:TX into cncb0:RX
X ND2 out0 tx1 nrx0
X ND2 nrx0 VDD rx0

; Cross-wire and combine port1:TX and cncb0:TX into cncb1:RX
X ND2 out1 tx0 nrx1
X ND2 nrx1 VDD rx1

; Need a large scope buffer to compensate for the slow typing
; (relative to clock speed) of the user
.STORE 2000m
.PLOT V(rx0) V(rx1)
```

[Simulation 결과]

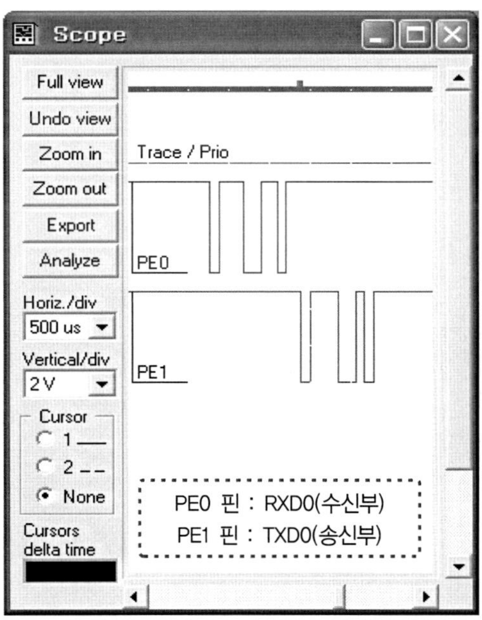

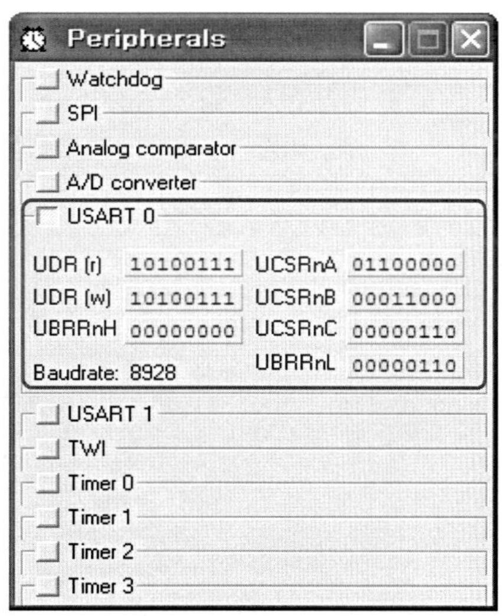

PC의 키보드를 통해 입력된 한 문자가 RXD0(PE0) 핀으로 수신되고 다시 바로 TXD0(PE1) 핀을 통해 송신되고 있다.

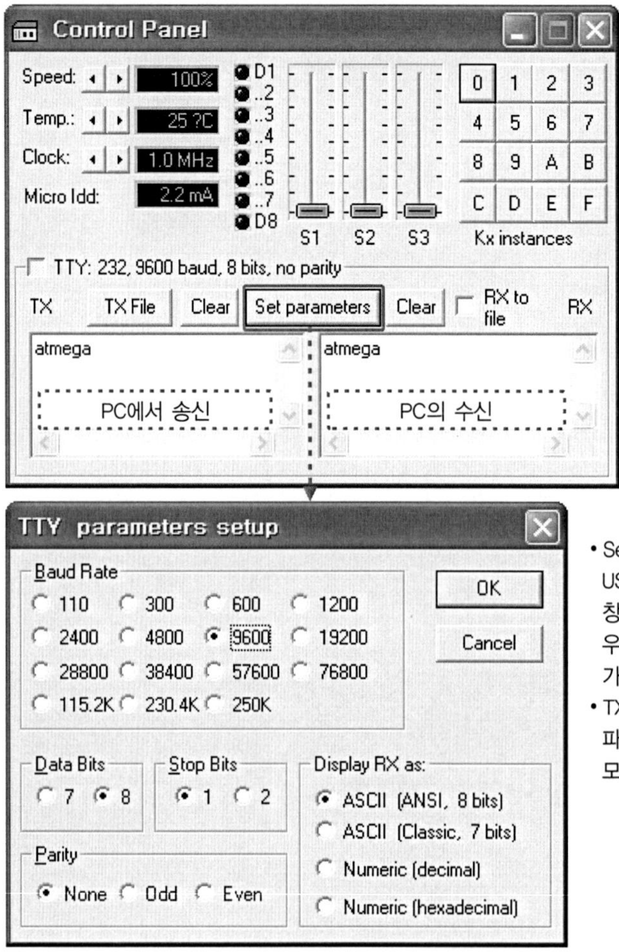

- Control Panel 창에서 TTY Component는 PC의 하이퍼 터미널 같은 직렬 통신 프로그램이다. 왼쪽 TX 쪽에 입력되는 문자는 PC에서 마이크로컨트롤러로 보내지는 것이며 가상 마이크로컨트롤러는 수신 받은 문자를 그대로 PC로 송신하고 PC는 송신받은 문자를 오른쪽의 RX 작업 창에 보여주는 것이다. 혼동하지 않도록 한다.

- Set parameters 버튼을 클릭하면 USART 통신과 관련한 설정 옵션 창이 뜬다. 통신 오류가 발생할 경우 이 부분의 옵션도 확인할 필요가 있다.
- TX File 버튼을 누르면 프로젝트 파일이 위치한 곳의 *.TX 파일의 모든 내용을 자동으로 전송한다.

실습 12.2 임의 문자열을 전송하여 출력되도록 한다. 시스템 클록은 16 MHz에 보레이트 9600 bps, 비동기 모드, 패리티 없음, 1 정지 비트, 8 데이터 비트로 한다.

```
#include <avr/io.h>

void uart0_TX (unsigned char tx_data)          // 한 문자 전송
{
    while (!(UCSR0A & (1 << UDRE)));           // 송신 버퍼가 빌 때를 기다림
    UDR0 = tx_data;                            // 송신 버퍼에 보낼 문자 넣음
}

void Tx_string (unsigned char *str_data)       // 문자열 전송
{
    while (*str_data != '₩0')                  // 문자열의 마지막에서 while문 탈출
    {
      uart0_TX (*str_data);                    // 문자열의 첫 번째 문자부터 차례대로
```

```
        str_data++;                          // 한 문자씩 전송 함수로 보냄
    }
}

int main (void)
{
    unsigned char str[] = "hello AVR ATmega128!";
    unsigned char str_enter[] = "₩n₩r";   // 개행(Enter 키 입력 처리)
    unsigned int baud[] = {
        416, 207, 103, 68, 51, 34, 25, 16, 12, 8, 3, 3, 1, 0
    };

    UBRR0H = (unsigned char)(baud[2] >> 8);// 상위 비트 0000 채움
    UBRR0L = (unsigned char) baud[2];      // 9600 bps UBRR 값

    UCSR0B = (1 << RXEN0) | (1 << TXEN0);   // RX 허용, TX 허용
    UCSR0C = (3 << UCSZ00);                 // 비동기, 1 STOP, 8비트

    while (1)
    {
        Tx_string (str);                     // 문자열의 첫 번째 주소 전달
        Tx_string (str_enter);               // 개행 처리 문자열 주소 전달
    }

    return 1;
}
```

[Project File 코딩]

```
; ***********************************************************
; PROJECT : uart_02
; AUTHOR : KIET_Jeong
; ***********************************************************

; Micro + software running
; -----------------------------------------------------------
.MICRO "ATmega128"
.TOOLCHAIN "GCC"
.GCCPATH   "C:₩WinAVR"
.GCCMAKE   AUTO
.TARGET    "uart_02.hex"
.SOURCE    "uart_02.c"

.TRACE                              ; Activate micro trace
```

```
; Following lines are optional; if not included
; exactly these values are taken by default
; -------------------------------------------------------------
.POWER VDD = 5 VSS = 0                ; Power nodes
.CLOCK 16meg                          ; Micro clock
.STORE 2000m                          ; Trace (micro+signals) storage time

; Micro nodes: RESET, AREF, PA0-PA7, PB0-PB7, PC0-PC7, PD0-PD7, PE0-PE7,
  PF0-PF7, PG0-PG4, TIM1OVF
; Define here the hardware around the micro
; -------------------------------------------------------------
; UART Setting 9600 bps, 8bit, no parity, even, 1 stop bit, <nodeTx> <nodeRx>
; Xport0 TTY(9600 8 0 0 1) ATmega128 USART0 RXD0(PE0), TXD0(PE1)
; XCOM1 tx0 → PE0(RXD0), XCOM1 rx0 → PE1(TXD0)
XCOM1 _comxch(9600 8 0 0 1) tx0 rx0  ; PC COM Port
Xporte TTY2(9600 8 0 0 1) PE0 PE1    ; Microprocessor USART0

.plot V(PE0) v(PE1)
```

[Simulation 결과]

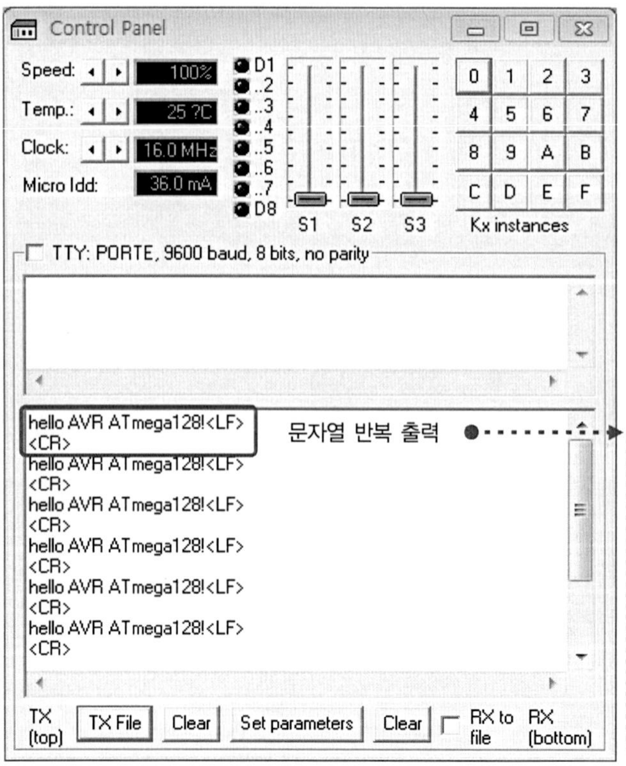

우리가 알고 있는 Enter↵ 키, 즉 줄 바꿈 처리를 하고자 할 경우 다음의 두 ASCII 코드를 한 번에 처리하도록 해야 한다.
〈LF〉: Line Feed
〈CR〉: Carriage Return
이 외에 주의할 키 값은 ⇦ (Backspace) 키로 별도 처리 코드가 필요하다.

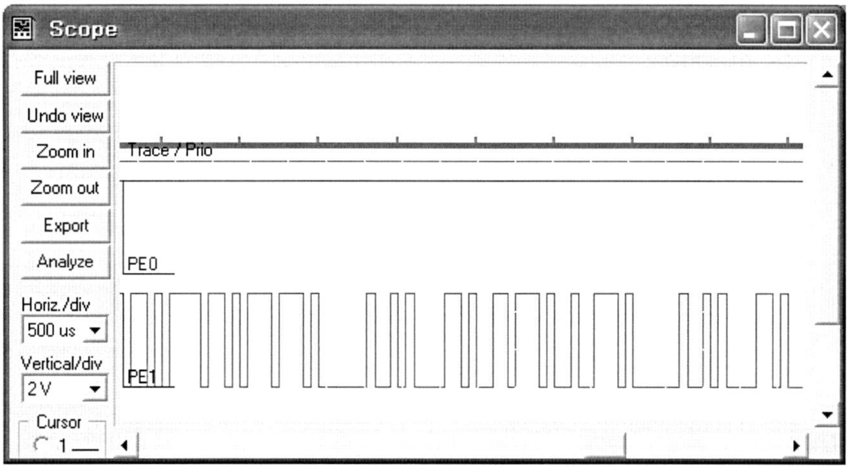

12.5 WinAVR 컴파일러를 이용한 UART 실습

실습 12.3 하이퍼터미널에 문자 'A'가 출력되도록 한다. 시스템 클록은 8 MHz에 보레이트 19200 bps, 비동기 모드, 패리티 없음, 1 정지 비트, 8 데이터 비트로 한다(PC ↔ 타겟 보드).

```
#include <avr/io.h>

#define  CPU_CLOCK     8000000
#define  BAUD_RATE     19200
#define  BAUD_RATE_L   (CPU_CLOCK / (16l * BAUD_RATE)) - 1
#define  BAUD_RATE_H   ((CPU_CLOCK / (16l * BAUD_RATE)) - 1) >> 8

void Uart_send_byte (unsigned char byte)
{
    while (!(UCSR0A & (1 << UDRE0)));       // 전송 버퍼가 빌 때까지 대기
    UDR0 = byte;
}

int main (void)
{
    unsigned char buf = 'A';

    // 보레이트(baud rate) 설정
    UBRR0H = (unsigned char)BAUD_RATE_H;
    UBRR0L = (unsigned char)BAUD_RATE_L;
```

```
    // 패리티 없음, 1 STOP 비트, 8bit 데이터
    UCSR0C = (0 << UPM1) | (0 << UPM0) | (0 << USBS) | (1 << UCSZ1) | (1 << UCSZ0);

    // 송수신 사용
    UCSR0B = (1 << TXEN) | (1 << RXEN) | (0 << UCSZ2);

    Uart_send_byte (buf);

    return 1;
}
```

하이퍼터미널 사용

타겟 보드와 PC간의 통신에서 시리얼 통신 모니터링 및 입·출력 관리 프로그램이 필요하다. 시리얼 통신 모니터링 프로그램은 매우 다양한 종류가 있으나 가장 기본적이고 익숙한 하이퍼터미널의 사용 방법과 환경 설정에 대해서 알아본다.

운영체제 Windows XP의 경우 보조프로그램에 하이퍼터미널이 기본적으로 설치되어 있지만 XP 이상의 운영체제에는 하이퍼터미널을 기본적으로 지원하지 않기 때문에 사용자의 운영체제가 XP 이상인 경우 하이퍼터미널 프로그램을 다운로드 받아야 한다. 웹(WWW)에서 검색으로 쉽게 찾을 수가 있어 다운로드 과정은 생략한다.

① 하이퍼터미널을 실행하면, 위치 정보 창이 뜨는데 '취소' 버튼을 눌러 창을 닫는다. 취소 확인 창이 뜨면 '예' 버튼을 클릭하여 위치 정보 창을 닫는다. 이후 이 창이 다시 나오더라도 동일한 작업을 하여 위치 정보 창을 무시한다.

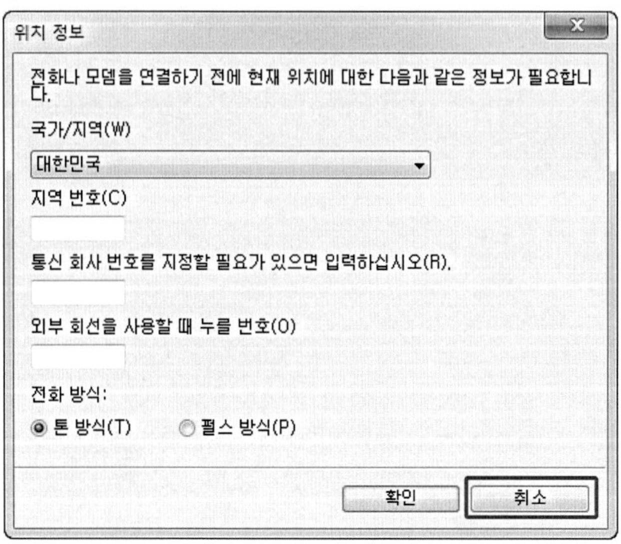

② 새로운 접속 이름을 임의로 입력한다. 여기서는 'uart'로 입력하였다. 그 다음 'OK' 버튼을 클릭한다.

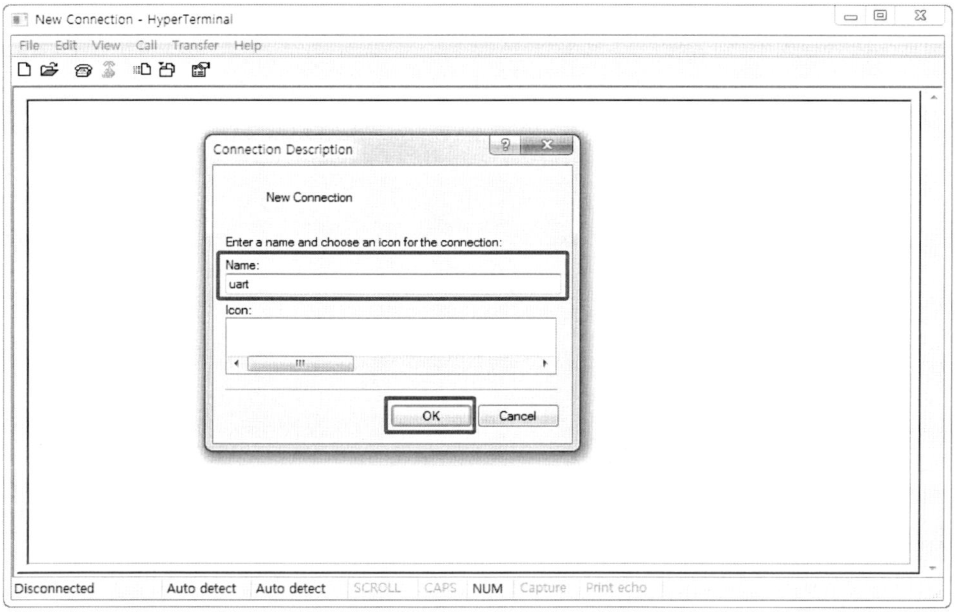

③ 연결된 시리얼 포트를 선택한다. 연결되어 있는 시리얼 포트는 제어판의 장치 관리자에서 확인한다. 사용자가 연결된 시리얼 포트를 확인한 뒤 사용할 연결 포트를 선택한다. 이 과정에서 통신 포트가 잘못 선택되면 장치 간 통신이 안 된다. 추후 시리얼 통신 모니터링이 되지 않을 때 이 부분의 통신 포트를 잘못 설정하지 않았는지 다시 확인하면 된다.

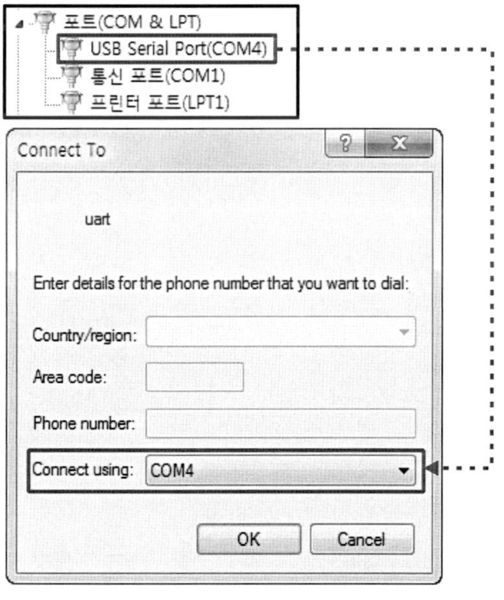

④ 통신 포트 속성 창에서는 장치간 통신을 위해 프로그램 코드에서 사용한 통신 속도(보레이트), 데이터 비트, 패리티 코드 사용 여부, 정지 비트를 동일하게 맞춰줘야 한다. 이때 반드시 흐름 제어 속성은 '없음'으로 한다.
하이퍼터미널에서의 통신 포트 속성 설정은 PC에서 통신을 위한 설정이고 [실습 12.3] 프로그램 코드는 마이크로컨트롤러의 UART 시리얼 통신 설정이다.

⑤ 빈 화면에 커서가 깜박인다. [실습 12.3]은 마이크로컨트롤러에서 'A'라는 문자를 PC로 전송하는 프로그램이다. 즉, 타겟 보드는 송신을 하고 PC는 수신을 하는 상황이다. 타겟 보드에 프로그램을 다운로드하면 하이퍼터미널에 'A'가 표시된다.

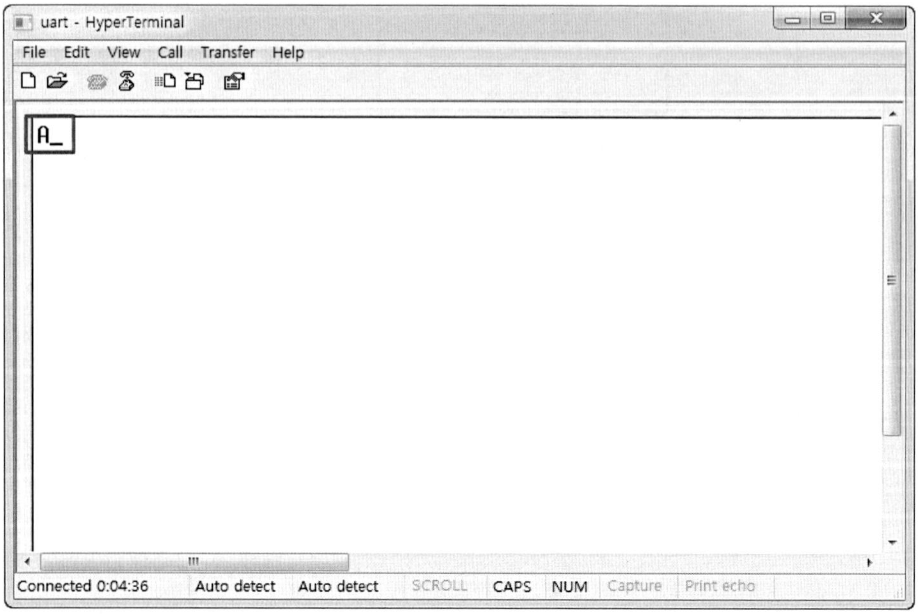

실습 12.4 PC의 키보드로 입력되는 데이터를 받아 다시 PC로 재전송되도록 한다. 시스템 클록은 8 MHz에 보레이트 9600 bps, 비동기 모드, 비동기 2배 전송 속도, 패리티 없음, 1 정지 비트, 8 데이터 비트로 한다. (PC ↔ 타겟 보드)

```
#include <avr/io.h>
#include <util/delay.h>

unsigned char data;

unsigned char UART0_rx (void)
{
      while (!(UCSR0A & (1 << RXC0)));    // 수신 버퍼가 채워질 때까지 대기
      return UDR0;                        // 수신 버퍼의 데이터 전달
}

void UART0_tx (unsigned char tx_data)
{
      while (!(UCSR0A & (1 << UDRE0)));   // 전송 버퍼가 빌 때까지 대기
      UDR0 = tx_data;                     // 다음 데이터 송신 버퍼에 입력
}

void UART0_initialize (void)
{
      UBRR0H = 0;                         // 보레이트 설정. 8 MHz
      UBRR0L = 103;                       // 비동기 2배 전송 속도 모드 UBRR : 103

      UCSR0A = 0x02;                      // U2X0 = 1
      UCSR0B = 0x18;                      // Rx/Tx 허용, 8비트 데이터
      UCSR0C = 0x06;                      // 패리티 없음, 1 정지 비트, 8비트 데이터

      data = UDR0;                        // 초기 임의값 읽음. 생략 가능
}

int main (void)
{
      UART0_initialize ();

      while (1)
      {
         data = UART0_rx ();              // 수신 데이터를 data 변수에 대입

         UART0_tx (data);                 // 수신 데이터를 TX로 전송
      }
```

```
        return 1;
    }
```

[실행 결과]

PC에서 입력되는 데이터를 마이크로컨트롤러가 수신하여 다시 PC로 데이터를 보내는 프로그램이다. 마치 워드(word) 작업을 하는 것처럼 키보드로 입력을 하면 하이퍼터미널에 해당 문자가 입력되는 것처럼 보인다.

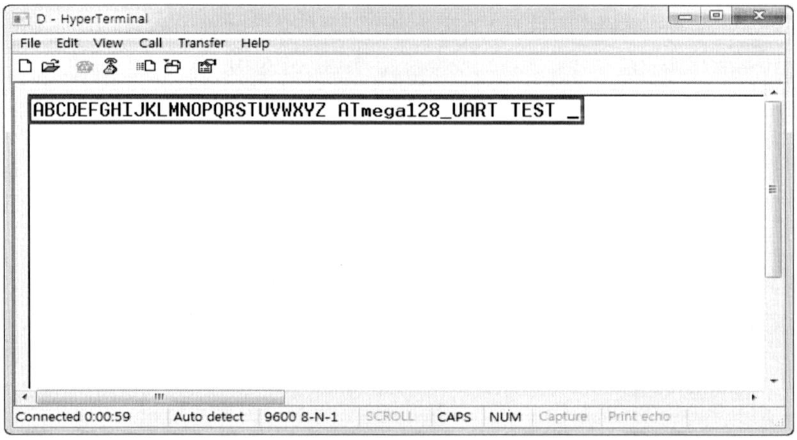

실습 12.5 마이크로컨트롤러에서 보낸 문자열을 PC가 수신받아서 하이퍼터미널에 출력되도록 한다. 시스템 클록은 8 MHz에 보레이트 19200 bps, 비동기 모드, 패리티 없음, 1 정지 비트, 8 데이터 비트로 한다. (PC ↔ 타겟 보드)

```
#include <avr/io.h>

#define  CPU_CLOCK    8000000
#define  BAUD_RATE    19200
#define  BAUD_RATE_L  (CPU_CLOCK / (16l * BAUD_RATE)) - 1
#define  BAUD_RATE_H  ((CPU_CLOCK / (16l * BAUD_RATE)) - 1) >> 8

void Uart_send_byte (unsigned char byte)
{
    while (!(UCSR0A & (1 << UDRE0)));       // 전송 버퍼가 빌 때까지 대기
    UDR0 = byte;
}

void Uart_send_string (unsigned char *str)  // 문자열 주소 str 포인터에 저장
```

```
{
    while (*str != '₩0')                    // 문자열의 끝인 NULL이 될 때까지
    {
        Uart_send_byte (*str);              // 한 바이트씩 전송
        str++;                              // 한 바이트씩 주소 이동
    }
}

int main (void)
{
    unsigned char buf[] = "Hello ATmega128!";

    // 보레이트(baud rate) 설정
    UBRR0H = (unsigned char)BAUD_RATE_H;
    UBRR0L = (unsigned char)BAUD_RATE_L;

    // 패리티 없음, 1 STOP 비트, 8bit 데이터
    UCSR0C = (0 << UPM1) | (0 << UPM0) | (0 << USBS) | (1 << UCSZ1) | (1 << UCSZ0);

    // 송수신 사용
    UCSR0B = (1 << TXEN) | (1 << RXEN) | (0 << UCSZ2);

    Uart_send_string (buf);                 // 배열의 첫 번째 주소를 전달

    return 1;
}
```

[실행 결과]

마이크로컨트롤러에서 문자열 "Hello ATmega128"를 PC로 보내는 실습이다.

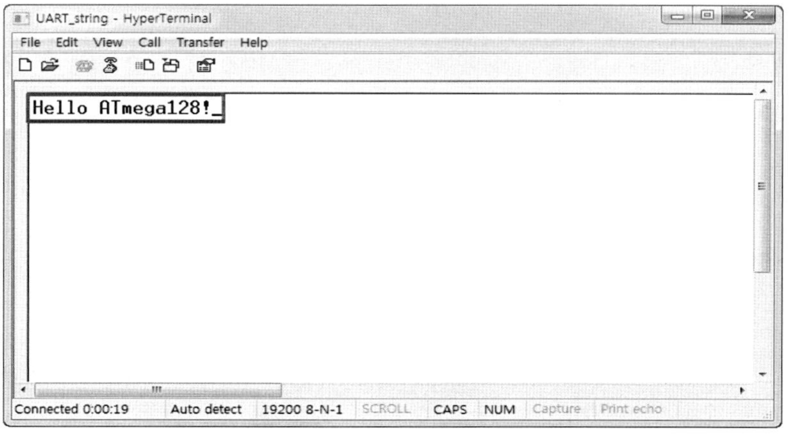

실습 12.6 PC의 키보드로 입력되는 데이터를 받아 다시 PC로 재전송되도록 한다. 이 실습에서는 인터럽트를 사용한다. 시스템 클록은 8 MHz에 보레이트 9600 bps, 비동기 모드, 비동기 2배 전송 속도, 패리티 없음, 1 정지 비트, 8 데이터 비트로 한다(PC ↔ 타겟 보드).

```
#include <avr/io.h>
#include <avr/interrupt.h>

volatile unsigned char data;

ISR (USART0_RX_vect)                        // 수신 완료 인터럽트 벡터
{
    data = UDR0;
    Uart_send_byte (data);                  // 받은 데이터를 TX로 재전송
}

void Uart_send_byte (unsigned char byte)
{
    while (!(UCSR0A & (1 << UDRE0))); // 전송 버퍼가 빌 때까지 대기
    UDR0 = byte;
}

void UART0_initialize (void)
{
    UBRR0H = 0;                             // 보레이트 설정. 8 MHz
    UBRR0L = 103;                           // 비동기 2배 전송 속도 모드 UBRR : 103

    UCSR0A = 0x02;                          // U2X0 = 1
    UCSR0B = 0x98;                          // RX 완료 인터럽트 허용, Rx/Tx 허용
    UCSR0C = 0x06;                          // 패리티 없음, 1 정지 비트, 8비트 데이터

    data = UDR0;                            // 초기 임의값 읽음. 생략 가능
}

 int main (void)
 {
    UART0_initialize ();

    sei();                                  // 전체 인터럽트 허용

    while (1);
 }
```

[실행 결과]

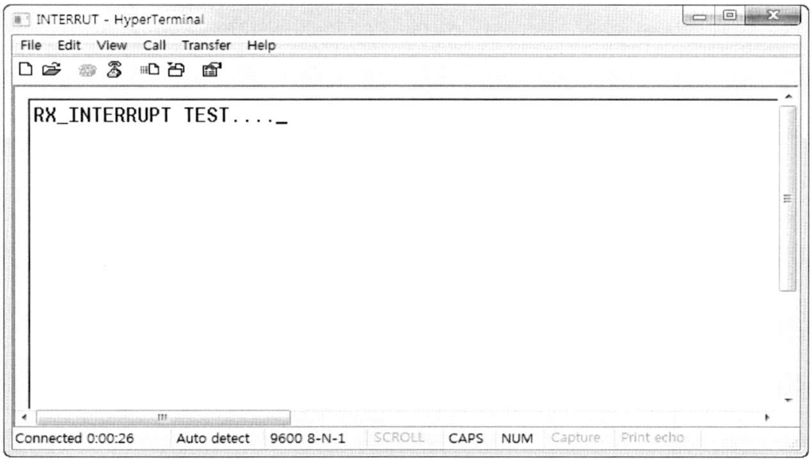

예제 12.7 마이크로컨트롤러에서 보낸 두 줄의 문자열 "1. LED Shift", "2. FND Counter"를 PC가 수신받아서 하이퍼터미널에 출력되도록 하고 키보드의 입력 값을 받아 메뉴에 해당하는 동작을 하도록 한다. 시스템 클록은 8 MHz에 보레이트 19200 bps, 비동기 모드, 패리티 없음, 1 정지 비트, 8 데이터 비트로 한다(PC ↔ 타겟 보드).

```
#include <avr/io.h>
#include <util/delay.h>

#define CPU_CLOCK    8000000
#define BAUD_RATE    19200
#define BAUD_RATE_L  (CPU_CLOCK / (16l * BAUD_RATE)) - 1
#define BAUD_RATE_H  ((CPU_CLOCK / (16l * BAUD_RATE)) - 1) >> 8

unsigned char Uart_recv_byte (void)
{
    while (!(UCSR0A & (1 << RXC0)));        // 수신 데이터가 찰 때까지 대기
    return UDR0;
}

void Uart_send_byte (unsigned char byte)
{
    while (!(UCSR0A & (1 << UDRE0)));       // 전송 버퍼가 빌 때까지 대기
    UDR0 = byte;
}

void Uart_send_string (unsigned char *str)  // 문자열 주소 str 포인터에 저장
{
```

```
    while (*str != '₩0')                            // 문자열의 끝인 NULL이 될 때까지
    {
        Uart_send_byte (*str);                      // 한 바이트씩 전송
        str++;                                      // 한 바이트씩 주소 이동
    }
}

void FND_act (void)
{
    int i, j, k;
    unsigned char Data[10] = {
        0x3F, 0x06, 0x5B, 0x4F, 0x66, 0x6D, 0x7D, 0x07, 0x7F, 0x6F
    };

    for (j = 0; j < 10; j++)
    {
        for (i = 0; i < 10; i++)
        {
            for (k = 0; k < 80; k++)
            {
                PORTE = 0x7F;
                PORTA = Data[ i ];
                _delay_ms(10);

                PORTE = 0xBF;
                PORTA = Data[ j ];
                _delay_ms(10);
            }
        }
    }
}

void LED_act (void)
{
    unsigned char i;

    for (i = 0; i < 8; i++)
    {
        PORTC = ~(1 << i);
        _delay_ms (300);
    }
}
```

```
void Port_initialize (void)
{
    DDRA = 0xFF;
    DDRE = 0xFF;
    DDRC = 0xFF;
    PORTC = 0xFF;
}

int main (void)
{
    unsigned char byte;
    unsigned char Buf1[] = "1. LED Shift₩n₩r";
    unsigned char Buf2[] = "2. FND Counter₩n₩r";
    unsigned char Ok[] = "Good job!₩n₩r";
    unsigned char Fail[] = "invalid input!₩n₩r";
    unsigned char Reline[] ="₩n₩r";

    Port_initialize ();

    // 보레이트(baud rate) 설정
    UBRR0H = (unsigned char)BAUD_RATE_H;
    UBRR0L = (unsigned char)BAUD_RATE_L;

    // 패리티 없음, 1 STOP 비트, 8bit 데이터
    UCSR0C = (0 << UPM1) | (0 << UPM0) | (0 << USBS) | (1 << UCSZ1) | (1 << UCSZ0);

    // 송수신 사용
    UCSR0B = (1 << TXEN) | (1 << RXEN) | (0 << UCSZ2);

    while (1)
    {
      Uart_send_string (Reline);
      Uart_send_string (Buf1);
      Uart_send_string (Buf2);

      byte = Uart_recv_byte ();
      Uart_send_byte (byte);
      Uart_send_string (Reline);

      switch (byte)
      {
```

```
            case '1':
                LED_act ();
                PORTC = 0xFF;
                Uart_send_string (Ok);
                break;

            case '2':
                FND_act ();
                PORTA = 0x00;
                Uart_send_string (Ok);
                break;

            default:
                Uart_send_string (Fail);
        }
    }

    return 1;
}
```

[실행 결과]

앞서 배운 내용들을 응용한 프로그램이다.

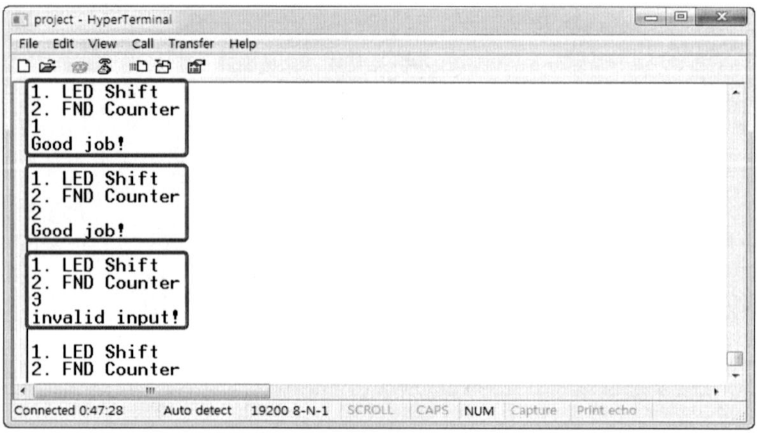

실습 문제

1. USART0 실습 예제를 USART1로 변경하여 시뮬레이션한다.

2. USART0을 이용하여 임의 문자열을 전송하여 출력되도록 한다. 시스템 클록은 16 MHz에 보레이트 19,200 bps, U2X 모드, 패리티 없음, 1 정지 비트, 8 데이터 비트로 한다.

3. USART1을 이용하여 PC와 마이크로컨트롤러 통신 환경을 설정한 뒤 PC의 키보드로 입력되는 문자를 마이크로컨트롤러가 받아서 바로 PC로 보내도록 한다. 시스템 클록은 16 MHz에 보레이트 4,800 bps, U2X 모드, 짝수 패리티, 2 정지 비트, 8 데이터 비트로 한다.

4. USART1을 이용하여 PC와 마이크로컨트롤러 통신 환경을 설정한 뒤 PC의 키보드로 입력되는 문자를 마이크로컨트롤러가 받아서 바로 PC로 보내도록 한다. 시스템 클록은 16 MHz에 보레이트 9,600 bps, 비동기 모드, 패리티 없음, 1 정지 비트, 8 데이터 비트로 하며 인터럽트 방식으로 데이터가 송·수신되도록 한다.

5. PC에서 숫자 1을 입력하면 마이크로컨트롤러에서 전체 LED가 Blink 되도록 하고, 숫자 2를 입력하면 마이크로컨트롤러에서 전체 FND에 숫자 0을 표시하도록 한다.

6. UART와 타이머/카운터를 이용하여 PC를 통해 전달되는 임의의 키보드 값을 마이크로컨트롤러가 받아서 음계 주파수를 출력한다. buzzer는 PB7에 연결되어 있다.

13 CHAPTER TWI (Two-Wire Serial Interface)

13.1 TWI/I²C와 장치 연결

I²C(Inter-Integrated Circuit)는 1980년 대 초에 필립스에서 개발한 근거리용 직렬 통신 방식이며 주로 저속의 주변 기기와 연결하는데 사용된다. I²C를 Atmel사에서는 TWI라고 부르고 있으며 동일한 것이다.

TWI는 동기 통신을 위한 클록을 전송하는 SCL(Serial Clock)과 데이터 전송에 사용되는 SDA (Serial Data) 두 라인을 사용한다. 풀업 저항으로 연결된 이 두 라인을 사용하여 최대 128개의 주변 기기들을 연결할 수 있다. 데이터 전송 속도는 Standard Mode(100 kbps)가 일반적이며 Fast Mode(400 kbps)와 High Speed Mode(3.4 Mbps)가 있다. AVR 마이크로컨트롤러의 경우 Standard Mode와 Fast Mode만 제공된다.

버스에 연결되어 소프트웨어적으로 주소 지정이 가능한 각각의 장치들은 고유의 주소 값을 가지며 마스터와 슬레이브 관계를 가진다. 보통 마스터는 마이크로컨트롤러가 되며 슬레이브는 메모리, 출력 장치, 각종 센서 등이 된다. 마스터는 데이터 전송을 시작하고 종료하며 SCL 클록을 생성하며 다수의 마스터가 버스에 연결되어 있어도 장치간의 충돌을 감지할 수 있는 멀티마스터 조정 기능을 지원한다.

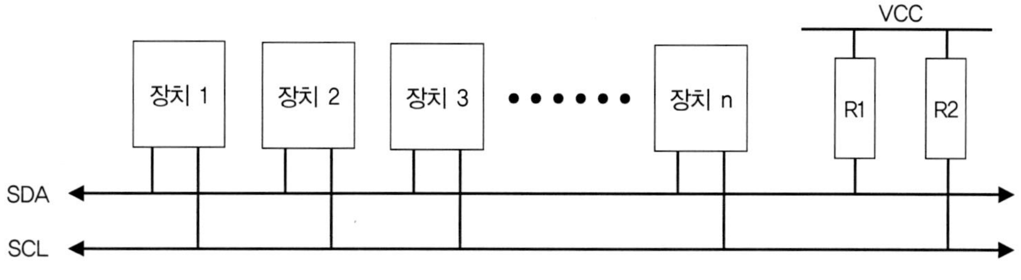

[그림 13.1] TWI 버스 연결

여러 개의 장치 연결을 위해서 SCL과 SDA의 내부 회로는 오픈 콜렉터(open collector) 또는 오픈 드레인(open drain) 방식으로 되어 있으며 이 두 개의 버스 선에는 반드시 수 kΩ의 풀업 저항을 연결해야 한다.

13.2 데이터 전송과 프레임 형식

13.2.1 데이터의 유효성

I^2C에서 기본적으로 전송되는 데이터 비트는 클록 펄스와 동기되어 전송되며 SCL 클록 신호가 High인 동안 SDA 데이터 신호는 안정되어 있어야 한다.

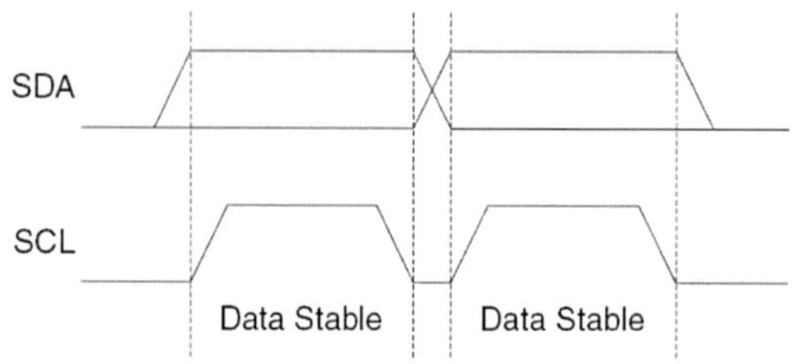

[그림 13.2] 데이터 유효성

마스터가 데이터 전송 시작을 표시하는 START 조건은 SCL 클록 신호가 High를 유지하는 상태에서 SDA 데이터 신호가 하강 에지로 변할 때이고, 마스터가 데이터 전송 종료를 표시하는 STOP 조건은 SCL 클록 신호가 High인 상태에서 SDA 데이터 신호가 상승 에지로 변할 때이다.

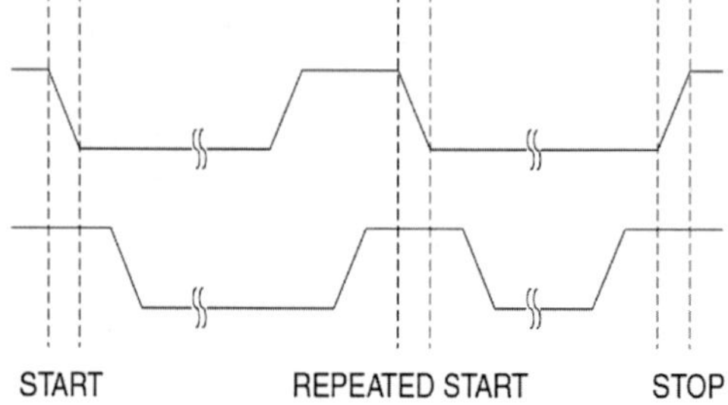

[그림 13.3] 전송 시작(START)과 전송 종료(STOP) 조건

START와 STOP 조건 사이에는 버스가 바쁜 것으로 간주되고 다른 마스터가 버스를 점유할 수 없다. 점유하고 있는 마스터는 START와 STOP 사이에 새로운 START 조건을 보낼 수 있으며 이를 REPEATED START라고 한다. 이것은 마스터가 버스의 점유를 포기하지 않고 계속 데이터를 전송하고자 할 때 사용한다.

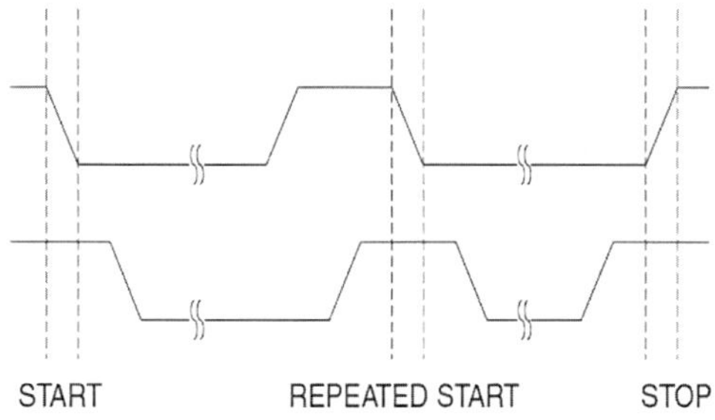

[그림 13.4] START, REPEATED START, STOP 조건

13.2.2 주소 패킷 형식(Address Packet Format)

TWI에서 사용하는 모든 주소 패킷은 9비트의 길이를 가지며 주소 패킷 7비트, READ/WRITE 1비트, 응답 신호(acknowledge) 1비트로 구성되어 있다.

READ/WRITE 비트가 Set되어 있으면 마스터가 지정 장치로부터 데이터를 읽을 것이라는 의미이고, Clear되어 있으면 지정 장치에 데이터를 쓸 것이라는 의미이다. 지정된 슬레이브가 마스터에 의해 지정된 것을 인식하면 슬레이브는 9번째 SCL 클록인 ACK 사이클에서 SDA를 Low로 내려서 인지하였다는 것을 마스터에게 응답한다. 슬레이브가 바쁘거나 마스터의 요구에 응할 수 없을 때에 SDA를 High로 유지한다. 이때 마스터는 STOP 조건을 전송하여 통신을 중지하거나 새로운 전송을 하기 위해 REPEATED START 조건을 전송할 수 있다. 마스터가 슬레이브에 데이터를 전송하는 경우 슬레이브 어드레스, WRITE 신호, 응답 신호로 이루어지고 이 주소 패킷을 SLA+W라고 하며 데이터를 수신하는 경우 READ 신호가 포함되며 SLA+R라 한다.

7비트 주소를 전송할 때는 반드시 최상위 비트(MSB)부터 전송해야 한다. 슬레이브 주소는 사용자에 의해 자유롭게 설정할 수 있지만 주소 0b0000000은 모든 슬레이브가 동시에 지정되는 일반 호출(general call)을 위해 예약되어 있다. 일반 호출은 마스터가 모든 슬레이브에게 같은 메시지를 전달하고자 할 때 사용된다. WRITE 비트와 함께 일반 호출이 전송되면 응답을 한 모든 슬레이브는 주소 패킷 후에 따라오는 데이터 패킷을 읽어 들인다. 하지만 여러 슬레이브가 동시에 서로 다른 데이터를 버스로 전송하면 문제가 발생되기 때문에 READ 비트와 함께 일반 호출이 전송되는 것은 무의미하다.

7비트 주소 형식에서 1111 xxx는 향후 기능 확장을 위하여 예약된 주소이다.

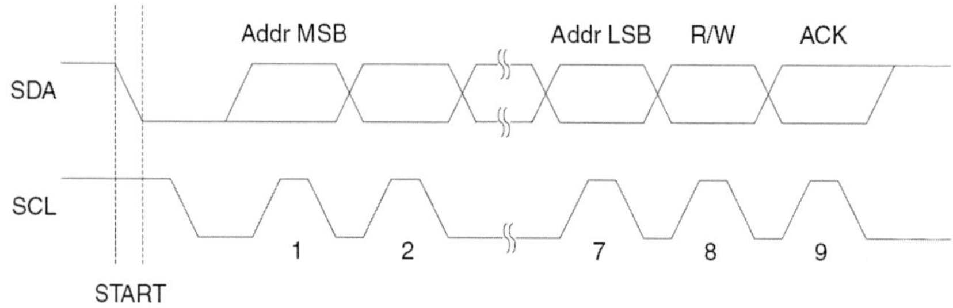

[그림 13.5] 주소 패킷 형식

13.2.3 데이터 패킷 형식(Data Packet Format)

TWI에서 사용하는 모든 데이터 패킷은 8비트 데이터 비트와 1비트 응답 신호 비트가 포함된 9비트 길이를 가진다. 8비트 데이터 비트도 반드시 최상위 비트부터 전송해야 한다. 데이터를 전송하는 동안 마스터는 클록과 START/STOP 조건을 생성하며 데이터를 수신하는 슬레이브는 응답 신호를 내보내야 한다. 이때 수신자는 9번째 SCL 사이클에서 SDA 신호를 Low로 내려야 한다. 만약 High로 두면 응답이 없는 NACK 신호로 인식된다. 수신자가 마지막 데이터를 받았거나 더 이상의 데이터를 받지 못했을 경우에 송신자에게 NACK 신호를 보내야 한다.

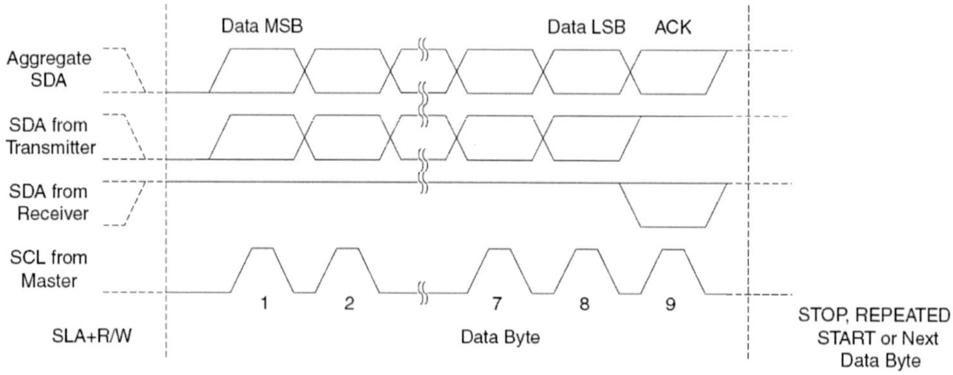

[그림 13.6] 데이터 패킷 형식

13.2.4 주소와 데이터 패킷 전송

데이터 전송은 START 조건 다음에 SLA+R/W의 주소 패킷이 전송되고 그 다음 하나 또는 다수의 데이터 패킷이 전송된 후 STOP 조건으로 이루어진다.

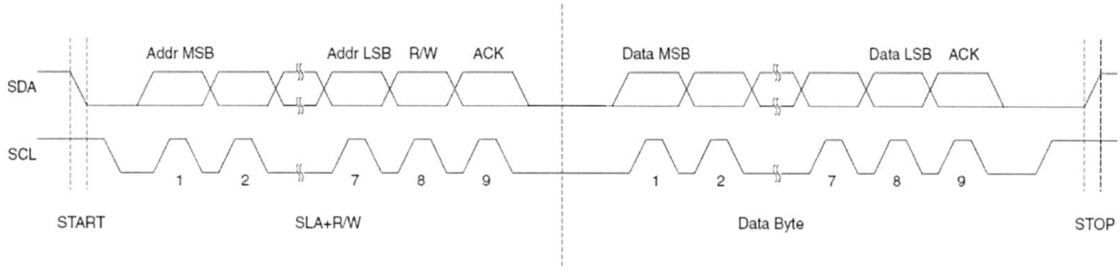

[그림 13.7] 전형적인 데이터 전송

13.2.5 ATmega128 TWI 모듈의 구조

[그림 13.8]에서 보이는 바와 같이 TWI 모듈은 몇 개의 서브 모듈로 구성되어 있다. 굵은 선으로 그려진 레지스터는 AVR 데이터 버스를 통해 접근이 가능하다.

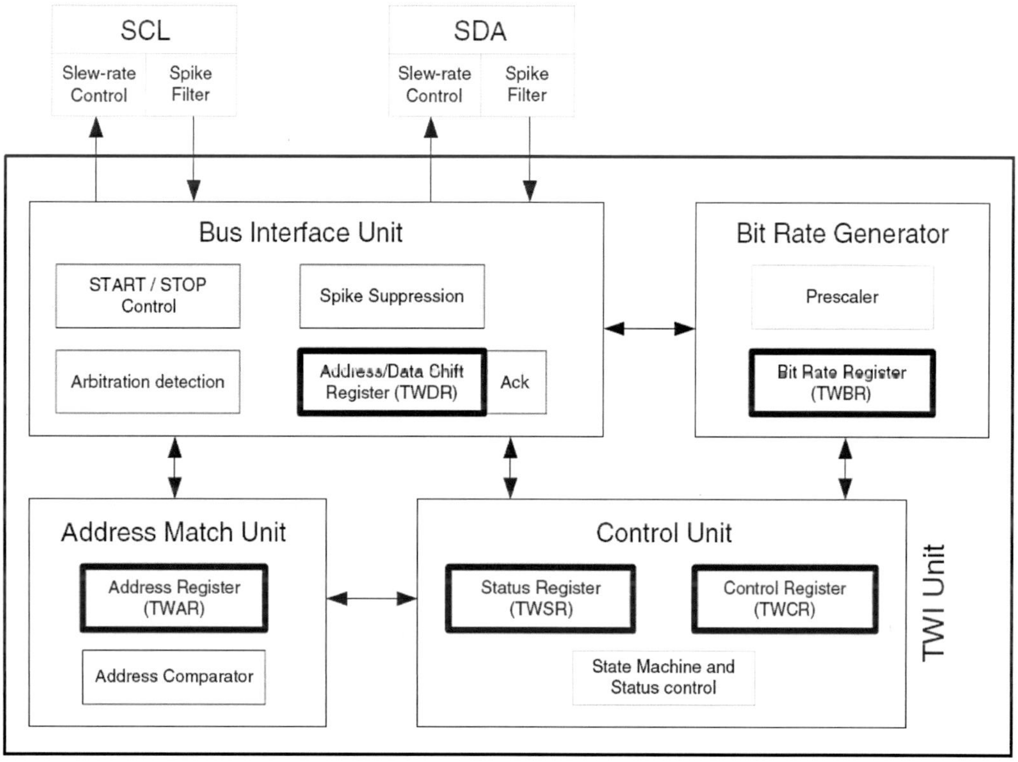

[그림 13.8] TWI 모듈 블록 다이어그램

- **SCL, SDA 핀**

SCL과 SDA 신호 선의 출력 드라이버에는 TWI 사양을 준수하기 위해 슬루 레이트 제한기(slew-rate control)를 포함하며 입력단에는 50 ns 이하의 짧은 펄스를 제거하기 위한 스파이크억제 회로(spike suppression unit)가 포함되어 있다.

- **비트율 발생부**(Bit Rate Generator Unit)

이 유닛은 TWI가 마스터 모드로 동작할 때 SCL의 주기를 제어하는데 TWBR 레지스터와 프리스케일러 비트에 의해 제어된다. 슬레이브 모드로 동작하는 경우에는 비트율이나 프리스케일러 설정에 영향을 받지 않지만 CPU 클록 주파수는 SCL 클록 신호의 주파수보다 적어도 16배 이상이어야 한다. SCL 클록 주파수 방정식은 다음과 같다.

$$SCL\text{ 주파수} = \frac{CPU\text{ 클록 주파수}}{16 + 2(TWBR) \times 4^{TWPS}}$$

- **버스 인터페이스부**(Bus Interface Unit)

데이터 및 주소 값을 송수신하는 시프트 레지스터 TWDR과 START/STOP 제어, 버스 중재 검출 하드웨어(arbitration detection hardware) 등으로 구성되어 버스 인터페이스와 관련된 모든 기능을 수행한다.

- **주소 매치부**(Address Match Unit)

TWI가 슬레이브로 사용될 때 수신된 주소 값이 TWAR 레지스터에 설정된 7비트와 일치하는지 확인한다. TWAR 레지스터의 TWGCE 비트에 1을 쓰면 모든 입력 주소 비트는 범용 호출 주소와 비교한다. 주소 매치 동작은 슬립모드에서도 수행되어 MCU가 슬립모드에서 깨어나게 하는 기능으로 사용할 수 있다.

- **제어부**(Control Unit)

TWI 버스를 감시하고 TWCR 레지스터의 설정에 대응하는 적절한 응답을 하는 등의 TWI 동작의 전반을 제어하는 기능을 처리한다.

13.3 TWI 관련 레지스터

13.3.1 TWBR(TWI Bit Rate Registor)

비트	7	6	5	4	3	2	1	0	
	TWBR7	TWBR6	TWBR5	TWBR4	TWBR3	TWBR2	TWBR1	TWBR0	TWBR
읽기/쓰기	R/W	R/W	R/W	R/W	R/W	R/W	R/W	R/W	
초기값	0	0	0	0	0	0	0	0	

- **Bit 7:0 – TWBR : TWI 비트율 레지스터(TWI Bit Rate Register)**

이 비트는 비트율 발생기를 위한 나누기 값을 선택한다. 비트율 발생기는 마스터 모드에서 SCL 클록 주파수를 발생시키는 주파수 분할기이다.

13.3.2 TWCR(TWI Control Register)

비트	7	6	5	4	3	2	1	0	
	TWINT	TWEA	TWSTA	TWSTO	TWWC	TWEN	–	TWIE	TWCR
읽기/쓰기	R/W	R/W	R/W	R/W	R	R/W	R	R/W	
초기값	0	0	0	0	0	0	0	0	

- **Bit 7 – TWINT : TWI 인터럽트 플래그(TWI Interrupt Flag)**

TWI가 현재 작업을 종료하고 응용 소프트웨어 응답을 기다릴 때 하드웨어에 의해 이 비트는 Set된다. SREG 레지스터의 I 비트와 TWCR 레지스터의 TWIE 비트가 Set되어 있으면 이 플래그가 Set될 때 인터럽트 서비스 루틴이 수행된다. TWINT 플래그가 Set되어 있는 동안 SCL의 Low 신호 길이가 연장된다.

TWINT 플래그는 인터럽트 서비스 루틴이 수행되면서 자동으로 Clear되지 않기 때문에 반드시 소프트웨어에서 이 비트에 1을 써서 지워야 한다. 새로운 동작을 위해서 TWI 주소 레지스터인 TWAR, TWI 상태 레지스터인 TWSR, TWI 데이터 레지스터인 TWDR의 설정을 완료한 뒤에 이 플래그를 지워야 한다.

- **Bit 6 – TWEA : TWI 응답 허용 비트(TWI Enable Acknowledge Bit)**

이 비트는 응답 확인 펄스를 발생하도록 한다. TWEA 비트가 1일 때 다음의 조건이 만족되면 ACK 펄스가 생성된다.

① 장치 자신의 슬레이브 주소를 수신하였을 때
② TWAR 레지스터의 TWGCE 비트가 Set되어 있는 동안 일반 호출을 받았을 때
③ 마스터 수신 또는 슬레이브 수신 모드에서 1바이트의 데이터를 수신했을 때

TWEA 비트에 0을 쓰면 응답 확인 펄스를 발생시키지 않기 때문에 TWI가 연결이 끊어진 것과 다름없으며 TWEA에 1을 쓰면 주소 인식이 다시 시작된다.

- **Bit 5 – TWSTA : TWI START 조건 비트(TWI Start Condition Bit)**

이 비트를 1로 설정하면 TWI가 마스터로 동작하며 TWI는 버스를 사용할 수 있는지 검사하고 버스가 비어 있으면 버스에 START 조건을 보낸다. 하지만 버스가 바쁜 상태라면 TWI는 STOP

조건이 감지될 때까지 기다린 다음 마스터가 되기 위해 새로운 START 조건을 만들어 낸다. TWSTA 비트는 START 조건을 전송한 뒤 소프트웨어에 의해서 Clear해야 한다.

- **Bit 4 – TWSTO : TWI STOP 조건 비트(TWI Stop Condition Bit)**

마스터 모드에서 이 비트에 1을 쓰면 TWI는 STOP 조건이 생성되며 버스에 STOP 조건이 나가면 TWSTO 비트는 자동으로 지워진다. 슬레이브 모드에서 이 비트에 1을 쓰면 에러 상태에서 해제되면서 정상적인 슬레이브 모드의 수신 대기 상태로 된다.

- **Bit 3 – TWWC : TWI 쓰기 충돌 플래그(TWI Write Collision Flag)**

TWINT가 0일 때 TWI 데이터 레지스터인 TWDR 레지스터에 데이터를 쓰려는 시도를 하면 TWWC 비트가 Set된다. 이 플래그는 TWINT가 1일 때 TWDR 레지스터에 어떤 데이터를 쓰면 지워진다.

- **Bit 2 – TWEN : TWI 허용 비트(TWI Enable Bit)**

이 비트에 1을 쓰면 TWI가 동작하는 것을 허용하며 SCL과 SDL을 공유해서 사용하는 입·출력 핀은 TWI의 SCL과 SDA로 사용되며 출력 쪽의 슬루 레이트 제한기(slew-rate limiter)와 입력 쪽의 50 ns보다 짧은 스파이크(spike)를 제거하는 스파이크 필터(spike filter)가 동작한다. 반면 이 비트에 0을 쓰면 현재 수행 중인 작업과 상관없이 TWI는 꺼지고 모든 TWI 전송은 종료된다.

- **Bit 1 – 예약 비트**
- **Bit 0 – TWIE : TWI 인터럽트 허용(TWI Interrupt Enable)**

SREG 레지스터의 I 비트와 이 비트를 1로 Set하면 TWINT 플래그가 Set될 때 인터럽트 서비스 루틴이 수행된다.

13.3.3 TWSR(TWI Status Register)

비트	7	6	5	4	3	2	1	0	
	TWS7	TWS6	TWS5	TWS4	TWS3	–	TWPS1	TWPS0	TWSR
읽기/쓰기	R	R	R	R	R	R	R/W	R/W	
초기값	1	1	1	1	1	0	0	0	

- **Bit 7:3 – TWS : TWI 상태(TWI Status)**

이 5비트는 TWI 버스 상태를 나타낸다. 이 비트들이 나타내는 상태는 크게 마스터 송신(Master Transmitter, MT), 마스터 수신(Master Receiver, MS), 슬레이브 송신(Slave Transmitter, ST), 슬레이브 수신(Slave Receiver, SR)이 있으며 관련된 내용이 매우 복잡하기 때문에 데이터 시트를 참고하기 바란다.

- **Bit 2 – 예약 비트**
- **Bit 1:0 – TWPS : TWI 프리스케일러 비트(TWI Prescaler Bits)**

  TWI 마스터 모드에서 전송 속도를 결정하기 위한 프리스케일러를 설정한다.

TWPS1	TWPS0	프리스케일러 값
0	0	1
0	1	4
1	0	16
1	1	64

13.3.4 TWDR(TWI Data Register)

비트	7	6	5	4	3	2	1	0	
	TWD7	TWD6	TWD5	TWD4	TWD3	TWD2	TWD1	TWD0	TWDR
읽기/쓰기	R/W	R/W	R/W	R/W	R/W	R/W	R/W	R/W	
초기값	1	1	1	1	1	1	1	1	

- **Bit 7:0 – TWD : TWI 데이터 레지스터(TWI Data Register)**

  이 8비트는 TWI 송신 모드에서 다음에 송신할 데이터를 저장하며 수신 모드에서는 수신된 데이터를 저장한다.

13.3.5 TWAR(TWI Slave Address Register)

비트	7	6	5	4	3	2	1	0	
	TWA6	TWA5	TWA4	TWA3	TWA2	TWA1	TWA0	TWGCE	TWAR
읽기/쓰기	R/W	R/W	R/W	R/W	R/W	R/W	R/W	R/W	
초기값	1	1	1	1	1	1	1	0	

- **Bit 7:1 – TWA : TWI(슬레이브) 주소 레지스터(TWI(Slave) Address Register)**

  7비트의 슬레이브 주소를 저장한다.

- **Bit 0 – TWGCE : TWI 일반 호출 인식 허용 비트(TWI General Call Recognition Enable Bit)**

  이 비트에 1을 쓰면 TWI 마스터가 7비트의 주소를 0000 000으로 전송하여 일반 호출을 수행할 경우 슬레이브가 일반 호출의 인식을 가능하도록 한다.

13.4 TWI의 동작

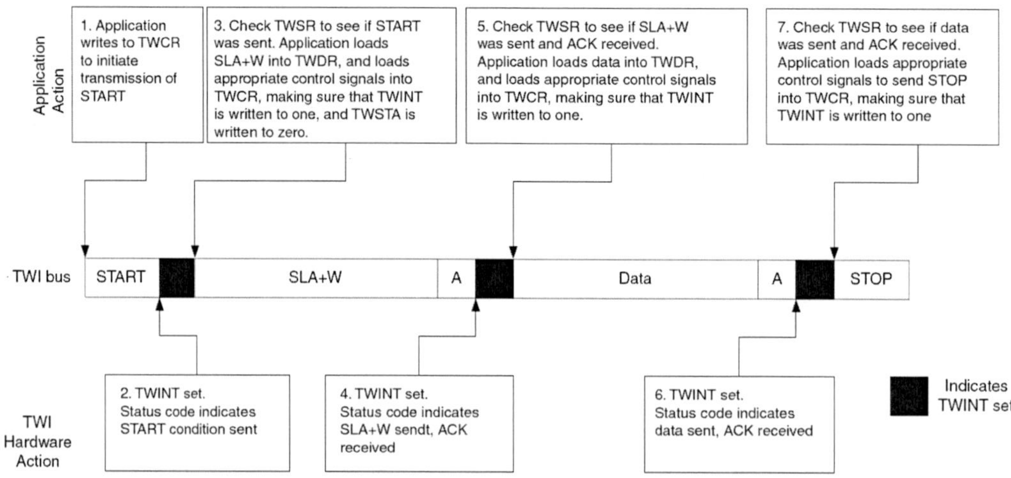

[그림 13.9] TWI의 전형적인 단계별 동작

① 첫 단계로 TWI는 START 조건을 전송한다. 이것은 TWCR 레지스터를 초기화하는 것으로 수행된다. 이 값을 쓸 때 TWINT 플래그는 1로 Set되어 있어야 한다. TWI는 TWCR 레지스터의 TWINT 비트가 Set되어 있는 동안 어떤 작업도 시작하지 않기 때문에 START 조건의 전송이 시작되려면 반드시 TWINT 비트에 1을 써서 이 플래그를 클리어시킨다.

② START 조건이 전송되면 TWCR 레지스터에 있는 TWINT 플래그는 Set되고, TWSR 레지스터는 START 조건이 성공적으로 전송되었다는 것을 알리는 상태 코드와 함께 업데이트된다.

③ 응용 소프트웨어는 TWSR 레지스터를 검사해서 START 조건이 전송되었는지 확인한다. 만약 TWSR이 다른 상태 값을 갖고 있으면 응용 소프트웨어는 에러 루틴과 같은 특정한 명령을 수행할 수 있다. 상태 코드 값을 확인한 후 응용 소프트웨어는 TWDR 레지스터에 SLA+W 값을 쓴 뒤 바이트 데이터를 전송하도록 TWCR을 초기화한다. 주소 패킷 전송이 시작되도록 TWINT 비트에 1을 써서 Clear시킨다. 응용 소프트웨어가 TWINT 비트를 Clear한 즉시 TWI는 주소 패킷을 전송한다.

④ 주소 패킷이 전송되면 TWCR 레지스터의 TWINT 플래그가 Set되고 TWSR 레지스터는 주소 패킷을 성공적으로 전송했다는 상태 코드를 갖게 된다. 이 상태 코드에는 슬레이브가 주소 패킷에 대한 확인 신호(ACK) 또는 미확인 신호(NACK)로 응답했는지 여부가 표시된다.

⑤ 응용 소프트웨어는 TWSR 레지스터를 검사해서 주소 패킷이 성공적으로 전송되었는지 확인하고 ACK 비트의 값이 원하는 상태인지를 체크해야 한다. 만약 TWSR이 다른 상태 값을 갖고 있으면 응용 소프트웨어는 에러 루틴과 같은 특정한 명령을 수행할 수 있다. 상태 코드가 원하

는 상태이면 응용 소프트웨어는 TWDR 레지스터에 데이터 패킷을 쓴다. 그리고 TWCR 레지스터에 특정한 값을 라이트해서 TWI가 TWDR 레지스터에 있는 데이터 패킷을 전송하도록 한다. 이때 TWINT 비트를 1로 써서 반드시 Clear시켜야 한다. TWI는 TWCR 레지스터의 TWINT 비트가 Set되어 있는 동안에는 어떠한 작업도 하지 않는다. 응용 소프트웨어가 TWINT 비트를 Clear시키는 즉시 TWI는 데이터 패킷을 전송한다.

⑥ 데이터 패킷이 전송되면 TWCR 레지스터의 TWINT 플래그가 Set되고, TWSR 레지스터는 데이터 패킷을 성공적으로 전송했다는 상태 코드를 갖게 된다. 이 상태 코드에는 슬레이브가 데이터 패킷에 대한 확인 신호(ACK) 또는 미확인 신호(NACK)로 응답했는지 여부가 표시된다.

⑦ 응용 소프트웨어는 TWSR 레지스터를 검사해서 데이터 패킷이 성공적으로 전송되고 ACK 비트가 원하는 상태인지를 체크해야 한다. 만약 TWSR이 다른 상태 값을 갖고 있으면 응용 소프트웨어는 에러 루틴과 같은 특정한 명령을 수행할 수 있다. 상태 코드가 원하는 상태이면 응용 소프트웨어는 TWCR 레지스터에 STOP 조건을 전송하는 특정한 값을 쓴다. 이때 TWINT 비트에 1을 써서 반드시 Clear시켜야 한다. 응용 소프트웨어가 TWINT 비트를 Clear시키는 즉시 TWI는 STOP 조건을 전송한다. TWINT는 STOP 조건을 전송한 후에는 Set되지 않는다.

13.5 TWI 흐름 C 코드 구현

C 코드	설명
`TWCR = (1<<TWINT) | (1<<TWSTA) | (1<<TWEN);`	START 조건 전송
`while ( !( TWCR & (1<<TWINT) ) );`	TWINT 플래그 Set 대기
`if ( (TWSR & 0xF8) != START )` `ERROR();`	TWI 상태 레지스터 값 확인(START 에러)
`TWDR = SLA_W;` `TWCR = (1<<TWINT) | (1<<TWEN);`	TWDR 레지스터에 SLA_W 저장 (주소 패킷 전송)
`while ( !( TWCR & (1<<TWINT) ) );`	TWINT 플래그 Set 대기
`if ( (TWSR & 0xF8) != MT_SLA_ACK )` `ERROR();`	TWI 상태 레지스터 값 확인(주소 전송 에러)
`TWDR = DATA;` `TWCR = (1<<TWINT) | (1<<TWEN);`	TWDR 레지스터에 데이터 저장(데이터 전송)
`while ( !( TWCR & (1<<TWINT) ) );`	TWINT 플래그 Set 대기
`if ( (TWSR & 0xF8) != MT_DATA_ACK )` `ERROR();`	TWI 상태 레지스터 값 확인(데이터 전송 에러)
`TWCR = (1<<TWINT) | (1<<TWEN) | (1<<TWSTO);`	STOP 조건 전송

13.6 TWI 프로그램 실습

실습 13.1 EEPROM 24C04를 이용한 TWI 통신 예제이다. 페이지(16 byte) 쓰기를 하면 그 페이지의 끝까지 기록된다.

```
#include <stdio.h>
#include <avr/io.h>
#include <inttypes.h>
#include <util/delay.h>
#include <util/twi.h>
#include <string.h>

#ifndef   F_CPU
#define   8000000UL
#endif

#define SLA_24C04   0xA0              // A2 = 0, A1 = 0, A8 = 0
#define GLED_ON     PORTA &= ~0x01
#define GLED_OFF    PORTA |= 0x01
#define RLED_ON     PORTA &= ~(1 << 1)
#define RLED_OFF    PORTA |= (1 << 1)

int twi_24c04write (uint16_t eep_address, uint8_t *buf);
int twi_24c04read (uint16_t twi_address, uint8_t *buf, uint8_t size);
void twi_masterInit (void);

int main (void)
{
     uint8_t buf[] = "Hello ATmega128A";
     uint8_t rbuf[20] = {0};
     int check;

     DDRA = 0x03;                    // PA0 : Green LED, PA1 : Red LED
     GLED_OFF;
     RLED_OFF;

     twi_masterInit();

     check = twi_24c04write (0, buf);
     _delay_ms(100);
     check = twi_24c04read (0, rbuf, 16);
```

```
    check = strcmp ( buf, rbuf );
    if (check == 0)
      GLED_ON;
    else
      RLED_ON;

    while (1);
}

void twi_masterInit (void)
{
    // set pull-up resistors on I2C bus pins
    TWBR = (F_CPU / 100000UL - 16) / 2;
}

int twi_24c04write (uint16_t eep_address, uint8_t *buf)
{
    uint8_t sla_w = SLA_24C04;
    uint8_t count = 0;
    uint8_t a8;

    a8 = ( (eep_address >> 8 ) & 0x01 ) << 1;
    sla_w = sla_w  | a8 ;                        // SLA+W

    TWCR = (1<<TWINT)|(1<<TWSTA)|(1<<TWEN); // Send start condition
    while ( !(TWCR & (1<<TWINT)) );             // Check TWINT Clear
    if ( (TWSR & 0xF8) != TW_START )            // Check transmit start condition
      return -1;
    TWDR = sla_w;                               // Enter MT mode
    TWCR = (1<<TWINT) | (1<<TWEN);              // Send SLA+W
    while ( !(TWCR & (1<<TWINT)) );             // Wait transfer complete
    if ( (TWSR & 0xF8) != TW_MT_SLA_ACK )       // Check ack
      return -1;

    TWDR = eep_address & 0x00FF;                // Low 8 bits of address
    TWCR = (1<<TWINT) | (1<<TWEN);              // Send Data
    while(!(TWCR & (1<<TWINT)));                // Wait transfer complete
    if ( (TWSR & 0xF8) != TW_MT_DATA_ACK )      // Check ack
      return -1;

    while ( *buf != NULL )
```

```
    {
        TWDR = *buf++;                          // Load Data
        TWCR = (1<<TWINT) | (1<<TWEN);          // Send Data
        while ( !(TWCR & (1<<TWINT)) );         // Wait transfer complete
        if ( (TWSR & 0xf8) != TW_MT_DATA_ACK ) // Check ack
            return -1;
        count++;
        if (count == 16)  break;
    }

    TWCR = (1<<TWINT) | (1<<TWEN) | (1<<TWSTO); // Send stop condition

    return 1;
}

int twi_24c04read (uint16_t eep_address, uint8_t *buf, uint8_t size)
{
    uint8_t sla_w = SLA_24C04;
    uint8_t count = 0;
    uint8_t a8;

    a8 = ((eep_address >> 8 ) & 0x01) << 1;
    sla_w = sla_w  | a8 ;                       // SLA+W


    TWCR = (1<<TWINT)|(1<<TWSTA)|(1<<TWEN);   // Send start condition
    while ( !(TWCR & (1<<TWINT)) );           // Check TWINT Clear
    if ((TWSR & 0xF8) != TW_START)             // Check transmit start condition
        return -1;
    TWDR = sla_w;                              // Enter MT mode
    TWCR = (1<<TWINT) | (1<<TWEN);             // Send SLA+W
    while ( !(TWCR & (1<<TWINT)) );           // Wait transfer complete
    if ((TWSR & 0xF8) != TW_MT_SLA_ACK)        // Check ack
        return -1;
    TWDR = eep_address & 0x00FF;               // Low 8 bits of address
    TWCR = (1<<TWINT) | (1<<TWEN);             // Send Data
    while ( !(TWCR & (1<<TWINT)) );           // Wait transfer complete
    if ((TWSR & 0xF8) != TW_MT_DATA_ACK)       // Check ack
        return -1;
    _delay_ms(10);

    TWCR = (1<<TWINT)|(1<<TWSTA)|(1<<TWEN);    // Send restart condition
```

```
    while ( !(TWCR & (1<<TWINT)) );          // Check TWINT Clear
    if ((TWSR & 0xf8) != TW_REP_START)       // Check transmit restart condition
        return -1;
    TWDR = sla_w | 0x01;                     // Enter MR mode
    TWCR = (1<<TWINT) | (1<<TWEN);           // Send SLA+R
    while ( !(TWCR & (1<<TWINT)) );          // Wait transfer complete
    if ((TWSR & 0xf8) != TW_MR_SLA_ACK)      // Check ack
        return -1;

    while (size > 1)
    {
        TWCR = (1<<TWINT) | (1<<TWEN) | (1<<TWEA);
        while ( !(TWCR & (1<<TWINT)) );      // Wait transfer complete
        if ((TWSR & 0xf8) != TW_MR_DATA_ACK) // Check ack
            return -1;
        *buf++ = TWDR;
        size--;
    }

    TWCR = (1<<TWINT) | (1<<TWEN);           // Send NACK
    while ( !(TWCR & (1<<TWINT)) );          // Wait transfer complete
    if ((TWSR & 0xf8) != TW_MR_DATA_NACK)    // Check ack
        return -1;
    *buf++ = TWDR;
    *buf = NULL;                             // Make String
                                             // Send stop condition
    TWCR = (1<<TWINT) | (1<<TWEN) | (1<<TWSTO);

    return 1;
}

int twi_masterSend (uint8_t twi_address, uint8_t twi_data)
{
    uint8_t sla_w;

    sla_w = (twi_address <<1 ) & 0xFE;       // SLA+W
    TWCR = (1<<TWINT)|(1<<TWSTA)|(1<<TWEN); // Send start condition
    while ( !(TWCR & (1<<TWINT)) );          // Check TWINT Clear
    if ((TWSR & 0xF8) != TW_START)           // Check transmit start condition
        return -1;
    TWDR = sla_w;                            // Enter MT mode
    TWCR = (1<<TWINT) | (1<<TWEN);           // Send SLA+W
```

```
    while ( !(TWCR & (1<<TWINT)) );                 // Wait transfer complete
    if ((TWSR & 0xF8) != TW_MT_SLA_ACK)             // Check ack
      return -1;
    TWDR = twi_data;                                // Load Data
    TWCR = (1<<TWINT) | (1<<TWEN);                  // Send Data
    while ( !(TWCR & (1<<TWINT)) );                 // Wait transfer complete
    if ((TWSR & 0xF8) != TW_MT_DATA_ACK)            // Check ack
      return -1;
    TWCR = (1<<TWINT) | (1<<TWEN) | (1<<TWSTO); // Send stop condition

    return 1;
}

int twi_masterReceive (uint8_t twi_address)
{
    uint8_t sla_r;
    int data;

    sla_r = (twi_address << 1) | 0x01;
    TWCR = (1<<TWINT) | (1<<TWSTA) | (1<<TWEN); // Send start condition
    while ( !(TWCR & (1<<TWINT)) );                 // Check TWINT Clear
    if ((TWSR & 0xF8) != TW_START)                  // Check transmit start condition
      return -1;
    TWDR = sla_r;                                   // Enter MT mode
    TWCR = (1<<TWINT) | (1<<TWEN);                  // Send SLA+R
    while ( !(TWCR & (1<<TWINT)) );                 // Wait transfer complete
    if ((TWSR & 0xF8) != TW_MR_SLA_ACK)             // Check ack
      return -1;
    TWCR = (1<<TWINT) | (1<<TWEN) | (1<<TWEA);  // Receive Data
    while (!(TWCR & (1<<TWINT)));                   // Wait receive complete
    data = TWDR;
    TWCR = (1<<TWINT) | (1<<TWEN) | (1<<TWSTO); // Send stop condition

    return data;
}
```

14 CHAPTER 아두이노(Arduino)

14.1 아두이노 소개와 환경 설정

14.1.1 아두이노란?

이탈리아 북부에 위치한 이브레아(Ivrea)의 인터랙션 디자인 전문학교인 IDII(Interaction Design Institute Ivrea)에서 인터랙션 디자인 교육을 위해 마이크로컴퓨터 보드와 통합 개발 환경(IDE)으로 구성된 오픈소스 피지컬 컴퓨팅 플랫폼를 개발하는 프로젝트가 진행이 되었다. 2005년에 마시모 밴지(Massimo Banzi)와 다비드 쿠아르티에예스(David Cuartielles)가 앞서 개발된 와이어링(wiring) 플랫폼보다 더 간단하면서 저렴한 비용으로 제공될 수 있도록 플랫폼을 개선하였고 이들은 이것을 이탈리아어로 "강한 친구"라는 의미를 가진 아두이노(Arduino)라는 이름으로 발표하였다.

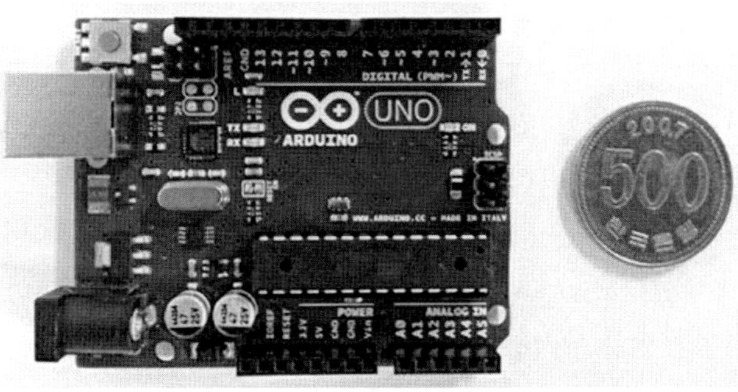

[그림 14.1] 아두이노 우노(UNO)와 동전 사이즈 비교

아두이노 보드의 외형은 손바닥 위에 올라가는 명함만한 작은 크기의 기판에 Atmel사의 8비트 AVR 마이크로컨트롤러를 장착한 형태로 누구나 쉽고 빠르게 뭔가를 만들어낼 수 있도록 설계되어 있다. 앞서 배웠던 ATmega128 마이크로컨트롤러를 사용하여 각종 센서나 모터 등을 제어하는 것

은 쉽지 않은 작업이다. 하지만 아두이노를 이용하면 어렵게 느껴졌던 각종 센서류나 다양한 장치들을 쉽게 제어할 수 있다.

아두이노의 개념에는 다음과 같은 구성 요소를 포함하고 있다.

> 아두이노(Arduino) = 하드웨어 + 소프트웨어 언어 + 아두이노 IDE + 웹사이트(워크숍)

아두이노 IDE에서 컴파일된 프로그램 또는 프로젝트는 별도의 추가 장치 없이 USB 케이블을 이용해서 쉽게 아두이노 보드로 업로드할 수 있으며 직접 프로젝트를 개발하지 않아도 웹에 공개되어 있는 수많은 프로젝트를 이용하여 자신만의 창조적인 융합 프로젝트로 새롭게 만들어 낼 수 있다. 그리고 아두이노는 전자공학 지식이 부족하거나 프로그래밍에 대한 경험이 전혀 없는 디자이너나 예술가들을 비롯하여 마이크로컨트롤러를 처음 배우고자 하는 모든 이들에게 테크놀로지(technology)를 연결해주는 역할을 한다.

"디자인을 말로 설명하기보다는 직접 만드는 것에 기반을 두고 있다"는 아두이노의 철학처럼 다양한 예제를 직접 만들어보며 손으로 생각하기 바란다.

아두이노를 시작하기 위한 가장 기본적인 준비물은 다음과 같다.

- 아두이노 우노(UNO. ATmega328) 또는 다른 종류의 보드
- 아두이노 통합 개발 환경(IDE) 또는 Atmel Studio 6.x에서 아두이노 개발 가능
- PC와 아두이노를 연결할 USB 케이블
- LED 1개

아두이노의 하드웨어와 소프트웨어는 라이선스(licence)가 완전히 공개되어 있어 사용자가 직접 만들 수도 있다. 하드웨어의 경우 [그림 14.2]처럼 아두이노 웹사이트에서 볼 수 있는 다양한 종류의 공식 아두이노 보드 외에도 공개된 회로도를 기반으로 변형된 호환 보드가 많이 개발되어 전 세계적으로 매우 다양한 이름으로 판매되고 있다. 하지만 외형은 달라도 기본적으로 같은 개발 도구와 라이브러리를 사용해서 프로젝트를 만들 수 있기 때문에 사용자는 쉽게 구할 수 있고 자신이 구현하고자 하는 프로젝트에 가장 적합한 보드를 선택하면 된다.

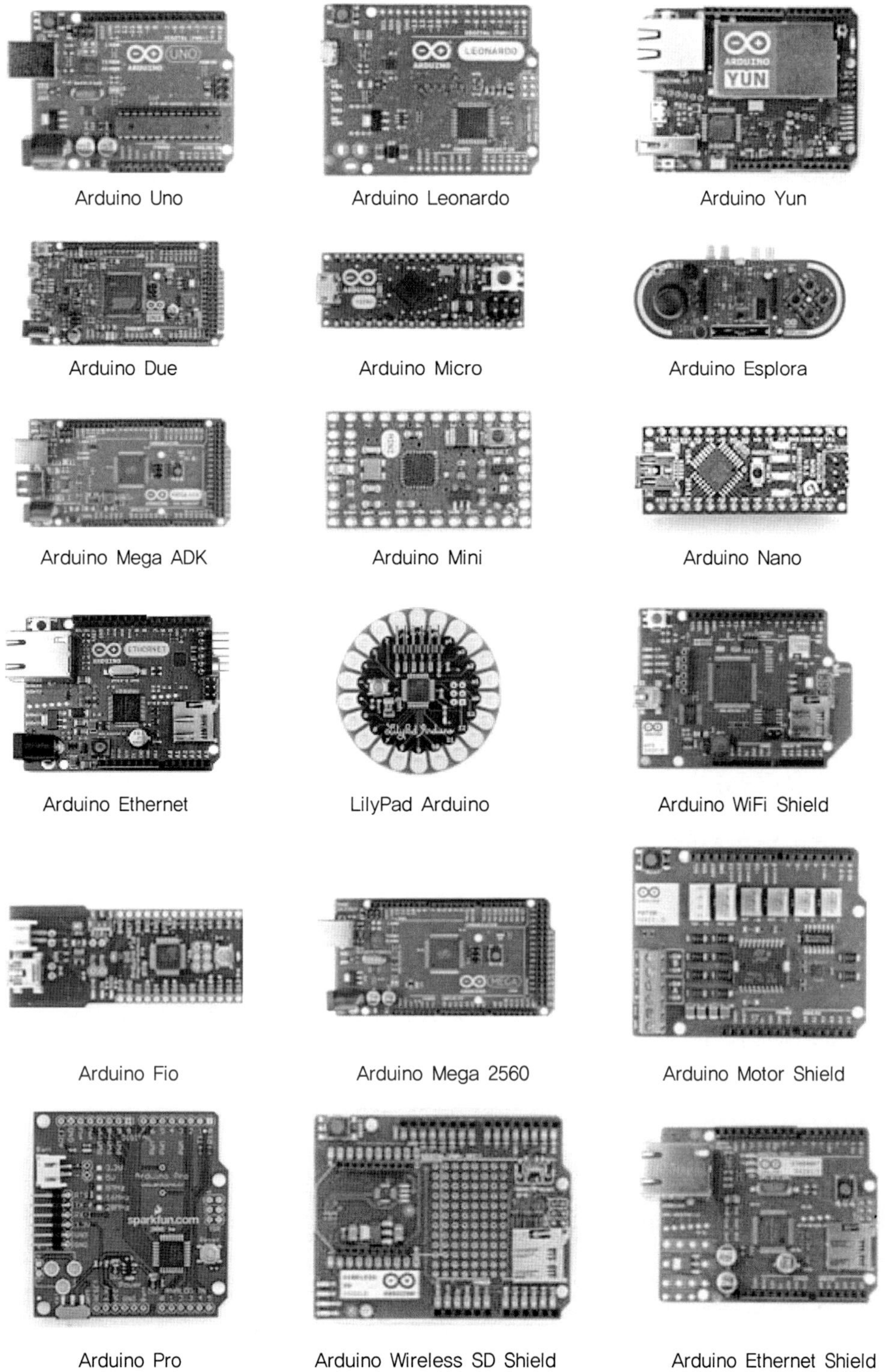

[그림 14.2] 다양한 공식 아두이노 보드

14.1.2 아두이노 우노(UNO) 보드

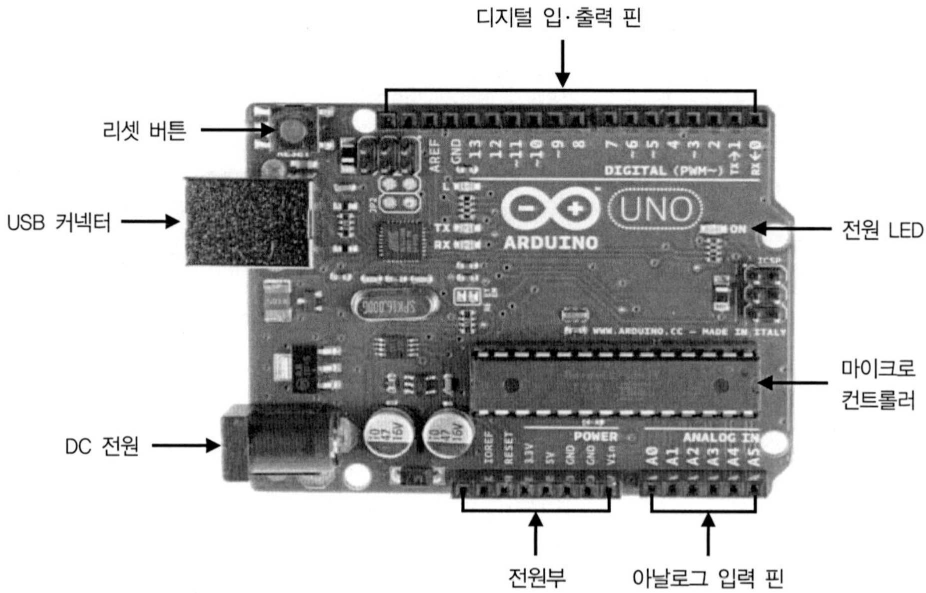

[그림 14.4] 아두이노 UNO 보드 주요 부분

아두이노 우노 보드에는 Atmel사의 8비트 ATmega328 마이크로컨트롤러가 장착되어 있으며 14개의 디지털 입·출력 핀들(이 중 6개는 PWM 출력으로 사용 가능)과 6개의 아날로그 입력 핀, 16 MHz 크리스털 오실레이터, USB 연결, 전원 잭, ICSP 헤더와 리셋 버튼을 가지고 있다. 우노 보드는 기존 보드들과 달리 FTDI USB 직렬 드라이버 칩(USB-to-serial driver chip)을 사용하지 않고 대신 ATmega16U2에서 USB 직렬 변환(USB-to-serial converter)을 하도록 되어 있다.

[주요 특징]

- 마이크로컨트롤러(microcontroller) : ATmega328
- 동작 전원 : 5 V
- 입력 전압(권고) : 7 V ~ 12 V
- 입력 전압(제한) : 6 V ~ 20 V
- 디지털 입·출력 핀 : 14개 (이 중 6개는 PWM 출력)
- 아날로그 입력 핀 : 6개
- 입·출력 핀의 DC 전류 : 40 mA
- 3.3 V 핀의 DC 전류 : 50 mA
- 플래쉬 메모리(flash memory) : 32 KB (ATmega328), 이 중 부트로더 0.5 KB 사용

· SRAM : 2 KB (ATmega328)
· EEPROM : 1 KB (ATmega328)
· 클록 속도(clock speed) : 16 MHz

14.1.3 아두이노 개발 환경

최신 통합 개발 환경(IDE) 소프트웨어를 설치하고 PC와 아두이노 보드를 연결한 뒤 기본 예제 프로그램을 업로드하여 기본 예제 프로그램의 실행 결과를 확인한다. 이 과정을 통해서 아두이노 개발 환경과 실습 과정을 이해하도록 한다.

(1) 아두이노 통합개발 환경 설치

① 아두이노 홈페이지(http://www.arduino.cc)로 접근한다. 메인 페이지에서 상단의 다운로드(Download) 메뉴를 클릭한다. 메인페이지 디자인은 언제든지 바뀔 수 있기 때문에 소프트웨어를 다운로드할 수 있는 페이지로 접근할 수 있도록 한다.

② 사용자의 운영체제에 맞춰 다운로드한다. 윈도우즈의 경우 인스톨러(installer) 파일이나 압축 형태의 파일 둘 중에서 선택하도록 되어 있다. 본 도서에서는 Windows Installer 파일을 기준으로 설명한다. 압축 파일의 경우 설치 과정 없이 압축 파일을 푼 뒤에 아두이노 통합개발 환경을 바로 사용할 수 있다.

아두이노 통합 개발 환경의 경우 계속 업데이트 되면서 개발이 되고 있기 때문에 소프트웨어 최신버전은 아두이노 홈페이지(http://www.arduino.cc)에서 확인하도록 한다.

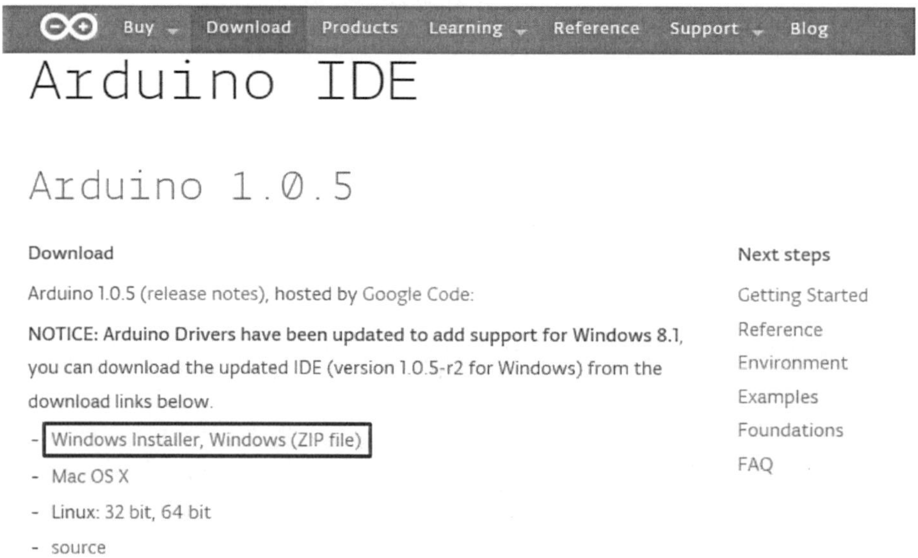

③ 설치 첫 단계에서 라이센스 동의 창이 뜨는데 'I Agree' 버튼을 눌러 동의한다.

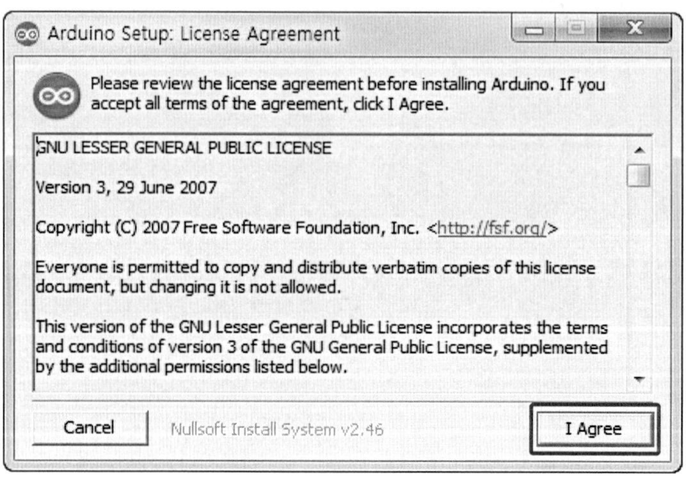

④ 설치 옵션을 선택하는 창에서 특별한 경우가 아니면 모두 체크되어 있는 상태로 'Next' 버튼을 클릭 한다. 참고로 옵션 내용은 아두이노 소프트웨어 설치(체크 해제 안됨), USB 드라이버 설치, 시작 메뉴와 바탕화면에 바로가기 아이콘 생성, .ino 아두이노 스케치 파일 연결 옵션이다.

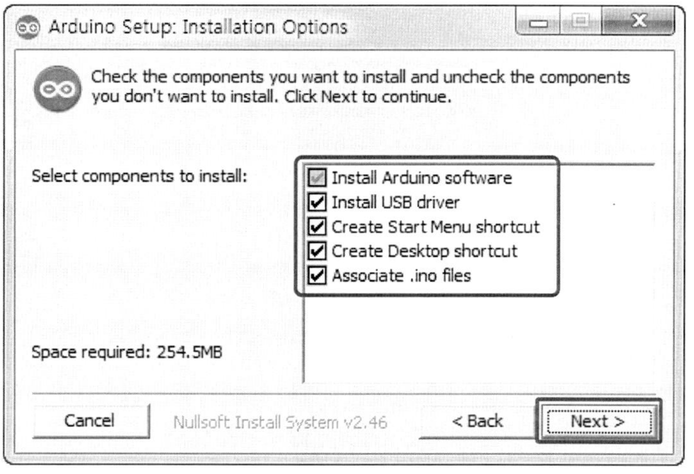

⑤ 설치 폴더를 지정하는 창이 뜨는데 이 단계에서 마찬가지로 특별한 경우가 아니라면 기본 설치 위치를 그대로 두고 'Install' 버튼을 클릭한다.

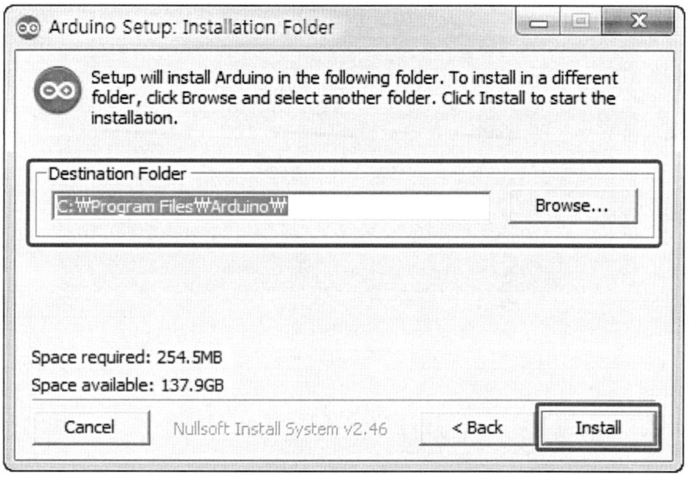

⑥ 설치 마지막 단계에서 아두이노 USB 드라이버 설치 창이 뜬다. 이 창에서 **"Arduino LLC"의 소프트웨어는 항상 신뢰(A)**에 체크를 한 뒤 '설치' 버튼을 클릭한다.

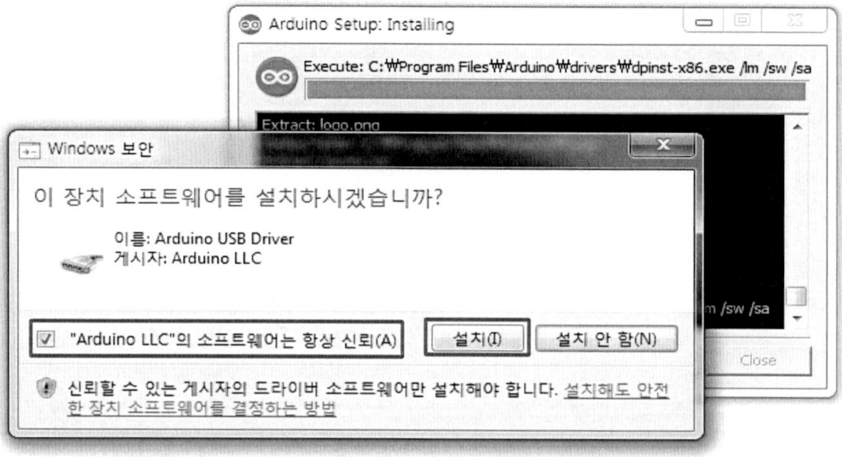

⑦ 아두이노 USB 드라이버를 설치한 뒤에 설치 과정 완료 창이 뜨며 'Close' 버튼을 눌러 창을 닫는다.

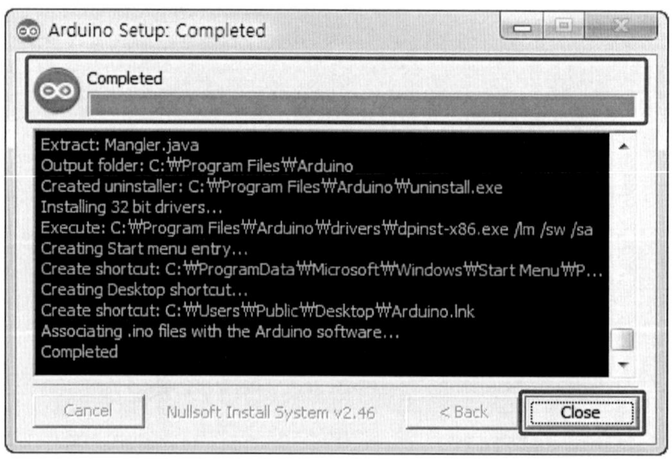

(2) 아두이노 통합 개발 환경(IDE) 실행

① PC와 아두이노 UNO 보드를 USB로 연결한다. 아두이노 IDE를 설치하는 과정에서 아두이노 USB 드라이버를 함께 설치하였기 때문에 USB를 장치에 꽂으면 자동으로 장치 드라이버 소프트웨어를 설치한다.

COM 포트 확인이 필요할 경우 제어판의 장치관리자에서 확인을 하면 된다. 만약 USB 드라이버 인식에 문제가 있을 경우 아두이노 IDE가 설치된 폴더 경로에서 drivers 폴더를 참조하여 수동으로 설치한다. 기본 경로는 'C:₩Program Files₩Arduino₩drivers'이다.

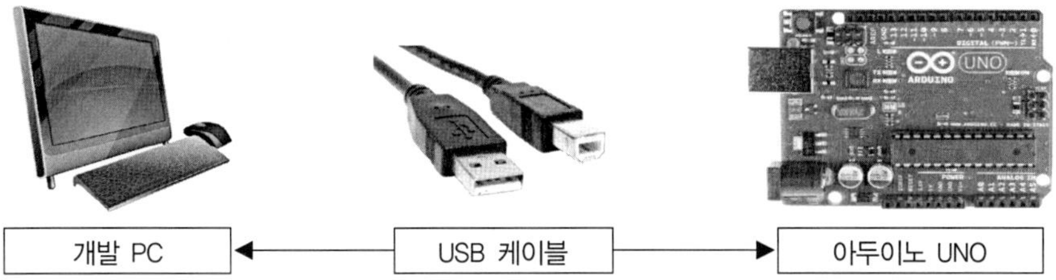

[그림 14.3] 컴퓨터와 아두이노 UNO 연결

② 아두이노 IDE를 실행한다. 다른 개발 툴들보다 상당히 심플하게 보이지만 꼭 필요한 기능들로 최적화되어 있다. 그리고 아두이노 IDE는 편집 창에 입력되는 모든 코드를 자동으로 저장하며 프로젝트에 속한 모든 파일을 자동으로 관리해주는 장점을 가지고 있다.

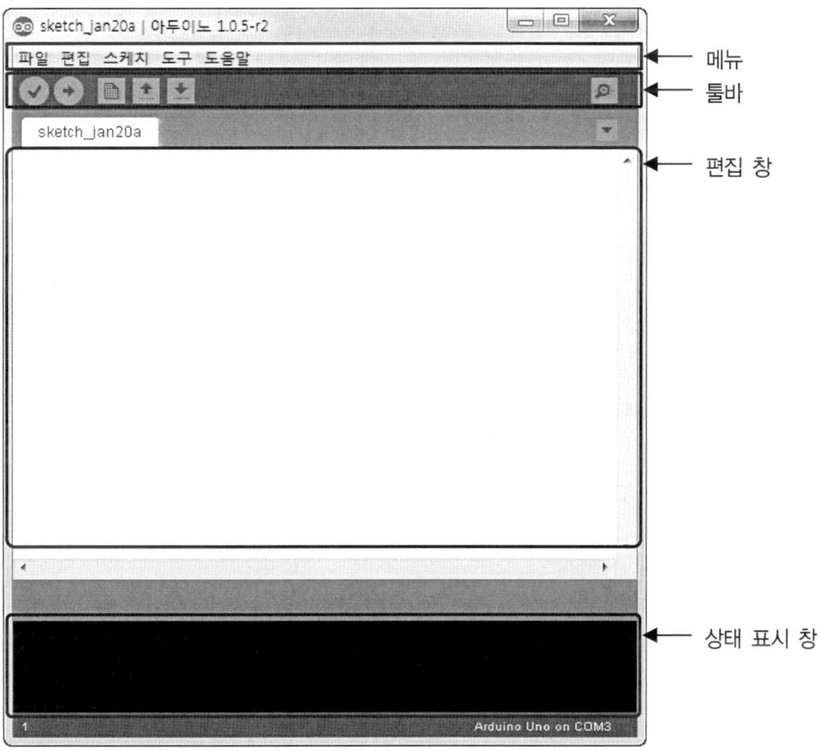

- (확인) : 현재 편집 창에 열려 있는 프로그램을 컴파일한다.
- (업로드) : 현재 프로그램을 컴파일한 뒤 컴퓨터에 연결된 아두이노 보드로 컴파일된 프로그램을 업로드한다.
- (새 파일) : 편집 창이 비어 있는 새로운 프로그램을 생성한다. 아두이노 IDE에서는 프로젝트를 스케치라고 부른다.

- (열기) : 저장되어 있는 프로그램을 열 때 사용한다. 그리고 아두이노 IDE에서 제공하는 예제 프로그램을 열 수 있다.
- (저장) : 현재 프로그램을 저장할 때 사용한다.

③ 파일 → 예제 → 01.Basics → Blink(깜박임) 예제를 연다. 또는 툴바의 열기 버튼을 클릭하여 동일한 예제 프로그램을 가져올 수 있다.

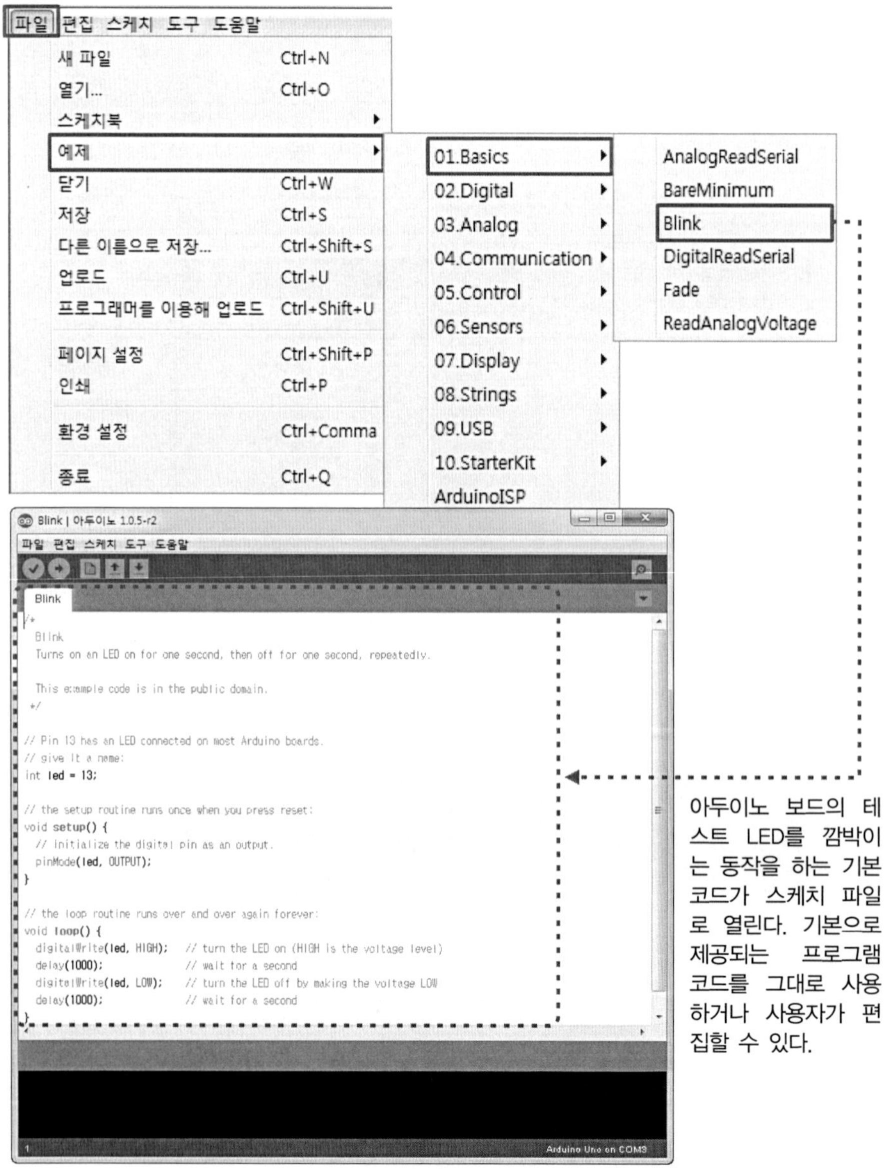

예제에서 제공되고 있는 내용을 하나하나 열어보기 바란다. C/C++ 언어에 대한 문법적인 이해를 하고 있는 경우 더욱더 유리하겠지만 처음 시작하는 사용자들에게 아두이노 IDE에서 제공되는 예제 프로그램은 상당히 유용하게 사용할 수 있다.

④ 자동 입력된 Blink 프로그램 소스를 보면 앞서 배웠던 마이크로컨트롤러 프로그램 코드들과 문법 구조가 달라 보인다. 하지만 아두이노 언어도 마찬가지로 C/C++ 언어의 문법을 지원하며 입·출력 핀을 초기화한 뒤 무한 반복 처리하는 부분 등 기본적으로 유사한 구조를 가지고 있다. Blink 예제 프로그램은 아두이노 UNO 보드의 13번 핀에 연결되어 있는 LED가 1초 간격으로 On/Off 상태를 무한 반복하는 예제이다.

```
/*
  Blink
  Turns on an LED on for one second, then off for one second, repeatedly.

  This example code is in the public domain.
*/

// Pin 13 has an LED connected on most Arduino boards.
// give it a name:
int led = 13;

// the setup routine runs once when you press reset:
void setup () {
      // initialize the digital pin as an output.
      pinMode (led, OUTPUT);
}

// the loop routine runs over and over again forever:
void loop () {
      digitalWrite (led, HIGH);  // turn the LED on (High is the voltage level)
      delay (1000);              // wait for a second
      digitalWrite (led, LOW);   // turn the LED off by making the voltage Low
      delay (1000);              // wait for a second
}
```

- **int led = 13;**

정수형 led 변수에 상수 13을 대입한다. 주석에서 설명된 것처럼 대부분의 아두이노 보드의 13번 핀에는 테스트 LED가 연결되어 있다. LED가 연결된 13번 핀을 지정하기 위한 변수이다.

- **void setup() { ... }, void loop() { ... }**

  void setup() 함수의 경우 아두이노 프로그램이 실행될 때 맨 처음 한 번 실행되며 프로그램 동작에 필요한 핀 모드 설정, 통신 초기화, 라이브러리 초기화 등의 코드를 포함한다.
  void loop() 함수는 C 언어의 main() 함수의 역할과 유사하며 setup() 함수가 종료된 이후 실행된다. 대부분의 프로그램 코드가 loop() 함수에 작성되며 전원이 공급되는 동안 무한 반복으로 실행된다.

- **pinMode (pin, mode)**

  핀의 입·출력 모드를 설정한다. pinMode (led, OUTPUT); 는 13번 핀을 출력 핀으로 사용하겠다는 의미이다. 입력 핀으로 사용할 때는 모드(mode)에 INPUT을 입력하면 된다.

- **digitalWrite (pin, value)**

  디지털 핀에 High 또는 Low 신호를 출력한다. digitalWrite (led, High); 는 13번 핀에 High(5 V) 신호를 출력한다는 것이고 digitalWrite (led, Low); 는 13번 핀에 Low(0 V) 신호를 출력한다는 의미이다.
  참고로 아날로그 입·출력의 경우 analogRead (pin) 또는 analogWrite (pin, value) 함수를 사용한다.

- **delay (t);**

  t(ms) 만큼 지연시킨다. delay (1000);는 1000 ms, 즉 1초 동안 지연을 의미한다.

⑤ 스케치 → 확인/컴파일(Ctrl+R) 메뉴 또는 툴바의 (확인) 아이콘을 클릭한다. 잠시 스케치 컴파일 진행을 보여 주며 에러 없이 컴파일이 완료되면 바이너리 스케치 사이즈 정보를 보여 준다.

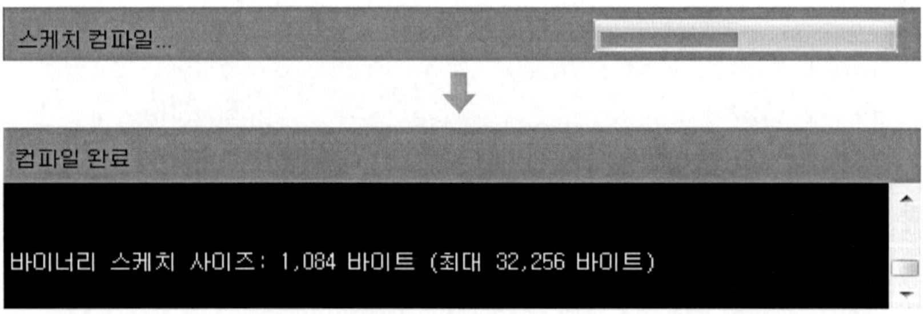

만약 프로그램 코드에 에러가 있다면 컴파일 과정에서 다음과 같이 오류 내용을 알려 주며 이때 커서는 자동으로 오류가 있는 코드 구간으로 이동한다. 컴파일 과정에서 발생된 에러는 반드시 해결해야 한다.

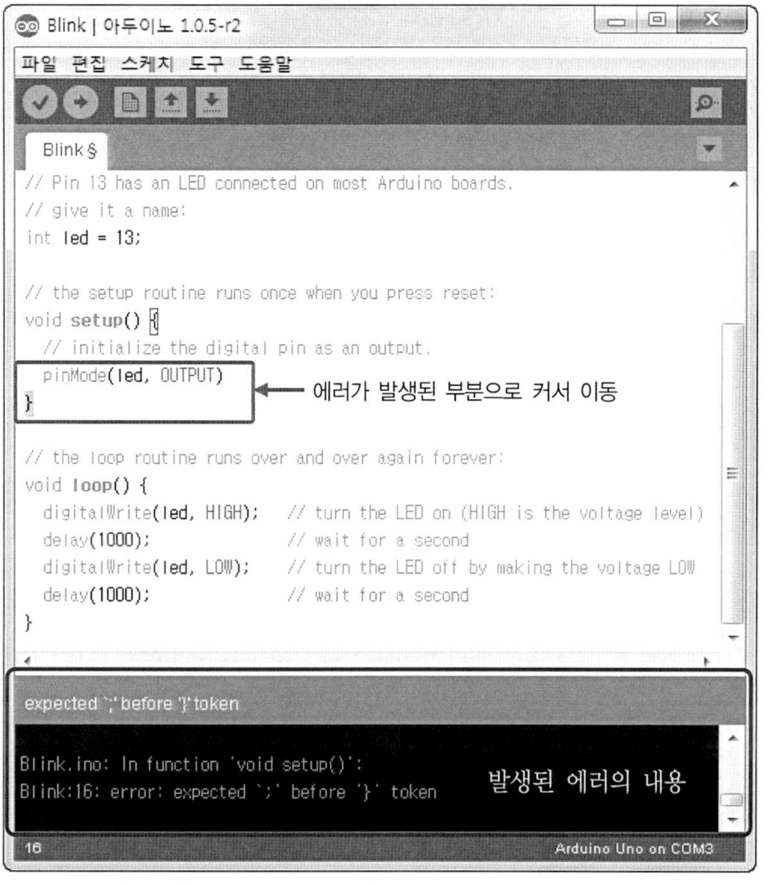

⑥ 파일 → 업로드(Ctrl+U) 메뉴 또는 툴바의 (업로드) 아이콘을 클릭한다. 아두이노 UNO 보드에 LED가 1초 간격으로 On/Off 를 반복한다. delay(1000); 부분을 delay(100);으로 수정한 뒤 업로드를 해본다. LED가 100 ms 간격으로 On/Off 될 것이다. 아두이노 UNO 보드에서 어떤 LED를 동작시키고 있는 것인지 확인이 어려운 경우 이렇게 LED가 깜박이는 속도를 변경해보면 된다.

→ 컴파일을 에러 없이 완료를 한 뒤에 업로드를 하는 과정에서 에러가 발생되기도 하는데 우선은 시리얼 포트를 확인을 한다. 자동으로 연결된 시리얼 포트로 잡히면 문제가 없는데 포트를 여러 가지 다른 용도로 사용하고 있는 경우 제어판의 장치관리자로 접근하여 아두이노 보드에 연결된 포트를 확인을 한 뒤에 시리얼 포트를 수정하도록 한다.
아두이노 IDE에서 도구 - 시리얼 포트 메뉴로 접근하여 아두이노 우노와 연결된 포트를 제대로 선택해주면 된다.

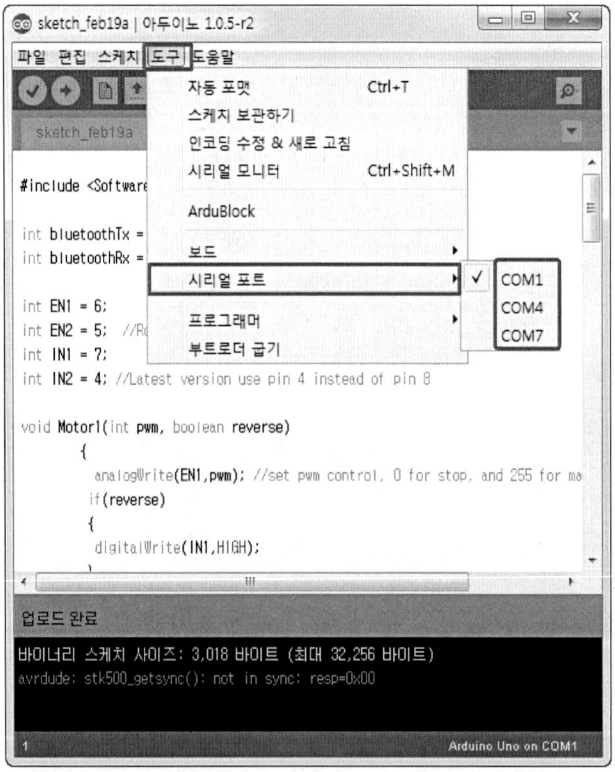

14.2 아두이노 따라하기

14.2.1 LED Blink

아두이노 우노 보드를 기반으로 많은 부품을 사용하지 않더라도 기본적인 실습이 가능하다. LED와 저항을 이용해서 앞서 배운 실습을 다시 해보도록 하자.

LED는 극성을 가지며 다리(리드)의 길이가 긴 쪽은 플러스(+), 짧은 쪽은 마이너스(-)이다. 극성을 가지기 때문에 +, - 를 반대로 연결하여 전원을 공급하거나 저항(resistor)없이 전류를 공급하면 열이 나면서 LED가 타버리거나 다른 문제가 발생할 수 있다.

[그림 14.4]와 같이 330 Ω의 저항과 LED의 긴 쪽을 디지털 핀 13번에 연결하고 짧은 쪽을 GND (ground)에 연결한다.

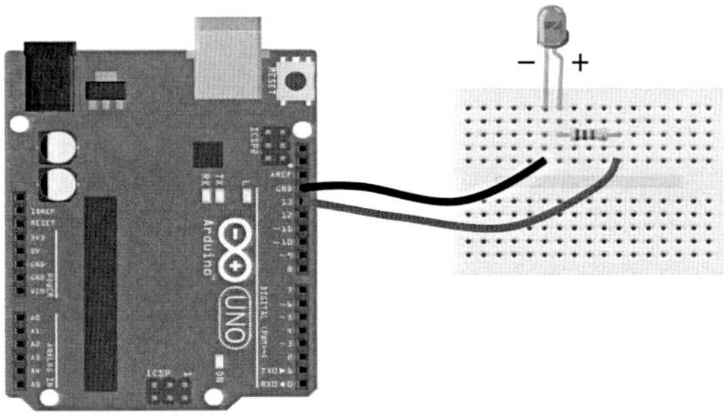

(a) 브레드보드를 이용한 LED 연결

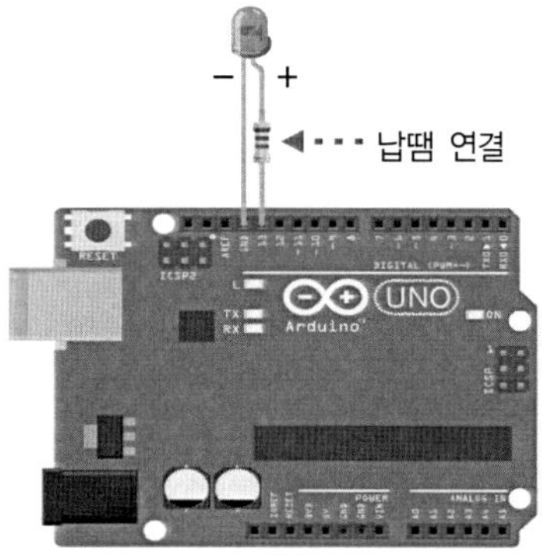

(b) 브레드보드 없이 LED 연결

[그림 14.4] 디지털 핀 13번 핀에 LED와 저항을 연결

```
int led = 13;                       // LED를 연결한 핀 번호

void setup()                        // setup 함수는 처음 한 번만 실행한다.
{
    pinMode (led, OUTPUT);          // LED를 연결한 13번 핀을 출력으로 설정
}

// loop 함수는 아두이노 전원이 켜져 있는 동안 무한 반복해서 실행한다.
void loop()
{
    digitalWrite (led, HIGH);       // 13번 핀에 High 설정. LED On
    delay (1000);                   // 1000 ms(1초) 동안 대기(시간 지연)
    digitalWrite (led, LOW);        // 13번 핀에 Low 설정. LED Off
    delay (1000);                   // 1000 ms(1초) 동안 대기(시간 지연)
}
```

저항(Resistor)

전류의 흐름을 방해하는 성질을 가진 소자를 말하며 전자 소자(부품)의 보호와 전류의 흐름을 제어하고자 할 때 사용한다. 저항의 단위는 옴(ohm, Ω)이며 저항의 크기가 작으면 전류의 흐름이 방해를 덜 받기 때문에 LED의 빛이 밝아진다. 하지만 저항을 사용하지 않았을 경우 LED가 더 밝아지는 것이 아니라 LED의 허용 전류보다 큰 전류가 흐르게 되면서 문제가 발생된다. 그래서 항상 아두이노 보드나 전자 부품에 전류를 공급할 때는 해당 부품에 허용된 전류가 흐르도록 적당한 용량의 저항을 추가하도록 한다.

적당한 저항 크기는 어떻게 알 수 있는지 예를 들어 알아보자.

3.3 V 전압에 20 mA의 전류로 동작하는 LED 1개를 구성한 회로에서 저항의 크기를 계산할 경우 다음과 같이 적용할 수 있다. 이때 공급 전압은 5 V로 가정한다.

$$\text{전압}(V) = \text{전류}(I) \times \text{저항}(R)$$

$$\text{저항}(R) = \frac{\text{전압}(V)}{\text{전류}(I)}$$

$$\text{저항} = \frac{(\text{입력 전압} - (LED\ \text{공급 전압} \times \text{연결 개수}))}{LED\ \text{공급 전류}} = \frac{(5\ V - (3.3\ V \times 1))}{20\ mA} = 85\ \Omega$$

85 Ω의 저항이 필요하다. 공식이 나오니 어렵다고 생각하는 분들이 분명히 있을 것이다. 하지만 저항값을 자동으로 계산해주는 좋은 프로그램들이 많으니 위 공식은 참고만 하도록 한다. 예를 들어 '색연필' 같은 프로그램은 자동으로 저항값을 읽어주고 계산해준다.

저항값을 읽을 때는 색띠의 색으로 저항값을 읽을 수 있다. 다음을 참고하도록 하자.

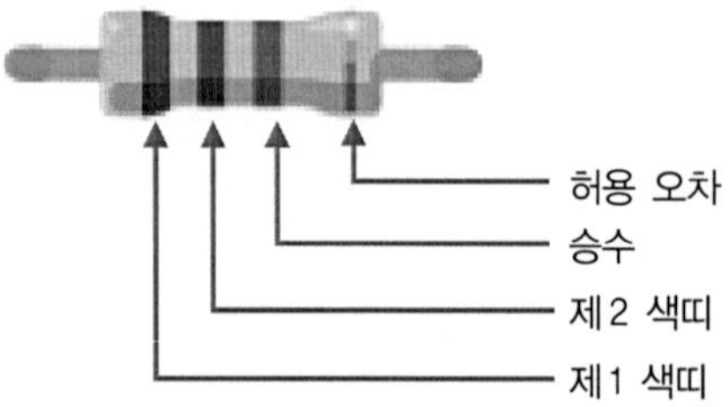

[저항값 읽는 법]

4색 띠를 가진 저항으로 가정

주황	빨강	빨강	금색
3	2	2	± 5 %

= 3200 Ω = 3.2 KΩ (± 5 %)

색상	제1 색띠	제2 색띠	제3 색띠	승수	허용 오차
검정	0	0	0	1 Ω	
갈색	1	1	1	10 Ω	± 1 %
빨강	2	2	2	100 Ω	± 2 %
주황	3	3	3	1000 Ω	
노랑	4	4	4	10000 Ω	
초록	5	5	5	100000 Ω	± 0.5 %
파랑	6	6	6	1000000 Ω	± 0.25 %
보라	7	7	7	10000000 Ω	± 0.10 %
회색	8	8	8	100000000 Ω	± 0.05 %
흰색	9	9	9		
금색				0.1	± 5 %
은색				0.01	± 10 %
무색					± 20 %

브레드보드(Breadboard)

아두이노 보드에 추가로 필요한 부품들을 연결할 때 번거롭게 납땜을 하지 않아도 회로를 구성할 수 있는 브레드보드를 사용한다. 종류가 크기별로 다양하게 있으나 초기에는 큰 회로를 구성하는 작업이 많지 않기 때문에 저렴한 미니 브레드보드를 구비해서 사용하도록 하자. 미니 브레드보드의 경우는 가로줄로 길게 연결된 소켓이 없지만 큰 브레드보드의 경우 내부적으로 가로로 길게 연결된 소켓이 아래쪽과 위쪽에 있다. 이렇게 길게 연결된 가로줄의 경우 비교적 큰 회로를 구성할 때 유용하게 사용할 수 있으며 한 열에는 전원(+) 다른 한 열에는 접지(-)를 연결한다.

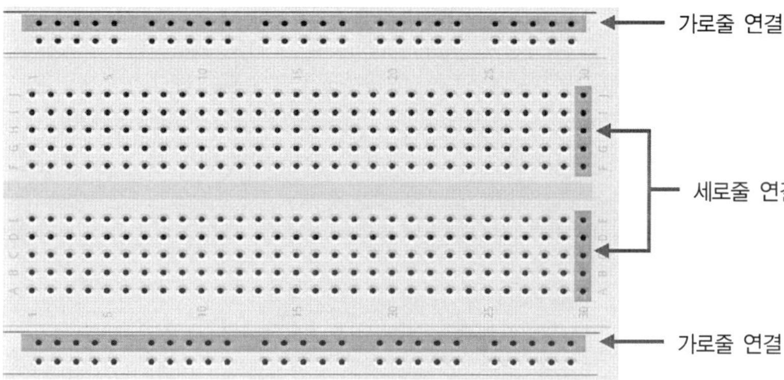

14.2.2 LED Fading

아두이노 우노 보드의 디지털 핀을 보면 틸드(~)가 표시된 핀들이 있다. 이 ~3, ~5, ~6, ~9. ~10, ~11 핀들에는 analogWrite() 함수를 사용하여 PWM 출력을 만들 수 있다. analogWrite() 함수는 0에서 255까지 256 단계의 연속적인 변화를 만들 수 있고 이것을 이용하여 LED를 점점 밝아졌다가 다시 점점 어두워지도록 할 수 있다. [그림 14.5]처럼 ~9번 핀에 LED를 연결하고 **파일→ 예제→ Analog→Fading** 스케치 예제를 업로드한다.

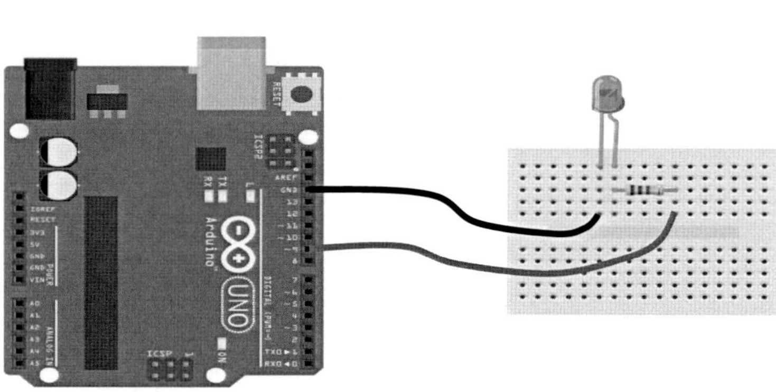

[그림 14.5] 디지털 핀 ~9번 핀에 LED와 저항을 연결

```
int ledPin = 9;                                    // 9번 핀에 LED 연결

void setup()
{
                                                   // 아무것도 하지 않는다.
}

void loop()
{
    // 최소값에서 최대값까지 5씩 늘린다.
    for (int fadeValue = 0; fadeValue <= 255; fadeValue += 5)
    {
      analogWrite (ledPin, fadeValue);    // 값 설정
      delay (30);                         // 30 ms 대기
    }

    // 최소값에서 최대값까지 5씩 줄인다.
    for (int fadeValue = 255; fadeValue >= 0; fadeValue -= 5)
    {
      analogWrite (ledPin, fadeValue);    // 값 설정
      delay (30);                         // 30 ms 대기
    }
}
```

14.2.3 스위치 연결

(1) 두 개의 점퍼 케이블로 스위치 실습하기

아두이노 우노 보드와 점퍼 케이블 두 개를 이용해서 스위치 원리를 실습해볼 수 있다.

12번 핀과 GND 핀에 각각 점퍼 케이블을 연결하고 다음의 코드를 업로드하여 점퍼 케이블을 연결하였을 때와 떼었을 때 아두이노 우노 보드의 LED가 어떻게 반응하는지 확인해본다.

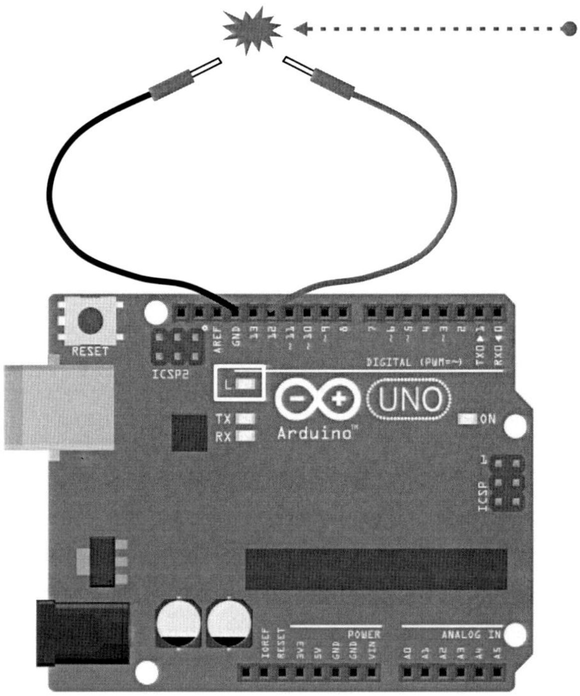

두 점퍼 케이블을 붙이면 아두이노 우노 보드의 LED가 켜진다. 반대로 떼면 LED가 꺼진다. 이것은 12번 핀의 내부 풀업저항을 사용할 때 점퍼 케이블이 떨어져 있는 상태에서는 High가 digitalRead(12) 함수로 읽히고 점퍼 케이블을 연결한 상태에서는 GND 상태인 Low가 digitalRead(12) 함수로 읽히기 때문이다.
프로그램 코드의 if문을 다시 확인해보자. 점퍼 케이블을 합선시키면 LED가 On 되도록 되어 있다.

[그림 14.6] 점퍼 케이블로 스위치 실습

```
void setup()
{
    pinMode (13, OUTPUT);               // 13번에 연결된 LED 사용
    pinMode (12, INPUT);                // 12번 핀 입력 선언
    digitalWrite (12, HIGH);            // 12번 핀 내부 풀업저항 활성화
}

void loop()
{
    int sw_input = digitalRead (12);    // 12번 핀 입력값 sw_input 변수에 저장

    if (sw_input == LOW)                // 점퍼 케이블을 합선시키면...
    {
      digitalWrite (13, HIGH);          // LED On
    }
    else                                // 점퍼 케이블이 연결되지 않으면...
    {
      digitalWrite (13, LOW);           // LED Off
    }
}
```

➜ 디지털 핀 내부의 풀업 저항을 사용하는 실습이기 때문에 풀업 저항이 무엇인지 잊어버렸을 경우 5장에서 언급된 풀업 저항에 대한 내용을 다시 확인하기 바란다.

(2) 푸시 버튼(push button)으로 실습하기

푸시 버튼 한 개를 추가하여 아두이노 보드의 LED를 On/Off 시켜보도록 한다. 푸시 버튼은 4개의 커넥터를 가지고 있고 브레드보드의 소켓 간격과 맞다.

프로그램 코드는 아두이노 IDE에서 제공되는 **'Button'** 예제 코드를 사용한다.

다음 [그림 14.7] 처럼 푸시 버튼을 연결하고 **파일 → 예제 → Digital → Button** 스케치 예제를 업로드 한다.

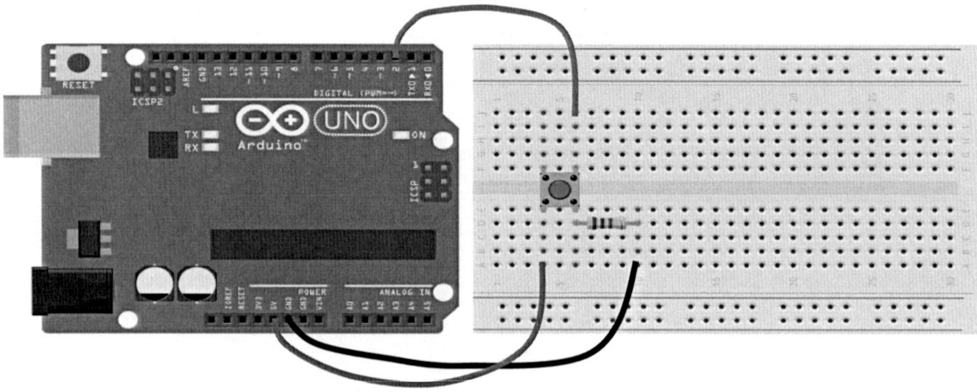

[그림 14.7] 푸시 버튼 연결

```
const int buttonPin = 2;                        // 푸시 버튼의 핀 번호 2
const int ledPin = 13;                          // 아두이노 보드의 LED 핀 번호 13

int buttonState = 0;                            // 푸시 버튼의 상태를 확인하는 변수

void setup()
{
    pinMode (ledPin, OUTPUT);                   // LED 핀 출력 설정
    pinMode (buttonPin, INPUT);                 // 푸시 버튼 입력 설정
}

void loop()
{
    buttonState = digitalRead (buttonPin);  // 2번 핀 입력 상태 값 저장
```

```
      if (buttonState == HIGH)                  // buttonState 변수가 High(1)이면
      {                                         // 즉, 푸시 버튼이 눌렸다면,
        digitalWrite (ledPin, HIGH);            // LED On
      }
      else                                      // 버튼 조작이 없으면...
      {
        digitalWrite (ledPin, LOW);             // LED Off
      }
  }
```

➜ 푸시 버튼이 눌렸을 때 아두이노 보드의 디지털 핀 2번에 5 V 전원이 흐르게 되며 이것은 High(1)로 읽히게 된다. 예제 코드는 버튼이 눌렸을 때 LED가 켜지고 반대로 푸시 버튼이 눌리지 않으면 그라운드인 Low(0)로 버튼 상태값을 읽고 LED가 꺼지도록 한다.

➜ 푸시 버튼이 눌리지 않은 상태에서는 Low(0)로 상태값이 읽히는 것이기 때문에 이 회로에서 사용된 저항은 풀다운 저항이다.

14.2.4 시리얼 통신

(1) 시리얼 모니터

아두이노 보드에 연결된 USB는 전원 공급 역할과 프로그램 코드를 업로드할 때 필요하다는 것을 알고 있다. 그리고 시리얼 포트를 통해서 프로그램 코드가 업로드되기 때문에 해당 포트를 통해서 PC와 통신을 할 수도 있다.

앞서 푸시 버튼에서 사용한 회로를 그대로 사용해서 아두이노 IDE의 시리얼 모니터를 통해 푸시 버튼의 상태값을 확인해보자. 푸시 버튼이 눌렸을 때는 High(1) 상태값이고 버튼이 눌리지 않으면 Low(0) 이다.

[그림 14.7] 회로 상태에서 **파일→예제→Basics→DigitalReadSerial** 스케치 예제를 업로드한다.

```
int pushButton = 2;

void setup()
{
    Serial.begin (9600);                  // 시리얼 통신 속도를 9600 bps로 초기화
    pinMode (pushButton, INPUT);          // 푸시 버튼 2번 핀을 입력으로 설정
}

void loop()
```

```
{
    int buttonState = digitalRead (pushButton);    // 입력 핀 상태 읽음
    Serial.println (buttonState);      // 버튼 상태값 시리얼 모니터 출력
    delay (1);                         // 1 ms 지연
}
```

➜ 도구 → 시리얼 모니터(Ctrl + Shift + M) 또는 아두이노 IDE의 시리얼 모니터 아이콘을 클릭하여 시리얼 모니터 창을 띄운다.
푸시 버튼의 상태값을 1 ms 간격으로 출력한다.

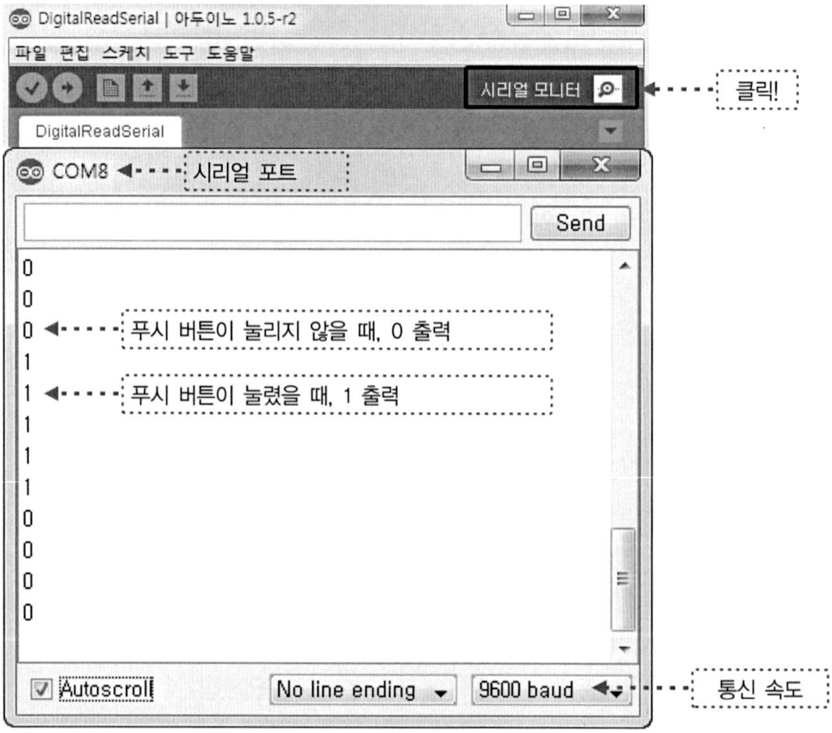

➜ 아두이노 보드의 13번 핀에 연결된 LED도 함께 동작하도록 하려면 프로그램 코드를 어떻게 추가·수정하면 되는지 고민해보기 바란다.

➜ ATmega128 마이크로컨트롤러에서 시리얼 통신을 구현하기 위해서는 관련되어 있는 여러 레지스터들을 정확하게 설정해야 했다. 하지만 아두이노에서는 **'DigitalReadSerial'** 예제를 통해 알 수 있듯 별다른 설정 과정 없이 쉽게 시리얼 통신을 구현할 수 있고 이를 다양하게 응용할 수 있다.

(2) 아두이노 보드와 컴퓨터 사이의 통신

아두이노 우노 보드의 13번 핀에 연결된 LED를 시리얼 통신으로 On/Off 시켜보자.

시리얼 모니터 창을 열어서 키보드로 '1'을 입력하면 아두이노 보드의 LED가 켜지고 '0'을 입력하면 LED가 꺼지도록 한다. 그리고 '1'과 '0'이 아닌 다른 키 값이 입력되면 명령을 다시 입력하라는 메시지가 출력되도록 한다.

이 실습을 통해 PC와 아두이노 보드 간의 시리얼 통신으로 LED를 On/Off 시킬 수 있다는 것을 확인할 수 있다. 좀 더 응용하여 아두이노에 연결된 다른 장치들을 시리얼 통신으로 동작시키거나 처리된 결과값을 시리얼 모니터 창을 통해서 읽을 수 있다.

```
const int ledPin = 13;                    // 아두이노 보드의 LED 핀 번호 13

void setup()
{
    pinMode (ledPin, OUTPUT);             // LED 핀 출력 설정
    Serial.begin (9600);                  // 시리얼 통신 속도를 9600 bps로 초기화
}

void loop()
{
    if (Serial.available() > 0)           // 데이터가 수신되면...
    {
      int button_cmd = Serial.read();     // 수신 비피 값을 변수에 지장
      if (button_cmd == '1')              // 데이터가 '1'이면...
      {
        digitalWrite (ledPin, HIGH);      // LED On
        Serial.println ("LED ON");        // LED ON 문자열 출력
      }
      else if (button_cmd == '0')         // 데이터가 '0'이면...
      {
        digitalWrite (ledPin, LOW);       // LED Off
        Serial.println ("LED OFF");       // LED OFF 문자열 출력
      }
      else                                // '1', '0' 데이터가 아닐 때...
      {
        Serial.println ("Unknown command!");
        Serial.println ("Pushbutton command input :");
      }
    }
}
```

➜ Serial.available()는 시리얼 포트에서 전송된 데이터의 값 즉 바이트 수를 반환한다. 시리얼 모니터 창을 통해 입력된 데이터는 수신 버퍼에 저장되고 수신 버퍼에 저장된 바이트 수를 확인한 뒤 수신된 데이터를 Serial.read()를 통해 읽는다.

➜ 도구 → 시리얼 모니터(Ctrl+Shift+M) 또는 아두이노 IDE의 시리얼 모니터 아이콘을 클릭하여 시리얼 모니터 창을 띄운다.

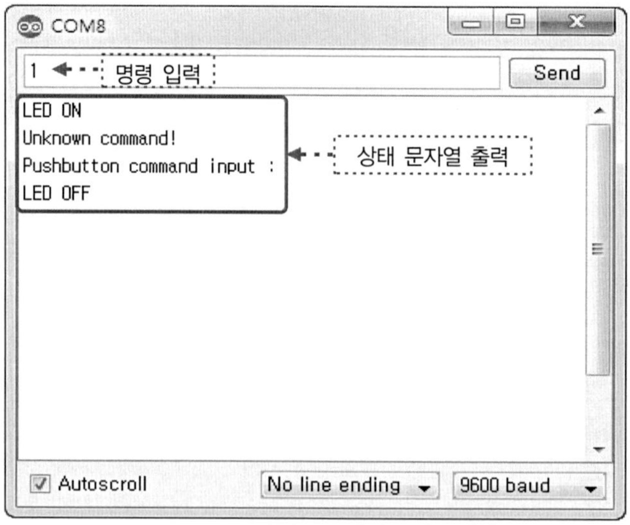

14.2.5 아날로그 신호 처리

CdS 광전도 셀을 이용하여 감지되는 빛의 양에 따라 LED가 On/Off 되도록 하자.

CdS는 외부의 빛의 양에 따라 저항의 크기가 수 KΩ에서 수 MΩ으로 변화하는 특성을 가지며 양극(+)과 음극(-)을 구분하지 않는 무극성 소자이다. 외부 빛의 양이 작으면 저항의 크기가 커지고 반대로 빛의 양이 크면 저항의 크기가 작아지는 특성을 이용해서 빛의 밝기에 따라 LED를 On/Off 할 수 있다.

프로그램 코드는 아두이노 IDE에서 제공되는 **'Calibration'** 예제 코드를 사용한다.

다음 [그림 14.8]처럼 CdS와 저항을 연결하고 **파일 → 예제 → Analog → Calibration** 스케치 예제를 불러온다. 간단히 아두이노 우노 보드의 13번 LED만으로 실습하기 위해 **'Calibration'** 스케치 예제의 두 번째 줄의 const int ledPin = 9;를 const int ledPin = 13;으로 수정한다. 만약 220 Ω 저항과 점퍼 케이블이 준비되어 있다면 제시된 회로에서 LED를 추가한 뒤 **'Calibration'** 스케치 예제를 수정하지 않고 업로드한다. 회로 구성 방법은 아두이노 홈페이지의 **'Calibration'** 스케치 예제 회로를 참고하면 된다. 앞서 배운 LED 회로를 추가한 것 뿐이다(http://arduino.cc/en/Tutorial/

Calibration 참고).

CdS 리드 선의 한쪽에는 5 V를 연결하고 나머지 다른 쪽 리드 선에는 한쪽이 접지(GND)에 연결된 10 KΩ 저항과 아날로그 0번 핀(A0)을 연결한다. 10 KΩ 저항은 매우 밝은 빛 때문에 광센서의 저항이 0이 되었을 때 과전류가 흐르지 않도록 한다.

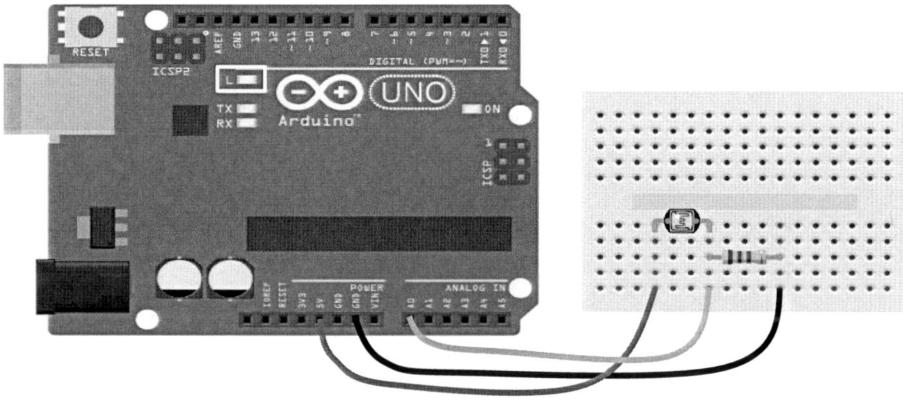

[그림 14.8] 광센서 연결

```
const int sensorPin = A0;           // 광센서의 연결되어 있는 아날로그 핀
const int ledPin = 13;              // 아두이노 보드 상의 LED. 9번→13번 수정
                                    // 9번에 LED 회로를 연결 때는 수정하지 않음
int sensorValue = 0;                // 센서 변수 초기화
int sensorMin = 1023;               // 센시 최소값 1023으로 초기화
int sensorMax = 0;                  // 센서 최대값 0으로 초기화

void setup()
{
    pinMode (13, OUTPUT);           // LED 핀 출력 설정
    digitalWrite (13, HIGH);        // LED On

    while (millis() < 5000)         // 처음 5초 동안 센서값 읽음
    {
      sensorValue = analogRead (sensorPin); // 센서값 읽음

      if (sensorValue > sensorMax)          // 센서 최대값 체크
      {
        sensorMax = sensorValue;            // 센서 최대값 변수에 저장
      }
      if (sensorValue < sensorMin)          // 센서 최소값 체크
```

```
        {
            sensorMin = sensorValue;            // 센서 최소값 변수에 저장
        }
    }

    digitalWrite (13, LOW);                     // LED Off
}

void loop()
{
    sensorValue = analogRead(sensorPin);     // 센서값 읽음

    // 판독된 아날로그 센서값(0~1023)을 0~255 값으로 변환하여 변수에 저장
    sensorValue = map (sensorValue, sensorMin, sensorMax, 0, 255);

    // 0~255 범위를 넘어설 경우 보정하여 변수에 저장. map()함수 전후에 사용
    sensorValue = constrain (sensorValue, 0, 255);

    analogWrite (ledPin, sensorValue);       // 센서값으로 LED On, Off
}
```

➔ CdS에 손가락을 갖다대어 빛이 공급되지 않도록 하면 아두이노 보드상의 LED가 꺼지고 다시 빛이 공급되도록 하면 LED가 켜진다. 반대로 동작하도록 수정해보기 바란다.

➔ map (value, fromLow, fromHigh, toLow, toHigh)
map() 함수는 수의 범위를 재설정한다. 즉, value 값의 fromLow는 toLow로 fromHigh는 toHigh로 바뀌며 그 사이의 값은 비례 배분한 값으로 바뀐다.
다음은 map() 함수의 루틴이며 반환되는 값을 어떻게 산출하는지 참고한다.

```
long map (long x, long in_min, long in_max, long out_min, long out_max)
{
    return (x - in_min) * (out_max - out_min) / (in_max - in_min) + out_min;
}
```

➔ constrain (x, a, b)
x 값을 a와 b 범위의 값으로 제한한다. 변환값은 상하한 값으로 한정되지 않기 때문에 이것을 제한하기 위해서는 constrain() 함수를 map() 함수의 전·후에 사용해야 한다.

14.3 아두이노 블루투스 탱크 만들기 프로젝트

아두이노는 쉽게 배울 수 있는 장점을 가지고 있지만 그렇다고 해서 아무런 노력 없이 프로젝트를 뚝딱 만들어낼 수 있는 것은 아니다. 인터넷에 방대하게 공개되어 있는 아두이노 관련 정보들을 스스로 찾아보고 직접 구현하며 손으로 익히는 과정들이 필요하다.

아두이노에 대한 흥미를 좀 더 부여하기 위해서 비교적 쉽게 구현이 가능한 아두이노 블루투스 탱크를 만들어 보는 프로젝트를 진행해본다. 블루투스(Buletooth)는 스마트폰, 태블릿 PC, 노트북 등의 휴대기기를 서로 연결하여 정보를 교환하는 근거리 무선 기술 표준을 말하며 주로 단거리에서 저전력 무선 통신이 필요할 때 사용된다.

블루투스, 모터, 아두이노 등을 활용하여 무선으로 제어되는 탱크 모형을 최종 완성 시켜보고 이 작은 프로젝트를 시작으로 여러분들이 원하는 다른 프로젝트를 직접 선택하고 발전시켜 근사한 응용 프로젝트를 만들어내길 바란다.

[준비물]

- 아두이노 우노 보드 또는 기타 아두이노 보드
- 1/35 스케일 2채널 RC 탱크 모형, M1A1 에이브람스[2003 이라크전]
- 아두이노 L293 모터 쉴드(motor shield)
- HC-06 블루투스 모듈(수신용)
- 스마트폰 어플 BlueStick control(송신용)
- 리튬이온 배터리(핸드폰 배터리) 2개 또는 AAA 건전지 4개
- 점퍼용 케이블

14.3.1 1/35 스케일 2채널 RC 탱크 모형

비교적 쉽게 구할 수 있고 저렴한 가격의 1/35 스케일의 M1A1 에이브람스[2003 이라크전] 탱크 모형을 선택한다. 이 모델보다 작은 탱크 모형의 경우 아두이노 보드 외에 다른 부품들을 넣을 공간이 부족하다. 모터가 내장 되지 않은 동일 모델을 잘못 구입하면 모터와 기어박스를 사용자가 직접 설치해야 하기 때문에 반드시 두 개의 모터가 내장된 제품을 구입하도록 한다.

[그림 14.9] 1/35 스케일 2채널 RC 탱크 모형, M1A1 에이브람스[2003 이라크전]

모형을 완성하는데 시간이 많이 소요되기 때문에 우선 탱크의 아래쪽 기어박스가 있는 부분만 조립한다. 무선으로 탱크 모형이 동작하는 것을 확인 한 뒤에 전체 모형을 완성해도 되기 때문에 급하게 탱크의 전체 모형을 완성하려고 하지 않아도 된다. 그리고 박스에 함께 포함되어 있는 유선 리모트 컨트롤은 사용하지 않는다.

14.3.2 아두이노 L293 모터 쉴드

L293 모터 드라이버 IC를 내장한 보드로 두 개의 모터를 최대 1 A 전류로 동작시킬 수 있다. 본 프로젝트에 사용된 제품은 DFRobot사 L293 모터 쉴드로 모터 동작 상태 LED와 모터 배선 위치가 틀린 것을 제외하고는 [그림 14.10]의 보드와 동일하다.

모터 쉴드의 +극에는 빨간색 케이블을 연결하고 -극에 검정색 케이블을 연결하는 기본적인 사항만 주의하면 큰 어려움이 없다.

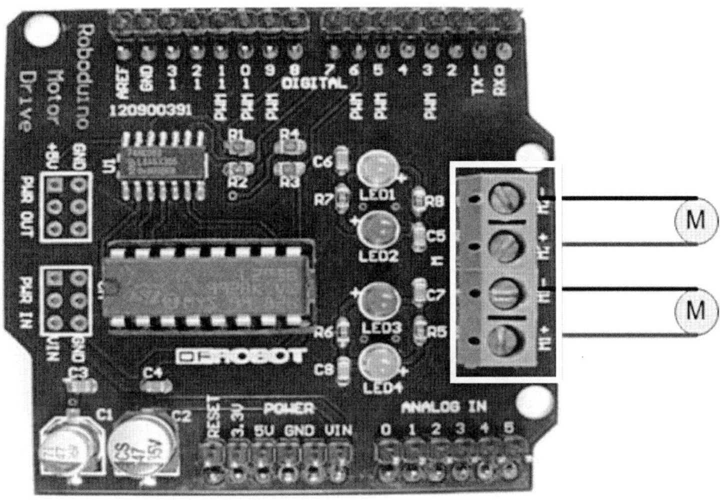

[그림 14.10] 아두이노 L293 모터 쉴드

L293 모터 쉴드는 아두이노 우노 보드와 핀이 1:1로 맞아 우노 보드와 결합하여 사용한다. 물론 두 개의 보드를 분리한 상태에서 케이블로 사용되는 핀만 연결하여 사용해도 상관이 없지만 탱크 모형의 좁은 공간을 효율적으로 활용하기 위해서 두 개의 보드를 결합을 한 뒤에 아두이노 우노 보드를 통해 전류를 공급받을 수 있도록 한다.

(a) 아두이노 우노 보드와 L293 모터 쉴드 보드의 핀 구조

(b) 아두이노 우노 보드를 아래쪽에 L293 모터 쉴드 보드를 위쪽으로 하여 결합

[그림 14.11] 아두이노 우노 보드와 L293 모터 쉴드 보드 결합

프로젝트의 최종 단계에서 두 개의 모터를 통해서 동작되는 캐터필러(caterpillar)를 원활하게 동작시키기 위해서는 7~12 V의 높은 전압을 아두이노 우노 보드에 공급해줘야 한다. 즉 아두이노 보드의 USB를 연결한 상태에서는 프로그램 코드를 업로드 하거나 아두이노 IDE에서 시리얼 모니터로 모터 동작을 확인하는 단계까지이고 이후는 충분한 전압 공급이 가능한 배터리를 사용해서 무선으로 탱크 모형이 동작하도록 완성시켜야 한다.

모터 쉴드의 정상적인 동작을 확인하기 위해서 L293 모터 쉴드와 두 개의 모터를 다음 [그림 14.12]처럼 연결한다.

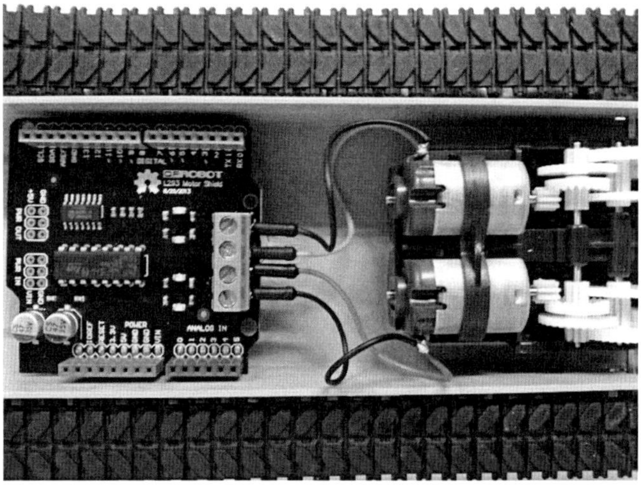

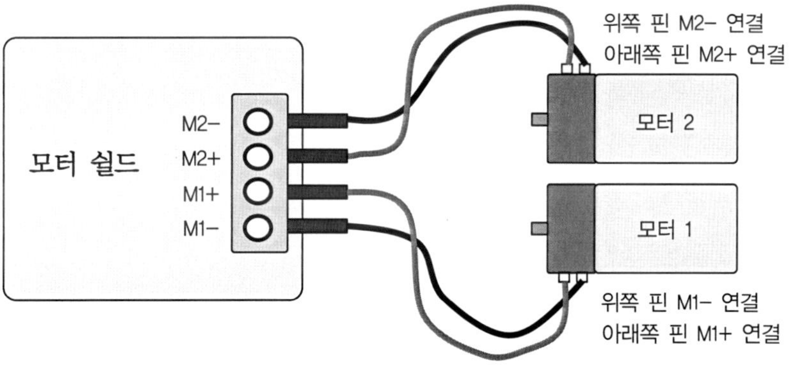

[그림 14.12] L293 모터 쉴드 보드와 모터 연결

스케치 파일을 생성한 뒤 다음의 샘플 코드를 컴파일하고 아두이노 우노 보드로 업로드한다. 프로그램 코드 업로드시 주의할 점은 블루투스 모듈 등을 연결한 상태로 프로그램 업로드를 하면 오류가 발생될 수 있다.

[그림 14.12]처럼 아두이노와 모터 쉴드 결합에 모터 2개가 연결되어 있는 상태에서 아두이노 USB 케이블을 연결하여 모터가 방향에 맞게 제대로 동작을 하는지만 확인한다. 아직 두 개의 모터를 힘있게 회전시키는데 필요한 충분한 전류 공급 문제가 해결되지 않았기 때문에 탱크 모형의 바퀴에 캐터필러를 장착하지 않고 테스트한다. 캐터필러를 장착하면 모터를 회전시키는 힘인 토크(torque)가 더 필요하게 된다.

```
// 이 모터 쉴드는 모터 제어에 핀 6, 5, 7, 4를 사용한다.
// M1+, M1-, M2+, M2-에 모터를 연결한다.
// Arduino 또는 Roboduino에 코드를 업로드 하면 된다.
// 시리얼 모니터를 통해 'a', 's', 'w', 'd', 'x' 문자를 입력하여 모터를 제어한다.
```

```
// www.dfrobot.com
// Last modified on 24/12/2009

int EN1 = 6;
int EN2 = 5;                    // Roboduino Motor shield uses Pin 9
int IN1 = 7;
int IN2 = 4;                    // Latest version use pin 4 instead of pin 8

void Motor1 (int pwm, boolean reverse)
{
    analogWrite (EN2, pwm);     // pwm : 0(정지) ~ 255(최대 속도)
    if (reverse)
    {
      digitalWrite (IN2, HIGH);
    }
    else
    {
      digitalWrite (IN2, LOW);
    }
}

void Motor2 (int pwm, boolean reverse)
{
    analogWrite (EN1, pwm);
    if (reverse)
    {
      digitalWrite (IN1, HIGH);
    }
    else
    {
      digitalWrite (IN1, LOW);
    }
}

void setup()
{
    int i;
    // for (i = 6; i <= 9; i++)     // Roboduino Motor Shield 일 때,
    // pinMode (i, OUTPUT);         // set pin 6,7,8,9 to output mode

    for (i = 4; i <= 7; i++)        // Arduino Motor Shield 일 때,
    pinMode (i, OUTPUT);            // 4, 5, 6, 7 핀 출력 모드 설정

    Serial.begin (9600);            // 시리얼 통신 속도 9600 bps
```

```
}

void loop()
{
      int x, delay_en;
      char val;

      while (1)
      {
         val = Serial.read();
         if (val != -1)
         {
             switch (val)
             {
                 case 'w':                          // 앞으로 이동
                     Motor1 (100, true);
                     Motor2 (100, true);
                     break;
                 case 'x':                          // 뒤로 이동
                     Motor1 (100, false);
                     Motor2 (100, false);
                     break;
                 case 'a':                          // 왼쪽으로 이동
                     Motor1 (100, false);
                     Motor2 (100, true);
                     break;
                 case 'd':                          // 오른쪽으로 이동
                     Motor1 (100, true);
                     Motor2 (100, false);
                     break;
                 case 's':                          // 정지
                     Motor1 (0, false);
                     Motor2 (0, false);
                     break;
             }
         }
      }
}
```

➜ Motor (150, true)처럼 pwm 값을 변경하여 모터의 회전 속도를 변경할 수 있다.

➜ www.dfrobot.com에서 제공되는 예제 코드에서 L293 모터 쉴드 핀 구조에 맞춰 프로그램 코드를 일부 수정하였다.

→ 모터 쉴드의 동작을 시리얼 통신으로 테스트하기 위한 샘플 코드이기 때문에 이후 스마트폰용 어플에서 전송된 무선 신호를 수신할 수 있도록 프로그램 코드를 추가·수정해야 한다. 특히 switch문의 변수 값은 스마트폰용 블루투스 어플에서 전달되는 코드 값을 확인한 뒤에 수정한다.

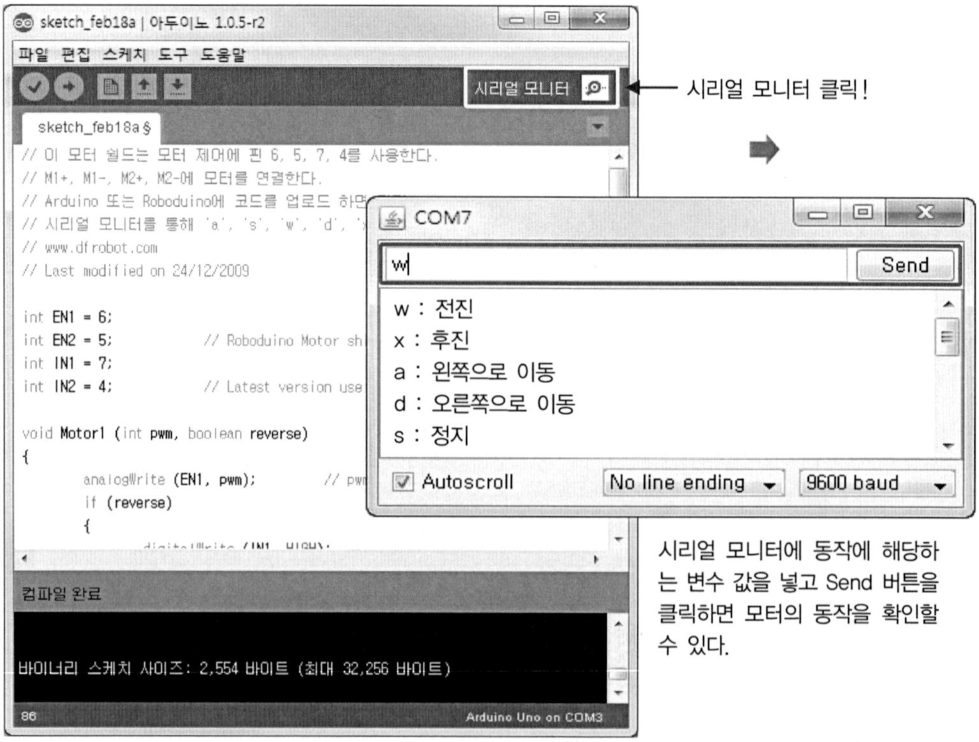

14.3.3 HC-06 블루투스 모듈

이제 무선 통신으로 탱크 모형이 동작하도록 블루투스 통신 환경을 연결해보자.

스마트폰의 블루투스 어플에서 전송된 무선 데이터를 아두이노 보드에서 수신하도록 해야 하는데 이를 위해서 HC-06 블루투스 모듈을 선택하였다.

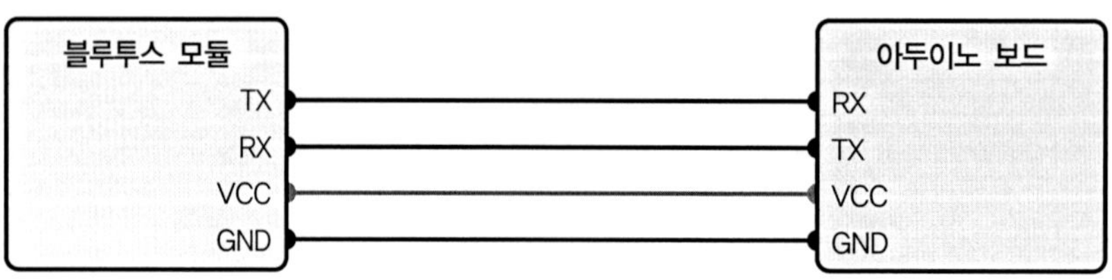

[그림 14.13] 아두이노 보드와 블루투스 모듈 연결

HC-06의 TX, RX 핀을 각각 아두이노 보드의 2번, 3번 핀에 연결하고 VCC는 3.3 V 핀에 GND는 GND 핀에 연결한다. 아두이노 보드와 HC-06 블루투스 모듈의 연결은 기본적으로 [그림 14.13]과 같이 연결되어야 한다.

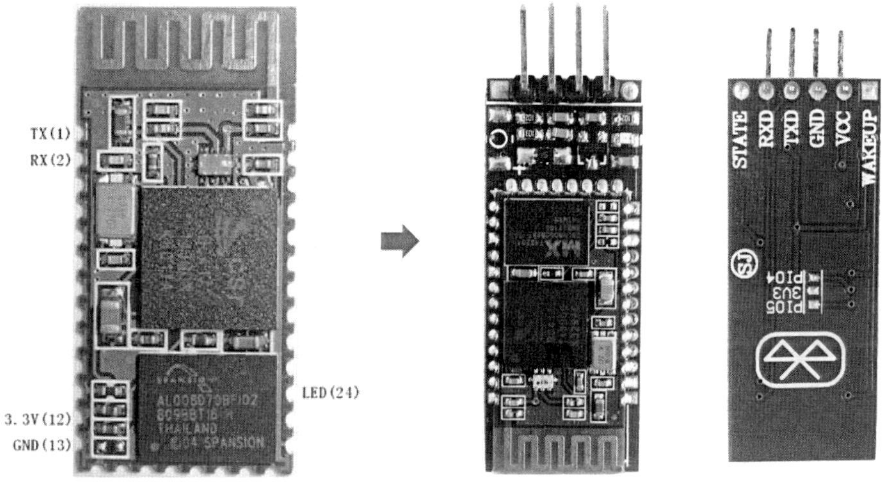

[그림 14.14] HC-06 블루투스 모듈과 백보드 장착형 앞, 뒤 모습

[HC-06 블루투스 모듈 주요 사양]

- 블루투스 V2.0 프로토콜 기반의 CSR 블루투스 칩 사용
- 동작 전압 : 3.3 V
- 지원 baud rate : 1200, 2400, 4800, 9600, 19200, 38400, 57600, 115200
- 동작 전류 : 40 mA
- 대기 전류 : < 1 mA
- 기본 설정 : Slave, 9600 baud rate, N, 8 bit, 1 stop. **Pincode 1234**

다음의 스케치 파일을 작성하여 아두이노 우노 보드로 업로드 한다. 블루투스 무선 통신으로 탱크 모형이 동작을 하도록 코드의 일부를 추가하거나 수정하였다. 어떤 부분이 추가되고 수정되었는지 확인해보자.

```
#include <SoftwareSerial.h>

SoftwareSerial BTSerial (2, 3); // HC-06 TX, RX 접속

int EN1 = 6;
```

```
int EN2 = 5;                    // Roboduino Motor shield uses Pin 9
int IN1 = 7;
int IN2 = 4;                    // Latest version use pin 4 instead of pin 8

void Motor1 (int pwm, boolean reverse)
{
     analogWrite (EN2, pwm);    // pwm : 0(정지) ~ 255(최대 속도)
     if (reverse)
     {
        digitalWrite (IN2, HIGH);
     }
     else
     {
        digitalWrite (IN2, LOW);
     }
}

void Motor2 (int pwm, boolean reverse)
{
     analogWrite (EN1, pwm);
     if (reverse)
     {
        digitalWrite (IN1, HIGH);
     }
     else
     {
        digitalWrite (IN1, LOW);
     }
}

void setup()
{
     int i;

     BTSerial.begin (9600);         // 블루투스 통신 속도 9600 bps
     Serial.begin (9600);           // 시리얼 통신 속도 9600 bps
     // for (i = 6; i <= 9; i++)    // Roboduino Motor Shield일 때,
     // pinMode (i, OUTPUT);        // set pin 6,7,8,9 to output mode

     for (i = 4; i <= 7; i++)       // Arduino Motor Shield일 때,
     pinMode (i, OUTPUT);           // 4, 5, 6, 7 핀 출력 모드 설정
}
```

```
void loop()
{
      if ( BTSerial.available() )
      {
         char toSend = (char)BTSerial.read();
         Serial.println (toSend);

         switch (toSend)
         {
            case '0x38':                  // 앞으로 이동
               Motor1 (150, true);
               Motor2 (150, true);
               break;
            case '0x32':                  // 뒤로 이동
               Motor1 (150, false);
               Motor2 (150, false);
               break;
            case '0x34':                  // 왼쪽으로 이동
               Motor1 (150, false);
               Motor2 (150, true);
               break;
            case '0x36':                  // 오른쪽으로 이동
               Motor1 (150, true);
               Motor2 (150, false);
               break;
            case '0x30':                  // 정지(사용 안함)
               Motor1 (0, false);
               Motor2 (0, false);
               break;
         }
      }
}
```

➜ 전, 후, 좌, 우 동작 방향이 맞지 않을 경우 모터에 연결된 배선을 바꾸거나 프로그램 코드를 수정해서 보정할 수 있다.

➜ 스마트폰 BlueStick control 어플의 전송 헥사(hex) 코드는 다음과 같다. 이 프로젝트에서는 탱크 모형의 전, 후, 좌, 우 동작만 사용하지만 필요할 경우 추가로 다양한 동작을 지정할 수 있다. 만약 안드로이드 프로그래밍이 가능한 사용자의 경우 자신만의 무선 조종 어플을 만들어 보는 것도 좋다.

```
0x30 = Stop
0x38 = Up
0x32 = Down
0x34 = Left
0x36 = Right
0x41 = Auto Grab
0x42 = Auto Release
0x43 = Grab
0x44 = Release
0x45 = Rotate Left
0x46 = Rotate Right
```

블루투스로 무선 데이터를 송수신하기 위해서 두 개의 무선 장치를 먼저 연결해야 하는데 이것을 페어링(pairing)이라고 한다. HC-06의 경우 전원이 공급되면 페어링을 자동으로 시도하며 이때 빨간색의 LED가 깜박인다. LED가 점멸되고 있는 상태에서는 아직 장치 간 연결이 되지 않은 것이다. 이것을 '저를 다른 장치와 연결해주세요.'라는 요청 신호로 생각하면 된다.

일반적으로 블루투스 장치 간 연결을 위해서는 패스워드가 필요하며 HC-06의 초기 핀 코드(패스워드)는 '1234'로 설정되어 있다.

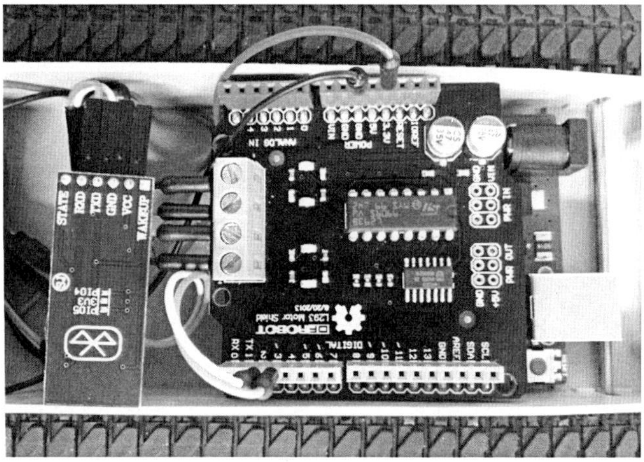

(a) 블루투스 모듈 연결 상태

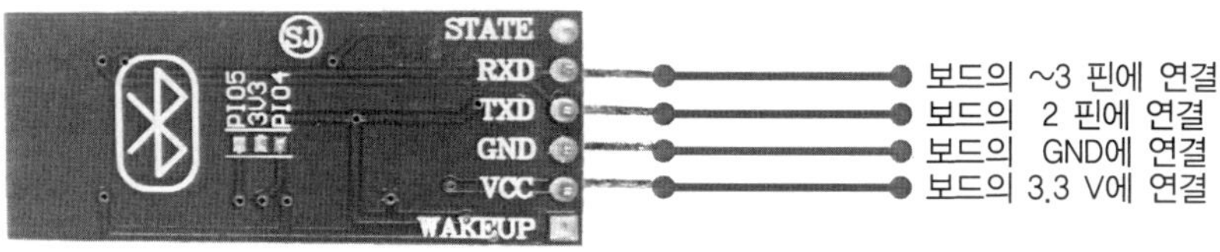

(b) 블루투스 모듈의 뒷면과 아두이노 보드의 핀맵

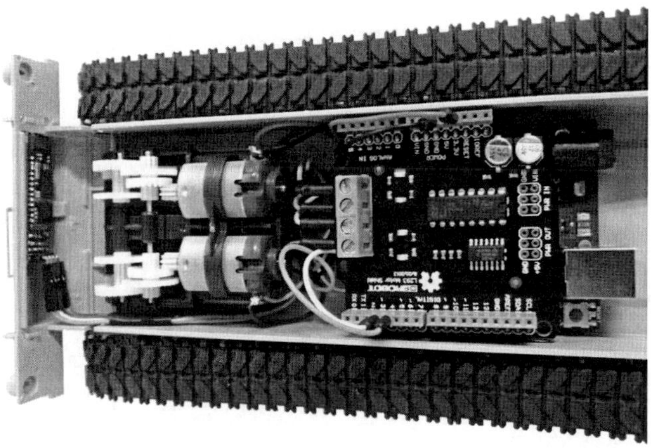

(c) 탱크 모형에 장치들을 배치한 모습

[그림 14.15] HC-06 블루투스 모듈 연결 방법과 탱크 모형에 최종 배치된 상태

14.3.4 스마트폰 어플 'BlueStick control'

스마트폰에서 사용할 수 있는 블루투스 제어 어플은 매우 다양하다. 탱크 모형을 전, 후, 좌, 우 방향으로만 움직일 것이기 때문에 심플한 인터페이스를 가진 'BlueStick control' 어플을 설치하도록 한다. 이 어플은 버튼 모드와 틸트 모드를 선택하여 동작을 제어할 수 있다.

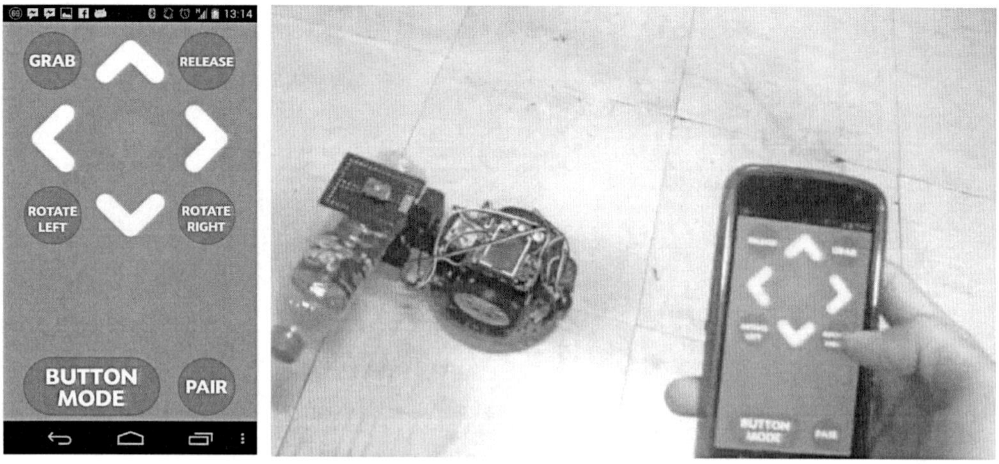

[그림 14.16] BlueStick control 어플의 인터페이스와 사용 모습

먼저 BlueStick control 어플을 실행하기 전에 스마트폰의 블루투스 기능을 사용하도록 설정해야 한다. HC-06 블루투스 모듈이 3.3 V 전원에 연결되어 있는 상태에서 블루투스 장치를 검색하면 다음 [그림 14.17]처럼 HC-06이 자동으로 검색된다. 초기 핀 코드인 '1234'를 입력하여 스마트 폰에 HC-06을 등록한다.

[그림 14.17] 스마트폰에서 블루투스 장치로 HC-06 등록

HC-06을 블루투스 장치로 등록한 뒤에 BlueStick control 어플을 실행한다.

버튼 모드를 선택한 뒤 [그림 14.18]처럼 오른쪽 맨 아래쪽에 'PAIR' 버튼을 선택하면 스마트폰에 미리 등록해둔 HC-06 장치 목록이 보인다.

HC-06을 선택하고 잠시 기다리면 자동으로 스마트폰의 블루투스 기능을 사용하는 BlueStick control 어플과 아두이노 보드에 연결된 HC-06 블루투스를 페어링 한다. 메시지로 연결 상태를 알려 주지만 HC-06의 LED 깜박임이 멈추면 장치 간 연결이 된 것이다. 만약 한 번에 연결이 되지 않으면 'PAIR' 과정을 반복하면 된다.

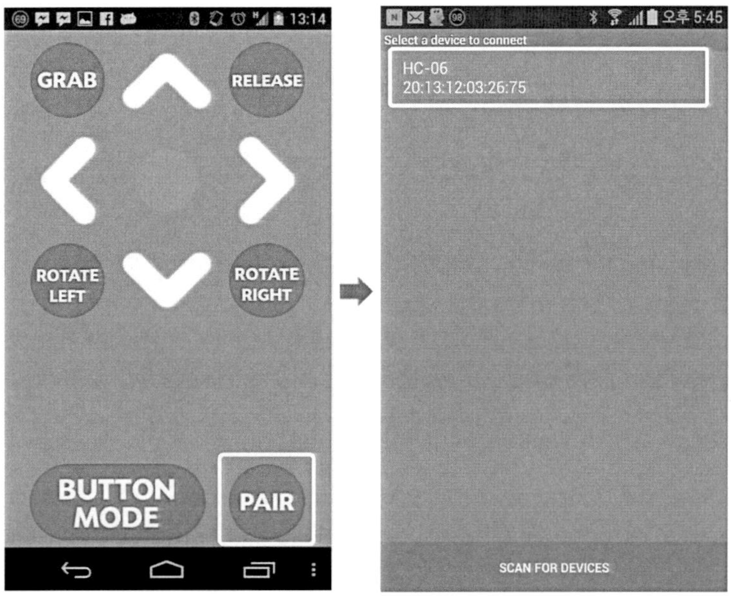

[그림 14.18] 스마트폰에서 블루투스 장치 연결

이 과정까지 마쳤다면 이제 스마트폰에서 아두이노 보드에 연결된 블루투스 모듈로 무선 통신 데이터를 전송할 수 있게 된다. 즉, 스마트폰 어플에서 전송되는 명령 데이터를 아두이노 보드가 수신하여 최종적으로 탱크 모형이 움직이도록 한다.

14.3.5 전원 공급

블루투스로 장치 간 연결이 되었다면 무선 통신으로 탱크 모형의 동작을 확인할 수 있어야 한다. BlueStick control 스마트폰 어플에서 방향을 지시하는 대로 탱크 모형이 잘 동작하는가? 아마 모터가 반응을 하지 않거나 동작해야할 모터에서 잡음만 날 것이다. 이것은 모터에 충분한 전압 공급을 해주지 않아서 발생되는 문제이다.

탱크 모형에 연결된 전압 공급 상태를 보면 대부분 프로그램 코드를 업로드해야 했기 때문에 아두이노 보드에 USB를 연결한 상태에서 동작을 시켰을 텐데 USB로 공급되는 전압으로는 두 개의 모터를 원할하게 동작시키기 힘들다. 모터를 원활하게 동작시키기 위해서는 최소 7 V 전압을 아두이노 보드로 공급해줘야 한다. 필요한 전압이 7 V라면 1.5 V 건전지를 5개 ~ 6개를 직렬로 연결하여 아두이노 우노 보드에 연결하면 되는데 탱크 모형의 공간이 협소하기 때문에 적합하지 않다.

이 문제를 해결하기 위해서 사용하지 않는 핸드폰 또는 스마트폰의 3.7 V 리튬 이온 배터리나 리튬 이온 폴리머 배터리를 이용하도록 한다. 만약 여분으로 가지고 있는 것이 없다면 구입을 하거나 주변 사람들에게 요청하여 두 개를 준비하고 가능하다면 리튬 이온 배터리보다 좀 더 안전한 리튬 이온 폴리머 배터리를 준비하도록 한다.

두 개의 리튬 이온 폴리머 배터리를 다음 [그림 14.19]처럼 직렬로 연결하여 아두이노 우노 보드에 공급하면 아두이노 우노 보드와 L293 모터 쉴드, 두 개의 모터, HC-06 블루투스 모듈 모두 원활하게 동작시킬 수 있다.

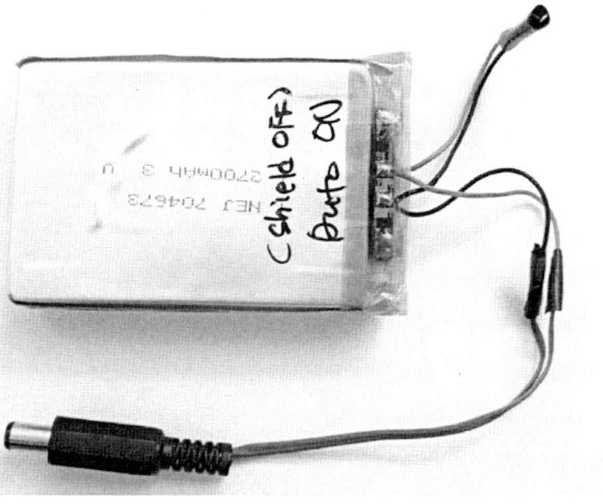

(a) 리튬 이온 폴리머 배터리 직렬 연결

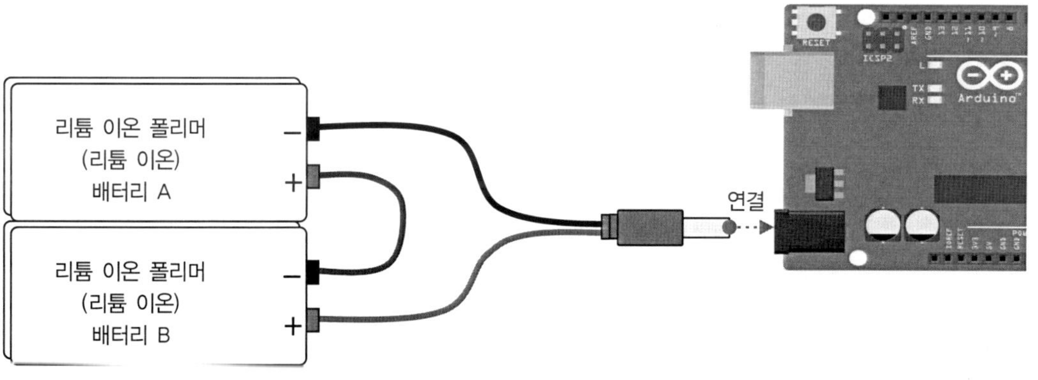

(b) 리튬 이온 폴리머 배터리와 아두이노 보드 연결

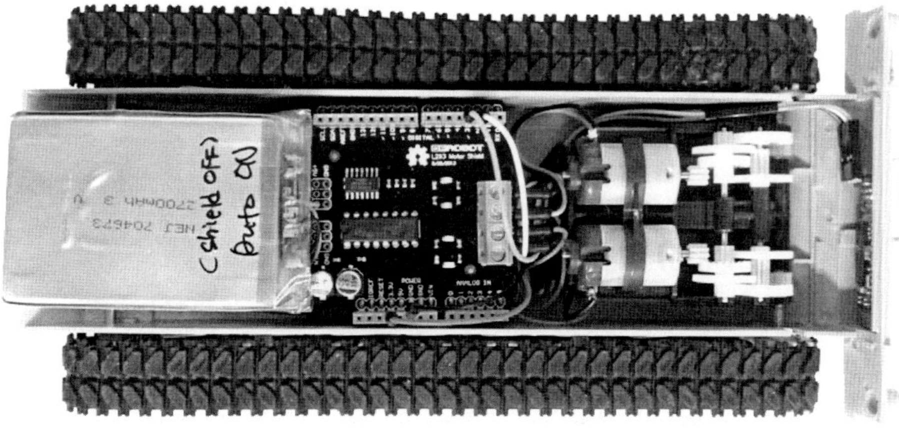

(c) 탱크 모형 내부의 배치 모습

[그림 14.19] 리튬 이온 폴리머 배터리 연결과 최종 완성 모습

14.4 프로젝트와 연관된 추가 과제

비교적 쉽게 따라할 수 있고 흥미를 가질만한 프로젝트를 완성했다. 쉽게 구입할 수 있는 장난감 등에 비해서 시간과 비용 그리고 노력이 더해져야 한다. 하지만 스스로 움직이는 뭔가를 직접 만들었고 마이크로컨트롤러, 모터, 블루투스 등 다양하게 응용을 할 수 있는 제어 원리를 배웠다는 점에 만족하고 그 의의를 가지면 좋을 것 같다.

이 프로젝트에서 부족하다고 생각되는 부분을 개선해보고 어떤 기술이 추가되면 좋은지 스스로 연구하고 자료를 찾아보자.

① 탱크 모형이 자동으로 주행하도록 하고 장애물을 회피하도록 응용해본다.
② 스텝 모터나 서보모터를 추가하여 탱크 모형의 포탑 부분을 제어할 수 있도록 응용해본다.
③ 탱크 모형의 동작 제어를 지그비(zigbee)나 RC 방식으로 변경해본다.
④ BlueStick control 어플의 모든 기능을 사용할 수 있는 로봇을 만들어본다.

부록

KiET_SB101 System Board Hardware Features	
CPU	ATmega128, Altera EPM3128ATC100-100
전원공급	USB to Serial 포트, 5 V DC 어댑터 (전원 입력 5 V, CPU 동작 전원 5 V)
Serial Port	USB to Serial 포트 내장(UART0)
ADC	ADC1 CDS, ADC2 Interface
Buzzer	Buzzer
7-Segment	7-Segment x 6
문자 LCD	16x2 문자 LCD Interface
LEDs	power LED, user LED x 8, Dot matrix
Buttons	User button(4x2 키매트릭스), Dip switch
Motor	DC Motor
ISP 포트	10핀 표준 포트
사이즈(W*H)	180 mm x 120 mm

ATMEGA128 Rabbit 개발보드 + LCD Series by JK Electronics

www.deviceshop.net

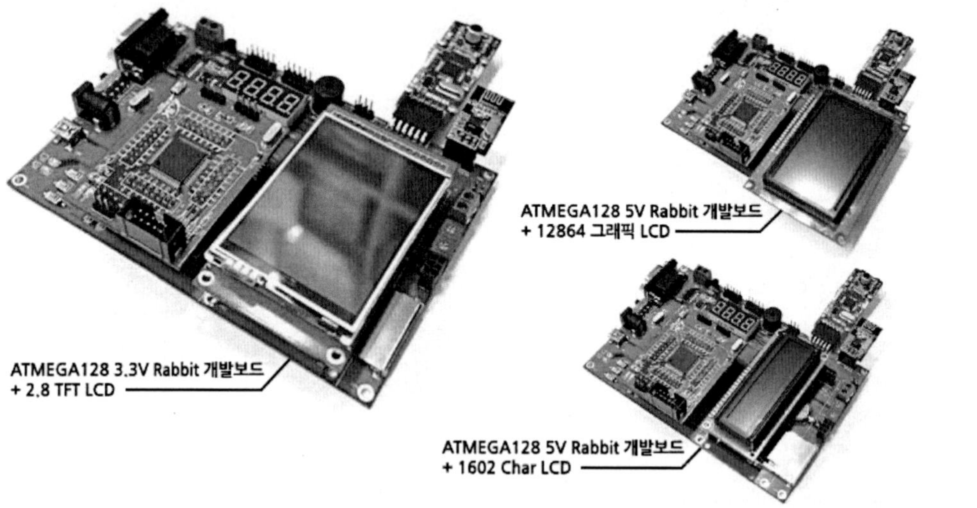

CPU	ATmega128A-AU (Atmel)
전원공급	1 x USB to Serial 포트, 1 x 5V DC 어댑터, 전원 입력은 5V이고 CPU 동작 전원은 3.3&5V
ADC	1 x ADC1 VR, 1 x ADC2 Interface
Interface	1 x Buzzer, 1 x AT24C02 EEPROM, 1 x DS1B820 온도센서, 1 x DS1302 RTC
7Segment	1 x 7Segment
LCD	1 x 1602 Char LCD & 1 x 12864 Graphic LCD & 1 x 2.4/2.7 Inch TFT LCD Interface
LEDs	1 x power LED, 1 x user LED
Buttons & SD Socket	3 x User button & 1 x SD Socket
MP3 & RF	12Pin VS1003B MP3 Interface & 8Pin nRF24L01 Wireless Interface
ISP 포트	6핀 표준 ISP포트
사이즈(W*H)	145mm*100mm

디바이스샵(www.deviceshop.net)

JK전자 홈페이지(www.jkelec.co.kr)

이지컷Easycut(www.easycut.co.kr)

ATMEGA2560 Rabbit 개발보드 + LCD Series **by JK Electronics**

www.deviceshop.net

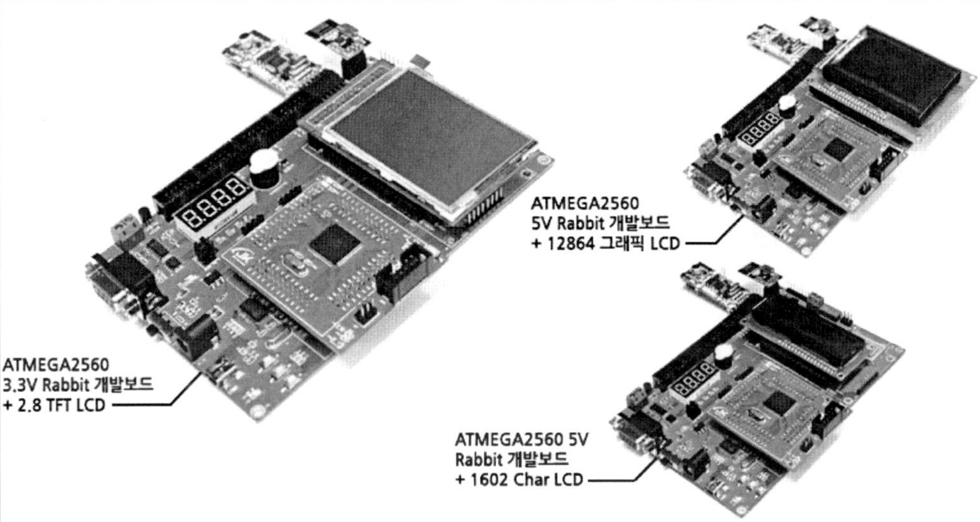

CPU	ATmega2560 (Atmel)
전원공급	1 x USB to Serial 포트, 1 x 5V DC 어댑터, 전원 입력은 5V이고 CPU 동작 전원은 3.3&5V
ADC	1 x ADC1 VR, 1 x ADC2 Interface
Interface	1 x Buzzer, 1 x AT24C02 EEPROM, 1 x DS1B820 온도센서, 1 x DS1302 RTC
7Segment	1 x 7Segment
LCD	1 x 1602 Char LCD & 1 x 12864 Graphic LCD & 1 x 2.4/2.7 Inch TFT LCD Interface
LEDs	1 x power LED, 1 x user LED
Buttons & SD Socket	3 x User button & 1 x SD Socket
MP3 & RF	12Pin VS1003B MP3 Interface & 8Pin nRF24L01 Wireless Interface
ISP 포트	6핀 표준 ISP포트
사이즈(W*H)	160mm*102mm

디바이스샵(www.deviceshop.net)

JK전자 홈페이지(www.jkelec.co.kr)

이지컷Easycut(www.easycut.co.kr)

[system_2011_v152]

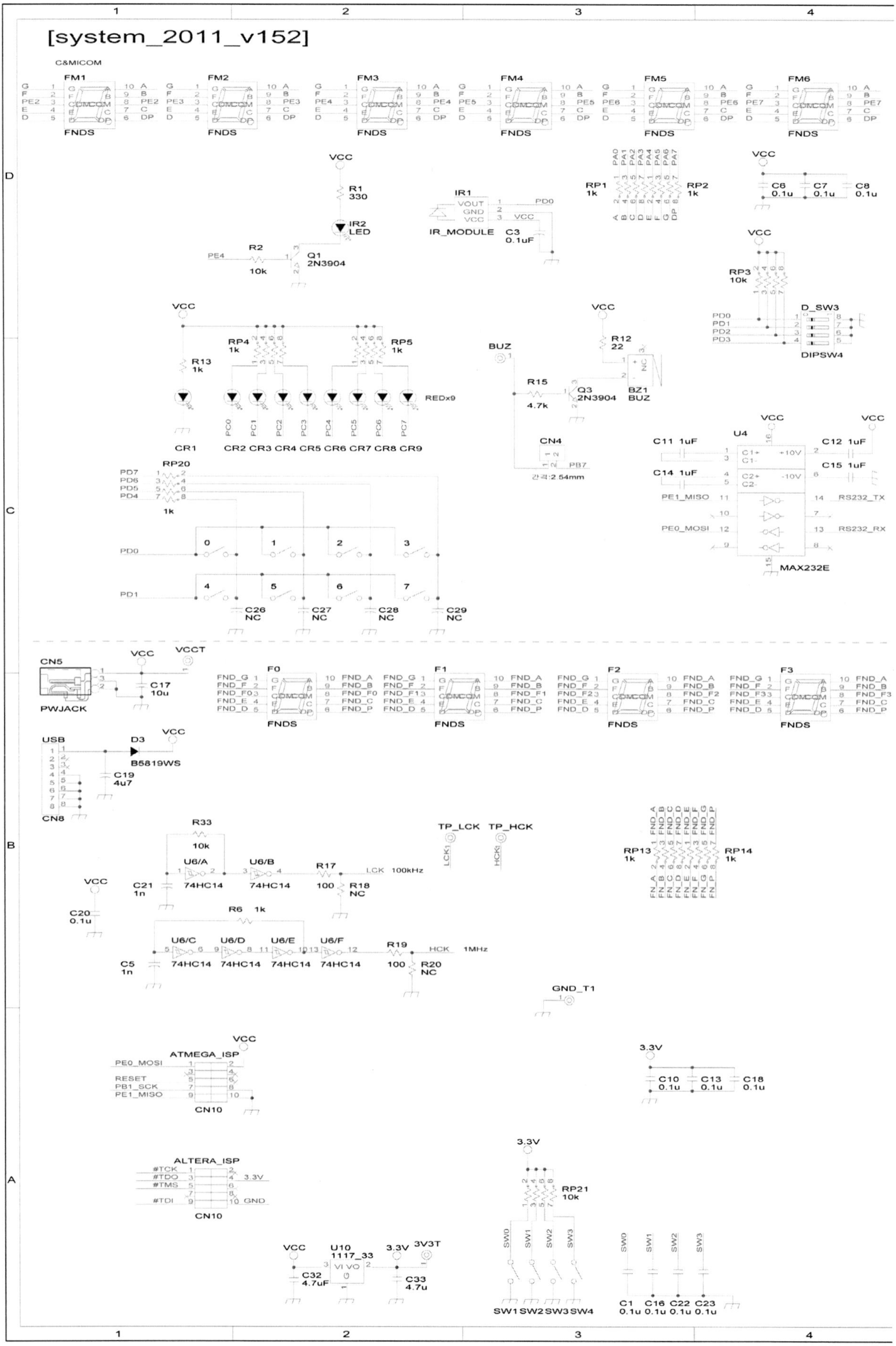

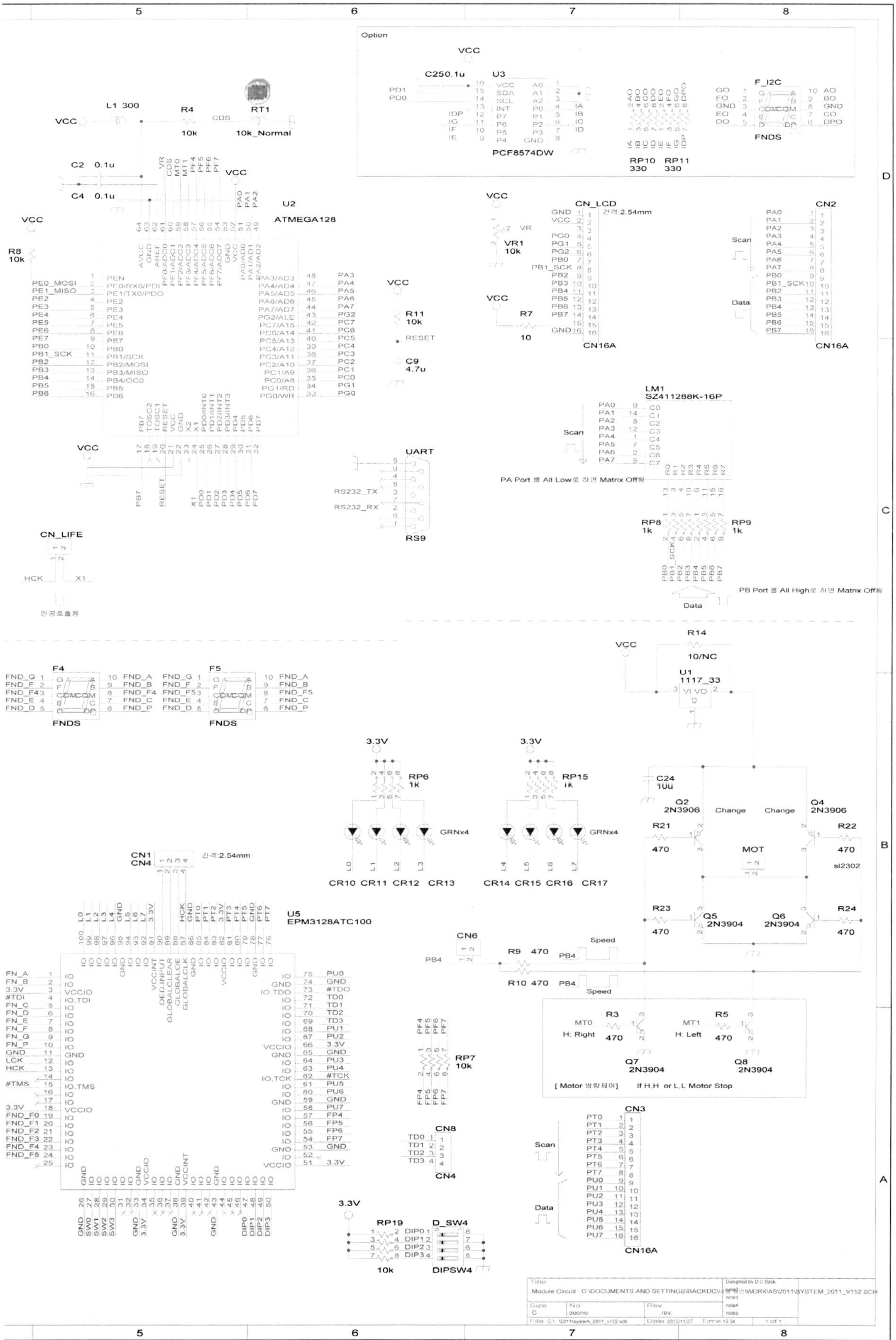

Option
VCC
C250.1u
U3
PCF8574DW
RP10 330
RP11 330
F_I2C
FNDS
L1 300
R4 10k
RT1 10k_Normal
CDS
C2 0.1u
C4 0.1u
U2
ATMEGA128
R8 10k
CN_LCD
간격:2.54mm
VR1 10k
R7 10
CN16A
CN2
Scan
Data
R11 10k
RESET
C9 4.7u
LM1
SZ411288K-16P
PA Port 를 All Low로 하면 Matrix Off됨
UART
RS232_TX
RS232_RX
RS9
RP8 1k
RP9 1k
PB Port 를 All High로 하면 Matrix Off됨
CN_LIFE
HCK
X1
R14 10/NC
U1 1117_33
F4
F5
3.3V
RP6 1K
RP15 1K
GRNx4
CR10 CR11 CR12 CR13
CR14 CR15 CR16 CR17
C24 100
Q2 2N3906
Q4 2N3906
Change
R21 470
R22 470
MOT
sI2302
R23 470
R24 470
Q5 2N3904
Q6 2N3904
CN1
CN4
U5
EPM3128ATC100
CN6
R9 470
R10 470
PB4
Speed
R3 470
R5 470
MT0 H: Right
MT1 H: Left
Q7 2N3904
Q8 2N3904
[Motor 방향제어] If H,H or L,L Motor Stop
RP7 10k
CN8
CN3
3.3V
RP19 10k
D_SW4
DIPSW4
Title
Module Circuit : C:\DOCUMENTS AND SETTINGS\BACKDC\WORK\AS\2011\SYSTEM_2011_V152.SCH
Size C
No docno.
Rev rev.
Date 2012/11/27
1 of 1

Instruction Set Summary

Mnemonics	Operands	Description	Operation	Flags	#Clocks
ARITHMETIC AND LOGIC INSTRUCTIONS					
ADD	Rd, Rr	Add two Registers	Rd ← Rd + Rr	Z,C,N,V,H	1
ADC	Rd, Rr	Add with Carry two Registers	Rd ← Rd + Rr + C	Z,C,N,V,H	1
ADIW	Rdl,K	Add Immediate to Word	Rdh:Rdl ← Rdh:Rdl + K	Z,C,N,V,S	2
SUB	Rd, Rr	Subtract two Registers	Rd ← Rd - Rr	Z,C,N,V,H	1
SUBI	Rd, K	Subtract Constant from Register	Rd ← Rd - K	Z,C,N,V,H	1
SBC	Rd, Rr	Subtract with Carry two Registers	Rd ← Rd - Rr - C	Z,C,N,V,H	1
SBCI	Rd, K	Subtract with Carry Constant from Reg.	Rd ← Rd - K - C	Z,C,N,V,H	1
SBIW	Rdl,K	Subtract Immediate from Word	Rdh:Rdl ← Rdh:Rdl - K	Z,C,N,V,S	2
AND	Rd, Rr	Logical AND Registers	Rd ← Rd • Rr	Z,N,V	1
ANDI	Rd, K	Logical AND Register and Constant	Rd ← Rd • K	Z,N,V	1
OR	Rd, Rr	Logical OR Registers	Rd ← Rd v Rr	Z,N,V	1
ORI	Rd, K	Logical OR Register and Constant	Rd ← Rd v K	Z,N,V	1
EOR	Rd, Rr	Exclusive OR Registers	Rd ← Rd ⊕ Rr	Z,N,V	1
COM	Rd	One's Complement	Rd ← $FF – Rd	Z,C,N,V	1
NEG	Rd	Two's Complement	Rd ← $00 – Rd	Z,C,N,V,H	1
SBR	Rd,K	Set Bit(s) in Register	Rd ← Rd v K	Z,N,V	1
CBR	Rd,K	Clear Bit(s) in Register	Rd ← Rd • ($FF - K)	Z,N,V	1
INC	Rd	Increment	Rd ← Rd + 1	Z,N,V	1
DEC	Rd	Decrement	Rd ← Rd – 1	Z,N,V	1
TST	Rd	Test for Zero or Minus	Rd ← Rd • Rd	Z,N,V	1
CLR	Rd	Clear Register	Rd ← Rd ⊕ Rd	Z,N,V	1
SER	Rd	Set Register	Rd ← $FF	None	1
MUL	Rd, Rr	Multiply Unsigned	R1:R0 ← Rd x Rr	Z,C	2
MULS	Rd, Rr	Multiply Signed	R1:R0 ← Rd x Rr	Z,C	2
MULSU	Rd, Rr	Multiply Signed with Unsigned	R1:R0 ← Rd x Rr	Z,C	2
FMUL	Rd, Rr	Fractional Multiply Unsigned	R1:R0 ← (Rd x Rr) << 1	Z,C	2
FMULS	Rd, Rr	Fractional Multiply Signed	R1:R0 ← (Rd x Rr) << 1	Z,C	2
FMULSU	Rd, Rr	Fractional Multiply Signed with Unsigned	R1:R0 ← (Rd x Rr) << 1	Z,C	2
BRANCH INSTRUCTIONS					
RJMP	k	Relative Jump	PC ← PC + k + 1	None	2
IJMP		Indirect Jump to (Z)	PC ← Z	None	2
JMP	k	Direct Jump	PC ← k	None	3
RCALL	k	Relative Subroutine Call	PC ← PC + k + 1	None	3
ICALL		Indirect Call to (Z)	PC ← Z	None	3
CALL	k	Direct Subroutine Call	PC ← k	None	4
RET		Subroutine Return	PC ← STACK	None	4
RETI		Interrupt Return	PC ← STACK	I	4
CPSE	Rd,Rr	Compare, Skip if Equal	if (Rd = Rr) PC ← PC + 2 or 3	None	1 / 2 / 3
CP	Rd,Rr	Compare	Rd – Rr	Z, N,V,C,H	1
CPC	Rd,Rr	Compare with Carry	Rd – Rr – C	Z, N,V,C,H	1
CPI	Rd,K	Compare Register with Immediate	Rd – K	Z, N,V,C,H	1
SBRC	Rr, b	Skip if Bit in Register Cleared	if (Rr(b)=0) PC ← PC + 2 or 3	None	1 / 2 / 3
SBRS	Rr, b	Skip if Bit in Register is Set	if (Rr(b)=1) PC ← PC + 2 or 3	None	1 / 2 / 3
SBIC	P, b	Skip if Bit in I/O Register Cleared	if (P(b)=0) PC ← PC + 2 or 3	None	1 / 2 / 3
SBIS	P, b	Skip if Bit in I/O Register is Set	if (P(b)=1) PC ← PC + 2 or 3	None	1 / 2 / 3
BRBS	s, k	Branch if Status Flag Set	if (SREG(s) = 1) then PC←PC+k + 1	None	1 / 2
BRBC	s, k	Branch if Status Flag Cleared	if (SREG(s) = 0) then PC←PC+k + 1	None	1 / 2
BREQ	k	Branch if Equal	if (Z = 1) then PC ← PC + k + 1	None	1 / 2
BRNE	k	Branch if Not Equal	if (Z = 0) then PC ← PC + k + 1	None	1 / 2
BRCS	k	Branch if Carry Set	if (C = 1) then PC ← PC + k + 1	None	1 / 2
BRCC	k	Branch if Carry Cleared	if (C = 0) then PC ← PC + k + 1	None	1 / 2
BRSH	k	Branch if Same or Higher	if (C = 0) then PC ← PC + k + 1	None	1 / 2
BRLO	k	Branch if Lower	if (C = 1) then PC ← PC + k + 1	None	1 / 2
BRMI	k	Branch if Minus	if (N = 1) then PC ← PC + k + 1	None	1 / 2
BRPL	k	Branch if Plus	if (N = 0) then PC ← PC + k + 1	None	1 / 2
BRGE	k	Branch if Greater or Equal, Signed	if (N ⊕ V= 0) then PC ← PC + k + 1	None	1 / 2
BRLT	k	Branch if Less Than Zero, Signed	if (N ⊕ V= 1) then PC ← PC + k + 1	None	1 / 2
BRHS	k	Branch if Half Carry Flag Set	if (H = 1) then PC ← PC + k + 1	None	1 / 2
BRHC	k	Branch if Half Carry Flag Cleared	if (H = 0) then PC ← PC + k + 1	None	1 / 2
BRTS	k	Branch if T Flag Set	if (T = 1) then PC ← PC + k + 1	None	1 / 2
BRTC	k	Branch if T Flag Cleared	if (T = 0) then PC ← PC + k + 1	None	1 / 2
BRVS	k	Branch if Overflow Flag is Set	if (V = 1) then PC ← PC + k + 1	None	1 / 2
BRVC	k	Branch if Overflow Flag is Cleared	if (V = 0) then PC ← PC + k + 1	None	1 / 2
BRIE	k	Branch if Interrupt Enabled	if (I = 1) then PC ← PC + k + 1	None	1 / 2
BRID	k	Branch if Interrupt Disabled	if (I = 0) then PC ← PC + k + 1	None	1 / 2

Instruction Set Summary (계속)

Mnemonics	Operands	Description	Operation	Flags	#Clocks
DATA TRANSFER INSTRUCTIONS					
MOV	Rd, Rr	Move Between Registers	Rd ← Rr	None	1
MOVW	Rd, Rr	Copy Register Word	Rd+1:Rd ← Rr+1:Rr	None	1
LDI	Rd, K	Load Immediate	Rd ← K	None	1
LD	Rd, X	Load Indirect	Rd ← (X)	None	2
LD	Rd, X+	Load Indirect and Post-Inc.	Rd ← (X), X ← X + 1	None	2
LD	Rd, - X	Load Indirect and Pre-Dec.	X ← X - 1, Rd ← (X)	None	2
LD	Rd, Y	Load Indirect	Rd ← (Y)	None	2
LD	Rd, Y+	Load Indirect and Post-Inc.	Rd ← (Y), Y ← Y + 1	None	2
LD	Rd, - Y	Load Indirect and Pre-Dec.	Y ← Y - 1, Rd ← (Y)	None	2
LDD	Rd,Y+q	Load Indirect with Displacement	Rd ← (Y + q)	None	2
LD	Rd, Z	Load Indirect	Rd ← (Z)	None	2
LD	Rd, Z+	Load Indirect and Post-Inc.	Rd ← (Z), Z ← Z+1	None	2
LD	Rd, -Z	Load Indirect and Pre-Dec.	Z ← Z - 1, Rd ← (Z)	None	2
LDD	Rd, Z+q	Load Indirect with Displacement	Rd ← (Z + q)	None	2
LDS	Rd, k	Load Direct from SRAM	Rd ← (k)	None	2
ST	X, Rr	Store Indirect	(X) ← Rr	None	2
ST	X+, Rr	Store Indirect and Post-Inc.	(X) ← Rr, X ← X + 1	None	2
ST	- X, Rr	Store Indirect and Pre-Dec.	X ← X - 1, (X) ← Rr	None	2
ST	Y, Rr	Store Indirect	(Y) ← Rr	None	2
ST	Y+, Rr	Store Indirect and Post-Inc.	(Y) ← Rr, Y ← Y + 1	None	2
ST	- Y, Rr	Store Indirect and Pre-Dec.	Y ← Y - 1, (Y) ← Rr	None	2
STD	Y+q,Rr	Store Indirect with Displacement	(Y + q) ← Rr	None	2
ST	Z, Rr	Store Indirect	(Z) ← Rr	None	2
ST	Z+, Rr	Store Indirect and Post-Inc.	(Z) ← Rr, Z ← Z + 1	None	2
ST	-Z, Rr	Store Indirect and Pre-Dec.	Z ← Z - 1, (Z) ← Rr	None	2
STD	Z+q,Rr	Store Indirect with Displacement	(Z + q) ← Rr	None	2
STS	k, Rr	Store Direct to SRAM	(k) ← Rr	None	2
LPM		Load Program Memory	R0 ← (Z)	None	3
LPM	Rd, Z	Load Program Memory	Rd ← (Z)	None	3
LPM	Rd, Z+	Load Program Memory and Post-Inc	Rd ← (Z), Z ← Z+1	None	3
ELPM		Extended Load Program Memory	R0 ← (RAMPZ:Z)	None	3
ELPM	Rd, Z	Extended Load Program Memory	Rd ← (RAMPZ:Z)	None	3
ELPM	Rd, Z+	Extended Load Program Memory and Post-Inc	Rd ← (RAMPZ:Z), RAMPZ:Z ← RAMPZ:Z+1	None	3
SPM		Store Program Memory	(Z) ← R1:R0	None	-
IN	Rd, P	In Port	Rd ← P	None	1
OUT	P, Rr	Out Port	P ← Rr	None	1
PUSH	Rr	Push Register on Stack	STACK ← Rr	None	2
POP	Rd	Pop Register from Stack	Rd ← STACK	None	2
BIT AND BIT-TEST INSTRUCTIONS					
SBI	P,b	Set Bit in I/O Register	I/O(P,b) ← 1	None	2
CBI	P,b	Clear Bit in I/O Register	I/O(P,b) ← 0	None	2
LSL	Rd	Logical Shift Left	Rd(n+1) ← Rd(n), Rd(0) ← 0	Z,C,N,V	1
LSR	Rd	Logical Shift Right	Rd(n) ← Rd(n+1), Rd(7) ← 0	Z,C,N,V	1
ROL	Rd	Rotate Left Through Carry	Rd(0)←C,Rd(n+1)← Rd(n),C←Rd(7)	Z,C,N,V	1
ROR	Rd	Rotate Right Through Carry	Rd(7)←C,Rd(n)← Rd(n+1),C←Rd(0)	Z,C,N,V	1
ASR	Rd	Arithmetic Shift Right	Rd(n) ← Rd(n+1), n=0..6	Z,C,N,V	1
SWAP	Rd	Swap Nibbles	Rd(3..0)←Rd(7..4),Rd(7..4)←Rd(3..0)	None	1
BSET	s	Flag Set	SREG(s) ← 1	SREG(s)	1
BCLR	s	Flag Clear	SREG(s) ← 0	SREG(s)	1
BST	Rr, b	Bit Store from Register to T	T ← Rr(b)	T	1
BLD	Rd, b	Bit load from T to Register	Rd(b) ← T	None	1
SEC		Set Carry	C ← 1	C	1
CLC		Clear Carry	C ← 0	C	1
SEN		Set Negative Flag	N ← 1	N	1
CLN		Clear Negative Flag	N ← 0	N	1
SEZ		Set Zero Flag	Z ← 1	Z	1
CLZ		Clear Zero Flag	Z ← 0	Z	1
SEI		Global Interrupt Enable	I ← 1	I	1
CLI		Global Interrupt Disable	I ← 0	I	1
SES		Set Signed Test Flag	S ← 1	S	1
CLS		Clear Signed Test Flag	S ← 0	S	1
SEV		Set Twos Complement Overflow.	V ← 1	V	1
CLV		Clear Twos Complement Overflow	V ← 0	V	1
SET		Set T in SREG	T ← 1	T	1
CLT		Clear T in SREG	T ← 0	T	1
SEH		Set Half Carry Flag in SREG	H ← 1	H	1
CLH		Clear Half Carry Flag in SREG	H ← 0	H	1
MCU CONTROL INSTRUCTIONS					
NOP		No Operation		None	1
SLEEP		Sleep	(see specific descr. for Sleep function)	None	1
WDR		Watchdog Reset	(see specific descr. for WDR/timer)	None	1
BREAK		Break	For On-chip Debug Only	None	N/A

찾아보기

정 보 권

- HS글로벌(주) 대표이사
- 공학박사
- 네패스 코코아팹 연구·자문위원

[주요 교육 경력]

- 삼성전자 System Board Design
  HW/SW Co-Design 입문
  C/C++ Programming 기본·활용
  C 활용 H/W 제어 기본
  HW 개발자를 위한 SW의 이해
  오픈 플랫폼을 활용한 프로토타이핑
- 엘지전자 C언어를 이용한 MCU 제어 기본
  엔지니어를 위한 prototyping design

[저서]

- 시뮬레이터로 쉽게 배우고 아두이노로 정리하기
- 부담없이 쉽게 정복하는 사물인터넷을 위한 아두이노 프로그래밍

정가 27,000원

마이크로컨트롤러 ATmega128
–시뮬레이터로 쉽게 배우고 아두이노로 정리하기–

2014년 6월 20일 1쇄
2014년 7월 30일 2쇄
저 자: 정보권
발행자: 우명찬·송 준
발행처: 홍릉과학출판사
주 소: 서울시 강북구 인수봉로 50길 10
142-885
등 록: 1976년 10월 21일 제5-66호
전 화: (02) 999-2274~5, 903-7037
팩 스: (02) 905-6729
e-mail: hongpub@hongpub.co.kr
http://www.hongpub.co.kr
ISBN: 979-11-5600-311-3

저자와의 협의하에 인지생략